自驾车旅游规划理论与方法

（修订本）

——出游组织方式巨变的商机与策略

窦文章◎等编

Self-driving Tourism Planning
Theory and Methodology:
Business, Opportunities and Strategies

经济管理出版社
ECONOMY & MANAGEMENT PUBLISHING HOUSE

图书在版编目（CIP）数据

自驾车旅游规划理论与方法：出游组织方式巨变的商机与策略/窦文章等编． —修订本．—北京：经济管理出版社，2021.12

ISBN 978-7-5096-8272-2

Ⅰ.①自… Ⅱ.①窦… Ⅲ.①自驾游—旅游规划—研究 Ⅳ.①G895

中国版本图书馆 CIP 数据核字（2021）第 241821 号

组稿编辑：张永美

责任编辑：梁植睿

责任印制：黄章平

责任校对：张晓燕

出版发行：经济管理出版社

　　　　　（北京市海淀区北蜂窝 8 号中雅大厦 A 座 11 层　100038）

网　　　址：www.E-mp.com.cn

电　　　话：（010）51915602

印　　　刷：唐山昊达印刷有限公司

经　　　销：新华书店

开　　　本：787mm×1092mm/16

印　　　张：21.75

字　　　数：439 千字

版　　　次：2021 年 12 月第 1 版　2021 年 12 月第 1 次印刷

书　　　号：ISBN 978-7-5096-8272-2

定　　　价：78.00 元

序言

　　说走就走，想停就停，自驾游总能勾起人们对旅行的美好期待和对自由的无限向往；

　　自驾游过程中，旅游者自己或与同伴一起，驱车而行，跨越时间和空间，只为寻求一种独特的休闲体验，去想去的地方、寻想寻的文化、看想看的美景、拍想拍的照片，无拘无束、无限美好……

　　自驾车旅游是一种灵活的出游组织方式，可以自主决定旅游线路、时间安排。可能是自发组织或由其他自驾车旅游运营商发起的，所使用的车辆可能是自有的、亲友的或者租借而来的。但其主要目的是休闲，本质属性是寻求自驾旅游过程带来的多种旅游体验。如今，自驾游无疑已经成为最重要和最主要的旅游形式之一，冲击和改变着我们的生活。

　　自驾车旅游是旅游业不断进化的产物。没有谁去刻意安排，是工业化的脚步和物质财富的积累支撑，推动着自驾车旅游在不经意间涌现。四通八达的道路，大量的私有汽车，不断增加的收入，固定并充裕的闲暇时间，更使自行驾驶私家车出行的旅游形式广泛流行成为可能。自驾游的发展，在市场与政策的双重推动下，经过汇集形成滔滔江水，延绵不断，腾飞向前！自驾游俱乐部迎来前所未有的发展，自驾游投资越发活跃，自驾游服务不断提升，自驾游相关媒体发展迅速，甚至自驾游与其他行业的融合也不断加速，产业链不断延伸。无疑，自驾游的迅猛发展，强烈冲击着我们的生活，改变着我们的生活方式。

　　但与欧美发达国家相比，我国自驾车旅游起步较晚，发展中也暴露出一些问题与不足：第一，配套基础设施落后，线路网络和公共交通标识系统不完善，停车场所、加油站、检修场所等服务设施建设不能满足发展需求。第二，缺乏合理规划，经济、社会效益创造以及生态环境的保护存在矛盾。第三，自驾车旅游成本仍较高，燃油成本、养护成本及居高不下的"路桥费"，给旅游者带来较大的经济负担。第四，缺乏安全保障，既与自驾车旅行者自身有关，与行业服务管理方面有关，也与个别地方的治安状况等有关。第五，以"自驾游"为龙头的产业链逐渐延伸发展，但尚未形成规模，组织经营尚须加强规范和监管。

　　在现今这个"不期"而至的大众化旅游时代，旅游已成为人们的一种生活方式。旅游的散客化、自助化趋势越发明显，旅行者越来越注重体验和休闲，追求旅游体验的个性化、多样化、品质化，旅游产品供给也不断丰富。旅游业的这些趋势，一方面对自驾车旅游市场和行业的发展产生了强有力的推动，也对自驾车旅游产品供给和管理服务提出了要求。面对这样的机遇和挑战，旅游研究者应该站在旅游产品企业的角度，充分把握自驾车旅游市场的规律、研究自驾车旅行者的体验心理，解析出游成因、发展趋势以及面对的各种问题，最终提出切实可行的解决方案。

因此，本书以推动供给侧品质化发展为目的，重点对自驾游的规划体系和规划方法论进行探讨。本书的研究内容分为三个篇章，每个篇章由若干个章节构成。第一部分为理论篇，主要从宏观层面讲述自驾游的基本理论与自驾游在中国的发展。内容包括三章：第一章是自驾游的兴起与基本概念，第二章是中国自驾游发展的现状、问题及特征，第三章是自驾游消费者行为特征。第二部分为产品市场篇，主要从微观层面讲述自驾游市场开发所需要做的各种规划布局。内容包括四章：第四章是自驾车旅游产品规划与线路设计，第五章是自驾车营地规划，第六章是风景道的规划设计，第七章是自驾车旅游市场的营销规划。第三部分为支撑保障篇，重点是讲述自驾游稳健发展所依赖的信息技术、后勤保障。内容包括三章：第八章是自驾车旅游交通，第九章是自驾游信息平台系统，第十章是自驾车旅游服务与保障体系。

由于编者的时间和水平有限，书中难免有错误和疏漏之处，敬请读者批评指正。让我们共同努力，为中国自驾车旅游研究的进一步深入和中国旅游事业的可持续发展贡献绵薄之力！

编者

2019 年 11 月 30 日

目 录

第三部分　支撑保障篇

第一部分

理论篇

第一章 自驾游的兴起与基本概念

第一节 旅游业的发展历史

一、西方旅游发展史

（一）西方旅游的起源

在原始社会早期，西方与中国一样，人类出于生存目的而不断地进行迁徙活动，从表现形式来看，"迁徙"具有旅游的空间位移的特征。但是从本质上讲，迁徙活动在目的上与旅游有着根本的不同，它不具有移动目的的休闲性、移动时间的暂时性和移动空间的异地性三个旅游的基本属性。因此，人类早期出现的迁徙活动不属于旅游的范畴。

随着原始社会在生产、生活上的逐步稳定，西方人趋向于在一个固定的地方定居。之后出于社会经济发展的需求，商品交换越来越频繁，出现了来往于不同地区开展易货贸易的原始商人，他们创造了经常到异地做短期停留并返回常居地的一种空间移动和生产经营方式。这时候西方人的空间移动基本上可以称作旅行，因为这种过程总是伴随着劳累、折磨与身心的损害，而不是带来愉悦的感受。

进入奴隶社会之后，古代西方人开始有了以休闲和愉悦为主要目的、离开自己的居住地、到异地游览后返回居住地的新型旅行方式。事实上，古代西方人的旅游活动是在古代旅行的基础上赋予了精神享受的性质和休闲游乐的内容，其产生的主要原因是奴隶制社会的统治稳固、经济强盛、科技发展和物质文明。那时候西方旅游的形式主要有古代商务旅游、古代航海冒险旅游、古代宗教旅游和古代修学旅游。

（二）近代西方旅游的演变

1. 20 世纪前的旅游发展概况

今天，沿着我们所能认识到的旅游发展历程可以发现，以休闲娱乐为目的的西方国内旅游始于 18 世纪。那时的贵族和上层阶级已经可以负担海滨旅游和温泉疗养的庞大开支，他们开始享受欧洲的"豪华旅游"，足迹遍布英国国内及整个北欧地区。我们可以更确切地称这种旅游形式为"保健疗养旅游"，即尽量多地享受海水沐浴来保持身体健康。

经历了 14~17 世纪的文艺复兴之后，西方的思想获得了极大的解放，资本主义最初的原始积累基本完成，欧洲资本主义的萌芽在长期的孕育中开始成熟。从 18 世纪 60 年代开始，欧美国家先后发生了范围广阔、影响深远的工业革命。这场革命不仅引起了生产技术的革新，使社会生产力获得了前所未有的巨大发展，而且引起了社会关系的重大变革，开创了人类物质文明的崭新时代。与此同时，社会财富的剧增极大地改变了人们的消费观念和生活方式，对人类的旅游活动也产生了重大而深远的影响，其中主要有三大因素促进了西方世界旅游的发展：收入的增加、自由时间的增多和交通系统的不断改进。从 19 世纪中期开始，西方国家的旅游和旅游业出现了突破性进展，推动着人类从分散、无组织、小范围、近距离的古代旅游进入了大规模、远距离和有组织的近代旅游，并开始展现出现代旅游的某些发展趋势。

2. 20 世纪西方旅游的发展

进入 20 世纪后，由于人们的物质财富不断增多，对休闲的追求也越来越高，而且西方人权、自由的思想一步步地深入人心，促使西方世界的旅游市场迅速扩大。整体来看，又可以将 20 世纪西方近代旅游的发展与变化划分为以下三个时期：

（1）20 世纪初至第二次世界大战结束时期。20 世纪早期，旅游的发展首先依靠的是经济收入的增长，然后才是交通方式的改进。然而，1914 年战争及其在 1939 年的再次爆发对许多国家的诸多方面产生了极大的影响。在这段时期里，主流资本主义国家尝试对带薪休假立法，人们对假期价值的认识与日俱增。1936 年 6 月，法国众议院通过法律规定，所有职工只要在一家企业连续工作满一年，便可享受每年 15 天带薪假期，首开从法律上确定职工带薪休假权的先河。1938 年，英国通过《带薪休假条例》，"二战"爆发前，1100 万名工人享受了带薪休假权利，占英国劳工的半数以上。[①]

20 世纪 30 年代，带薪假期已经成为人们生活的一部分，而不再是上流社会奢侈的特权。与此同时，其他方面的进步也促进了休闲旅游需求。很多更为富有的人们开始利用交通技术系统的进步，乘坐远洋渡轮、飞机或汽车享受更具异国情调的

---

① 王兴斌. 世界各国带薪年休假制度的历史与现状 ［N］. 中国青年报，2013-02-22.

假期。乘坐长途汽车，甚至是自己驾驶汽车旅游度假变得相当普遍。

（2）第二次世界大战后至 20 世纪 70 年代。第二次世界大战后，大多数西方发达国家的旅游业迅速发展起来。20 世纪五六十年代的经济发展不仅对期间出现的包价航空旅行产生了巨大影响，而且也促使以家庭为中心的休闲旅游形式迅速发展。社会财富的日益增加意味着，工薪阶级已经开始享受以前只有中上层阶级才能享受的海外长途旅行。

（3）20 世纪 70 年代以后，旅游业成为重要的经济支柱。以英国为例，70 年代后英国国内旅游者的数量保持了相对的稳定，但是旅游花费的数量却增多了。出境游的人数大量增长，英国居民出境游人数从 1987 年的 2700 万人次增加到 1997 年的 4600 万人次。自 1970 年开始，旅游作为英国经济重要支柱的观点就已经获得政治上的认可。

二、中国旅游发展史

（一）中国古代旅游史

中国古代的旅行和旅游可以追溯到遥远的远古时代，已有数千年漫长的历史。在中国数千年的旅游发展史中，秦汉、魏晋、隋唐以及晚清是几个特别重要的时期。秦汉以帝王巡游与使节远游为代表，魏晋南北朝以旅游意识充分觉醒为代表，隋唐更是以旅游交通发达、旅游馆舍众多、旅游诗文灿烂、旅游景观遍及天下构成了这一时期旅游的壮阔全景。

1. 秦汉时期

秦汉称得上是中国古代旅行与旅游的第一个高潮期，其主要特征是大规模的帝王巡游与前所未有的使节远游。秦汉时期，统一的封建大帝国版图辽阔，国力强盛，整个社会洋溢着一股勃勃生机，远行也因此成为这一时期旅游活动的主题。

秦始皇统一中国后，"治驰道，兴游观"，据史书记载，秦时修"驰道于天下，东穷燕齐，南极吴楚，江湖之上，濒海之观毕至"（《汉书·贾山传》）。随着社会经济的发展，秦汉时期的交通工具也有了很大的发展，船舶制造、马车制造技术在当时十分先进。与此同时，邮亭、传舍、馆舍、邸舍、客舍、谒舍、逆旅等各类公私旅馆纷纷设立，为旅游者提供了方便。

汉武帝曾踌躇满志，"朕巡荆、扬，辑江、淮物，会大海气，以合泰山。上天见象，增修封禅"，表现出一代雄主的豪迈气概。秦皇汉武的巡游，不但开启了秦汉时期壮阔豪放的旅游风格，而且促进了旅游交通设施的建设，开发了内地和沿海的许多旅游资源，并奠定了以后的帝王巡游与封禅制度，因而对中国旅游发展史产生了很大的影响。秦汉时使节远行的代表是张骞，他行程万里，开通了著名的"丝绸之路"，为中西文化交流做出了杰出的贡献。

2. 魏晋南北朝时期

魏晋南北朝是中国旅游史上的重要转折期。这时期，一方面，社会生活剧烈动荡；另一方面，整个文化领域异常活跃，儒家思想的绝对统治地位发生动摇，异端思想源源而出。这一时期的旅游者们认为，人间的功名利禄、荣辱祸福、是非曲直，都蒙蔽了人的本性；而如果人们超脱尘世，适意自然，返璞归真，就能恢复本性，得到内心的宁静，享受真正的人生乐趣，大自然变成了魏晋人憩息的场所、游赏的对象、抒情的凭借、吟咏的题材。这说明魏晋南北朝是一个旅游意识充分觉醒的时期。

在旅游园林方面，与秦汉时期园林大多属于帝王不同，魏晋时期的自然山水园林已大多属于私人园林。园林的结构艺术在这时也产生了很大变化：人们不再一味追求堂皇华丽，而是尽量依照自然山水，希望能给人一种超然、散淡的情怀，以便在城市之中也能坐享山林之美。魏晋南北朝又是旅游诗文的成熟时期和旅游山水画的诞生期。王羲之的《兰亭集序》及郦道元的《水经注》等，是这一时期游记散文的代表作。同时，出现了戴逵的《剡山图卷》、顾恺之的《雪霁望五老峰图》、夏侯瞻的《黄山图》等旅游山水为主题的代表画作。另外，玄游、佛游、文人漫游等多种新的旅游方式都在这一阶段产生，大量的私营客栈和寺院旅舍也都在这一时期涌现。

3. 隋唐时期

隋唐是中国旅游史上的极盛期。隋唐时期的中国疆域辽阔，文化兴盛，经济繁荣。依托这样一个宏阔的社会背景，中国古代旅游业也呈现出一种前所未有的强劲态势：万里远行、天下漫游，是唐代文人的重要生活方式。

隋唐时期旅游业有以下几个显著的特点：

一是旅游的人数和旅游的方式众多。其中，有以隋炀帝、唐玄宗为代表的帝王巡游；有以玄奘、鉴真为代表的佛徒远行；有以李白、杜甫、岑参等为代表的文人漫游。在唐代，清明春游踏青、重阳秋游登高等民间郊游的习俗也已经十分普遍，以至到了"幄幕云合，绮罗杂沓，车马填阗，飘香坠翠，盈满于路"的盛况。

二是旅游诗文极为灿烂。唐代是诗的时代，因而旅游诗也极有特色。孟浩然的《宿建德江》，王维的《使至塞上》，李白的《望庐山瀑布》《望天门山》，杜甫的《望岳》《登岳阳楼》，白居易的《钱塘湖春行》，岑参的《白雪歌送武判官归京》，李贺的《江南弄》，刘禹锡的《望洞庭》等，都称得上是中国古代旅游诗中的典范之作。与前代相比，唐代的游记无论从体例、内容到语言手法都有很大的创新与发展，中国游记文学走向成熟。有专家认为，山水游记作为散文体裁的一个分支真正独立于文苑是在唐朝。

三是旅游交通设施非常发达。唐代形成了以长安、洛阳为中心的陆路交通网络和以大运河为代表的水路交通脉络，同时官办的驿站馆邸、民间的旅馆店舍，乃至外国商人开办的"胡邸"遍布全国各地。唐代发达的旅馆模式还对东亚地区旅馆业的发展起到了很大的促进作用，日本、朝鲜都仿照中国样式来建造本国的旅游馆舍。这一切使唐代的旅游业呈现出少有的盛况，并充分说明了旅游的发展是与整个社会政治的安定、经济的繁盛密切相关的。

4. 宋、元、明、清时期

虽然宋、元、明、清各代的旅游现象各有独特的特点，如宋代出现了开封、洛阳、杭州、苏州等著名的旅游城市，宋词中的旅游词作也十分出色；又如元代是一个横跨欧亚，"北逾阴山，西极流沙，东尽辽东，南越海表"的辽阔大帝国，因而产生了耶律楚才、常德、拉班·扫马、汪十渊等杰出的国际旅行者；再如明代有七下"西洋"的航海旅行家郑和、足迹逾万里的徐霞客，创造了世界旅游史上的奇迹；清代也有康熙、乾隆的江南巡游和袁枚、姚鼐等著名的文人旅游家。但就对中国旅游发展史的影响而言，这几个朝代都难与秦汉、魏晋南北朝和隋唐相媲美。

（二）中国近现代旅游的出现与发展

1. 西方旅游理念的传播

19 世纪中叶，中国被迫打开了自己封闭已久的大门，随着西方文化逐渐进入中国，千年古国的旅行旅游活动从此进入了一个新的发展阶段。

首先是在中国产生了公路、铁路、汽车、火车、飞机等新的交通方式与工具，大大地方便了旅行和旅游者。与此同时，新式旅馆等新的旅游设施也相继出现，尤其是到 20 世纪初，北京、上海、香港、天津等城市，西方式的新旅馆"接踵而起，连绵不绝"，它们规模宏大，设施完备，管理经营方式先进，逐渐成为中国旅馆业的主导。

1923 年，中国旅行社——中国第一家由中国人自己开办的旅行社正式创办，它的服务与管理方式直接影响了以后的中国旅行社业。在近代，中国人开始真正走向世界：一批批先行者或出使各国，或考察西洋，或留学东瀛，乃至被迫出洋流亡旅行。这些新型的旅游者足迹遍及五洲，用好奇的目光打量着这个新鲜的世界，从而为后人留下了许多优秀的游记作品。与此同时，更多的外国人以传教、公务、商业、观光、文化交流等方式来到中国，使中西文化交流在更广、更深的层次展开，并对中国社会产生了极为巨大的影响。

2. 中国现代旅游业的发展

中国旅游业在各级政府的大力支持下，正在以震惊世界的速度向前发展。如表1-1 所示，我国旅游总人次从 2006 年的 13.94 亿增长到 2018 年的 56.80 亿，总花费从 2006 年的 6229.7 亿元增长到 2018 年的 5.97 万亿元，国内旅游逐年稳步提高，旅游活动已经成为人们生活中必不可少的要素。

表 1-1　2006~2018 年国内旅游消费概况

年份	总人次（亿人次）	出游率（%）	总收入（亿元）	人均花费（元）
2006	13.94	106.1	6229.7	447
2007	16.10	122.5	7770.6	483
2008	17.12	129.5	8749.3	511
2009	19.02	141.9	10200.0	536
2010	21.03	156.8	12579.8	598
2011	26.41	196.0	19305.4	731
2012	29.57	218.4	22706.2	768
2013	32.62	238.5	26276.1	1921
2014	36.11	262.7	20311.9	1478
2015	40.00	289.3	34195.1	2473
2016	44.00	316.5	39390.0	2833
2017	51.40	370.0	54000.0	3887
2018	56.80	400.0	59700.0	4204

资料来源：总人次、出游率由 2006~2017 年《中国旅游统计公报》、《全国旅游工作会议》与 2018 年《文化和旅游发展统计公报》，以及文化和旅游部网站公开数据，根据需要整理。人均旅游花费（元/人/次）= 总花费/总人次，计算而来。

这一时期，旅游业高速发展呈现五大特征：

（1）旅游业态趋向多元发展。在"互联网+"的发展带动下，旅游业发挥易与其他产业融合的天然优势，如乡村旅游、文化旅游、生态旅游、体育旅游、康养旅游、红色旅游、工业旅游等新兴旅游业态快速发展。此外，随着人们的消费理念越来越环保健康、具有品质个性，旅游需求也向深度体验和休闲度假转变，小邮轮旅游、海岛旅游、低空飞行旅游等丰富、多元、个性的新旅游形式层出不穷，不仅受到游客的喜爱，也成为投资热点。

（2）旅游基础设施进一步完善。旅游交通条件不断完善。截至 2018 年底，中国铁路营运里程已达 13.1 万千米，其中高铁通车里程 2.9 万千米，"八纵八横"高铁网建设全面展开；公路通车总里程 484.65 万千米，其中高速公路通车里程 14.26 万千米，均居世界第一位；民航里程达到 1219.06 万千米，航线总条数达到 4945 条，其中国际航线 849 条，定期航班国内通航城市 230 个（不含港澳台地区），国际定期航班通航 65 个国家的 165 个城市。与此同时，各省积极新建或改扩建旅游公路、风景道，使区域旅游网络更加顺畅，为自驾游提供了良好的基础条件。国内酒店住宿业品牌化和连锁化程度持续提升，形成星级酒店、品牌酒店和非标住宿"三足鼎立"的格局。星级饭店从 2010 年的 13652 家减少至 2018 年的 10249 家，整体已实现盈利，但营利性仍不强；酒店类上市企业净利润增长率及有限服务连锁酒店数量增长均变缓；经济型酒店市场已相对饱和并步入入住率、房价双下滑的发展阶段。以民宿为代表的新兴业态经爆发式增长后，逐渐进入规范管理阶段。

（3）在线旅游载体迅速发展。受益于旅游需求的不断提升、互联网技术的进步以及网络普及率的提高，我国在线旅游迅速发展，在线旅游市场交易规模和营收规模持续扩大。2018年全国在线旅游交易规模9900万亿元，在线旅游企业资源方与渠道方趋向融合发展，在线旅游行业的渗透率不断攀升。在线旅游的发展为自助游旅游者提供了便利条件，旅游存量市场得到挖掘，传统旅行社模式缺乏服务特色、运营管理落后、散乱、弱小发展等问题得到突破和解决。

（4）信息技术得到广泛应用。随着旅游与科技的不断融合，人工智能、卫星导航系统、云计算、大数据、物联网、移动互联网、可穿戴智能设备等信息技术的广泛应用，推动了智慧旅游的发展，不仅有利于提升旅游服务效率和运营管理水平，也为旅游者提供了诸多便利。跨境移动支付、区块链等新技术正在文旅行业广泛应用，除百度、阿里、腾讯等巨头之外，今日头条、美团点评、滴滴出行等平台也纷纷入局。文旅行业的科技创新也不断涌现。虚拟现实、增强现实等计算机仿真技术在旅游中的应用增强了旅游景区的创意性和体验性。SNS社交软件和网站的成熟普及，逐渐颠覆大规模、标准化旅游产品的传统商业模式，旅游市场逐渐细分，旅游产品个性定制化逐渐发展。

（5）旅游投资规模持续增长。旅游业的向好发展吸引国有、民营等各方资本的竞相进入，投资增长强劲，根据国家旅游局的统计数据，2013年我国旅游实际完成投资5144亿元，同比增长26.6%；到2015年实际完成投资规模首次突破1万亿元，达到10072亿元，同比增长42%，实现了两年翻一番；2016年更以1.3万亿元的投资规模实现了旅游业投资同比增长29%[1]，成为当年拉动投资增长的重要力量，增速领跑其他行业。2018年文旅产业经济发展态势良好，全年投融资事件共295起，投资规模合计1.37万亿元。[2] 此外，政府部门通过设立专项建设资金、旅游产业基金等方式，撬动更多社会资本投入旅游业，带动形成以民营资本为主、国有企业和政府投资共同参与的多元主体投资格局。截至2017年底，全国已有144只旅游产业投资基金，总规模超过8000亿元。[3]

近年来，我国旅游业不断发展和提升，现已成为全球最大的国内旅游市场和出境旅游国、世界第四大入境旅游国，在世界旅游发展格局中占据重要的地位，但离世界旅游强国还有一定差距。根据国务院2014年发布的《关于促进旅游业改革发展的若干意见》、2015年国家旅游局"515"战略的推动、2016年发布的《中国旅游

---

① 国家旅游局：《中国旅游投资报告》（2015、2016）。
② 新旅界：《2018文旅产业投融资研究报告》。
③ 李金早：《2018年全国旅游工作会议讲话》，http://www.sohu.com/a/218861828_825181。

业"十三五"规划》、2017年发布的《"十三五"时期文化旅游提升工程实施方案》以及2018年发布的《国务院办公厅关于促进全域旅游发展的指导意见》，旅游业作为我国经济的"战略性支柱产业和人民群众更加满意的现代服务业"，正在朝着融合发展、转型升级、提质增速、拓展发展空间和优化环境等方向不断改革。未来我国旅游业的发展将不断融合与创新，寻求休闲度假旅游的突破，优化产业结构；积极促进旅游非基本消费增长，优化消费结构；分类突破城市旅游供给短板，耦合旅游供需结构。

第二节　自驾游的兴起

一、近代大众旅游的问题

第二次世界大战后，战争的创伤被迅速抚平，和平和发展成为世界主流。各国都开始致力于经济建设和维护社会稳定。西方各国普遍推行了高工资、高消费、高福利的社会经济发展政策。由于世界各国的政治安定，经济发展时间延长，巨大的潜在旅游需求被激发出来，越来越多的社会成员加入到了旅游的行列，在世界范围内出现了人员的大规模流动，这标志着大众旅游（Mass Tourism）时代的到来。

大众旅游的特点是大众参与性、全球普及性和规范标准化。由于"大众旅游"参与人数众多，旅游活动复杂，管理方式陈旧，旅游观念落后，给整个社会和自然环境带来了大量的问题，主要表现在以下几个方面：

（一）大众旅游对生态环境保护的忽视

（1）随着大众游客的迅速增加，旅游目的地盲目进行旅游开发并发展跨国连锁企业，制造了许多相似的城市环境、商场、景点、公园、服务和设施，使旅游的多样性和差异性退化和消失。

（2）大众旅游带来大规模的客流量，使许多目的地交通拥挤，景区人满为患，不仅造成了对旅游资源的破坏，而且引起了当地居民的反感。

（3）由于旅游业经营管理不善，导致了各类接待设施对景区环境及湖泊、河流、海滨及地下水的污染；过量使用各种机动车辆造成空气污染；过多的娱乐歌舞设施造成了噪声污染。

（4）地方民俗的过度商业化减弱了地方文化的真实性及其对旅游者的吸引力。

（5）游客的不文明行为导致对许多有价值的文物古迹的损毁。

（二）大众旅游对个性化需求的忽视

大众旅游时代，旅行社在生产过程中主要关注的是规模经济，所有的一切都是标准化的，他们为每个旅游者安排千篇一律的连锁酒店、定式化的旅游吸引物、很少变化的旅游线路。旅游者随团参加单调、机械、置身其外的游览活动，享受着相似的服务使旅游者备感厌烦。

在大众旅游的情形下，旅游者只能被动接受旅行社组织的"赶鸭子"式团队包价旅游，无法按照自己的爱好和兴趣来选择游览地、安排游览线路和游览时间。标准化批量生产的大众旅游产品是刻板的，除了在价格上进行低级的市场竞争，没有差异化的、能满足更高层次需求的旅游产品。旅游结束后带给旅游者的印象只是"我曾经去过"的心理安慰，而不是真正放松身心、修身养性、陶冶情操、享受浪漫、促进健康的休闲体验。

二、旅游新理念的提出

早在 20 世纪 60 年代，西方国家已经开始忧虑大众旅游对目的地环境所带来的破坏。有学者首次提出了"负责任旅游"的新概念，其内涵是：旅游的环境影响最小化，最大限度地尊重东道国文化，东道国经济利益最大化，旅游者满意程度最大化。以后又有学者相继提出了生态旅游、可替代旅游、后工业化旅游和可持续旅游等一系列绿色含义的旅游方式和理论。到 20 世纪 80 年代末期，持续了近 40 年的大众旅游开始受到质疑并走向衰退，一种新型的旅游模式迅速崛起，旅游模式正在步入一个新的发展时代。在大众旅游之后学者提出的各种旅游概念中，"新旅游"和"体验经济"的理念影响较为广泛。

（一）新旅游理念

以普恩（1993）为代表，提出了新旅游（New Tourism）的概念，他对新旅游的定义是：新旅游产品是灵活的，可与标准化批量生产的产品在价格上竞争；新旅游产品的生产不再仅取决于规模经济，而是在生产过程中兼顾规模经济和满足不同游客的特殊需求，提供量身定做的个性化产品；新旅游产品的生产更多地受消费者不同需求的驱动；新旅游产品的促销手段也因旅游者需求、收入、时间和兴趣的不同而异，大众化营销模式不再占主导地位；新旅游产品仍会被旅游者大量消费，但这个消费群体更有经验、受过更多的教育、更能为旅游目的地着想、更独立、更灵活、更环保；旅游者会把目的地的环境和文化视为旅游体验的一个重要组成部分。

这种新的旅游理念，在需求与供给上具有以下基本特征：

1. 需求的特征

其一，需求主流转变。放松身心、修身养性、陶冶情操、享受浪漫、珍视健康开始成为旅游需求的主流，延续了近半个世纪的传统观光旅游开始衰退，休闲、娱乐和度假旅游成为新时代旅游的主流需求。

其二，需求多样化。人们不再满足于单纯的观光方式，而是追求满足个性需求、富于刺激性的旅游方式。探险旅游、科技旅游、工业旅游、务农旅游、生态旅游、体育健身旅游、文化博古旅游等特殊形式的旅游和主题鲜明的旅游成为时尚，攀登高山、挑战沙漠、体验野外生存、畅游森林、直升机观光、太空游览、月球旅游、外太空探险等也成为新时代极富吸引力的专项旅游活动。

其三，需求人性化。在追求个性化的浪潮下，旅游者不再青睐旅行社组织的"赶鸭子"式团队包价旅游。小团队旅游、散客旅游和家庭旅游人数快速增加。20世纪 90 年代，西方发达国家的散客旅游已经超过了团队包价旅游。各种自助游迅速发展，越来越多的旅游者喜欢按照自己的爱好和兴趣来选择游览地、安排游览线路和游览时间。团队旅游者减少的原因是：游客自主消费意识增强，散客旅游的自由度提高，私人交通工具普及，接待服务系统的社会化以及旅游预订网络的完善等。能够充分满足游客的个性化强、透明度高的旅游形式，如基本旅游项目加自由选择、临时旅游项目加现场定价等新形式旅游替代了标准化、规范化的传统旅游，更好地满足了人们的个性和特殊旅游需求。

其四，需求参与化。人们外出需要获得的是一次寓游于乐、富于情趣、轻松活泼和活力四射的旅游参与和体验。旅客希望在旅游过程中能够亲历当地的生活习惯，直接感受异国民族风情，深刻体会不同的民族文化，在与人的真诚感情交流中得到心灵的慰藉。参与性旅游和体验式旅游逐渐成为新时代旅游的主流模式。

其五，需求安全化。在具备闲暇时间和支付能力的条件下，唯一能使旅游者放弃旅游的因素就是对安全的顾虑。因此，世界各国的游客对旅游安全的需求越来越强烈。

2. 供给的特征

其一，旅游市场超细化分。旅游需求的个性化和多样化成为新时代旅游的常态。为了适应这一变化，现代旅游营销中出现了市场超细分化的趋势。旅游企业要在原来大众游客细分的基础上，对产生新需求的消费群体进行再细分，一直细分至每个旅游者的个体需求。这样便于对每个细分市场上游客的独特性进行准确识别，帮助旅游经营者从更深的层次了解、满足和开发人们的旅游需求，并根据不同游客的个性化需求制定相应的营销策略，提供个性化的旅游需求，并根据不同游客的个性化需求制定相应的营销策略组合，提供个性化的旅游产品和服务，才能真正满足每个旅游者的需求。

其二，旅游经营网络化。现代信息技术和国际互联网的迅猛发展推动着旅游业进入了网络经济时代，使旅游营销方式、旅游目的地经营模式、旅游企业内部管理、旅行社运营方式、航空公司预订系统等各个方面都发生了天翻地覆的变化。一个个制作精美的旅游网站、一幅幅生动活泼的旅游网页，形象而快速地展示了旅游目的地的吸引物、旅游线路和出游方式。旅游者在家中可以通过计算机进行网上预订、网上查询、网上组团、网上结算，不仅使旅游者的购买方便快捷，而且减少了旅游企业之间的延期付款和拖欠问题。旅游开发商、批发商和零售商结为一体的全球旅游营销网络既有利于迅速开拓国际客源市场，又能提高旅游目的地在国际市场的竞争力。各种国际互联网、广告宣传媒体、人员促销、会议展销等有机结合，形成了旅游市场营销网络化的发展态势。

其三，旅游服务优质化。随着世界服务贸易的迅速发展，旅游服务也呈现出新的发展趋势。为了满足旅游者的需求，各国向旅游者提供全球性的标准化服务。在服务标准化的基础上，通过进一步的市场细分，了解旅游者的个性化需求，具有鲜明特色的个性化服务也得到发展。标准化和个性化旅游服务使旅游从业人员的要求进一步提高，促使旅游从业人员素质和技能不断提高。为了增强旅游目的地的竞争力，各国政府和旅游企业都在不断改进和提高旅游服务质量，通过提供超值服务、特色服务、细微服务全面提高旅游目的地的吸引力和竞争力。

其四，旅游管理知识化。旅游从本质上讲属于知识经济的范畴。在旅游过程中，到处都包含着大量的知识和信息。在人类社会进入知识经济时代后，实现旅游业的知识管理就是实现旅游发展的现代化。旅游业的知识化管理，包括观念创新、技术创新、机制创新和管理创新，从不同的角度决定和影响着现代旅游的发展。旅游业的知识管理主要取决于有知识的人才，只有大量高素质的优秀旅游人才才能充分利用现代知识和信息技术手段来推动旅游业的创新。

其五，旅游增长集约化。经过50多年的飞速发展，世界旅游业基本走过了外向型规模扩张的发展阶段。为了适应新时代旅游需求的发展趋势，旅游业需要改变原有的数量型扩张增长模式，即通过旅游的大众化，依靠大规模的客流量来实现旅游经济总量的增长。20世纪90年代以来，全球可持续发展战略的提出和大众旅游发展的负面影响，使许多发达国家和地区开始谋求旅游经济的集约化增长方式。主要表现在：通过提高旅游目的地的文化内涵和科技含量来改善旅游服务质量，刺激游客的消费，提高经济效益；积极开拓高素质、高消费的客源市场来调整游客结构，在限制游客过度增长情况下努力保持旅游经济效益的增长；强调旅游供给的投入产出效益，推进旅游企业的兼并、重组和国际合作，注重旅游企业的规模经济效益；加强政府对旅游业的管理，强调旅游发展必须促进和带动地方社会经济发展。

其六，旅游发展的可持续化。旅游可持续发展是指在充分考虑旅游与自然、社会文化和生态环境相互作用的前提下，把旅游发展建立在生态环境承受能力之上，努力谋求旅游与自然、文化与环境协调发展，并福及子孙后代的一种发展模式。旅游可持续发展的目的在于为旅游者提供高质量的感受和体验，促进旅游目的地居民的生活质量不断提高，并切实维护旅游者和旅游地居民共同信赖的环境质量。随着人们对资源和环境保护的重视及全球加快对生态环境的保护和恢复，生态旅游将成为新时代旅游的主体，与此相伴的各种绿色酒店、绿色食品、绿色营销、回归自然、保护环境的旅游形式得到广泛发展，必将推动旅游走上可持续发展的道路。

（二）体验经济的理念

20世纪70年代，美国学者阿尔文·托夫勒通过《未来的冲击》一书提出了"体验经济"的概念。"体验经济"这一概念被认为是继农业经济、工业经济、服务经济后的另一大经济形式。接着在1999年由美国经济学家约瑟夫·派恩二世和詹姆斯·吉尔摩对体验经济做了比较全面的解释，并指出体验经济会取代服务经济。

体验经济的特征是个性、参与和情感。对于旅游业来说，我国传统的观光旅游已经不能满足体验经济的特征，所以探险旅游、乡村旅游和自驾车旅游等能让人们体验生活的旅游越来越受到人们的欢迎。随着体验经济的到来，传统旅游会逐步被个性旅游所代替。从表1-2中可以看出，定制化旅游更加符合体验经济。

表1-2　国外旅游发展模式比较

项目 ＼ 维度	大众旅游	定制化旅游
旅游类型	传统的观光型旅游	专题旅游（自驾车旅游、生态旅游、文化旅游、探险旅游）
旅游项目	静态陈列式	动态参与式
旅游方式	被动式	主动式
旅游动机	统一的单一主题游	多元化主题的个性化旅游

三、自驾游兴起的推动因素

由于大众旅游存在诸多问题，在旅游形式与旅游者的需求上具有无法调和的矛盾，时代呼唤一种全新的、能够满足人类新的需求的旅游方式。随着社会经济发展，交通网络及信息网络不断完善，假薪制度得到落实。自驾游就在这种时代背景下应运而生。自驾游的兴起和繁荣发展，有其深层次的社会和文化成因。同传统旅游相比，自驾车旅游自由、体验性强。传统旅游选择性和自由度都较低，是标准化的产品。而这种标准化的产品，在旅游发展的初期阶段因为旺盛的需求而发展迅速。之后人们不再满足于这种观赏性低的、"到此一游"的游览方式了，旅游需求趋向多样化，而选择自驾车旅游能给旅游者带来完全不一样的旅程。这是由自驾车的特点决定的。

第一，自驾车旅游是自主性、体验性很强的旅游形式。旅游者自己驾驶或乘坐私家车，去自己选择的地方，选择自己想玩的项目和时间。这样旅游者便能更充分地体验和享受沿途以及目的地的民俗风情和自然风光等。

第二，自驾车旅游作为自驾车旅游者的一种学习方式存在。旅游者首先从其周边开始，逐步向外辐射。另外，要去远途旅行，需要很多的必备品，而汽车后备厢有足够的空间，能满足旅游者的大部分需要，会使旅途更加顺利和舒适。

第三，自驾车旅游是多样性的旅游方式。可以是通过家庭旅游的方式，也可以是和朋友一起去旅游。同时，旅游消费的时间、费用、品质等可以自由组合。在旅游者人数上，因私家车的主要类型是以可载 4~5 人的小轿车或越野车为主，即便是三五好友相约而行，也是小团体行为，与大型旅游团有明显区别（翟涛等，2005）。

第四，自驾车旅游的刺激性很强。随着各景点的游客承载量趋于饱和，自驾车旅游者大多会选择去比较危险、原始状态保存好或有特殊景色的地方。同时，在旅行途中可能会遇到一些突发事件，需要自己解决。通过这些方式，他们会获得不同于团体旅游的感受。

第五，它是消费档次高的旅游方式。参与自驾车旅游的人大部分生活条件是达到小康水平以上的，因为自驾车旅游的花费相对较高些，这使自驾车旅游成为国内旅游中时尚的标志。

四、中国自驾游兴起的内在因素

中国自驾游正蓬勃发展，渐渐成长为一个全新的旅游经济增长点。与跟团游线路固化、行程僵化、时间仓促、走马观花相比，自驾游自由、灵活、便捷的个性化出行成为提升旅游体验的新途径。据中国旅游车船协会统计，2018 年中国自驾游已达 35 亿人次（见图 1-1）；全国旅居车保有量突破 10 万辆，已建成自驾车旅居车营地 540 个，在建 388 个。

（一）营地

全球露营地主要集中在发达国家，2017 年，全球露营地数量约 7 万个，主要集中在欧洲、美国、加拿大、澳大利亚等国家和地区，占全球总规模的 85%。① 全球规模占比最高的美国，1/3 的旅游设施以及土地都是以露营形式存在的。近年来，我国露营地数量在"持续政策加持下"，迎来爆发式增长。2016 年中国营地数量、房车销量、房车生产厂家以两倍以上的速度增长。截至 2016 年，营地总数达 958 个

---

① 21RV 房车网 2017 年度报告。

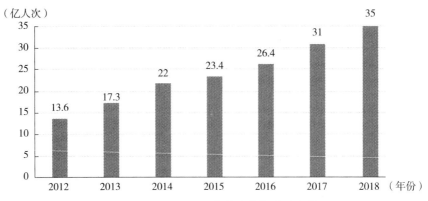

图 1-1 2012~2018 年全国自驾游总人数

（建成 469 个、在建 489 个）。到 2017 年，中国营地总数达 1273 个（含在建），新建成营地 356 个，已建成营地数量增速达 76%。2018 年我国已建成露营地 1239 个，房车保有量 7 万辆。按照目前发展趋势，预计不远的未来，中国营地数量将突破 3000 个，中国营地行业市场规模或将达万亿级别。

（二）旅行社与电商自驾游业务

面对自驾游的巨大消费潜力，传统旅行社和电商纷纷加快自驾游领域的布局，传统旅行社建立全国性自驾游销售网络，乐途、马蜂窝等旅游电商则拓展海内外自驾、门票、租车、保险等一系列自驾游相关产品预订服务。淘宝、百度、腾讯等也开始涉足旅游行业，自驾游市场经营主体更加多元，竞争也越来越激烈。

（三）汽车租赁业

随着自驾游的快速发展，我国经营汽车租赁市场增长迅速，2012~2017 年年均增速高达 18.39%。短线自驾游租车服务市场逐渐实现连锁化，汽车租赁网络预订、在线支付等功能促进了短租销售；异地租车，即"飞机（高铁）+当地租车"无缝衔接方式，受到广大自驾游客欢迎，这种方式不仅节约了成本，使异地自驾游成为可能，也促进了汽车租赁业的发展，并且随着共享经济模式逐渐成熟，以及新能源汽车技术的提升，互联网汽车分时租赁市场在未来将继续保持较快速度增长。

（四）自驾游保险服务业

面对规模不断扩大的自驾游市场，多家保险公司针对自驾游客以及自驾游俱乐部推出全面多样的保险产品。比如平安公司针对自驾车俱乐部，开发出"自驾车俱乐部责任险""境内、境外意外险""财产综合险、车险、物流责任险"等多种产品，这些险种对俱乐部组织自驾游活动中出现的意外所带来的风险和损失，游客的人身、财产安全进行了保障，对自驾游健康平稳发展意义重大。

（五）汽车俱乐部

汽车俱乐部在自驾游市场扩大的利好环境中，获得了新的机遇。据统计，2016年，我国各类汽车俱乐部约计30000家，专做自驾游的俱乐部约有3200家，[①] 其发展趋向标准化、专业化、连锁化、多元化。比如有的自驾游俱乐部专注国内产品开发，而有的所谓自驾游俱乐部则侧重推出境外自驾游产品。多家自驾游俱乐部联盟、自驾游联合会等俱乐部组织出现，自驾游市场形成了信息共享、市场互换、资源整合、共同开发的联合化局面。

（六）自驾游信息服务业

自驾游发展带动大量自驾游信息服务机构蓬勃发展，自驾游信息的提供、产品的推介以及线下活动的组织方式，除传统的电话、短信、QQ、邮件、杂志、旅行外，微信、微博等新媒体也得到了广泛应用。比如近两年涌现出了行者无忧自驾游、517自驾游、一路行、自驾e族、跟我自驾游（auto-travel）等一大批提供自驾游信息的微信公众号。

（七）自驾和户外产品

自驾游是一种新的业态，也是一种全新的休闲生活方式。这一生活方式促进了房车制造、销售、展览、租赁、管理、维修等一系列产业发展，也为汽车装备、车载产品、户外用品、户外服装等用品、设备和设施带来了巨大的消费潜力。

第三节　旅游与自驾游的基本概念

一、旅游的概念、类别与特征

（一）旅游的定义

当我们看到"旅游"这两个字眼的时候，我们首先想到的往往是到一个我们梦想已久的地方去观光的过程，一个身在南方的人，可能想象的是在北国的冰天雪地里滑雪、玩冰；看北京的故宫、四合院，品味老北京的历史；或者是瞻仰喜马拉雅

---

① 2016年中国自驾游发展的行业热点，社科院旅游研究中心，http：//www.sohu.com/a/146442364_126204。

山、眺览内蒙古的广阔草原。北方人则可能憧憬海南三亚的海岛风情、阳光沙滩，或者是毛泽东故居、爱晚亭的枫林掠影……

但是要实现以上梦想，却有不同的途径，可能是仅仅为了观光、度假，也可能是在参加商务会议的过程中顺手拈花；可能随旅游团前往，在导游的引导下完成全部的行程，也可能独自一人或拖家带口驱车前往；可能是在国内近在咫尺的邻镇邻村，也可能在非洲的热带雨林。

在以上所描述的内容中，多数情况下我们常称为"旅游"，实际上，对于有些活动称为"旅行"更为恰当。这两个词在英文里对应于"Tourism（旅游）"、"Travel（旅行）"，但在我们的日常生活中常常互换使用，并不作严格的区分。但是在外国文化里，很久以前这两个词的意思就有着微妙的区别。"Travel"往往意味着遭受磨难，而"Tourism"则有享受、娱乐的意思。

在中国文化里，这两个词也有一些区别，虽然"旅行"也总是能带给人回味无穷的经历，但是，"旅游"在娱乐的程度上要更胜一筹。仔细思考一下可以发现，其实我们在说"旅行"的时候，往往意味着有某种舟车颠簸的劳累之感，"旅游"则更多的是强调一种愉悦的感受。

对于旅游的概念，我们要回答"什么是旅游"的问题。自从人们开始对旅游进行研究以来，许许多多的学者提出了或繁复或简单的定义，但是从来没有得到统一。即使是每个人根据自己的实践体验，也会因理解或感受不同而做出不同的定义。此外，当"旅游"一词在不同的场合出现的时候，它就具有了千差万别的内涵。例如，"外出旅游"通常是指为了寻找乐趣而进行的户外活动；"从事旅游工作"指的是旅游业的服务或旅游业的管理或者学术研究。

对"旅游"的定义，主要有两个目的：一个是从国家或行业的角度上进行技术性定义，便于产业调查、统计的需要；另一个是为了概括旅游的本质，增进人们的规范性理解而进行的概念性定义。

（1）基于量化指标的技术性定义。旅游中的技术性定义有三个关键问题：①旅游的目的；②旅游中涉及的时间，包括离开常住地以及在旅游目的地停留的最短时间和最长时间；③游客可能会/不会被认为是旅游者的情形。

美国通用大西洋有限公司的马丁·普雷博士（1979）在中国讲学时对旅游的定义为："旅游是为了消遣而进行的旅行，在某一个国家逗留的时间至少超过24小时。"该定义强调了各国在进行国际旅游者统计时的标准之一是逗留时间。

世界旅游组织对旅游的定义是："旅游是人们为了休闲、商务和其他目的，离开他们惯常的环境，到某些地方去以及在那些地方停留的活动，暂时停留时间不超过一年，且访问的主要目的不应是通过所从事的活动从访问地获取报酬。"[1] 该定义

---

① 转引自：吴必虎，黄潇婷等.旅游学概论（第3版）[M].北京：中国人民大学出版社，2019.

是世界旅游组织出于统计的目的在所制定的五本技术手册之一中对旅游的定义。

（2）基于本质概括的概念性定义。德国的蒙根·罗德（1927）对旅游的定义是："旅游从狭义方面的理解是那些暂时离开自己的住地，为了满足生活和文化的需要，或各种各样的愿望，而作为经济和文化商品的消费者逗留在异地的人的交往。"[1]该定义强调旅游是一种社会交往活动。

瑞士学者汉泽克尔和克拉普夫（1942）对旅游的定义是："旅游是非定居者的旅行和暂居留而引起的现象和关系的总和。这些人不会引起永久居留，并且不从事赚钱的活动。"[2]这个定义强调旅游的综合性，指出旅游活动中必将产生经济关系和社会关系。由于这个定义在20世纪70年代为旅游科学专家国际联合会（AIEST）所采用，因此被称为（AIEST）定义，是国际上一直被普遍接受的旅游定义。

20世纪50年代，奥地利维也纳经济大学旅游研究所对旅游的定义是："旅游可以理解为首先是暂时在异地的人的空余时间的活动，主要是出于修养；其次是出于受教育、扩大知识和交际的原因的旅行；最后是参加这样或那样的组织活动，以及改变有关的关系和作用。"该定义强调了旅游的基本目的是消遣和增长知识。

英国学者伯卡特和梅特列克（1974）对旅游的定义是："旅游发生于人们前往和逗留的各种旅游地的活动，是人们离开他平时居住和工作的地方，短期暂时前往一个旅游目的地运动和逗留在该地的各种活动。"[3]该定义强调了旅游的本质特征是异地性和暂时性。

美国密歇根大学的伯特·麦金托什和夏西肯特·格波特（1980）对旅游的定义是："旅游可以定义为在吸引和接待旅游及其访问者的过程中，由于游客、旅游企业、东道政府及东道地区的居民的相互作用而产生的一切现象和关系的总和。"[4]该定义强调了旅游所引发的各种现象和关系。

英国学者尼尔·利珀（2004）提出一个旅游的实用定义：旅游是旅游者的理论和实践。这涉及为休闲、放松的目的而旅行或观光某地。旅游包括人们的一些想法和观点，即决定是否去旅游、去哪些地方旅游（或不去哪些地方旅游）、做什么或不做什么，如何与其他旅游者及当地服务人员打交道，并且它是所有这些想法、观念的行为表现。该定义强调了旅游是思想的实践。

我国经济学家于光远（1985）对旅游的定义是："旅游是现代社会中居民的一种短期的特殊生活方式，这种生活方式的特点是异地性、业余性和享受性。"该定义强调了旅游是一种生活方式，并指出其异地性、业余性和享受性是旅游的主要特点。

我国学者谢彦君（2004）对旅游的定义是："旅游是个人以前往异地寻求愉悦为主要目的而度过的一种具有社会、休闲和消费属性的短暂经历。"该定义强调了旅游是一种享受异地愉悦和体验的短暂经历。

---

①②③④　转引自：吴必虎，黄潇婷等. 旅游学概论（第3版）[M]. 北京：中国人民大学出版社，2019.

（二）旅游的分类

根据不同的分类标准，我们可以把旅游划分成各种类别。例如，根据旅游距离的长短可以分为长途旅游、中途旅游、短途旅游。对旅游的类型进行细分，可以使旅游的专业化程度进一步提高，旅游市场营销的目标更加明确、旅游产品的特色更加突出。以下是几种常见的具有现实意义的分类方法。

1. 以地理、空间界线为分类标准

（1）星际旅游或太空旅游。星际旅游是指在星体与星体之间旅行。目前星际旅游虽然还没有实现，但这个概念的提出已经有很长的时间。而且在科幻小说、电影里成为运用频率很高的故事情节。1966年美国全国广播公司（NBC）首播《星际旅行》，使这一概念深入人心。

太空旅游是基于人们遨游太空的理想，到太空去旅游，给人提供一种前所未有的体验，最新奇和最为刺激人的是可以观赏太空旖旎的风光，同时还可以享受失重的感觉。而这两种体验只有在太空中才能享受到，可以说，此景只应天上有。太空游项目始于2001年4月30日。第一位太空游客为美国商人丹尼斯蒂托，第二位太空游客为南非富翁马克–沙特尔沃思，第三位太空游客为美国人格雷戈里·奥尔森。专家表示，未来的太空旅游将呈大众化、项目多样化、多家公司竞争、安全法规完善四大趋势。

（2）国际旅游。国际旅游是指旅游者从其定居国或长住国到其他的一个或多个国家旅游。其主要的标准是"跨越国界"。不过在某些实行特殊政治制度的地方，也可能只是跨越某种特殊的界线而被认为是国际旅游。例如，中国内地的公民赴中国香港、中国澳门、中国台湾旅游，通常被认为是国际旅游。

（3）国内旅游。国内旅游是指游客在离开自己国内的定居地或常住地而到本国以内的其他地方旅游。例如，北京居民去海南三亚旅游、上海居民去参观青藏高原风情等，都属于国内旅游。

2. 以旅游目的为分类标准

（1）休闲和消遣旅游。包括观光、度假、体育运动、文化旅游和探亲访友等旅游方式。其中，观光旅游是以欣赏自然风景和风土人情为内容的旅游，是大众旅游兴起初期最主要的旅游方式。近年来，随着度假旅游的崛起以及其他类型旅游的增多，单纯的观光旅游在整个旅游市场上增加的比例呈下降趋势；度假旅游是以度假休闲为内容的旅游；体育旅游是以直接参加或现场参观体育运动表演为内容的旅游；文化旅游是以到异国他乡去了解文化传统和交流文学、艺术、建筑、雕塑、音乐、舞蹈、科学、技术、教育等方面的成果为目的，从而达到领略异质文化的新奇、开阔视野、增长知识为目的的旅游；探亲访友旅游是以探访亲戚朋友为目的的旅游。

（2）商务和专业旅游。商务和专业旅游包括会议、谈判、使团、奖励和经商旅游。会议旅游是指以参加会议为内容的旅游。参加会议的人一般身份高，大多是企业家、专家、学者和教授，餐饮、住宿标准较高，且有较充足的购物时间和购买能力。因此，会议旅游日益得到许多国家和地区的欢迎和重视。商务旅游是指以经商为内容往来于各国各地的旅游。这类旅游既是旅游史上产生最早的旅游方式，也是现代旅游市场上所占份额最大、重游率最高的旅游方式。

（3）持其他目的的旅游。如修学旅游、宗教旅游、科学考察旅游、考古旅游、探险旅游、寻根祭祖旅游、美食购物旅游、医疗保健旅游等。

3. 以旅游吸引物为分类标准

以旅游吸引物的性质为标准可划分为海滨旅游、温泉旅游、森林旅游、山川旅游、江河湖泊游、冰雪旅游、乡村旅游、都市旅游、民族风情旅游、美食旅游、主题公园旅游等。总之，有多少类型的旅游吸引物，就可以划分出多少旅游的种类。

4. 根据旅游活动组织者的不同对旅游进行分类

根据活动的组织者分为：团体包价旅游、部分委托旅游、自助旅游。自驾游是自助游中的一种，在所有自助游的各种形式中，它增长最快、影响最广。

（1）团体包价旅游。这种旅游形式的组织者往往是旅行社，是旅游者参加旅行社或其他旅游组织事先计划、统一组织、精心编排旅游项目、提供相关服务并以包价形式一次性收取费用的旅游形式。这种形式的旅游价格优惠，不用为旅途的食宿费心，安全系数比较高。但是缺点也很明显，主要有：团体包价旅游的时间紧张，在各个景点之间疲于奔命；不能自主地选择自己关心的地方游览，只能被动地跟随集体活动；无法深入了解当地的风土人情。

（2）部分委托旅游。这种旅游形式一部分的内容是由旅行社或其他组织安排的，如委托旅行社来预订机票和酒店；而另一部分是由旅游者自己安排，如自己安排旅游的行程，因此也被称为半自助旅游。它的优点是能够比较有计划地完成旅行，并保证在游览的地点和时间上的完全自主。缺点在于不能享受到参加团队旅游在机票价格和酒店房价上的优惠。

（3）自助旅游。它是一种纯粹个性化的旅游方式，能够随心所欲地选择想去的地方，时间可以自由支配，并能打破常规的游览项目，能自主控制旅游开支，选择适合自己消费水平的旅游餐厅就餐投宿。不过，采取这种旅游方式必须具有完整的旅行经验或者在旅游地点有亲朋好友接待，否则自己要做大量的准备——自备旅游图、旅游丛书，熟悉旅游地点的景点位置，以及该旅游地区的交通情况。自助旅游还应该提前做行程计划，否则容易错过重要景点。另外，它的花费也比较高。

张晓燕（2006）认为自驾游是以自发组织为主体前往目的地旅行。李洪涛（2008）、马聪玲（2014）认为自驾游是自助游的一种类型。崔美玲（2013）认为自驾游像是一种自由行。自驾车旅游是游客在余暇时间，自发组织或由自驾车运营商组织，借助汽车、摩托车或自行车等交通工具离开居住地，跨越一定的地域空间、自由度很大的体验性专项旅游。本书所指的自驾游，主要考察的是自驾汽车旅游。

(三) 旅游的特征

1. 社会综合性

旅游是一项内容丰富、形式多样，涉及社会、经济、政治、文化、科技等各种因素的高度综合性活动，是十分复杂的社会现象，并对一个国家产生深刻的经济和文化影响。从旅游活动的全过程来看，旅游者出游的决定是一个综合性的结果，会受到文化价值观的支配。旅游者旅途中组成的临时社会也会产生各种复杂的矛盾。旅游者来到异国他乡的旅游目的地，众多旅游相关部门要为其提供精神、物质产品和服务，连成了一个庞大而复杂的支撑系统。在与目的地居民的交往中，旅游者带来的异地文化与当地文化发生碰撞，产生正面的或负面的影响。在生态环境、经济发展、社会治安等方面都会产生一系列连锁反应。所以旅游活动有非常突出的综合性本质属性。

2. 经济消费性

旅游由少数人的活动发展成现代大众旅游，其根本原因是社会生产力的发展和科技进步，使人们生活和消费水平提高。一个国家或地区只有经济高度发展，人们拥有足够的收入满足衣、食、住、行等基本生活需要之后，才能产生旅游动机和欲望。在具备了闲暇时间、交通发达、接待设施便利等条件时，旅游动机才变成旅游行动。

此外，旅游者在旅游过程中必须获得吃、住、行、游、购、娱等方面的接待服务，才能实现旅游目的。这种需要服务和提供服务之间便形成了经济交换现象。旅游业各个部门凭借旅游资源而为国内外游客提供产品和服务，包括景区景点、旅行社、酒店、商店、餐厅、交通、娱乐、疗养等一切可满足旅游者需求的设施和服务。旅游需求创造了旅游供给，无论对客源国还是对目的国来说都有不同程度的直接或间接的经济影响，从而使旅游表现出强烈的经济特征。

3. 文化休闲性

人类的旅游活动与文化有着不可分割的关系，旅游者本身就是一种文化交流活动：一方面，从原始文化到现代文化都可以成为吸引游客的因素；另一方面，旅游又对文化产生深刻影响。游客不仅汲取旅游目的地的文化，同时也把自己生活地的文化带到目的地，使地区间的文化发生交流与融合。从旅游对象的角度看，人文旅游资源包含着社会政治、经济、历史、宗教、艺术和民俗风情等因素，这些都涉及社会文化因素。自然旅游资源一经开发包装，也总会打上某种社会文化的印记。从旅游业角度看，旅游设施和服务融入了地域文化的积淀和历史遗产的渗透，体现出鲜明的地域特色和民族个性，如饮食文化、礼仪文化等。从旅游者的出游目的到旅游过程中涉及的要素贯穿始终，构成了旅游文化的本质属性。

4. 国际政治性

当旅游者从一国到另一国去旅游的时候，这种行为将涉及国际政治。在现代国际交往中，旅游素有民间外交的美称。这种民间外交比起正式外交具有手续简便、出入方便等优点，对国与国之间增进了解、消除误解、推动和维护世界和平有明显的促进作用。国际旅游活动在一定程度上可以反映世界局势和国际关系。欧共体在建立欧洲联盟时达成了欧盟成员国人员来往互免签证的协议。该协议实施后，欧盟各国公民可以自由选择在成员国内的任何一个国家入境、出境，通行无阻，极大地便利了欧盟成员国旅游者去欧盟各国从事商务活动和度假旅游。这显示出旅游具有显而易见的政治色彩。

5. 旅游是一种生活方式

旅游是人类社会发展的基本需要之一。随着社会经济和科学技术的进步，人们的物质生活水平不断提高，对生活意义的认识也越来越深刻，由于出行和接待设施的便利和舒适，旅游今天已经逐渐成为人们现代化、高质量、个性化、特殊化的生活方式。对于旅游者来讲，无论旅游动机、旅游内容、旅游形式有什么差异，追求身心愉悦、获得审美享受却是一致的。把旅游当作一种特殊而短期的生活来享受，是人们忘情山水、慰藉身心、求趣求乐的本性使然。

二、旅游者的定义

旅游者可以分为国际旅游者与国内旅游者，为了调查、统计方面的技术需要，学者和机构对他们进行了技术性的定义。同时，为了便于对旅游者概念的理解，他们又给出了概念定义。

（一）旅游者的技术性定义

1. 国际旅游者的技术性定义

（1）1963年，联合国罗马会议对国际旅游者（Tourist）作了如下定义：旅游者是指在目的国停留过夜（至少停留24小时）的游客，而"游客"（Visitor）是指除了为获得有报酬的职业目的以外，基于任何原因到一个不是自己常住的国家进行观光和访问的人员。而在旅游目的国进行短期访问的停留时间不超过24小时的游客，被称为一日游游客或短途游览者（Excursionist）。世界旅游组织于1981年提出的旅游者概念与此相似。

（2）中国对国际旅游者的定义。1994年以后中国提出了与世界旅游组织的规定相一致的旅游者概念。国际旅游者的概念是在游客的概念上进行定义的。

游客是指任何一个因休闲、娱乐、观光、度假、探亲访友、就医疗养、购物、参加会议或从事经济、文化、体育、宗教活动，离开常住国或常住地到其他国家或地区，连续停留时间不超过 12 个月，并且在其他国家或地区的主要目的不是通过所从事活动获取报酬的人。

国际旅游者进一步被分为入境旅游者和出境旅游者。国际入境旅游者是指来华旅游入境的境外游客中在中国旅游住宿设施内至少停留一夜的外国人和港澳台同胞。国际出境旅游者是指中国内地居民出境旅游并在境外其他国家或地区的旅游住宿设施至少停留一夜的人员。

其他的游客则被称为出/入境一日游游客。

2. 国内旅游者的技术性定义

（1）世界旅游组织对国内旅游者的定义。1984 年，任何以消闲娱乐、度假、体育活动、商务、公务、会议、疗养、学习和宗教为目的，而在自己定居的国家内，不论国籍如何，对某个旅游目的地进行了 24 小时以上一年以内访问的人员，均可被视为国内游客。国内游客也被划分为国内过夜旅游者和国内不过夜短途游览者。

（2）中国对国内旅游者的定义。国内游客是指报告期内在我国境内观光游览、度假、探亲访友、就医疗养、购物、参加会议或从事经济、文化、体育、宗教活动的本国居民，其出游目的不是通过所从事的活动谋取报酬。国内旅游者是指我国内地居民离开常住地在境内其他地方的旅游住宿设施内至少停留一夜，最长不超过六个月的人员。

（二）旅游者的概念性定义

旅游者的概念性定义很多，基本上可以简单概括为：旅游者是离开常住地前往异国他乡做短暂停留、寻求生理和心理满足、实现愉悦过程的人。这一定义从如下四个方面揭示了旅游者的本质属性：短暂性、异地性、主动性、愉悦性。利珀（2004）认为，旅游者是离开其通常住所地带而度过至少一个晚上的旅游的人。其旅游行为包括从其观光之地的特点、特色的相互影响中寻找休闲的经历。

从概念性定义来看，旅游者可划分为观光型旅游者、休闲度假型旅游者、文化科普型旅游者、消遣娱乐型旅游者、宗教朝觐型旅游者、家庭及个人事务型旅游者、公务商务型旅游者等类型。

三、旅游业的概念与构成

旅游业是指由旅游者的旅游活动引起的，旅游者同旅游企业之间以及旅游企业同相关企业或部门之间的经济联系。旅游企业为旅游者提供相应的吃、住、行、游、购、娱等服务，而旅游者向旅游企业支付一定的报酬，从而形成了旅游者与旅游企业之间的经济联系。旅游企业为安排好旅游者的旅游活动，需要同其他相关企业或部门发生经济关系。这些经济联系便构成了旅游经济的内容，它是国民经济运行的一部分，是一种社会产业。随着社会的发展，旅游业在经济活动中的地位将会越来越重要。

根据联合国世界旅游组织（UNWTO）的数据，2007 年全世界的旅游业收入达到 8560 亿美元，比 1950 年增加了 407 倍，年均增速达 12.5%。旅游业的增长速度不仅远远超过了同期世界经济的增长速度，而且也超过了增长势头最好的工业平均增长速度。进入 21 世纪后，虽然世界旅游业不断遭受了局部战事、恐怖活动、流行性疾病等因素的打击和影响，但以中国、印度为代表的发展中国家的经济保持着强劲增长势头，为世界旅游持续快速发展注入了新的活力，再加上旅游业持续发展的强势惯性，使世界旅游业仍然保持了健康持续的发展。2000～2007 年，全世界的入境游客规模从 6.81 亿人次增加到 9.03 亿人次，年均递增 4.66%，国际旅游收入从 4792 亿美元增长到 8560 亿美元，年均递增 11.23%，继续保持良好的增长势头。世界旅游与旅行理事会（World Travel & Tourism Council，WTTC）认为，旅游业作为世界上最大产业的态势正在形成，根据其统计数据，2007 年旅游业对全球 GDP 的直接贡献达到 3.6%，间接贡献达到 10.4%。

旅游业是随着人们的物质生活水平不断提高而出现的精神追求性产业，所涉及的范围广、社会成分多，所以它的主要业务和产品达不到经济学中在"产业"定义中所要求的"主要业务和产品大体相同"的标准。不管是从微观的层面看旅游企业，还是从宏观的层面看旅游产业，旅游业的投入和产出都是难以清晰地进行测算和确定的。此外，我们经常看到的绝大多数旅游企业都已经具有自身的产业归属，所以有些学者认为旅游业是不存在的。不过从我们的切身体会来看，旅游业确实存在，而且已经成为许多国家的主导产业，左右着一国经济的未来。对旅游业进行定义，对于实践中的产业经济统计、旅游业的发展战略规划等是非常有益的。

（一）旅游业的概念

澳大利亚学者克里斯·库珀等学者从旅游过程中的产品和服务组合、提供产品的对象和市场关系两个视角进行了旅游业的定义。

1. 以一次旅游过程所需要的产品和服务组合来定义旅游业

这种定义方法下的一次旅游过程所需要的产品和服务包括旅游者出游之前的信息服务，旅游过程中的交通、住宿、饮食、游览、购物、娱乐、导游等各种服务和相关产品，返回常住地后的信息反馈和追踪服务。将这一系列产品和服务组合在一起，就形成了现代旅游意义上的整体旅游产品或组合旅游产品，而为旅游者提供这一系列产品的企业的集合就可以统称为旅游业。在这个广义的旅游产品概念下，旅游产品内部各个组成部分之间，如酒店和航空公司虽然是不可替代的，但整体旅游产品之间却具有可替代性。旅游者会根据不同整体旅游产品的价格和质量进行选择。明确了这一点，我们就不会以部分旅游产品之间不具有替代关系来论证它们不是同一产品就不能归入旅游业的观点。

2. 以提供产品的对象和市场关系来定义旅游业

一般来说，一个新产业的形成有三条途径：一是从旧产业内部独立出一个新的产业；二是从各产业内部分化出一部分企业，经过重新组合而形成一个新的产业；三是相关产业之间有一家的业务关系，在不分或难以分化的情况下，以某种中介关系联系起来而形成一个新的产业。旅游业就属于第三种产业类型。旅游业中的各类企业分别来自早已独立存在的其他产业，以及在共同为旅游者提供产品和服务的前提下，以旅游市场的经济关系为纽带而重新整合起来的松散集合体。所以，旅游业内部是动态的，外部边界是模糊的。它们在为外来游客提供产品和服务的同时，也可以为当地居民服务，加上旅游吸引物的异地性和不可移动性，旅游业的存在实际上是起到方便旅游活动、联系旅游者的桥梁和纽带作用。

鉴于上述视角，我们可以将旅游业定义为：以旅游者为服务对象，以旅游市场为联系纽带，以旅游资源和设施为基础，以旅游经营活动为中心，将相关行业和企业集合起来，向旅游者提供旅游过程中所需要的产品和服务的综合性产业。

（二）旅游业的构成

根据为旅游者提供产品和服务的重要程度和关系密切程度，可将旅游业分为三个层面：直接旅游业、相关旅游业和间接旅游业。

1. 直接旅游业的组合——狭义的旅游业构成

直接旅游业包括旅行社、住宿和交通。旅行社是旅游活动的组织者，是旅游者实现旅游目的和联系各有关旅游企业和行业的中介。旅游者在旅游过程中必须要有食宿保障，住宿业就是提供这种保障的行业。交通是旅游者在旅游活动中进行空间位移的工具，旅游的范围和规模取决于交通的发达程度。由于旅行社、住宿和交通与旅游者的关系最直接，是旅游活动顺利进行的基本保障，因此，素有旅游业的核心和三大支柱之称，即依赖旅游者生存的产业。

2. 相关旅游业的组合——广义的旅游业构成

相关旅游业包括餐饮、娱乐、旅游吸引物、旅游购物、金融、保险、旅游管理机构等。这些行业既为旅游者提供产品和服务，但主要经营业务和服务对象是非旅游者。它们的存在可为旅游者提供更加完善的服务和更加丰富的产品，但旅游者的存在与否并不影响它们的生存，只是经营规模和数量增加和减少而已。

3. 间接旅游业的组合——大旅游业构成

间接旅游业指基础设施、公共服务和支持性行业与部门。它们的服务对象以社区居民为主，同时也为旅游者和直接旅游企业、相关旅游企业提供服务和设施。间接旅游部门主要包括供水、供电、电信、环保、道路、医院、治安、边检、教育、培训、科研、文化、信息、农业、建筑业、轻工业等一切为旅游者和旅游业提供支持、协调和整体环境的部门总称，也是旅游业赖以生存和发展的基础和前提。

四、自驾游的定义与内涵

自驾游（Self-driving Tourism 或 Drive Tourism）是自驾车旅游的简称，简单地说就是自己驾驶汽车出游。尽管自驾车旅游已经在很长一段时间内受到国内外学者的重视，但关于自驾车旅游的定义尚未形成统一的看法。

（一）国外学者的定义

Prideaux 等（2001）将自驾车旅游定义为"人们乘私家车或租赁车从原住地出发至目的地，旨在进行与旅游活动相关的旅行行为"。他们认为由于自驾车旅游与一般旅游相比不仅依赖于单个旅游目的地，而是多个旅游目的地组成的集合体，因此还可以从其组成部分来区分自驾车旅游与一般旅游，他认为自驾车旅游应包括道路、食宿、信息、道路服务设施、交通法规、旅游吸引物等多项内容。

Olsen（2002）考虑了时间因素，认为自驾车旅游是"人们乘坐自己的或者租用、借用的交通工具，离家外出至少一晚以上，旨在度假或访问亲友的活动"。Olsen 在缩小自驾车旅游者范围的状况下，认为自驾车旅游者确实有一些相似特点，但并不就是一组同质群体，他们驾车度假是为了追求自由、独立的感觉，是"旅行者"而不是"旅游者"。

Eby 和 Molnar（2001）认为自驾车旅游者经常到人们不熟悉的地方旅游，目的是为了追求快乐、健康并获得教育，因此，驱车市场是旅游市场中特色鲜明的一部分。

Scott（2002）强调由于自驾车旅游往往包括多目的地的旅游服务消费，从系统的角度来看，自驾车旅游可以被看作一系列产品市场的组合，这些产品市场各不相同，并且会因经营者和旅游者的不同行为而发生相应的变化。他还进一步完善了这种说法，认为应将支撑自驾车旅游发展的各种紧密交织的信息、制度网（包括自驾车旅游地图、汽车协会等）也考虑在内。

（二）国内学者的定义

周沁（2006）认为，自驾车旅游除了具备一般旅游的基本内涵之外，至少还应涵盖以下三个方面：一是对旅游出行交通工具之界定。自驾车旅游强调旅游者必须自己驾车出游。二是出游者在旅行时间、线路、目的地选择、出行距离方面具有更多的自由性、灵活性。三是对道路交通系统有更高要求。基于此，周沁提出"自驾车旅游是人们驾驶汽车从原住地出发至最终目的地，并在途中可随意停留的、旨在进行与旅游相关活动的旅游行为和过程"。

自驾车旅游规划理论与方法（修订本）

张晓燕（2005）认为，自驾车旅游相对"旅游"属于大范畴内的专项市场研究，包括自驾汽车、自驾摩托车和自行车，其以自驾汽车为主要研究对象。她对自驾车旅游的定义是：指旅游者以私有或租借汽车为主要交通工具，以休闲体验为主要目的，以自发组织为主体的前往目的地旅游的连续过程及由此引发的各种现象与关系的总和。

吴巧新（2005）认为，自驾车旅游强调的是旅游者自己驾车外出旅游这一行为过程，指旅游者或其中之一、一部分人自己驾驶车辆开展的旅游活动，以张扬个性、亲近自然、放松心情为目的，强调旅行安排和过程掌控的自主性，是一种新型的自助旅游产品。

国家旅游局规划发展与财务司计划发展处的蔡家成也给出了定义。他认为汽车旅游一般是指依托汽车开展的旅游活动，既包括以汽车为主要交通工具的旅游，如乘坐汽车外出观光、度假、娱乐、休闲、探亲等，又包括依托汽车形成的专项旅游，如大篷车旅游、自驾车旅游、自驾房车度假和汽车越野探险、群众性汽车拉力赛等。自驾车旅游是专门指旅游者或其中之一、一部分人自己驾驶汽车开展的旅游活动，包括自驾车观光、体验、房车度假、自驾赛车、越野车和老爷车比赛、探险等，目前在我国往往专指自驾小汽车外出旅游，因为房车在我国数量有限，兴起的时间也很短，而自驾车探险、越野、比赛不仅目前量小面窄，而且永远不会成为普遍化、大众性的旅游活动。

赖斌等（2006）认为："自驾车旅游实际上是旅游者以自驾形式开展旅游活动所引起的各种现象和关系。"赵鹏等（2008）认为："自驾车旅游应是以自驾车为出游方式，以旅游为活动内容及出行为主要目的的行为过程。"

宋伟和郑向敏（2005）认为自驾车旅游的定义应该是："人们驾驶汽车从原住地出发至最终目的地，并在途中可随意停留的、旨在进行与旅游相关活动的旅游行为和过程"。

2006年首届中国自驾游高峰论坛的定义为："自驾游是有组织、有计划，以自驾车为主要交通手段的旅游形式。"在2006年首届中国自驾游高峰论坛上，哲学博士李海春则从文化的角度对自驾游进行了定义："自驾游是以非制约的形式进行文化消费的经济文化活动。自驾游是文化产业的一种，是文化产业的一部分，是文化经济的重要形式。"

李勇（2007）认为，自驾游是集旅游目的地所拥有的自然人文风光和基础设施，而进行的一系列吃、住、游、购、娱行为，是一种寓健康、休闲、娱乐于一体的，充满个性化和无穷魅力的旅游活动。他认为"自驾游多是近程旅游，在短线游中又倾向于选择路况好的城市出游"。

王健民（2006）对自驾游的描述则是："做一个简单的自驾车的分析，自驾车从英文里也能看到一个是开车（自驾车），一个是旅游，只有这两个词组合在一起

— 028 —

才叫自驾游。自驾车和旅游是两个兴奋点，吸引人的地方是处在两个兴奋点当中，但是这两个兴奋点并不是一个平衡状态的，而是倾斜状态。自驾车的种子只有落在了旅游的土地上，才能生根并长成一棵大树，否则可能生长出来的不是叫自驾游，有可能是乘车试驾，或者在行进中进行撞车检测。"

（三）综合理解的自驾游

尽管目前在自驾车旅游的概念和内涵方面还没有形成统一的认识，但从上面各种观点中可以看出，自驾车旅游包含三项基本要素，使其区别于其他旅游形式：

（1）自驾车旅游以私有或租借的车辆为交通工具。这里所指的交通工具包括汽车、摩托车、自行车，而传统旅游需要借助飞机、火车、公共汽车等公共交通工具得以实现。张学梅（2010）认为，自驾游存在的前提首先是汽车和汽车道路。对于参与传统旅游的旅游者而言，其期待获取的旅游体验主要来自旅游目的地的旅游活动，对于原住地与目的地之间的旅行过程仅要求安全、舒适、快捷；对于参与自驾车旅游的旅游者而言，从原住地到旅游目的地之间的旅行过程中获取的体验是整个旅游过程中重要的环节，驾车旅行的过程将使自驾车旅游者的多种需求得以满足。即以私有或租借的车辆为交通工具是自驾车旅游的一种表象特征，寻求自驾车过程带来的多种旅游体验是自驾车旅游的本质特征。

（2）自驾车旅游是一种特定的旅游形式，是驾车者旅行和暂时居留引发的各种现象和关系的总和。1942年瑞士学者汉沃克尔和克拉普夫将旅游定义为："旅游是非定居者的旅行和暂时居留而引起的一种现象及关系的总和。这些人不会因而永久居留，并且主要不从事赚钱的活动。"这个定义为国际上普遍接受，强调的是旅游活动中必将产生经济关系和社会关系，即强调了旅游的综合性内涵。自驾车旅游作为一种特定的旅游形式，不但同旅游相关的部门和产业发生经济和社会关系，而且同汽车相关的部门和产业发生经济和社会关系。它具备旅游的"食、住、行、游、购、娱"六大要素，但对于这六大要素的要求都同其他旅游形式有较明显的区别。

（3）自驾车旅游是以休闲体验为目的，进行与旅游活动相关的行为。区分驾车者的出行目的，是区分该驾车者的旅行是否属于自驾车旅游的重要标准。例如，一名以商务、就医、求学等目的自驾车旅行者的行为并不属于自驾车旅游。

因此，自驾车旅游是一种以私有或租借的车辆为交通工具，以休闲体验为目的，从原住地出发至目的地进行与旅游活动相关行为所引发的各种现象和关系的总和。从广义上讲，自驾车旅游者所驾驶的车辆包括家庭型小轿车、越野车、摩托车和自行车（崔美玲，2013）；从狭义上讲，自驾车旅游者所驾驶的车辆仅指汽车。

本书采用的自驾游概念是狭义的，我们仅仅考虑以汽车为交通工具的自驾游。我们采纳的定义是：自驾游是指旅游者以自己或同伴驾驶汽车为手段，以休闲体验为主要目的，跨越一定的空间距离，在整个过程中可以自主决定旅游线路、时间安排的旅游形式。自驾游可能是自发组织或由其他自驾游运营商组织的，所使用的车辆可能是自有的、亲友的，或者租借而来。自驾游以休闲为主要目的，但是不排除在旅游过程中从所拍摄的照片、游记等物质、文化产品中获得收益。对于参与自驾游的旅游者而言，从原住地到旅游目的地之间的旅行过程中获取的体验是整个旅游过程中重要的环节，驾车旅行的过程将使自驾车旅游者多种需求得以满足。以私有或租借的车辆为交通工具是自驾车旅游的一种表象特征，寻求自驾过程带来的多种旅游体验是自驾车旅游的本质特征。

第四节　自驾游的研究现状

本节将通过国家图书馆电子信息库检索出的中文、外文文献为样本，对国外自驾游旅游者行为研究进行系统综述，详细评述关于自驾游的国内、国外研究进展以及存在的问题等，并在此基础上提出本书的研究框架。

一、国外学者对自驾游的研究

（一）国外自驾车旅游研究情况及自驾车旅游研究框架

国外对自驾车旅游的关注较早，但研究方向和部门较为分散，成果不显著。例如，McHugh 和 Mings（1992），Pearce（2001），Carson 等（2002），Olsen（2002），McClymont 和 Prideaux（2007），Hardy（2003），Hardy 等（2005）只是重点研究了自驾游的概念、形式、意义等。20 世纪末，美国、加拿大的旅游研究机构开始重视对自驾车旅游问题的深入分析和成果收集，其他地区研究机构也提高了学术关注。Taplin 和 Qiu（1997）以澳大利亚的自驾游吸引物和自驾游线路选择为对象进行了研究，通过创建一个基于人口、旅行时长、道路网便捷程度、交通路况以及主要旅游点的研究模型，对旅游目的地吸引力和常住地与旅游目的地之间距离对自驾游游客的出行决策影响力对比进行了研究。Hanmed 和 Olaywha（2000）以美国约旦市的自驾游为案例，观察自驾游游客因为交通堵塞，在出游前和出游中对旅游方式和顺序调整的行为进行了研究。Taplin 和 McGinley（2000）以澳大利亚为例，用线性模型来分析各种影响游客旅游决策的因素和约束条件。Garling 等（2002）则从旅游需求管理的方面，分析自驾游对私家车利用率的影响，并采用目标设定理论对各种旅游需求管理措施作用进行分析，并得出其影响自驾游游客旅游决策的规律。

国外普遍使用案例研究方法，多关注自驾车旅游的某一具体问题，如路线、区域吸引力、消费者体验、消费者特征、市场分配、政策、自驾车旅游在区域发展中的作用、标志物及安全措施等，同时自驾车旅游的影响因素分析，如旅行时间评估、模式特点、消费者过剩及不同运输方式的机会成本、旅游决策制定等也引起了研究人员的关注。

Prideaux 和 Carson（2003）提出，普遍使用案例研究方法对自驾车旅游进行研究的主要不足是缺乏对自驾车旅游不同因素或地点进行本土化、区域性或者国家性的比较分析，为解决这个问题，他们在现有文献检索和领域研究的基础上，提出"自驾车旅游研究框架"（见表1-3），以此作为自驾车旅游案例研究的基础。该框架一方面总结整理了现有的关于自驾车旅游研究文献的主题，另一方面包含了许多文献仍没有涉及的主题，为自驾车旅游的深入研究提供了理论框架。然而，在实际案例中，许多因素作用的发挥并不完全同该框架一致，有时会对自驾车旅游的特征交叉产生影响。

表1-3　自驾车旅游研究框架

特征	影响特征的因素
场所描述	城市地区、乡村地区、主题线路、遗址、吸引物
旅游者	数量、停留时间、花费、市场构成、年龄、收入
通道（包括长距离）	邻近城市、受外部地区设施的影响、模式特点、旅行时间
旅游流	旅游者为到达目的地或在目的地之间选择的特殊线路
支出模式	为自驾车旅游者提供的产品和服务
吸引物	所有权、类型、开放时间、自然的/人工的、遗产的/文化的
住宿	旅行队停车场、汽车旅馆、客栈、旅游胜地、露营
促销	主题线路、人媒传播、大众媒体
历史	自驾车旅游的产生，自驾车旅游地的历史
投资	私人、公共
基础设施	道路、通信、购物、汽车维修、住宿
利益相关者的合作	区域内利益相关者之间、区域之间、公共和私人之间
公共参与水平	参与层面（本土、区域、国家），参与类型（政策、投资、资金）
经济影响和改革	产生就业机会、产生新的商业、人群和网络

资料来源：Prideaux 和 Carson（2003）。

Prideaux 和 Dean（2010）的《自驾游：趋势及新兴市场分析》（*Drive Tourism：Trendsand Emerging Markets*）是一篇从全球范围研究自驾游的论文，该论文从特点、目的地、产品及市场细分等方面对自驾游进行了研究论述，包括自驾游使用的车型，囊括澳洲、中国、日本、美国以及非洲等国家和地区的案例。

（二）自驾车旅游市场和自驾车旅游者研究

国外研究者根据自驾车旅游者的生活方式、行为特征、心理特征及停留时间对自驾车旅游市场进行了分类研究。

Prideaux 等（2001）根据旅游者的生活方式对老年自驾车旅游市场进行了研究。他们分别从老年自驾车旅游者的交通方式、出游时间、旅游信息来源三个方面针对老年自驾车旅游者和自驾游旅游服务提供者进行了问卷调查，得出老年自驾游旅游者的行为特征，并应用 SPSS 软件对两部分数据进行对比分析。分析得出，旅游服务提供者同老年旅游者对于自驾游的认知存在较大差异，说明了自驾车旅游服务者对于市场认识不足，其建议自驾车旅游产品和服务的提供应该同自驾车旅游者的需求相对应。

Prideaux 等（2001）根据自驾车旅游者的行为特征将其旅游市场划分为一个谱系，谱系一端的自驾车旅游者仅仅将汽车作为从客源地到目的地的交通工具，除了购买食物、住宿及游览一个或者几个当地的旅游景点外，自驾车旅游者并没有同途经城镇的居民有过多的接触。谱系另一端的自驾车旅游者将旅游路径和经过的地区作为他们的旅游目的地。在该谱系中间的自驾车旅游者到两个或更多的地方旅行，将具有旅游吸引物的路径作为他们旅游吸引物的一部分。Prideaux 提出，如果将旅游路径作为吸引物，需要加强路程途中基础设施的设置。

Olsen（2002）根据旅游者行为将自驾游旅游市场分为三部分：①漫游型。漫游型旅游者根据自己的喜好随时停留，多为年长的成年人，尤其是单身。②A 地到 B 地伴有停留型。A 地到 B 地伴有停留型旅游者在旅途中仅作短时间的停留，多为青年夫妇和带有入学前的学生家庭。③A 地到 B 地直达型。A 地到 B 地直达型旅游者直接到达目的地不作停留，多为单身青年和带有在校学生的家庭。Olsen（2002）根据停留时间将自驾游旅游者分为四类：短暂休息（1～3 天，1 天是指过夜）、短途旅行（4～7 天）、长途旅行（8～21 天）、豪华旅行（22 天及以上）。

Hardy 和 Simic（2006）根据旅游者心理特征和行为特征，将自驾车旅游者分为四类：积极的冒险者（Active Venturers）、积极的大众旅游者（Active Centrics）、成熟的冒险者（Mellow Centrics）和成熟的大众旅游者（Mellow Venturers）。

Coghlan（2008）研究发现澳大利亚四轮驱动越野车驾驶者的偏好倾向顺序为山地、腹地、海滨、沙漠、热带雨林五种不同类型。

（三） 自驾车旅游线路研究

Murray 和 Graham （1997） 针对基于线路的旅游提出在旅游途中获得的体验同目的地的旅游体验一样重要。澳大利亚国家旅游中心（NCT Tours & Travel，2001） 提出了成功的主题旅游线路特征模型，其指出主题旅游线路的核心是设置能够满足市场需求的吸引物和服务。每一个区域都应该建立一个与众不同的形象（主题）以增强地区竞争优势。

Eby 和 Molnar （2000） 首先针对美国的自驾车旅游者做了问卷调查，以调查风景道在游线选择上的重要性。研究表明，当计划出游时，自驾车旅游者最关心的因素往往同驾车路线有关，如方便到达、安全、拥挤和距离等因素。其次还考虑到线路的趣味性和驾驶过程中愉快的感受，如是否是风景道。除年龄和家庭收入因素外，通过一些人口统计学特征对风景道的重要性进行对比分析得出，不同群体对风景道重要性的感知差异较小。通过旅行特征对风景道的重要性进行对比分析得出，风景道对于那些长时间、远距离旅途中的、以休假为目的的旅行者更为重要，他们可能选择露营或者旅店，他们在出行前已经做好了出行计划。研究指出，风景道是建设和检验自驾车旅游信息系统的有效区域。

Hardy （2003） 以美国华盛顿的 Cascade 环路和美国得克萨斯州的 Coastal Birding Trail 两条国际知名的自驾车旅游线路为案例进行研究（见图 1-2），总结出影响自驾车旅游线路的十个主要因素，即 10Ps：地点（Place）、产品（Product）、促销（Promotion）、利益相关者（People）、随身用具（Paraphernalia）、路径（Path）、辅助设施（Presentation）、解说（Principles of Interpretation）、价格（Price）、保护（Protection）。Hardy 提出自驾车旅游线路应该在自驾车旅游者对线路体验，旅游者怎样使用旅游线路促销材料，什么样的方式是最有效的线路促销方法，有关旅游线路上的资源保护、旅游线路对于地区环境，经济影响，旅游线路价格成本积累等方面进行下一步研究。Hardy 等 （2005） 提出，自驾车旅游市场存在生命周期，这需要进一步的研究。

（四） 自驾车旅游安全研究

Wilks 和 Watson （1999） 对旅游者驾车途中的安全问题（这些安全问题包含旅游者伤害、财产损失及其他的潜在代价）进行了研究，指出在不熟悉的环境中驾车是导致交通事故的主要原因。文章在资料收集及澳大利亚入境旅游者的调查基础上，对澳大利亚及其主要的入境旅游者客源地的旅游环境因素进行了对比分析，这些环境因素主要包含客源地的道路通行方向（左侧通行、右侧通行）、驾驶距离、血液酒精浓度限制、有关佩戴好安全带的法律、道路标示、距离计量单位、最高限速等方面。文章提出道路安全事故信息、医院的报告、保险索赔是进行道路安全研究的

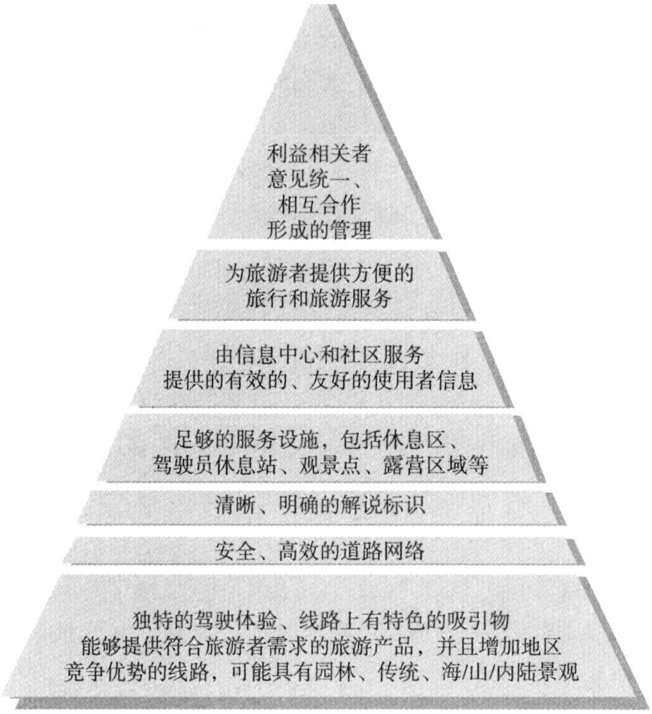

图 1-2 成功的主题旅游线路特征模型

三项重要数据。旅游者教育和旅游经营者教育被认为是两项主要的防治道路安全问题的策略。

二、国内学者对自驾游的研究

国内自驾车旅游研究多从宏观角度进行研究，例如，胡敬民（2003）、翟向坤（2003）、龙斌（2004）、陈乾康（2004）就自驾游的成因、市场特点、问题和措施进行了讨论，并且指出自驾游具有广阔的前景。国内自驾车研究主要集中于以下几个方面：

（1）自驾游发展现状研究，包括自驾车旅游的定义、特点、影响因素、作用、服务系统、产生、发展及存在的问题等方面。陈立平（2002）认为自驾游将会成为自助游中增幅最大的部分，但对于自驾游配套设施严重不足对自驾游造成的困扰却依然存在。胡敬民（2003）认为，自驾游项目在中国国内实现快速有效发展有以下几个原因：用于旅游的可支配收入增加、密集的交通化网络、旅游基础设施不断完善等。钟莹峰等（2013）分析了自驾车旅游为什么会在我国兴起，指出自驾车旅游发展过程中出现的游客人身安全得不到保障、配套产品匮乏、普遍价格偏高等问题。张波（2014）认为目前自驾车旅游配套设施欠缺、交通状况整体不佳及相关服务的严重滞后等问题严重阻碍了国内自驾车旅游发展和自驾游综合服务平台的建设。

（2）自驾游理论基础研究，多用计量的手法对自驾游的产业关联、市场成因以及可行性等进行分析论证。李佳（2002）从汽车租赁业的角度，研究和分析了其在自驾游发展过程中的关联和作用。胡敬民（2006）则是从成因上对自驾游市场进行了剖析，认为家庭生活和收入水平的不断提高，导致人们出游频次的增加，也导致了私家车保有量的爆发式增长，再加上政府在交通、治安等旅游条件方面的日益重视和完善，都极大地刺激了人们出游习惯从传统模式向自驾游模式改变；在研究中，他根据人们的出游目的将自驾游市场划分成观光度假、休闲度假、极限挑战、探险摄影以及随心所欲几种类型，分别分析了其特点，并对相应的自驾游市场在如何培育方面提出了建议。程静静等（2006）利用灰色系统 GM（1，1）模型，用定量的方法对中国实现大众自驾车旅游的可行性进行了分析。

（3）自驾车旅游市场研究。有关市场分析多结合某一具体地域，在一些统计数据或相关调查的基础上，对自驾车旅游市场的开发条件、需求特征、类型、特点、市场细分、市场培育、开发管理等方面进行定性研究。陈乾康（2004）则以四川省为例，通过对问卷调查收集的大量数据分析中，得出自驾游的增长速度非常之快，体现了国内的自驾游市场，尤其是四川区域的自驾游市场潜力巨大的结论，并在此研究基础上，从市场变化的数据中深入分析了自驾游的特征、流量、流向，自驾游游客在成熟过程中的需求特征等。李刚（2007）以浙江省自驾游市场为研究对象，对自驾游发展的驱动力、影响因子和自驾游游客的空间行为模式等方面展开研究，通过调查问卷的形式收集自驾游游客的结构、喜好等因素。雷林子（2018）在探讨珠三角自驾游联动发展可行的基础上，提出区域自驾游联动发展策略。王馨颜（2019）从自驾游对服务、设施、要素和产品等方面的需求特征出发，提出乌兰察布自驾游的空间布局、线路、要素配套等改进措施。

（4）自驾车旅游产品研究。目前关于自驾车旅游产品的研究并不多见，其主要从两个方面进行研究，一方面是从旅行社的角度进行研究（赖斌，2006），另一方面主要从自驾车旅游线路方面进行研究（赖斌，2006）。研究过程中多结合具体的案例进行定性分析。张晓燕和何佳梅（2005）、席一（2013）、王杰（2016）就自驾游产品的开发进行了分析，提出了诸如"加大特色产品的开发和产品创新、完善自驾游基础设施和配套设施服务体系"等深度开发策略方法。陈乾康（2014）、江学淮（2015）分别选取实际案例对自驾游市场产品进行了研究，研究发现市场产品是影响整个自驾游市场健康发展的重要因素。梁逸更（2016）以广东茂名为例，针对粤西交通欠发达地区探讨"互联网+自驾游"产品开发，并提出了如何完善相关政策的建议。

（5）自驾车旅游地的开发。目前关于自驾车旅游地的开发研究并不多见，成海（2005）以昆明环城游憩系统为例，对中国自驾车旅游的类型及其开发进行了实证研究，梁雪嘉（2006）从风景旅游地生命力理论出发，提出了"自驾游"热潮下的风景旅游地生命力提升对策。吕晓磊（2019）根据康巴什区打造"自驾游体验基地"品牌战略，结合其资源禀赋，提出全域旅游下丰富多彩的自驾游线路空间布局，进而构筑自驾游目的地优秀区域。

（6）中国汽车营地旅游项目开发运作的理论、方法与实务。张宪洪（2003）借鉴外国汽车营地的相关资料，对汽车营地旅游项目在中国本土开发的市场前景、产品类型、项目设计、规划布局、管理运营及可持续发展等方面做了理论探讨和实务研究。周卫芳（2014）基于横店影视城景区自驾车旅游者的调查分析自驾车营地建设的可行性，并以服务横店旅游经济为目标，探讨了营地的选择、空间布局、管理体制、网站建设、宣传等内容。

（7）自驾车旅游交通需求研究。邵洁（2005）以需求分析为主线，讨论了旅游交通需求的特点和构成以及需求的变化趋势，并重点讨论了自驾车旅游的需求影响因素和出行行为特点。

三、本书的研究框架

本书的研究内容分为三个篇章，每个篇章由若干个章节构成。第一部分为理论篇，主要从宏观层面讲述自驾游的基本理论与自驾游在中国的发展。内容包括三章：第一章是自驾游的兴起与基本概念，第二章是中国自驾游发展的现状、问题及特征，第三章是自驾游消费者行为特征。第二部分为产品市场篇，主要从微观层面讲述自驾游市场开发所需要做的各种规划布局。内容包括四章：第四章是自驾车旅游产品规划与线路设计，第五章是自驾车营地规划，第六章是风景道的规划设计，第七章是自驾车旅游市场的营销规划。第三部分为支撑保障篇，重点是讲述自驾游稳健发展所依赖的信息技术、后勤保障。内容包括三章：第八章是自驾车旅游交通，第九章是自驾游信息平台系统，第十章是自驾车旅游服务与保障体系。

第二章 中国自驾游发展的现状、问题及特征

改革开放以来，中国步入史上最繁荣的时期，经济的发展带来了物质生活的极大丰富，随着普通大众的钱包变得丰满，旅游成为大多数国人的亲身体验。毋庸置疑，在我国经济形势不断向好的方向发展的情况下，旅游业会得到进一步的发展。在旅游方式的演变中，自助游迅速增长，大有取代传统的团体包价旅游形式的趋势。而且在自助游的各种类别中，自驾游一枝独秀。本章将对中国自驾游市场的基本情况、中国自驾游市场发展中存在的问题以及自驾游市场进一步发展的对策做一番探讨。

第一节 中国自驾游市场的现状与问题

一、中国自驾游市场的需求与供给

自驾游是随着私车保有量的增加、人们生活水平的提高以及休闲观念的转变而发展起来的。2001～2002 年自驾车旅游作为一种新兴的旅游方式在国内旅游市场初现端倪，团体自驾车的旅游形式出现。2003～2007 年，自驾车旅游已成为黄金周旅游市场的一大亮点；"自驾车旅游经济"所带动的相关产业更加广泛，其蕴含的经济潜力更加巨大；自驾游异军突起，势不可当，已超越组团游并领跑旅游市场。2008 年至今自驾车旅游开始呈现爆发式增长，并慢慢走向成熟。在这个过程中，多方面的因素刺激、推动或促进人们对自驾车旅游需求的不断增加。

（一）自驾游的需求

1. 人们收入水平提高与闲暇时间增加

改革开放 40 多年来，我国经济持续高速增长，城镇居民的人均可支配收入和农村居民的人均纯收入也保持快速增长。国家统计局资料显示，1978 年，我国的 GDP 总量只有 3678.7 亿元，城镇居民人均可支配收入仅有 343 元，到 2017 年，我国

GDP 总量达到 82.71 万亿元，人均 GDP 超过 8800 美元（见图 2-1），城镇和农村居民人均可支配收入分别达到 37730 元和 16370 元。在收入增加的同时，人们的假期等闲暇时间也大大增加。随着生活水平的提高，从可支配收入中除去基本生活费用所剩的钱增多，于是人们不再满足于基本的生活消费，而开始追求精神上的愉悦了。由于旅游渐成时尚，成为人们生活中的一个重要组成部分，所以，人们对自驾车旅游的需求不断增加。

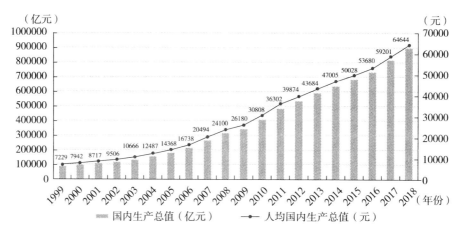

图 2-1　1999~2018 年中国国内生产总值和人均国内生产总值情况

资料来源：根据历年《中国统计年鉴》整理。

2. 汽车保有量不断增加

近年来，随着我国经济社会持续快速发展，我国机动车保有量保持快速增长态势。根据公安部公布的最新统计数据，2019 年上半年全国机动车保有量达 3.4 亿辆（见图 2-2），新登记汽车 1242 万辆，新领证驾驶人 1408 万人，其中汽车保有量达 2.5 亿辆，私家车达 1.98 亿辆。全国 66 个城市汽车保有量超过 100 万辆，北京、成都等 11 个城市超过 300 万辆。汽车销售、增速及全球市场份额均居世界第一，但千人汽车保有量仅有 150 台左右，尚未达到世界平均水平，因此仍有较大增长空间。另外，虽然国内旅居车保有量还很小，但呈销售增速态势。路程网×房车行数据显示，2012~2019 年，我国房车保有量飞速增长，2018 年已经达到 79000 辆，2019 年突破 10 万辆，年复合增长率高达 38%。

3. 交通网络的形成

交通网络的建立进一步推动了自驾车旅游的需求。20 世纪中期，发达国家和一部分新兴工业化国家加快了现代公路网络建设以及高速公路的建造与完善，使汽车日益成为这些国家的主要旅游交通工具。以美国为例，美国经济中相当一部分倚重于私有汽车，旅游业也不例外。据估计，除经济衰退和汽油紧缺时期外，每年大约有一半的美国家庭要自驾车外出度假，早在 1980 年美国自驾车旅游就已占到了各城

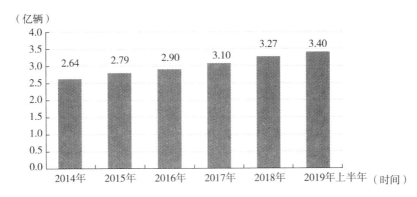

图2-2　2014~2019年上半年全国机动车保有量

资料来源：公安部。

市间旅游的84%之多（杨慧敏，2002）。近年来，我国高速公路网络迅猛发展并逐步完善，截至2018年底，我国公路总里程已达484.65万千米，是1949年的60.0倍，年均增长6.1%；公路密度达到50.5千米/百平方千米，每百平方千米公路密度提高了49.6千米。党的十八大以来，国家深入开展"四好农村路"建设，实施"百项交通扶贫骨干通道工程"等工程，农村公路覆盖面和质量进一步提升。到2018年末，农村公路里程达到404万千米，通硬化路乡镇和建制村分别达到99.6%和99.5%。自1988年我国第一条高速公路沪嘉公路建成通车以来，高速公路发展不断提速，实现从无到有再到覆盖成网的跨越式发展。到2018年末，高速公路总里程为14.3万千米，年均增长25.8%，总里程居世界第一位。交通网络的完善发展，大大缩短了城乡之间的距离，为自驾游提供了交通上的便利。

4. 传统旅行方式的不足

我国的旅游资源非常丰富，而一般旅行社安排的旅游景点都是已经有名气的旅游景点，这些地方可能就会缺少一些原生态的东西。所以出现了很多的徒步旅游、探险旅游等专项旅游。而自驾车旅游由于其速度快、舒适、相对安全等特点，必然会被大多数人所选择。而汽车俱乐部和旅行社的规模扩张、先进导航和网络技术的发展，为自驾车一族提供了订购吃住、了解目的地情况信息等便捷服务，也为国人带来了自驾游的旅游理念，促进了自驾游的需求增长。

（二）自驾游的供给

目前我国除了大众消费者自发组织的自驾游外，市场上主要还存在三类供给商：汽车俱乐部、汽车租赁公司、旅行社与电商，这些供应商依托着信息服务机构、杂志、网站、微信公众号等媒体的传播和推广迅速发展。

1. 汽车俱乐部

近年来，各地都组建了不少汽车俱乐部，其中有一些是汽车销售商开办的，如大众汽车俱乐部、奔驰汽车俱乐部等；有一些是专业汽车俱乐部，如大陆汽车俱乐部、武汉快车道俱乐部等。这些汽车俱乐部集合了绝大部分的汽车爱好者和自驾车旅游爱好者，同时也占据了或多或少的自驾车旅游市场。

汽车销售商开办的汽车俱乐部是为了更好地服务顾客，增强顾客的忠诚度，加强与顾客之间的交流。每个品牌的俱乐部都有自己的会员，其中有一部分成员是相对固定的，且参与的频率高，这些固定的参与者也往往会由单一参与者的角色向参与者和组织者兼备的身份转变，他们会给俱乐部提出很多精彩的建议，并帮助其组织活动。而专业的汽车俱乐部是较早进行自驾车旅游的组织之一，针对的是专业旅游爱好者，与汽车销售商开办的汽车俱乐部相比，在自驾车旅游方面做得比较专业和完善，有着较好的声誉。这种俱乐部从以车辆为基础的服务发展到组织自驾车旅游，并在自驾车旅游中提供专业服务去维护和发展客户群，赢得了自驾车旅游的客源市场。

经过多年积累，自驾游俱乐部逐渐向专业化、标准化、连锁化发展，自驾游俱乐部的经营也越来越多元化，呈现中短途和出境自驾旅游产品并存的发展格局。另外，各地出现多家自驾游俱乐部联盟、自驾游联合会等组织，自驾游俱乐部在信息共享、市场互换、客户服务方面达成协作，整合资源，形成合力，共同开发自驾游市场。

2. 汽车租赁公司

汽车租赁公司的主要功能是为没有车或不愿使用自己车辆的旅游者有偿提供汽车，包括汽车的保养、维修等服务。开展自驾游并不是汽车租赁公司的主业，但由于租赁公司掌握着大量的客源，所以将自驾游作为其业务延长链来看待。

汽车租赁公司开展自驾游的优势在于其能提供较为完善的汽车服务，而且对于异地旅游者来说非常方便。近年来，随着自驾游的火爆，汽车租赁行业也开始调整策略和重心，从个人化的短线租车预订服务提升、航空及铁路交通与租车的无缝化衔接服务、汽车租赁企业跨界融资合作等方面，进行探索和突破。

3. 旅行社与电商

面对自驾游巨大的消费潜力，无论是传统旅行社还是电商都看好自驾游商机，纷纷加快在自驾游领域的布局。

早在 2005 年，国旅总社就设立了自驾游部门。近两年来，国旅加快了在自驾游领域的布局，建立在全国系统内的自驾游销售网络，但总体来看，与汽车俱乐部和租赁公司相比，由于缺少市场客源、汽车专业服务欠缺、管理模式与自驾游爱好者需求有矛盾等原因，线下旅行社在自驾游市场中占的份额并不大，自行组织自驾游的旅行社也较少。

旅游类电子商务企业携程、乐途、马蜂窝等已经提供海外自驾、国内自驾、自驾景区门票、租车服务、保险服务等一系列自驾游相关产品的预订，同时，互联网企业淘宝、京东、**腾讯**、**百度**也开始涉足旅游行业，例如京东就推出了国内租车服务。旅行社、电商的**加盟**，使自驾游市场经营主体更为多元，竞争日趋激烈。

二、中国自驾游市场的规模潜力

中国自驾游市场正在高速发展，已经成为主流的旅游方式，在旅游市场中所占比重不断增大。在**旅游散客化**时代影响、宏观环境及政策的驱动、产品和服务标准的指引下，自驾游市场规模增长的潜力巨大，并向着专业化、特色化、多样化发展。

（一）旅游散客化促进自驾游发展

在经济不断发展、**信息获取快捷方便**的当今时代，旅游市场呈现分化和离散的状态，自助旅游和个性定制化服务需求不断提升，旅游消费的散客化特征也越来越明显。在这种背景下，**自驾车出游**、自由行等旅行方式开始受到市场青睐。国内旅游统计数据显示，在**我国接待国内旅游人数中**，经旅行社组织接待的过夜游客数量占比呈下降趋势，**2009 年占比为 7.2%**，而到 2013 年，其占比下降至 4.5%。灵活、自由、随机组合的**旅行产品**对旅游地的供给体系和公共服务提出了挑战，旅客的小众化、专业化趋势也对**旅游企业**提出了不小的挑战，同时这一趋势也为专业化、特色化的小微企业发展**提供了广阔的市场空间**。

（二）政策标准的制定驱动自驾游发展

近年来，**旅游政策的驱动**为自驾游的发展提供了前所未有的机遇。2013 年初《国民旅游休闲纲要（2013—2020）》出台，明确提出了"支持汽车旅馆、自驾车房车营地等**基础设施建设**""**鼓励开展自驾车旅游**"。2014 年出台的《国务院关于促进旅游业改革发展的**若干意见**》直击我国自驾游进一步发展的瓶颈，明确了带薪休假落实、旅居车上**路政策**及其设施建设标准等问题。2016 年国家旅游局印发了《关于促进自驾车旅居车旅游发展的若干意见》、2017 年六部门联合印发了《关于促进交通运输与**旅游融合发展的若干意见**》，同年，国家旅游局发布了《**自驾游目的地基础设施与公共服务指南**》，这三项标准引导各地完善自驾游设施和服务体系。在政策推动下，**自驾游市场不断发展**，各地区、各景区推出大型活动和各项优惠措施着力吸引自驾游客；**各个经营主体和相关行业交叉融合，创新产品和服务**；管理部门则不断推动整个行业的专业化和标准化发展。

（三）特色、多样是自驾游未来发展的方向

目前，国内自驾**游产品呈长短结合的多样化发展态势**。一方面，短途自驾车流，包含近郊和中短**距离自驾旅游**，主要集中在以北京、上海、广州为首的京津地区、

长三角地区、珠三角地区，而长途自驾游主要集中在华北、西北、华中等地域，且数量不断增加；另一方面，随着出境旅游的增长、国家开放格局的形成以及中国驾照的国际认可度提高，境外自驾旅游和跨境自驾旅游逐渐兴起和发展。未来，长短搭配、形式多样、种类齐全的多样化自驾车旅游态势将进一步发展。

自驾车旅游产品开始更多地整合美食、住宿、休闲等地方特色旅游资源，丰富度大幅提升。未来自驾游产品本地化和特色化还会凸显。自驾车旅游同当地冰雪、草原、生态、疗养、节庆、美食等特色资源的结合将形成特色化的自驾游线路；同农家乐、乡村旅馆、农场、客栈、疗养院、露营地等的结合，将形成自驾游特色化住宿体系，提升自驾游客的住宿体验；同汽车影院、实景演出、大型节庆的结合，将提升自驾游客的文化娱乐体验。未来自驾游经过不断地同本地资源结合，将提供更为特色化的体验。

三、中国自驾游市场存在的问题

面对拥有巨大潜力的自驾游市场，除了个人的自驾游行为之外，很多的俱乐部、旅行社等组织也都参与到这个市场的开发中来。但是，中国自驾游市场起步晚，缺乏政府旅游管理部门的合理规划，所以中国的自驾游市场在经济效益的创造、生态环境的保护等方面仍然障碍重重。

（一）自驾车旅游的配套基础设施落后

（1）公路、高速路网络，公共交通标识系统不完善。很多地区的公路标识、路线指引、旅游地图等交通信息不详细，突出表现在交通公共图形符号、警示牌等标识物欠缺或不明确，路途中缺少旅游咨询服务点等。在某些乡村或郊区，道路标识还是一片空白，给自驾车旅游者带来很大的不便甚至安全隐患。有的地区由于道路建设发展较快，道路标识信息和地图未及时更新，给自驾车旅游者带来找路难、问路难等种种不利影响。很多地区及旅游景区（点）的可进入性仍然比较差。

（2）自驾车旅游配套设施建设和旅游信息提供滞后于自驾车旅游的迅猛发展。自驾游游客在去不了解的旅游地时，一般没有导游，多自行查询路线、预订食住信息、了解景点资料等。但我国尚未形成完善的旅游信息系统，提供给自驾游客的信息相对匮乏，存在交通和路况信息发布不及时、一些景区（点）缺乏住宿、餐饮准确旅游信息等问题。

（3）停车场所、加油站、检修清洗等相关服务配套设施的建设问题日益突出。我国的自驾车旅游发展迅速，随之而来的停车场所的建设问题也日益突出。目前，我国无论是景点、景区还是商场、饭店，都存在着停车场所紧张的问题。加油站是自驾车旅游的生命补给线，加油站的布局不够合理、加油站服务不能满足多元化需求等问题都亟待解决。

（二）自驾车旅游者缺乏安全保障

安全是旅游活动的前提和基础，也是目前自驾车旅游面临的最大问题。自驾车旅游的安全问题来自三个方面：

（1）自驾车旅游者自身缺乏安全意识和自驾车旅游投保意识。由于自驾车旅游者的食、住、行、游、购、娱全由他们自己安排，安全问题就显得更加突出。此外，自驾车旅游目的地往往较远，旅游者同时又是司机，容易导致疲劳驾驶，这无疑会给旅行带来安全隐患，许多交通事故的发生也源于此。因此，增强自驾车旅游者安全知识的宣传教育，促使其掌握必要的安全技能的培训也迫在眉睫。

（2）行业服务与管理在安全方面也是相当薄弱。目前国内的安全救援组织能力与建设均十分薄弱，无法适应自驾车旅游的需要，自驾车旅游者遇到异常天气、突发疾病、交通事故等意外事件时往往难以得到及时救助。此外，车辆和驾驶人员的安全检查至今还是空白，国内保险市场上也很少有完全针对自驾车旅游过程中的风险进行承保的相关产品。有些自驾车旅游者刚取得驾驶证，技术不熟练，路况也不熟悉，在这种情况下能否进行长途的自驾车旅游，在旅游过程中应该给予哪些限制，目前都没有相关的法律制度出台。这些都是导致自驾车旅游存在安全隐患的重要因素。

（3）个别地方不稳定因素较多，治安状况较差，治安事故时有发生，政府没有专门的救援队伍，国内仅有的几家汽车救援俱乐部，其连锁店也主要集中在大城市，中小城市和偏远地区根本不在专业救援网络之内。

（三）自驾车旅游成本费用过高

（1）虽然我国已经实行了节假日国家高速公路免费通行等政策，但这些举措对自驾游市场的促进作用是短时间的。总体来看，目前我国道路收费还偏高，燃油成本、养护成本也较高，而且还有许多地方要收停车费，数目虽不大，但频次很高，不仅会给旅游者带来经济负担，还常常影响旅游者的情绪，降低旅游质量。

（2）我国社会经济总体发展水平较低，旅游业地区发展不平衡，自驾车旅游才刚刚起步。大部分地区自驾车旅游所需费用比参团费用还高，对目前我国的许多消费者来说难以承担。

（四）组织经营问题有待突破

（1）汽车租赁行业。我国不少自驾车旅游者是向汽车租赁公司租车出游的，但目前国内汽车租赁企业难以满足日益增长的旅游需求，特别是在"旅游黄金周"期间，更是出现车源严重不足的现象，且车辆类型极其有限，不能满足自驾车旅游者日益变化的旅游需要。

（2）旅行社。对旅行社来讲，自驾车旅游运营成本过高，无论是组团社还是地接社，都认为自驾车的成本较高。一是消费者自己驾车出现了安全事故责任难以认定；二是缺乏包括汽车维修等方面在内的专业设备和人员；三是对路况的信息掌握不准确、不全面等。

（3）汽车俱乐部（或其他以各种名称出现的俱乐部）。俱乐部行业属于非营利性组织，它不能以组织自驾游为名进行经营，达到营利的目的。国外的俱乐部一般都有监管部门，保证俱乐部的收入"专款专用，取之于民，用之于民"。由于俱乐部是非营利性组织，它在组织自驾游活动中出了问题如何认定责任、如何妥善处理目前在法律上还是空白。从国外经验看，汽车俱乐部的收入主要来自两个渠道：一是会员会费；二是服务商赞助或回馈。而对于我国大多数汽车俱乐部而言，目前这两条资金渠道都很不顺畅，这也严重地制约了我国汽车俱乐部的发展。

（4）旅游者自身知识和安全意识不足。目前很多自驾车旅游者缺乏对旅游目的地的全面了解，出发前不检查和保养车辆，驾驶经验不足，道路不熟悉，不携带应急的修车工具、易损零配件，不具备简单的维修车辆的能力，没有考虑路况、沿途休息、吃饭、住宿的地点，结果不仅影响旅游兴趣，有时甚至对人身安全造成威胁。

第二节 中国自驾游市场的类型和功能

一、中国自驾游市场的分类

（一）从组织、市场、距离角度的分类

自驾游从组织、市场、距离三个角度可以做以下分类（见表2-1）。

表2-1 自驾车旅游分类

分类标准	具体类型	分类标准	具体类型
组织形式	自主组织 汽车经销商组织 旅行社组织 品牌汽车俱乐部	地域范围	区内自驾游 区间自驾游 出入境自驾游

续表

分类标准	具体类型	分类标准	具体类型
市场类型	大众自驾游 主题自驾游 高端自驾游	车辆所有权	私家车自驾游 公车自驾游 租赁车自驾游
出游距离	短途自驾游 中途自驾游 长途自驾游	车辆类型	房车自驾游 越野车自驾游 轿车自驾游

1. 按组织形式分类

（1）自主组织的自驾车出游。目前，自驾车团体出游多是自发组织的，参加者大多以家庭或亲朋为单位，如何使旅游过程尽量按照自己的主观意愿而达到完美是他们特别关注的问题。

（2）汽车经销商组织的自驾车出游（俱乐部/车友会）。这种形式多见于汽车品牌 4S 店，通常是汽车经销商组织购买本品牌汽车的车主开展的自驾车旅游活动。这种组织方式对途中的安全因素考虑较多，在自驾游过程中为会员提供拖车、救援及线路指引、食宿娱乐等有关服务。同时，会有比较详细的旅行计划，目的性较强，行程较短。但由于俱乐部本身不具备营利性企业的法定资质，因此这种组织方式不能以营利为目的。

（3）旅行社组织的自驾车出游。自驾车旅游的兴起为旅行社提供了新商机，旅行社组织的自驾车出游也成为自驾游的一种重要形式。旅行社在自驾车旅游服务中的主要任务就是开发产品、组织客源、进行宣传和提供接待服务，与其他旅游项目相同，是自驾车旅游服务业的龙头。目前，我国旅行社在自驾车旅游产品和市场开发方面还没有形成气候，而是由汽车租赁公司、汽车俱乐部等通过延伸业务率先开发汽车旅游产品和市场。但是，开发产品和市场不是汽车租赁公司和汽车俱乐部的本职，也不可能是其长项。这些企业和组织实际上是提供汽车及有关设备和会员组织、联络、服务的，可以围绕着汽车租赁开展上下左右的延伸服务业务，但绝对不是无限制的。

汽车俱乐部和汽车租赁公司去开发汽车旅游产品和客源市场，首先是在网络化资源方面就比不上旅行社，旅行社无论是接团还是组团，都必须形成网络体系；其次是在专业化服务方面也比不上旅行社，无论是外联、计调还是接待、票务、市场策划等，每个旅行社基本上是按专业化分工进行的，有专门的机构、人员、制度和手段，汽车租赁公司、汽车俱乐部等则难以做到这一点。如果要这样做，汽车租赁公司等实际上就变成了一家旅行社。但值得一提的是，旅行社只能为自驾车旅游者提供订房、订餐及汽车维修等基本服务，而不能提供车辆让游客自己驾驶。经营性车辆以及驾驶者是应该有特定资质的，旅行社不具备这方面的资质。

（4）品牌汽车俱乐部组织的自驾车出游。汽车俱乐部是自驾车旅游的重要团体，自驾车旅游者通过自驾车俱乐部寻找志同道合的人，交流驾车，旅游心得，是我国自驾车旅游发展和成熟的产物。近年来，国内汽车俱乐部在地域和规模上均呈现出迅猛扩张之势。据不完全统计，我国目前已拥有12000多家汽车销售商车主俱乐部、500多家社会汽车俱乐部、2000多家车友会，地域分布不仅集中在大中城市，中小城市及边远地区也已出现，从北部的内蒙古草原到云南边陲，到处都能看到汽车俱乐部活跃的身影。其中，较有代表性的有：北京的大陆汽车俱乐部和1039汽车俱乐部、江苏苏友汽车俱乐部、上海安吉汽车俱乐部、广州广骏汽车俱乐部、河北时代汽车俱乐部、杭州迪佛汽车俱乐部、福建迅速汽车救援俱乐部、山东润滑汽车俱乐部、河南焦作大陆汽车俱乐部等。

2. 按市场类型分类

按市场类型可分为大众自驾游、主题自驾游和高端自驾游。大众自驾游是以自驾散客为主要服务对象的市场，主要由包括基础设施在内的旅游目的地直接面向自驾散客提供综合便利的旅游条件。主题自驾游是指以向旅游者提供具有一定主题和深度的旅游产品为主要方式的市场，市场开发主体是专业的旅游服务部门，如旅行社、汽车俱乐部等。这一市场的自驾车旅游者通常有丰富的旅游经验，愿意以主题产品的方式进行旅游。高端自驾游以有较高旅游要求、具备一定驾驶技术、消费能力较强的旅游者为主要服务对象，以专业的自驾游产品经销商和代理商为市场开发主体，以休闲驾车赛事、探险自驾游、房车旅行等深度产品为典型代表。

3. 按出游距离分类

按出游距离，可将自驾车旅游分为以下三类：单程出行距离在100千米及以内的为短途自驾游，在100~500千米范围内的为中途自驾游，出行500千米及以上的为长途自驾游（张晓燕，2006）。

（二）其他分类方法

1. 按地域范围分类

自驾车旅游可分为区内自驾游、区间自驾游和出入境自驾游，此类划分以旅游者所在省级行政区划为标准，自驾游在行政区范围内进行的为区内游，跨行政区进行的为区间游，跨越国境为出入境自驾游。其中，区间游和出入境自驾游都可通过拖车服务、异地租车还车、全程自驾车等方式实现。

2. 按车辆所有权分类

按车辆的所有权可分为私家车、公车和租赁车自驾游。随着近年来私家车数量的迅速增加，驾驶私家车出游是自驾游的主力军；汽车租赁业务的发展为"有本无车族"提供了自驾游的机会；利用公车出游目前在我国自驾游群体中占有较大比例。

3. 按车辆类型分类

按自驾车出游使用的车辆类型可分为房车、越野车和轿车自驾游。房车自驾游在国外比较流行，但在国内自驾游还是以驾驶越野车和轿车为主体（吴巧新，2005）。

4. 按旅游者的自发性分类

按旅游者的自发性可分为两种方式：一是自发组织的自驾游，这种方式以散客为主，比较自由，但旅游路上的汽车保障、到站后的食宿安排等诸多事情还必须由旅游者自己考虑、安排，让自驾游者张扬个性但非常劳神。二是自驾游俱乐部组织的集体形式的自驾活动，其中包括旅行社、车友会、俱乐部等，负责组织的带队者相对而言有出行经验，有的号称资深"旅友"。

5. 狭义的自驾游和广义的自驾游

单纯地驾驶汽车出去旅游可称为狭义的自驾游。这样的自驾游大部分有车者都参加过，游客可以单纯地因为一座山、一条河或一道美丽的风景而组织车友结伴出游，车友们在旅途中团结互助，游览美好河山。

广义的自驾游是相对于狭义的自驾游来说的，就是除了单纯的旅游目的还包含着其他活动内容的自驾游。这样的活动，比如说环保自驾游、敬老自驾游、慰问希望小学的爱心自驾游、为了声援2008年北京奥运会的自驾游，甚至是为了协助企业推广某一个品牌的车型或产品而具有一定的经济属性的自驾游。实践证明，广义的自驾游更容易引起社会的关注、媒体的报道，同时也带来了企业的支持。因此，广义的自驾游是一种多赢的自驾游，它可以覆盖多个社会层面，满足多种不同的需求，赢得更多的社会支持，它也是我们成立中国自驾游联盟，推动中国自驾游长久、健康发展的必由之路，是自驾游活动良性循环中不可忽视的重要一面。

6. 按内容对自驾游进行分类

从地理气候可分为：春野采青，夏季戏水，秋高气爽，冬天赏雪、登山、探险、垂钓、攀岩、溯溪、漂流、狩猎、滑雪等。

从户外形式可分为："休闲活动"，如露营、野餐、烧烤、高尔夫、清明祭祀、风景览胜、人文风情之旅、地质生态考察等；"户外赛事运动"，如越野车赛、定向穿越、野外生存大挑战、沙漠高原极限之旅等。户外自驾的群体不如观光自驾、休闲自驾群体庞大，观光自驾、休闲自驾所需准备的物品没有这么复杂。

此外，还可以按出游者是否自有汽车将其分为自有汽车、租赁汽车自驾游。

二、中国自驾游市场的功能

与一般的旅游经济相比，自驾车旅游经济所蕴含的**经济潜力更大**。自驾车旅游为旅游饭店带来了充足的客源，有利于提高饭店的开房率。虽然自驾游分流了旅行社的客源，但作为高端、个性化产品有利于吸引国内**旅游高消费者**，以及吸引国际资本和客源。自驾车旅游延伸的服务内容较多，**个性化服务**的要求进一步提高，如提供饭店、医院、修车等信息资讯，联合旅行社或汽车租赁公司，开展汽车修理、美容、导游、景点等方面的服务内容。自驾车旅游的功能逐步凸显，主要表现在以下几个方面：

（一）促进旅游个性化

铁路旅游的最大贡献是开启了团队旅游序幕，将**旅游权利从贵族阶层向大众阶层转移**；自驾车旅游的最大贡献是使人们从团队旅游中解放出来，强化个体旅行权利，两者是旅游业不断发展的表现。旅游个性化是指**旅游者对旅游**具有充分的把握能力，善于发挥自我创意使旅游具有个人特色。自驾车**旅游不仅随旅游者意愿进行**，还具有私密性，如自驾房车旅行。旅游者与房车结为一个**实体**，成为相对独立和隐秘的系统，直接与目的地和购物娱乐系统接触，**最大限度地发挥了**主观能动性而不受外界支配，旅游者真正实现了吃、住、行、游、购、**娱随心所欲**。

（二）加速产业联动发展

长距离的自驾车旅游需要包括身体、经济、时间、**驾驶技术**、维修技术、地理知识等诸多方面的前提条件，而众多自驾车**旅游者难以兼备这些条件**。汽车俱乐部和租赁公司如果能够抓住机会，打破传统模式，联合旅行社，在促进旅游业发展的同时，也将推动租赁业和汽车俱乐部的繁荣。

自驾车旅游极大地促进了行业内服务要素的创新，如随自驾车旅游发展而诞生的汽车旅馆，同时促进了相关服务部门业务的深化，如汽车租赁业务的完善。世界知名的赫兹（Hertz）汽车租赁公司在中国将商务客户和休闲客户确定为主要服务对象，开展了多种车辆特别是旅行汽车的短期租赁、长期租赁、司机服务、异地还车等服务，在全球140多个国家开展了汽车预订和联网服务，强化了自驾车旅游的自由性。由于业内普遍看好自驾车旅游的发展前景，"2003年江浙沪旅游年"开展的自驾车旅游，将三地区间的异地租赁业务列为重点项目，在为自驾车旅游开辟新的支撑点的基础上，也使汽车租赁市场出现竞争发展的生机。此外，汽车连锁救援、汽车营地、户外用品、汽车旅游保险等都随着自驾车旅游发展而产生，产业联动发展趋势强劲。

(三) 扩大区域旅游合作

近年来，不同区域尝试利用产品的有机结合和线路重建谋求大旅游区的繁荣共享。2004 年，两广（广东、广西）六市（广州、佛山、肇庆、桂林、梧州、贺州）结合自驾车旅游的发展率先成立无障碍旅游区，推出千里旅游走廊精品线路并成立了第一个自驾车旅游服务站。无障碍旅游区将自驾车旅游作为首要的市场目标，试图通过消除地区间的政策障碍、交通障碍和服务障碍等吸引自驾车旅游者。自驾车旅游的发展客观上促进了区域间的旅游合作。

(四) 整合旅游地空间布局

自驾车旅游为新兴旅游目的地、非主流目的地和非优区位目的地带来新的发展契机。自驾车旅游者在出游选择上有避热倾向，新兴旅游目的地会引起自驾车旅游者的好奇与尝试欲望，吸引他们尽快对目的地进行访问。非主流目的地和非优区位目的地是指因旅游资源开发不足、知名度不高或缺乏区位优势而不被旅行社等作为主要推介目标的旅游地。以山东省为例，"山水圣人"与"黄金海岸"是山东旅游的主打品牌，省内外旅行社多将济南、泰安、曲阜、青岛等作为主流目的地，而大汶口文化、滕州墨子文化、滨州孙子文化等旅游地团队客源甚少。自驾车旅游因其通达性强和避热倾向为这些目的地带来了大量客源和新的发展机会。

(五) 优化旅游投资结构

旅游产业是资金密集型产业，资金的流向在很大程度上对旅游产业结构的变动起着客观的导引作用，旅游投资总量在不同旅游产业部门和项目间的分布将直接改变旅游产业结构的格局。而且，旅游投资结构与旅游总需求结构有一种天然的对应关系，在市场机制比较完善、价格信号比较准确的情况下，两者的变化趋势基本一致，投资的重点对象往往就是那些旅游需求强度较大的旅游项目或产品，它们对旅游产业结构的变动所产生的拉动作用表现为一种合力。当然，当旅游市场信号扭曲的时候，旅游投资结构很可能背离旅游产业结构调整和优化的要求，因而需要政府出面从宏观上控制和引导投资结构，使旅游产业结构向良性方向发展。

第一，加强投资的导向性。按照"谁投资，谁受益"的原则，实行"国家、集体、个人一起上"和"内资、外资一起上"，调动各方面的积极因素参与旅游开发，切实加大对旅游业的投资力度，完善投融资体制，制定优惠政策，利用项目融资，吸引更多的社会资源投向旅游业。在旅游项目的开发经营上，凡适宜放开的旅游开发经营项目，应向非公有经济开放，鼓励引导个体、私营、外商参与投资经营的竞争。

第二，盘活其他产业存量资产。根据旅游产业发展的客观需要，将闲置的公有资产、收益率低的公有资产、一些竞争性加工工业的公有资产，通过出让、兼并、重组、转产等多种形式注入旅游产业，以实现优化配置，一举两得，既盘活存量，使公有资产保值、增值，又迅速加大对旅游产业的投入，增加旅游产业发展的实力。

第三，扩大利用资本市场。资本市场是提供长期营运资本的市场，利用资本市场，实际上就是为旅游业寻找全面的投融资服务，促进旅游产业结构调整和优化。利用资本市场的方式主要有股票上市、项目融资。

第四，设立旅游发展基金。稳定的经费来源是一个部门增强权威度的重要因素。设立旅游发展基金，可以减轻政府的财政负担，保证旅游投入资金来源的稳定性，并有目的地按计划进行长期投资，促进旅游业的扩大再生产。可以采取多种办法征收旅游发展费用。例如，在城市维护建设税中提取一定比例用于旅游促销、征收饭店床位税和旅行社增值税、在土地年租金中提取一定比例等。

第三节　中国自驾游市场的规律与差异分析

一、中国自驾游市场的十大规律

中国自驾游市场呈现出以下十大规律：

（一）中青年男性是自驾车旅游的绝对主体

当前，自驾车旅游者属于较富裕的阶层，以中青年为主，男性旅游者多于女性旅游者；文化程度集中在大专以上，企业白领居多，普遍具有较高的受教育程度和旅游素养，具有稳定的经济收入和可自由支配的时间，出游动机多以观光旅游和休闲度假为主要目的。

（二）生态环境是自驾车旅游者最偏爱的元素

自驾车旅游者具有多元化的旅游需求，但更偏爱生态环境好、暂未开发的景点或有特色的非旅游景点，希望旅游目的地的生态环境和文化环境特点突出。

（三）推动型动机是自驾车旅游者的主要旅游动机

自驾车旅游者的旅游动机可以分为推动型动机和拉动型动机两类：推动型动机是指由旅游者内心活动引发的促使旅游者参与旅游活动的内在驱动力，分为回归自然、放松、情感需求、体验乐趣、运动、受尊重的需要六个层次；拉动型动机是指由于客观存在的外界因素引发的促使旅游者参与旅游活动的外在动力，分为特色、与旅游者经历相关的动机两个层次，其中回归自然、放松、情感需要、体验乐趣及特色为自驾车旅游者的主要旅游动机，即大多数的自驾车旅游者希望通过旅游活动获得这五个方面的体验。自我实现、运动、声望及与旅游者经历相关的动机是一部分对自驾车旅游具有较高要求或特殊要求的自驾车旅游者的旅游动机。

（四）自助、车友会组织出游是最主要的出游方式

自助出游、经车友会组织出游是目前自驾游最主要的两种出游方式，旅行社组织自驾车出游具备一定的市场，但这部分市场发育不成熟；自驾车旅游者会习惯性地以某种出游方式为主，但也会因为需求的变化转向其他出游方式，多数自驾车旅游者在自助出游、车友会、旅行社三种出游方式中进行选择和变更。经汽车租赁公司组织出游、通过试驾活动组织出游是少部分自驾车旅游者可能选取的出游方式。

（五）亲友同车出游是最普遍的形式

自驾车旅游者一般会选取家人、好友同车出游，一部分对自驾车旅游具有较高要求或特殊要求的自驾车旅游者会采取独自一人驾车出游或通过网络征集拼车出游的方式。自驾车旅游者在车辆使用方式上以自家车和借用他人车辆为主。

（六）近郊游是最常选择的方式

近郊游是自驾车旅游者最常选择的一种旅游方式，尤其以出游时间 1~3 天、出游距离在 100~300 千米的短途自驾车旅游为主，出游时间受带薪假日和公共假期的严重影响。自驾车旅游者在出游频率方面具有较大差异，对自驾车旅游者整体而言以每年出游 2~3 次居多。

（七）安全是出游最首要的考虑因素

自驾车旅游者在制定出游决策时首先考虑的是安全问题，然后依次考虑便利程度、娱乐程度和旅游费用。"安全""便利""娱乐""费用"是自驾车旅游者决策的四个主要影响因素，它们可以被细分为旅行时的安全问题、汽车停放时的安全问题、气候、住宿条件、餐饮条件、汽车租赁公司和旅行社、道路风景、加油站、相关媒体、旅游目的地吸引力、车友会、旅游过程中的活动、旅游价格、旅游花费 14 个因素。

（八）亲友介绍是最主要的信息来源

自驾车旅游者在旅游活动开展前的决策过程可分为购前信息搜寻阶段、自驾车旅游的决策制定、自驾车旅游目的地选择、自驾车旅游路线设计四个阶段。在购前

信息搜寻阶段，自驾车旅游者首先会积极地从个人来源获得外部信息，亲友或朋友介绍、BBS 是其外部信息的两个最主要来源；其次，主要的旅游信息获取来源为门户网站、汽车俱乐部宣传、旅游类的杂志广告、自驾车协会信息，属于中立来源，在这些外部信息还不能满足需求识别时，他们会从网络、电视、旅行社、广播、杂志等媒介的广告中获取信息。半数以上的自驾车旅游者选择自己制定出游决策、选择目的地和线路，表明自驾车旅游者希望从自驾车旅游活动中获得更多的自主性。

（九） 交通状况决定自驾车旅游圈带的形成

以北京为例，北京地区自驾车旅游者主要活动空间范围分为三个主要圈带，分别是以 1~3 天为主的北京周边游，华北、华东、华中自驾车旅游圈带，东北及内蒙古自驾车旅游圈带。西部、华南等地尽管旅游资源丰富，但旅游流较小，主要是受交通的限制，一些地区如青海、甘肃具有丰富的自然和人文旅游资源，但由于交通的限制自驾车旅游者很难进入，对车型也有较高的限制，有野外探险的自驾车旅游经验的旅游者进入的可能性更大。

（十） 自驾游的良性发展依然任重道远

目前我国自驾车旅游发展存在的主要问题为：自驾车旅游配套服务设施严重落后、我国公路系统及风景道设计滞后于自驾车旅游发展、自驾车旅游安全缺乏保障、旅游信息系统缺乏和不完善及自驾车旅游产品匮乏。要想实现自驾游的可持续发展，绝非一家之力、一日之功。

二、中国自驾游市场的需求差异化

自驾车旅游者作为一个整体具有区别于大众旅游者的特征，同时自驾车旅游者中不同的群体在旅游行为方面具有较明显的差异，能够发现不同群体自驾车旅者的差异并为他们提供差别化的服务，才能够准确地把握目标市场，为自驾车旅游者带来高质量的旅游体验。

（一） 男性自驾车旅游者与女性自驾车旅游者

男、女自驾车旅游者由于性格特征、生活习惯等方面的差异，在自驾车旅游活动中会表现出不同的行为特征，主要体现在以下几个方面：

（1） 男性自驾车旅游者中，中老年旅游者所占比例明显高于女性中老年旅游者。

（2） 男性自驾车旅游者比女性自驾车旅游者具有更强烈的猎奇和探险心理，更容易接受游人众多的、热闹的旅游环境；女性自驾车旅游者较男性自驾车旅游者更看重良好的生态环境、乡村及有特色的地方。

（3）男性自驾车旅游者比女性自驾车旅游者表现出更强烈的对于驾驶活动本身的热爱，具有更强烈的逃脱日常生活的愿望，希望摆脱琐碎的日常生活。更多的男性自驾车旅游者将个人爱好同自驾车旅游活动相结合，并以此为出游目的。男性自驾车旅游者更希望通过自驾车旅游活动获得"被尊重的需要"（参观朋友没去或想去的地方、回家后能分享旅游经历、游览会给家人和朋友留下深刻印象的地方选择比例高于女性自驾车旅游者）；女性自驾车旅游者比男性自驾车旅游者更看重自驾车旅游活动的物质条件以及物质条件带给她们的特别体验，她们期望体验不同的生活风格，品尝当地的美食，身心得以放松。

（4）男性自驾车旅游者中高频率出游的旅游者比例要多于女性自驾车旅游者。在出游天数和出游距离方面，男性自驾车旅游者中长时间、远距离出游的比例也高于女性自驾车旅游者，但这并不代表男性自驾车旅游者不钟爱短时间及短途旅游。

（5）在旅游决策制定过程中，车友对男性自驾车旅游者的影响会大于对女性自驾车旅游者的影响，男性较女性更重视驾车途中的风景及加油站的情况。男性自驾车旅游者较女性自驾车旅游者更爱制定出游决策，选择旅游目的地和旅游线路。

（二）不同年龄段的自驾车旅游者

（1）45~60岁的中老年自驾车旅游者对亲近、了解自然方面的旅游需求最为强烈，并且他们较青年人更希望从自驾车旅游活动中获得与家人、朋友亲密和谐相处的机会，参与运动得到锻炼。他们更希望将自驾车旅游同个人兴趣爱好结合起来。30~45岁的中青年自驾车旅游者较其他年龄段的自驾车旅游者更希望满足"身体、心理放松"的旅游动机，17~30岁的青年人对于品尝特色美食较其他年龄段的自驾车旅游者表现出更大的兴趣。

（2）17~30岁、30~45岁、45~60岁的自驾车旅游者中，随着年龄段的增长，长时间、远距离自驾车旅游活动的参与人在该年龄段中所占的比例就越高。

（3）在旅游决策影响因素方面，17~30岁的青年人认为朋友对于他们制定旅游决策是很重要的影响因素，朋友对于他们的影响往往要大于对30岁以上的中年和中老年人。随着年龄段的增长，自驾车旅游者对于气候的关注度就会有所提高，45~60岁的中老年自驾车旅游者认为气候是影响他们制定旅游决策的重要影响因素的人员比例明显高于17~30岁的自驾车旅游者。45~60岁的自驾车旅游者较45岁以下的自驾车旅游者更容易受旅游相关媒体宣传或广告的影响。

（三）自助出游的自驾车旅游者与车友会的自驾车旅游者

（1）参与车友会组织出游的旅游者更偏爱未开发、欠开发或较一般旅游目的地更有特色的地方，这个群体中的旅游者较其他自驾车旅游者求新、求异、探险的心理需求更加强烈。自助出游的自驾车旅游者中喜爱热点旅游景点及一般旅游景点的人所占该群体的比例，要大于车友会是自驾车旅游者中爱好热点旅游景点及一般旅游景点人所占的比例。

（2）自助出游的旅游者中更多的人希望通过自驾车旅游活动使他们逃脱日常生活，并通过自驾车旅游活动能够同家人、朋友和谐相处，增进感情；车友会的自驾车旅游者似乎比自助出游的旅游更积极一些，他们中的更多人希望通过自驾车旅游寻求兴趣，体验不同的生活风格，在人际关系方面结交新朋友的愿望比自助出游的自驾车旅游者更强烈。

（3）在出游频率方面，车友会的自驾车旅游者中高频率出游的旅游者要多于自助出游的旅游者，并且车友会中的自驾车旅游者比自助旅游的自驾车旅游者更有可能开展长时间、远距离的自驾车旅游活动。

第四节　中国自驾游市场的发展机遇

一、中国自驾游市场的机遇

据公安部统计，2019 年全国机动车驾驶人数量达 4.35 亿人，其中汽车驾驶人达 3.97 亿人，占驾驶人总数的 91.26%。截至 2019 年底，小型载客汽车保有量达 2.2 亿辆，与 2018 年底相比增长 9.37%。其中，私家车（私人小微型载客汽车）保有量达 2.07 亿辆，首次突破 2 亿辆。中国自驾游正蓬勃发展，渐渐成长为一个全新的旅游新经济，成为新的经济增长点。在自驾游市场迅速扩大的情况下，许多相关行业面临前所未有的发展机遇。

（一）自驾游网络服务业

自驾游的发展带动了自驾游网络服务业的发展。近几年，自驾游网站不断涌现，并且建立了一些自驾车联盟性质的非正式机构。在全国各地由旅行社、半官方机构、个人成立的众多自驾游的机构，如 RTA 中国自驾游联盟、环球自驾游联盟、奥林极限俱乐部、哈库俱乐部等，受益于自驾游市场的发展，取得了很好的经济效益。

（二）自驾游旅游基地

自驾游市场的扩大，带动了自驾游旅游基地的产生。2008 年 5 月，在中国汽车流通协会汽车俱乐部分会的指导下，包括北京密云原生态自驾游基地、秦皇岛市山海关欢乐海洋公园、长春净月潭国家森林公园在内的 12 家单位正式成为全国首批自驾游活动基地。中国汽车流通协会汽车俱乐部分会同时透露，计划两年内在全国确立 500 个自驾游活动基地，并完成覆盖全国的汽车自驾游专业化服务网络。

（三）汽车租赁业

与美国自驾游发展的方式一样，现在在中国不仅流行开自己的车去城市周边以及更远的地方探险游，更兴起了异地租车旅游，即飞机+当地租车方式，不仅节约了成本，更使异地自驾游成为可能。中国异地租车的兴起，也使这种旅行方式成为可能，如 RTA 路骋网提供的网上异地租车服务，神州、至尊推出的异地租车商旅自驾等，使异地租车自驾游成为广大自驾游爱好者的新宠。

租车旅游业成为自驾车出游的另外一种方式。在欧美一些发达国家，汽车租赁是旅游业中非常重要的环节，机场、码头和火车都设有汽车租赁站点，并且在预订酒店、机票、车票等方面实现了资源共享。随着旅游消费档次的提高，使用小型交通工具、自主设计旅游路线的自助旅游需求将不断扩大，我国汽车租赁近年来也越来越受到自助旅游者的青睐。目前，中国共有 6300 余家汽车租赁业户，租赁车辆总数约达 20 万辆，并以每年 20% 左右的速度增长，2018 年中国汽车租赁行业市场规模更是超过了 800 亿元。①

（四）自驾游服务公司

中国自驾游活动比较成熟的地区，以东部经济发达地区的大城市为主，如广东的深圳、广州、东莞，华东的南京，北京，西南地区则以昆明市最为热闹。随着这些地区自驾游市场的繁荣，许多自驾游服务公司得以发展。

（五）汽车俱乐部

伴随着世界众多汽车生产商对中国市场重视程度的提升，至今已建立起数百家汽车俱乐部或车友会。这些俱乐部在自驾游市场扩大的过程中，获得了新的机遇。除以上所述行业之外，传统的旅行社、酒店业、餐饮业、旅游景区、交通服务业等相关行业也面临着新的发展机遇。

二、中国自驾游市场可持续发展的对策

自驾车旅游在我国虽已显示出巨大的现实需求和广阔的发展前景，但总体而言仍处在一个起步阶段，在各个层面仍存在相当多的问题，极大地制约了自驾车旅游

---

① 数据来自前瞻产业研究院。

的发展后劲。因此要从制约自驾游发展的各个角度入手提出对策，促进自驾车旅游快速健康地发展。

（一）政府层面

促进中国自驾游市场的可持续发展，从政府层面来说，首先要建设以政府为主导的自驾车旅游发展体系。自驾车旅游的发展不仅依赖于旅游行业，也依赖于其他行业的支持与参与，目前制约我国自驾车旅游发展的问题不是某一个旅游企业或某一个行业可以单独解决的，需要行业之间的相互合作，更需要政府从宏观上进行指导和扶持。自驾车旅游所显示的高关联性，要求政府积极发挥提供公共服务的主导作用，各相关部门要从提供信息服务、加强基础设施建设、保证出游者安全和保护生态环境等方面入手，为自驾车旅游的发展创造良好环境。

（1）构建以公路建设为核心的自驾车旅游网络，树立"大区域"概念。公路网络建设要抓住三个重点：公路网络覆盖面广，提高旅游目的地的可达性；加强道路周边环境改造，为自驾车旅游创造优美的旅行景观，尤其在旅游目的地附近建设风景大道，制作区域自驾车旅游景观名片；以发达的公路网络为纽带，建立跨省份的"大区域旅游区（带）"，强化区域自驾车旅游产品品牌，增强自驾车旅游产品吸引力。

（2）建设以规章制度为先导的安全保障体系，加强规范化管理。针对自驾车旅游活动中的各类安全问题，通过规章制度的制定、实施和监督工作，为自驾车旅游创造一个规范、法制的发展环境。各级政府及相关部门建设好"旅游危机应对机制"，对交通、治安、食品等方面的安全工作加强监督和管理；探索针对自驾车旅游过程中的风险进行承担的相关保险产品，降低危机风险。通过各类宣传活动进一步规范旅游者行为，增强旅游者安全意识和安全知识。

（3）建设具有区域特色的配套设施。在自驾车旅游配套设施方面，政府应进一步在完善通信设施、补给设施、交通标识及景区驾车观光风景道路建设等方面积极发挥作用，同时应在资金、税收等方面给予一定优惠，以吸引社会投资和加快汽车营地、汽车旅馆、停车场等建设。在改善现有问题的基础上，争取突出区域特色，一方面体现在配套设施视觉、听觉设计上，另一方面体现在服务上，如北京地区体现古都与现代化政治、经济、文化中心的特色；在北京不同区域如平谷区近郊自驾车旅游目的地在视觉设计上突出桃乡的特色以及当地人的淳朴热情。

（4）健全信息网，加快信息流通。首先，各旅游地级主营部门要尽快建立自驾车旅游信息统计制度和预报制度。其次，要充分利用互联网、广播、电视、报纸、杂志等各种媒介向公众发布目的地设施设备、出游人数、交通、天气、价格等方面的详细信息和及时信息。再次，应尽快在机场、饭店、主要景区、景点等旅游者集散地建设完善的旅游信息咨询中心。最后，应尽快编制各省、市、县旅游交通详图，从而使自驾车旅游者多一些选择的空间，少一些盲目消费。

（5）加强环境保护，严格规范管理。要加强生态环境保护宣传和教育，增大生态保护力度，制定自驾车相关的环境保护条例，建立环境监测系统，增大政府环境保护投资力度，建立自驾车环境保护专项资金；对已开发的自驾车旅游设施，要进行深度开发和集约经营；在环境脆弱地区，不宜建设投资大、占地大、污染高的自驾车配套设施。

总之，只有不断改善自驾车旅游的供给，合理配置各项资源，才能逐步消除我国自驾车旅游发展中的障碍，更好地满足自驾车旅游者的多层次需求，把我国的自驾车旅游推向良性的发展轨道。

（二）组织经营者层面

自驾车旅游的发展不仅依赖于政府各相关部门的支持，也依赖于自驾车旅游组织经营者的参与。组织经营者要从自身角度采取措施，促进自驾车旅游的发展。

1. 组织经营者要明确法律地位，明确其权利与义务的关系

（1）各类组织经营者都必须具备相关的法律资质并提供相应的安全保障。自驾车旅游作为一个专项旅游项目，包括旅行社、汽车租赁公司等在内的各类组织经营者必须具备相应的资质，要能提供自驾车旅游所必需的各种服务。同时，负有提供合理的安全保障和各类人身保险的义务，如汽车租赁企业有义务对提供车辆的安全设备隐患进行检查，提醒和帮助排除一般故障；汽车俱乐部有义务针对行车安全，提供全程安全领航、维持行车顺序、配备联络工具、合理控制车速、及时通报道路状况、随时警示提醒；旅行社有义务针对旅游行程，合理安排行程、食宿，针对突发事件，提供积极协助处理、提供善后服务等。

（2）组织经营者要通过经营行为，努力承担社会责任。作为自驾车旅游行为的发起人和利益的获取人，组织经营者和自驾者在享用社会资源的同时，要承担应尽的社会责任和义务。自驾车旅游组织经营者有义务在组织自驾游活动时为更多旅游者提供自驾乐趣，经营自驾游活动在为经营者本身带来经济回报的同时，积极采取各项措施，利用诸如"送教下乡、送温暖下乡、援助贫困地区教育、环境保护"等公益活动，承担社会责任和义务，带动和促进旅游目的地及沿途的经济发展，缩小城乡差距，减小社会矛盾，使当地群众也充分享受到发展自驾游所带来的巨大收益。

（3）组织经营者要强化宣传促销，推动自驾市场进一步发展。自驾车旅游市场庞大，不仅要进一步挖掘潜力，扩大规模，还要利用多种媒介有针对性地搞好宣传促销工作。首先是市场对旅游企业的观念宣传。越来越多自发的自驾车旅游创造了良好的市场环境，有利于引导和鼓励旅游目的地、旅行社和旅游汽车俱乐部等沟通联系，组织更多的自驾车旅游者开展自驾车旅游。其次是旅游企业对消费者的促销。要加大旅游宣传，及时通过报刊、电视、网络等媒体向自驾车游客推荐旅游线路。

最后是对区域内和全国的重点市场进行促销。把促销重点放在经济相对发达的城市和地区，鼓励"有车一族"到城郊生态休闲度假地和省内一些旅游区开展自驾车旅游活动。在此基础上，加强省际合作，打造自驾车旅游"黄金周"通道。

2. 汽车俱乐部要提供专业指导、培训与服务

汽车俱乐部是国内自驾车旅游的先驱者，在自驾车旅游的组织与安排方面已经积累了丰富经验。应采取措施、发挥优势，如通过策划开发自驾车旅游线路；与旅行社等旅游相关部门洽谈、合作；以会刊、手册、网站等多种形式向社会发布自驾车旅游信息；保证关联单位的服务品质；组织各种自驾车旅游等活动，促进自驾车旅游的进一步发展。

3. 旅行社要从多方面发展自驾游

第一，抓住项目创新，市场定位，避免雷同。自驾车的旅游消费者根据年龄、职业、兴趣等因素的不同，其需求也呈现出差异化的特征，旅行社应发挥其善于策划、工于组织的长处，从项目策划中获得消费者注意，博得潜在客户的参与，如在推广不同主题的自驾车游、营造不同意境的旅程体验等方面做文章，在充分市场细分的基础上推出新颖别致的产品。

第二，在线路编排上应当长短结合，长线为主，短线不放。由于长途旅游线路需要更加专业的旅行知识、车辆保障、旅程安排、后勤支援，因此被国内学者认为是最具有挖掘空间的自驾车游市场，甚至是唯一的市场机会。长线固然是重点，短线同样有潜力，经市场调查，在出游单程距离的选择问题上，做出了黄金周300千米以上，平时以200~300千米范围内的比例最大（分别占自驾车游总数的25%和23%）的结论，这与近年来中心城市周边短线旅游日益火爆的现象暗合，再加上燃油加价的影响因素，可以预见选择2~3日游，需要提供完善"吃、住、票"保障的自驾车者大有人在，因此，旅行社可以在提供综合消费折扣和特色项目参与上下功夫，争夺短线自驾车游的庞大市场"蛋糕"。

第三，注意深度挖掘自驾车旅行社产品的产品线，丰富自驾车旅游者的选择，增加盈利点。自驾车游旅行社产品线是指密切相关的一组产品，在市场需求差异化的驱动下，旅行社可以设计出度假型、观光型、探险型、周游型、竞技型等多种产品品目，也可以进行产品线在档次上的延展。

第四，以产品包的形式推出，给予自驾车旅游者超值感受。首先是透明化消费，给了自驾车游全程花费的明确参考，突出旅行社的价格折扣优势；其次是可以在附加赠送、待客礼遇方面突出额外的优惠；再次是可以采用灵活的售卖方式，如可整体提供"吃住行游""一揽子"包干，又可拆分销售单项旅行社服务产品；最后是还可以在服务上体现"零距离"关爱，如组织团友生日共庆、允许代驾跟车旅游、提供医疗维修跟车服务等。

第五，营销渠道采取网络化和多元化并重。一方面，旅行社可以在自驾车游市场上进行专线垂直分工，分级销售，有利于扩大"收客"面，实施专业化操作，降低成本。另一方面，综合"直客"销售、网上销售以及承接广告媒体、汽车销售商、户外俱乐部自驾车业务等多元化的营销渠道开展客源组织。

4. 汽车租赁企业要加强管理力度，提供良好的服务保障措施

汽车租赁业是发展自驾车旅游的重要一环，针对目前普遍存在的企业规模小、管理体制不顺、经营不规范、收费项目多等问题，尽快建立信用机制，实现全国连锁经营；尽可能地丰富出租的车辆类型，满足自驾车旅游者日益变化的旅游需要。与此同时，汽车租赁公司要健全自身职能，提高服务水平。要保证车辆的安全性和性能，与消费者签署规范合法的汽车租赁合同，负责规定的车辆各类保险、各类税费及管理费，负责对租出的车辆进行正常的修理和定期保养，协助汽车租赁人处理发生的交通事故和按保险公司规定办理索赔手续等。

（三）消费者层面

1. 树立法律意识，增强安全观念

自驾车出游，必须严格自觉遵守交通法规，注意各种警示标志，养成良好的行车习惯，树立严格的法律意识；要有"安全第一"的认识，必须增强自驾游的安全观念，避免疲劳驾驶，限制安全车速，杜绝自驾事故的发生；要学习掌握包括道路交通、车辆租赁、合同签订、投保事项等各方面的法律、规范知识，应对可能发生的各种问题。

2. 了解自驾常识，增加相关技能

自驾车出游者要具备熟练的驾驶技能以及检查和维修车辆的技能，要有解决可能出现的各方面驾驶问题的能力；要设计好旅游路线，对出游目的地及沿途路况有基本的了解，要携带应急的修车工具、易损零配件以及食品、证件、通信工具、线路地图和其他应急工具等；出发前要进行严格的车辆检查，要注意投保及养路费的上缴等事项；从各方面学习和吸纳自驾车出游的知识及常识，增强自驾游技能，为安全和舒心的自驾出游做好基础性准备。

（四）自驾车旅游营销重点

1. 实现自驾车旅游产品的随意拼装

首先，自驾车旅游产品作为体现自驾车旅游灵活性、地域广泛性、旅游过程重要性提升三个主要特征的载体，要做到内容丰富随意拼装。一项自驾车旅游产品中应包含多条可供选择的线路、多个节点（旅游目的地）、多种旅游活动，能够为不同细分市场的旅游者提供不同的项目组合，以满足体验乐趣及特色的旅游动机。其次，紧密结合旅游者的心理特征设计旅游产品，重点突出旅游目的地的生态环境和文化环境特点，通过产品中的不同项目满足旅游者回归自然、放松、情感需求、体

验乐趣、运动、受尊重的需要这六个不同层次的旅游需求。另外，在旅游产品设计过程中要考虑到自驾车旅游者以中青年旅游者为主体，普遍具有较高的受教育程度和旅游素养的群体特征，要注意提高产品档次和内涵。

2. 结合自驾车旅游者中不同群体的行为特征差异，制定差别化的价格策略

如针对男性自驾车旅游者和车友会自驾车旅游者中较大比例的高频旅游者可以制定高价位价格策略，以长时间、远距离的旅游产品为主，而针对女性自驾车旅游者和青年旅游者可以制定低价位价格策略，以短时间、近距离的旅游产品为主。

3. 除传统的营销渠道外，要结合自驾车旅游者的出游方式，选取恰当的销售渠道

一大部分自驾车旅游者对某种旅游方式表现出较强的忠诚度，对某方面的信息渠道（如 BBS）表现出高度的信任感，这些渠道往往能比传统的销售渠道产生更好的营销效果。

4. 把握自驾车旅游者购前信息收集阶段，结合决策影响因素，准确把握促销重点

促销工作具有以下两个目的：①确定消费者正面临的难题，然后开发出能够解决这些难题的促销信息（有适当的营销组合来支持）。②利用促销控制消费者的决策。这两个目的的实现都要获取消费者购前信息收集阶段的情况。根据自驾车旅游者决策行为特征，注重自驾车旅游产品的"口碑效应"，因为自驾车旅游者最重视的是来自亲友或朋友的建议。在自驾车旅游产品特色的宣传上，结合决策影响因素，按照安全程度、便利程度、娱乐程度和旅游费用的层次向整个自驾车旅游市场宣传产品特色，并向不同的细分市场宣传符合细分市场需求的某个或某几个特点，如向男性自驾车旅游市场宣传产品的新奇与适度的冒险感，以满足他们较为强烈的猎奇和探险心理需求。

（五）面向自驾游的景区开发新思路

1. 旅游景区开发要保持原生态

近年来自驾游的火爆发展，一方面给景区发展带来了充足的客源和丰厚的利润，另一方面也对周围的环境造成污染。尤其是自驾车停靠所带来的地表植被破坏和自驾车行驶所带来的尾气污染，对于景区环境和文物的损害是不容忽视的。而自驾车旅游者最看重的就是能够缓解城市环境和工作压力的自然生态环境，因此，依托自然山水风貌的各类景区在开发和日常管理中一定要考虑到环境问题，努力保护好景区内的自然生态，营造一个让人回归自然又享受自然的舒适氛围。

2. 旅游景区开发要注重交通整体规划和基础设施硬件建设

在中短途自驾车旅游中，大部分游客是自己开车带着家人或是朋友来旅游的，基本上属于自助游，很少参加旅行社或是汽车俱乐部组织的活动。这样，自驾游就

使更多的旅游者与景区直接接触，景区的服务直接摆在了旅游者的面前，接受着旅游者的考量。

另外，自驾车旅游者所需要的服务与原来的普通游客是有很大区别的，他们对基础设施和服务的要求更高，而目前还很少有景区能达到这一要求：

第一，无论是景区周围的大交通还是景区内的小交通，其交通标志系统大多不够完善，突出表现在方向导引符号、交通警示牌等标识物欠缺；景区导游信息和地图分布不广泛且未及时更新；景区附近的道路交通信息系统不够通畅，尤其是节假日，人群的大量聚集使景区周围的交通常常会陷入瘫痪。

第二，景区停车场、加油站以及车辆检修和维护点的缺少所带来的问题日益突出。目前我国大多数景区都存在着停车场紧张的问题，尤其是在节假日，这已成为阻碍自驾车旅游者重要因素之一。而加油站、车辆检修和维护部门在我国景区更是少见，一旦车辆出现问题，旅游者就会面临无处求助的局面，大大地降低了游客的满意度。

因此，景区无论是在最初的开发还是后来的提升中都要对交通进行科学规划，加大针对自驾游的基础设施的建设，保证良好的道路交通状况、规范清晰的交通标志牌、安全可靠的临时停车点、足够的停车场停车位、汽车应急维修服务等。

3. 旅游景区产品开发要逐渐休闲化、多样化

虽然目前我国的自驾游市场还处在初级阶段，旅游者对知名度较高的自然观光景区兴趣较大。但不容忽视的是，休闲游以及各种专项特色游已呈现出上升的态势。但景区还没有专门针对此趋势设计的产品和项目，已有的产品体系还远远满足不了自驾车旅游者的旅游需求。因此，景区在开发产品时应注重对自驾车旅游者需求的调查研究，适应游客休闲度假的特点，向着休闲化、个性化、体验化的方向发展，开展各类康体、娱乐度假村、乡村民俗旅游以及修建农业观光生态园区等。

4. 景区建设要针对自驾车旅游者完善信息系统

自驾车旅游者大部分属于自助旅游的范畴，对旅游信息的需求更为广泛和细致。气象信息，交通路况信息，安全、维修信息，餐饮、住宿和游览信息对自驾车旅游者来说都必不可少。但目前我国的景区景点都还无法提供如此完善的信息服务，需要从以下两个方面进一步加强与改善：

（1）为了便于自驾车旅游者做好行程计划安排，景区或是当地政府要根据自驾车旅游者的需求，为其设计最佳行车路线，编制集交通线路、旅游景点、食宿设施于一体的旅游交通图，图上的公里数要标注清晰、准确；周围的加油站、高速公路出入口、汽车维修中心要用鲜明的标记标出，便于自驾车旅游者寻找；交通图上要包括一些常用的电话号码，比如汽车维修中心、汽车安全救援中心、酒店、加油站等。

（2）开通政府或景区旅游公共服务热线，发布各旅游景区和景点的客流量、舒

适度、天气状况和住宿情况预报。另外，可以在机场、车站、饭店以及各主要景区、景点、交通要道等旅游者集散地，提供游人免费取阅的旅游资料或配置触摸式旅游信息查询设备，为旅游者提供完备、便捷的信息服务。

5. 针对游客出行方式，加强市场宣传和针对性服务

自驾游已经成为旅游者的主要出行方式，所以对有车一族的宣传促销是十分必要的。针对游客大多愿意和家人、朋友一起出游的特点，应充分考虑到配置适合家庭氛围、朋友聚会的各种接待、娱乐设施。同时，游客朋友之间的口碑宣传作用会变得比较重要，为游客提供满意服务将有助于游客返程后的正面宣传，从而带来更多潜在游客。旅游信息的传播渠道也很重要，比如在有车族比较集中的地方提供免费旅游宣传资料，在人流比较集中的地方设立旅游咨询点等，目的都是要减少游客收集信息的成本，使信息主动暴露给游客并获取注意。

自驾游在未来的发展中将继续享有广阔的市场前景和发展空间。这一方面是由不断扩大的市场空间决定的，即工业化带来了更多的有逃离工业环境需求的城市人口；另一方面是由经济的发展以及休假制度的改革推动的，这种推动是强大而持续的。我们相信，只要旅行社或景区全面了解自驾车旅游者的特征，以他们的需求为出发点来设计产品和线路，自驾游将呈现出新一轮的更加火爆的发展趋势。

第三章　自驾车旅游者行为特征

自驾车旅游市场是指在一定时间、地点和条件下，具有购买力、购买欲望和权利的群体及自驾车旅游产品与服务的集合，也是旅游客源市场。在区域旅游规划中，依据现场调查资料或历史统计资料对自驾车旅游市场特征进行描述，探求旅游者的行为规律，是进行规划的重要依据。

自驾游兴起得益于社会经济发展、交通及信息网络设施完善、带薪假制度的实行。自驾游加速了旅游市场从大众旅游向个性化市场的蝶变进程。自驾游客在旅游过程中更愿意按照自己的喜好选择出游线路，更加注重自我享受、创新体验、舒适自主的个性化需求的满足。学术界对自驾游市场游客行为特征的研究集中在 2000 年以后。McClymont 和 Prideaux（2007）从出行计划、信息获取渠道、目的地吸引游客的景区和活动四个角度探讨了自驾游者的基本行为。张晓燕（2006）将自驾游的动机分为显性动机（传统旅游动机）和隐性动机（彰显个性动机）。自驾游特征描述一般包括游客的人口学特征、出游行为特征、游客需求特征以及旅游流特征等。

第一节　自驾车旅游者的人口学特征

自驾车旅游者，简单地说，就是以自己驾驶车辆工具为旅游形式的旅游者，但是并不局限于驾驶车辆的司机本人，还包含与其同行的旅游者。对这些自驾车旅游者的人口学特征进行分析，有助于从事这个行业经营的企业以及其他从自驾游市场获得利益的群体发现市场机会，有助于政府旅游管理部门进行自驾车旅游环境的规划等。

一、自驾车旅游者的年龄结构

自驾游作为一种旅游市场的新兴事物，接受并身体力行的旅游者主要是中青年人士，其年龄结构相当集中。Molnar 等（1996）对美国自驾车旅游的调查也表明，年龄在 18~40 岁的自驾车旅游者占 60.7%。年轻人对自驾游这种自由性非常充分的旅游方式，有着极大的偏好，这与年轻人的自由主义思想有很大关系。同时，年轻人也是高收入群体的主流，并且对未来的经济能力担忧少，也促使他们选择消费水平较高的自驾游。

在本书编者对中国自驾游所做的调查研究中发现，其中79.5%的旅游者集中在18~45岁，整体上呈现以下年龄分布：18岁以下占1.16%，18~30岁占38.77%，30~45岁占39.85%，45~60岁占18.49%，60岁以上占1.73%。从这个年龄分布来看，呈现"两头小，中间大"的形状。这与中年人处于收入高峰期有直接关系。国内学者的研究也发现了相似的年龄分布特征。广东省旅游局在2005年通过对609辆自驾车的调查，发现25~44岁的游客占69.4%，这其中尤其以25~34岁的青年人所占比重较大，高达41%。叶展图（2006）在其硕士学位论文中对广州市自驾车旅游市场问卷调查表明，21~30岁的自驾车旅游者占总有效调查人数的53.6%，其次是31~40岁的人群，占26.5%。因此，21~40岁的人群占总有效调查人数的80.1%，集中度显著，并且随着年龄的增大数量有明显下降的趋势。周慧（2005）对长沙市有车族进行自驾车旅游市场调查，发现在自驾车旅游者中，年龄结构占主体的是25~44岁的中青年人，比重占有效样本量的82.41%。15~24岁和45~64岁这两个年龄阶段的人，分别占10.18%和88%，而大于65岁以上的仅占到0.93%。《中国自驾车、旅居车与露营旅游发展报告（2016—2017）》显示露营地在线预订用户年龄结构中27~46岁占比72%，《体育户外与露营参考报告》将"常态露营人口"聚焦"30~50岁"，占总露营人口的90%，且多为中产家庭。总之，自驾车旅游者以中青年为主流，泛"80、90后"是当前我国露营地主要消费人群。朱琳（2018）对三亚国庆黄金周自驾游客的调查发现，26~35岁占比最大且呈现上升趋势，2016~2018年分别占比为33.62%、37.91%、41.42%。

二、自驾车旅游者的性别比例

从性别来看，自驾车旅游者的构成中，男性仍占主流。本书第一版调查（2010）中显示男性占60.2%；而2018年调查显示男性占56.79%。时隔八年的两次调研，女性占比由39.8%上升至43.21%，男女比例差距在进一步缩小。自驾游不再是男性的专利，女性用户的地位不容忽视。笔者于2019年对北京龙湾国际露营公园露营者的随机调查中显示，大多数家庭露营中女性的话语权更强，54.72%的家庭露营活动由女性主导，包括决定时间、行程、预订营位以及露营相关准备活动等。

三、自驾车旅游者的文化程度

从文化程度上看，绝大部分自驾游消费者具有较高的受教育程度，多集中于本科、硕士文化程度，受过良好教育，拥有较强的旅游意识和旅游素养，阅历广、经验多、信息渠道广，注重旅游体验和产品品质，不满足于传统旅游的限制，需求个性化明显。在笔者于2010年对北京地区所做的自驾游调查中发现，大学专科及本科文化程度的自驾车旅游者最多，占58.5%，高中以下文化程度占4.1%，高中及中专文化程度占16.4%，研究生及以上文化程度的自驾游者占21%。笔者在对全国自驾游调查（2018）中发现，本科及以上文化程度的自驾游者比较聚集，约占81.48%，其中本科学历者占47.53%，硕士学历者占33.95%。

四、自驾车旅游者的职业类别

旅游者的职业不同，就意味着收入、闲暇时间和受教育程度的不同，旅游倾向及其需求也不同。因此，自驾车旅游者的职业结构在旅游倾向和需求等方面都有一定程度的反映。从职业结构看，企事业单位白领、公务员占据较大的比例，是自驾车旅游者的主体。在笔者的调查（2018）中，参与自驾游的旅游者比例从高到低的职业类别是：企事业单位职员占33.95%，专业技术人员及管理人员占32.1%，公务员占7.42%，学生占4.94%，医生/律师占2.47%，个体经营者占1.85%；另外还有一小部分的工人、农民、离退休人员。朱琳（2018）针对三亚国庆黄金周自驾游客的调查显示：自由职业者、企事业单位职员、民营职员、学生、国企职员是自驾游者的主要职业构成。值得注意的是在朱琳的调研中，离退休人员、自由职业者和其他的比例在调查中连续下降，或因时间自由的职业会避开黄金周错峰出行。

五、自驾车旅游者的收入情况

在笔者所做的调查（2018）中，参与自驾游的旅游者大多数是月收入在5000~15000元的中高收入群体，约占调查的1/2，其中5000~8000元占比为17.9%、8000~10000元占比14.2%、10000~15000元占比为17.9%。这些群体一般都有私家车，也有一部分人没有自己的车，但是使用家人、亲朋好友的车开展自驾游。调查显示，拥有私家车与没有私家车的比例分别是59%、41%；大多数（84%）的多次自驾游者拥有私家车，其中1/3的私家车价值在10万~20万元、1/3的私家车价值在20万~40万元。

在其他学者所做的研究中，由于调查的时间、地区不同，调查结果与我们的结果也略有不同。例如，有学者调查认为，自驾车旅游者和团队包价者的月收入主要集中在1500~5000元，比例为73%和72%，总体均呈橄榄状。两类旅游者在1500元内和5000元以上收入者较少，自驾车旅游者的比例分别为7%和20%，呈"小头大尾"状，而团队观光者比例为19%和9%，呈"大头小尾"状，因此从总体上对比两类旅游者的收入分布是正好相反的不规则橄榄状。学者们认为，不同的经济条件直接决定旅游者的承担力和可实现能力，旅游者在选择旅游方式时第一限制要素即是个人收入。进行自驾游的经济门槛比普通团队包价旅游较高，如汽车及相关交通费用等，因此，少于1500元的收入人群多以租车或同行方式参与自驾游，更多旅游者偏好选择自助游或团队包价旅游；1500~3000元的收入人群是自驾游和团队包价旅游的主力军；从3000元以上自驾车旅游者的收入水平开始表现出明显的优势，特别是5000元以上自驾车旅游者比例明显高于团队包价旅游者。随着收入水平的提高，旅游者的旅游方式出现分化和高消费特征，自驾游、出境商务游、高尔夫旅游等细分市场开始代替大众团队包价旅游占据主要地位。北上广及海南等自驾游完善的地区，高收入人群选择自驾出行的比例在升高。朱琳（2018）针对三亚市场进行调查，7999元以下组从2016年的45.11%下降至2018年的33.50%，而12000~19999元分组从14.47%升至15.54%，到2018年又上升了4.76个百分点；20000元以上分组在2017年有小幅度下降，在2018年明显提升，达到17.33%。

由此可见，自驾车旅游者一般来说都是属于较为富裕的阶层，是城镇居民中的高收入者。从经济水平上看，普遍拥有较好的生活条件，以城市中青年白领、中产家庭为主要的消费群体，是对经济条件、思想观念有特殊要求的一个特定的消费群体，是一群新旅游者（见图3-1）。

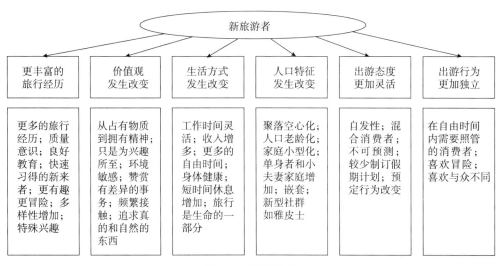

图3-1　新旅游者

资料来源：Poon（1993）。

第二节　自驾车旅游者的出游行为特征

自驾车旅游者行为是指旅游者在自驾车旅游需求、决策、评价过程中的所有作用要素综合以及在旅游中表现出的行为特征。研究自驾车旅游者的决策、购买、评价等行为特征和出游规律是分析自驾车旅游市场的重要依据，也是自驾车旅游研究体系的重要组成部分。

自驾车旅游者中，不同的旅游者出游动机、目的地的选择、消费水平各异。例如，18~30 岁的自驾车旅游者多与朋友同游，偏好新开发的目的地，对露营和野外活动兴趣浓厚，以参与、体验、探奇为主要目的；30~45 岁的自驾者多是家庭出游，偏好自然山水型目的地及海滨，以观光休闲、增加见闻为主要目的，消费支出大；45~60 岁的自驾者以夫妻和同学同游为主，偏好知名度较高的成熟目的地以及疗养地，以休闲、聚会、度假为主要目的。

一、自驾车旅游者的出游动机

自驾车旅游动机是指旅游者期望通过自驾游及其消费过程而满足其生理和心理需求的旅游驱动力，它的形成受年龄、性别、心理、教育、费用、家庭状况、时间等的影响。自驾车旅游者外出旅游主要在于追求一种自由化、个性化的旅游空间，因此，观光旅游与休闲度假游是自驾车旅游的主要动机，其他动机还包括商务旅游、探亲访友、美食娱乐和探险摄影等。

自驾车旅游出游动机分为显性动机和隐性动机（Pizam and Fleischer，2005）。显性动机是旅游者意识到并愿意承认的动机，主要指旅游者利用现有的自身条件追求时尚潮流，通过自驾游满足自身的旅游需求，如休闲、观光、度假、商务、探亲访友、美食娱乐、强身健体、探险摄影等；而隐性动机是存在于旅游者潜意识或不被公开的动机，主要包括旅游者希望被关注与评价、展现个人优势与地位以及脱离传统旅游，使旅游更加个性化，如逃离、猎奇、体验、美的追求、艳遇幻想等（见图 3-2）。

有关部门调查测算，46.8% 的自驾车旅游者的出游目的是度假、休闲，以访问亲友为主要目的的旅游者占较小比例。据广东省旅游办公室于 2004 年的调查分析，选择"休闲、观光、度假"的问卷数高达 565 份，占 94.2%。选择"探亲访友"的问卷数为 26 份，占 4.3%，其余问卷量为 11 份，占 1.5%。可见，广东省自驾车游客的旅游动机主要为休闲观光度假。陈乾康（2004）对自驾车旅游市场的调查研究表明，观光旅游者占被调查人数的 39%，休闲旅游者占 37%，"美食娱乐"占

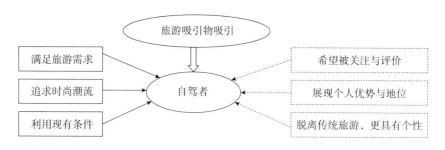

图 3-2　自驾车旅游者动机示意图

资料来源：张晓燕（2006）。

12%，"探亲访友"占 10%。曹新向和雒海潮（2005）的研究表明，河南省自驾车旅游者外出旅游的动机主要在于观光度假和休闲度假，其次是挑战自我和强身健体等。长江三角洲地区自驾车旅游动机呈现多样化发展态势，娱乐、健身、探险越来越受到青睐，但观光旅游和休闲旅游依然是自驾车出游的主要动因（吴巧新，2005）。有研究者分别选取长沙市、乌鲁木齐市为例，通过对自驾游群体特征的分析，得出当前时期内选择自驾游出行的主要是一些年轻人士，这些人平时生活、工作压力较大，选择自驾游让他们可以得到心理上的放松以及消费的满足。笔者对全国自驾车旅游者的调查（2018）显示，前五大自驾游动机是"亲近自然增长见闻""体验不同的生活风格""身心放松寻找自我""与家人、朋友亲密和谐地相处""远离市场生活"。

以上案例说明自驾车旅游者在选择线路时，仍然注重观光、休闲和度假的目的，这与国外自驾车旅游者有很大区别。Eby 和 Molnar（2000）在做全国调查时发现，美国自驾车旅游者中有 40% 的人主要是为了访问亲友。旅游者选择不同形式的自驾车出游方式也反映出不同的旅游动机类型。与中档市场对应的是自驾小轿车旅游，主要是观光和度假、娱乐和休闲；与高端市场对应的是自驾房车的度假旅游、自驾老爷车的观光体验旅游、汽车拉力赛、自驾车沙漠探险等专项旅游活动。

二、自驾车旅游者的出游方式

自驾车旅游出游方式以与好友结伴同行或参加有组织的集体自驾车旅行为主，单车出游的人数较少，原因是对于广大的都市驾车族来说，单车出游虽然行程完全可由自己把握，不受约束，但如何选择最佳路线、当地的治安状况如何、用餐住宿条件如何等都是必须考虑的问题。同时，旅游者平日基本上是在城市里驾车或往来于大都市之间的高速公路，缺乏山路驾驶和野外驾驶的经验，会开车但不懂修车，所以他们多与好友结伴同行或参加有组织的集体自驾车旅行，表现为群体性的特征。

四川省自驾车旅游市场的调查显示，自驾车单车出游人数在 2 人以下（含 2 人）者只有 4%，而出游人数在 3~5 人和 5~7 人占总数的 96%，其中尤以 3~5 人最多，占总数的 85%（陈乾康，2004）。家庭出游和结伴出游是当前自驾车旅游最主要的出行方式，随车乘员主要是家庭成员和朋友，笔者调研（2018）显示，自驾同行同伴方面，父母配偶孩子占比 28.4%、同事/朋友占比 25.93%、夫妻/情侣占比 20.99%、配偶孩子占比 12.35%。浙江省自驾车旅游市场调查显示，自驾车游客和家人、亲友、同事结伴自助游的占 88.1%，参加旅行社组团游的仅占 3.5%（李刚，2007）。这反映出旅行社对自驾车旅游市场的介入较少，对自驾车旅游产品的设计开发严重不足，也说明自驾车旅游市场潜力巨大，商机无限。

三、自驾车旅游者的出游时间及制约因素

旅游除了需要有较强的消费能力之外，还需要有充足的时间。作为新兴的旅游方式，节日出游是自驾车旅游的典型特征。

（一）自驾游的时机、时长、频率

有关学者的调查表明，有 48% 的旅游者选择双休日自驾游，24% 的人偏好黄金周自驾游，16% 的人选择带薪集中假期，另有 12% 的人选择其他时间自驾游；在出游时长上，23% 的旅游者平均每次自驾游时间为 1 天，61% 的人出游时间为 2~5 天，10% 的人会出游 5~10 天，6% 的人一次出游时间超过 10 天；在出游频率上，21% 的旅游者一年会进行 1~2 次自驾游，43% 的人进行 2~5 次，24% 的人有 5~10 次的自驾游经历，12% 的人一年自驾游超过 10 次。

四川省对自驾车旅游的调研发现，自驾车游客节日出游（占 61%）和周末假日出游（占 23%）占到自驾车旅游者总数的 84%（陈乾康，2004）。根据关宏志等（2005）的调研，超过半数的被访者在周末有驾车旅游的行为。

根据对河南省自驾车旅游者的调查，发现其自驾旅游时间多集中于黄金周（"十一"、"五一"、春节）和周末节假日（曹新向和雒海潮，2005）。华北地区被调查的旅游者中，有 48% 的人选择双休日自驾车出游，24% 的人偏好"黄金周"，16% 的人选择带薪集中假期，另有 12% 的人选择其他时间自驾游。在出游时长上，23% 的人平均每次自驾游时间为 1 天，61% 的人出游时间为 2~5 天，10% 的人会出游 5~10 天，有 6% 的旅游者一次出游时间超过 10 天；在出游频率上，21% 的旅游者一年会进行 1~2 次自驾游，43% 的人进行 2~5 次自驾游，24% 的人有 5~10 次的自驾车旅游经历，12% 的人一年自驾车旅游超过 10 次（张晓燕，2006）。

浙江省有 78.7% 的自驾车游客选择了在公共节假日进行一日游或 2~3 日游，节

假日出游是自驾车游客的典型特征，这一点与普通游客基本一致（李刚，2007）。因此，这也是造成节假日特别是"黄金周"期间景区人满为患、交通拥堵、停车困难的重要原因。

（二）时机、时长、频率的主要组合形式

国内外学者通过大量问卷统计和个例的集中研究发现，旅游者在出游时机、时长和频率之间存在几种主要组合形式，现以出游时机为出发点构建自驾车出游时间组合模型（见图3-3）。该模型主要表现同一旅游者在不同时机下的出游时间搭配情况，反映了大多数旅游者的出游规律，不排除其他组合方式。

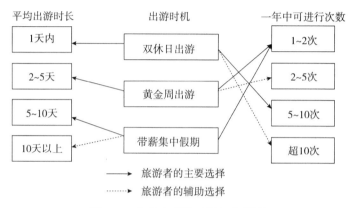

图3-3　自驾车出游时间组合模型

资料来源：张晓燕（2006）。

受我国薪假制度的影响，自驾车旅游者以周末为最常选择的旅游时机，环城市休憩带的中短途自驾游最为盛行；中长途旅游多发生在黄金周期间，旅游者相对充裕的旅行时间使区间游比例上升；长途自驾游多利用带薪集中假期。我国还未普遍实行带薪集中假期，因此这一旅游时机呈现时间分布零散、一次性出游时间较长、出游人群少的特点，旅游者多以度假疗养为目的。

（三）制约因素

对自驾车游客出游制约因素的统计结果表明，46.3%的自驾车游客选择了是否有空闲时间，其次有30.5%选择交通状况，而选择旅行费用的仅占9.7%（李刚，2007）。由此可见，对绝大多数自驾车游客来说，经济已不是问题，关键是空闲时间及良好的交通状况。为此，国家应逐步改变目前这种呆板的统一休假制度，学习西方国家，采取更灵活的带薪休假制，让游客对旅游时间能有更多的选择，以减轻"黄金周"期间景区的接待压力，同时也有利于保持一个相对正常的交通秩序。地方政府应加强通往景区的道路、停车场等基础设施建设，增设明晰路标，以便为自

驾车游客提供更好的服务。

四、自驾车旅游者的目的地选择

（一）旅游者目的地时空选择模式

时空选择模式指自驾车旅游者由于受到时间限制而对目的地区域和出游空间灵活选择与组合的行为模式，如图 3-4 所示。

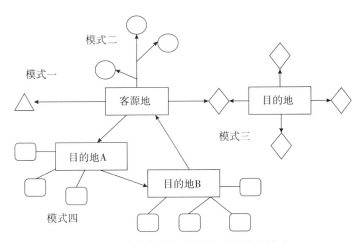

图 3-4 自驾旅游者目的地时空选择模式

注：图中 △、☐ 等几何图形代表景点景区。

模式一：点型旅游。出行时间在一天左右的旅游者大多选择一个景点或地点进行集中性旅游活动，如济南市民对红叶谷景区的自驾游访问。

模式二：线型旅游。出行 2~3 天的旅游者会选择一条线路上的多个景点游览，景点之间有主次之分，如旅游者对"泰山—孔府"的自驾游访问。

模式三：基营式旅游。出行 3~5 天的旅游者首先选取一个主要旅游目的地，以目的地城市为基营对其多个旅游资源和城市风貌等进行较详细的访问，如旅游者以北京为活动基地，对故宫、长城、天安门及其他旅游资源和城市风貌进行访问。

模式四：链接式旅游。出行 5 天以上的旅游者将旅行时间作一定的划分，对一个或几个目的地进行访问。目的地一般相邻或相近并有主次之分，以交通道路相互链接，旅游者根据时间和个人爱好对不同目的地开展点型、线型和基营式旅游，如旅游者以上海为中心，对杭州、苏州、宁波等旅游地进行自驾游访问。

目的地的选择还要受不同旅游内容的影响，如自驾车度假和疗养旅游等对目的地数量的选择相对较少，会在一个度假地停留较长时间，而单纯的观光休闲或购物自驾游则会访问较多的旅游景点和目的地。

（二）目的地选择决策

旅游目的地的资源状况与旅游者个体的偏好、印象、感知以及资源本身的丰富度和知名度有密切关系，起旅游吸引的作用。除此之外，还有一些与自驾车旅游者个人有关的制约因素。

1. 目的地与居住地的距离决策

自驾车旅游者和团队包价旅游者的距离感知有明显区别。团队包价者接受旅行社的交通服务，距离只是虚化的概念；自驾车旅游者对距离的敏感度和道路的具体情况有实化的详细了解。所以在自驾游目的地的选择中，距离成为重要的考量因素。

（1）自驾游出游半径统计。我国有学者对自驾游的出游距离进行了统计（见表3-1）。

表 3-1　自驾游距离分类及出行比例

分类	短途	中途		长途	
细分	短途	中短途	中途	中长途	长途
单程里程数	100 千米以内	100～300 千米	300～500 千米	500～800 千米	800 千米以上
旅游者比例	15%	42%	23%	13%	7%
地理示范	济南—章丘	济南—曲阜	济南—青岛	济南—烟台	济南—上海
一般车程	40 分钟左右	2～2.5 小时	4.5～5.5 小时	6～7 小时	11～12 小时

从表 3-1 中可以看出，在自驾游这种出游形式中，大多数旅游者都选择了中短途旅游，很少选择长途旅游。从这一点来看，一个旅游地在进行自驾游市场开拓的时候，应该把距离本地较近的地区作为主要的客源地来源，进行自驾车旅游推广活动。

（2）自驾游的距离衰减现象。由表 3-1 可知，自驾游以中途和短途为主，即单程在 500 千米以内的游客比例为 80%，与广东省旅游局 2004 年对广东自驾游的调查结果相似。可见，大部分自驾游活动在单程 500 千米范围内进行，500 千米以上出行比例明显下降。自驾游的实际出游距离符合距离衰减理论，即目的地与客源地的空间相互作用随着距离的增加而降低。

2. 自驾车旅游者的意象空间吸引

旅游行为学认为，直接影响旅游决策的不是环境差异，而是人们对目的地的感知差异。对不同目的地的不同感知在人脑中形成大的映象空间，感知的强烈程度成为目的地对旅游者出行决策的主要吸引因素。自驾游要自行解决旅游交通问题，在出游距离、路况等方面比团队包价旅游受到更多的限制，因此，自驾车旅游者意念中向往的目的地和实际出行的目的地之间存在差异。意象空间吸引指旅游目的地在旅游者意念中形成的映象感知和吸引力大小，研究自驾者在时间、资金、路况允许的条件下最向往的旅游目的地。

有学者以全国行政省、自治区和直辖市为旅游目的地（不包括港、澳、台地区），以华北地区自驾车旅游者为调查对象，统计旅游者对各目的地的向往数量与样本总数（共调查800人）的比值，得出了华北地区自驾车旅游者的意象空间。

3. 距离与意象空间距离对比

经研究得知，自驾车旅游者对目的地的意念向往与实际选择时存在明显差异：自驾游的实际出游大多在500千米范围内进行，而向往目的地在空间上呈条带状反映，整体出现了波浪形的空间强弱感知。山东、江苏、浙江、北京—内蒙古、陕西、山西—云南、西藏、新疆、四川分别构成三条带状热点旅游地成为感知较强的波峰，所间隔的其他目的地在空间吸引上有不同程度的减弱即波谷，说明自驾车旅游者的意象空间吸引不再单纯受500千米的限制，超过一定距离后空间向往增强，远程目的地的旅游资源和异质文化是关键的吸引因素。自驾游的实际出游距离与意象空间感知的差距是旅游市场的有效切入点。

4. 自驾车旅游者目的地选择的影响因素

自驾车旅游者多生活在大都市，很希望暂时远离喧嚣的生活环境，寻求一种回归自然的享受，获得身心的放松和娱乐。因此，在旅游目的地的选择上，自驾车旅游者更倾向于选择自然风光和风景名胜，而对城市文化景观旅游地选择比例较少。表3-2是华北地区自驾者最向往的前十个旅游目的地及其首要吸引因素。

表3-2　十大目的地对华北自驾车旅游者的首要吸引因素

省份	北京	上海	山东	陕西	云南	江苏	浙江	海南	西藏	内蒙古
吸引要素	历史古迹	经济风光	历史文化	人文古迹	风光风情	风光建筑	风光经济	风光气候	风光探险	风光风情

资料来源：张晓燕（2006）。有修改。

（1）感知环境。人们期望了解与自己居住地有差异的地方环境，环境差异是导致旅游行为的重要因素。但是，直接影响旅游决策行为的因素环境差异则是感知的环境差异。人们把进行旅游决策时收集到的各种信息摄入脑中，形成对环境的整体印象，这就是感知环境。人们在选择该去的旅游点时受感知环境的限制，尽管客观环境中存在某个很有价值的旅游点，但由于某种原因，这个旅游点没能成为人们的感知环境的一部分，那么，人们就不可能到该旅游点旅游。

（2）最大效益原则。人们在选择旅游目的地时倾向于追求在资金和闲暇时间限制下的最大旅游效益，这主要表现在两个方面：

其一，最小旅游时间比。它是指旅游者从居住地到旅游点的单调旅行所耗费的时间与在旅游点游玩所耗费的时间的比值小于某个临界值，人们才会做出到该旅游点的旅游决策，这个比值就称为旅游时间比。人们在做旅游决策时总是追求最小的旅游时间比。存在类型相同，所提供的游玩时间相似，但到居民点距离不同的旅游点时，人们肯定选择最近的旅游点旅游。

其二，最大的信息收集量。旅游也是不断摄取信息的过程，人们总是选择自然及人文环境与居住地差异较大的目的地，以最大限度地丰富旅游经历。对最大信息量的追求使人们在选择旅游点时有以下倾向：一是选择最有名的旅游点旅游，知名度高的旅游点往往比知名度低的旅游点有更大的稀缺性；二是选择自然环境和人文环境与居住地差异较大的旅游点旅游。

5. 自驾车旅游者目的地选择的行为特征

受最小旅游时间比和最大信息收集量原则的影响，自驾车旅游者目的地选择行为表现为以下特征：

（1）选择到级别较高的旅游点旅游。这表现在两个方面：第一，倾向于选择高级别旅游点的地方作为旅游目的地。第二，到达目的地后，往往只游玩目的地附近级别较高的旅游点，而对低级别景点的兴趣较低。

（2）尽可能游玩更多的高级别旅游点。大尺度空间的旅游属于长程旅游，游客往往只游览级别较高的旅游点，之后，如果资金和时间容许，他们一般不停留在原地游览该地级别较低的旅游点，而是迁移到其他地方，继续游览该地级别较高的旅游点。

（3）力图采用封闭环式路线旅游。当旅游目的地不止一个时，旅游者总试图用封闭环状路线把它们连接起来，避免走回头路。

（4）采用节点状路线旅游。这表现在两个方面：第一，在居住地附近旅游。旅游者一般以居住地为中心，多次作一日游，而不在外地过夜。第二，在暂住地附近旅游。当暂住地附近的旅游点到住地距离可以保证旅游者一天内完成到该点的旅游时，旅游者也会采用节点状旅游路线。

五、自驾车旅游者的消费及其特征

自驾车旅游者作为一个新兴的旅游消费群体，在文化和群体认同方面具有较强的归属感，他们以共同的取向、共同的爱好、共同的状态作为结合点，形成了一种具有特殊旅游形态的旅游流。与大众旅游相比，他们在消费上表现出自主性、独特性和炫耀性等特征，打破了大众旅游的集体主义的一元化供给局面，使他们有自由获取自己需要的旅游方式和游览、体验的内容。这是现代旅游形式的开放性和旅游多元化需求趋势下的一个基本特征，也正是自驾车旅游市场产生的本质所在。

（一）自驾游的消费倾向

在消费倾向上，由于自驾车游客多为经济条件较富裕者，在吃、住方面花费较大，对各地名吃、土特产品、旅游工艺品特别感兴趣，购物倾向明显。据李刚（2007）对浙江省自驾车游客购物倾向的调查结果，有 28.4% 的自驾车游客在景区一般不购物，主要原因是景区购物点的商品质次价高，极大地影响了游客的购物选择。笔者调研发现自驾游消费中最大支出有 4.32% 的自驾车旅游者投票旅游购物，但普遍对沿途旅游商品评价一般。统计显示，超过 72.0% 的自驾车游客具有购物意向，特别是对充满地方特色的土特产、名产，有 53.3% 的自驾车游客对此感兴趣，他们携带起来尤其方便，购物潜力大大超过普通游客。对此，地方政府应大力开发有地方特色的土特产、名产，在景区开设土特产品专柜；同时加强管理，规范商品价格，以满足自驾车游客的购物需求，从而推动地方经济的发展。

（二）自驾游的消费水平

在消费水平方面，自驾车旅游消费在传统旅游消费上，还叠加了过路费、油费、停车费以及洗车费等诸多附加费用。陈乾康（2004）发现，自驾车旅游者日均综合消费一般在 300 元/人以内，其中日均消费在 200 元/人的比重最多，达到 35%，500元/人的消费比重为 10%。自驾车旅游者日均综合消费一般在 200~500 元，约占51.85%；其次是 500~1000 元，约占 33.33%，200 元以下约占 9.26%，而 1000 元以上约占 5.56%，如图 3-5 所示。

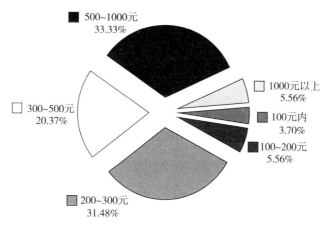

图 3-5　华北地区自驾游日均消费水平

（三）自驾游的消费结构

有学者对自驾游的消费结构进行了统计，结果显示其主要消费结构为：餐饮住宿支出比例为36%，汽油、汽修、泊车的支出比例为32%，道路交通比例为12%，景点门票比例为9%，旅游购物占6%，其他支出占5%。以吃、住、行、游、购、娱六要素来划分，吃、住、行三个要素的费用支出占总比例的80%，游购娱的比例为15%，杂项开支占5%。在笔者调研中，自驾游消费支出结构为住宿和交通，约占40.74%，餐饮约占27.78%，儿童游乐约占18.52%，特色商品购物约占11.11%，其他休闲娱乐项目约占1.85%。

自驾游大部分支出用于旅游者的基本生活保证和出行交通，而游购娱方面的消费集中在儿童项目和土特产方面，不能充分满足旅游需求。导致这种消费结构的主要因素有：55%的旅游者认为受到过高的交通住宿费用的限制，18%的人认为没有可消费的旅游项目，16%的人认为缺乏消费引导和介绍，11%的旅游者认为缺乏有特色的旅游商品。

（四） 自驾游与团队包价旅游的消费特征比较

1. 消费时长与内容

消费时长指消费起止的时间总长度。自驾游的消费从旅途开始后出现实际支出时开始至返途中最后一项实际支出停止，消费时长小于或等于旅行总时间，无明显的集中分布时段，随需求零散地贯穿于整个旅行过程，消费内容涵盖吃、住、行、游、购、娱六方面。团队包价游的消费开始于出游之前，即旅游者向旅行社交纳团费时，一般在返途之前的最后一个旅游项目结束后终止旅游消费，其间旅行前的团费支出和在目的地的购物与个人项目的支出比较集中，旅游者的住、行、游基本包含在团费中，食、购、娱产生部分费用。

2. 即期消费与预期消费

自驾车旅游者无法预知目的地具体消费价格，只能把握目的地的整体价格水平，自驾游路线的灵活变化也使其无法准确预算费用，只能凭借旅游者个人或他人经验估算，因此自驾游费用以实际发生为主，可预测性小呈即期消费特征。团队包价旅游则以出行前的消费预算为主。团队包价旅游者有明确的价格合同，只需对自费项目和目的地的购物消费进行预测，自费项目可通过旅行社的信息咨询估测，购物消费对包价旅游者（购物旅游除外）来说非必需支出，旅游者依据自身的经济条件进行资金准备。因此，团队包价旅游者一般在出行前对本次费用有详细的了解，以预期消费为主。

3. 消费可控性与消费特点

通过上述分析可知，团队包价旅游者（购物旅游除外）对旅游消费的计划性和掌控力要高于自驾车旅游者，实际消费与预期消费差别不大；自驾车旅游者因汽车故障、线路改变等情况无法准确预测消费情况，消费可控性差，因此，资金的预算弹性较大。

自驾车旅游者要独立支付保险、汽修、泊车、油料等费用，在同等费用情况下，自驾游用于游、购、娱的部分小于包价旅游者。散客自驾游不能享受各种折扣优惠，因此，大部分自驾车旅游者对景点景区门票、食宿价格较为敏感，在旅游购物中对地方特色产品情有独钟，喜欢尝试当地小吃。团队包价旅游者则重视食宿条件，对门票敏感度低，喜欢购买当地旅游纪念品。

六、自驾车旅游者的信息获取

自驾车旅游者需要掌握充分的信息帮助决策并进行出行准备，主要包括目的地信息、路况信息、服务信息、价格信息以及效用信息等，这些信息主要通过内部收集和外部收集两种渠道获得。内部信息主要是自驾者在进行信息内部收集时存在更新化收集现象，即最先对未曾去过的目的地发生兴趣并进行相关搜索（张晓燕，2006）。由于自驾者实际出游能力强，对目的地选择范围大，灵活性和自主性使旅游者可一次性较详细地访问目的地，因此在搜寻新的旅游目标时"喜新厌旧"，优先搜寻陌生旅游地的相关信息。旅游者获取外部信息的渠道日渐多样化，接受方式也由被动变为主动。

（一）经验性的内部收集

内部收集是在旅游者的知识和回忆中搜寻完成的。这些信息既来自旅游者从书籍、媒体等获取的各种间接经验即知识，也来自旅游者过去的旅游经历，即旅游经验和评价感受。自驾者在进行信息内部收集时，一般是最先对未曾去过的目的地发生兴趣并进行相关搜索。由于自驾者实际出游能力强，对目的地选择范围大，灵活性和自主性使旅游者可一次性较详细地访问目的地，因此在搜寻新的旅游目标时"喜新厌旧"，优先搜寻陌生旅游地的相关信息。

（二）多样化的外部收集

1. 最关心的外部信息

团队包价旅游者最为关注的是目的地的旅游资源信息和不同旅行社线路与价格的对比，而在自驾车旅游者出行前最想了解的信息中，40%的人选择路况与安全，27%的人选择旅游目的地资源，16%的人选择目的地门票，13%的人选择目的地住宿饮食信息，只有4%的人最关注旅游公司的线路和价格。自驾车旅游者对道路交通的关心与自驾游动机价值观中的安全考量相一致，为保证出行安全，要求对距离和路况有一定的了解和心理准备。

2. 最主要的信息获取渠道

旅游者获取外部信息的渠道日渐多样化，接受方式也由被动变为主动。自驾车旅游者和团队包价旅游者在进行外部信息收集时的主要渠道如表3-3所示。

表3-3　旅游者外部信息收集主要渠道　　　　　　　　单位：%

	使用互联网	亲朋推介	目的地宣传	旅行社推介	其他
自驾车旅游者	48	26	13	7	6
包价旅游者	24	19	21	32	4

　　由表3-3可知，两类旅游者存在信息渠道和依赖程度的差异。以亲朋推介和旅行社推介为影响主体，自驾车旅游者受两者的影响比例为33%，包价旅游者则为51%，后者的信息获取更为被动；自驾车旅游者使用互联网搜寻信息的比例明显高于包价旅游者，其主动性和对信息的获知能力较强。由访谈可知，自驾车旅游者对亲朋推介信任度高，访谈者中90%以上的人表示其他自驾者的经历和建议对决策者有直接引导作用，因此，自驾车旅游者具有从众性，表现在：没有出游经历的私家车主因自驾车旅游者的行为示范进行自驾游尝试；自驾车旅游者之间对彼此推介的目的地产生兴趣并进行访问；自驾车旅游者会对同伴推介的旅游公司服务和活动产生信赖感。

　　根据曹新向和雒海潮（2005）对河南省自驾车旅游市场的调查，发现河南省自驾车旅游者在获取旅游信息方面主要有三种方式：互联网、报刊宣传册、在离开酒店前从服务员的口中获取诸如饭店、医院、加油、修车等资讯，但以网络为主。我国华北地区自驾车旅游者信息获取特征的调查结果显示，48%的自驾车旅游者通过互联网获得，26%通过亲朋推介，13%通过目的地宣传，7%通过旅行社推介，还有6%通过其他方式获取（张晓燕，2006）。周慧（2005）对长沙市有车族的调查表明，电视广播和网络是目前获取自驾车旅游信息最主要的途径，两者都同样占24.54%，亲友介绍位居第三，比重为22.22%；报刊的作用也不可小觑，比重占17.59%。另外，俱乐部、旅行社、旅游宣传手册比重依次占15.74%、13.43%、8.80%。李刚（2007）通过浙江双龙风景区的问卷调查也可看出，自驾车游客的旅游信息靠旅行社介绍的仅占8.2%，而34.1%的游客是通过网络主动获取旅游信息，其次仍为亲友介绍，占26.8%。在笔者2018年的调研中，亲朋介绍在自驾游出游信息渠道中仍然占比较高（21.76%）。微信公众号推介（15.54%）与在线平台（11.4%）推介异军突起，而车友会宣传、俱乐部的宣传让出主流。这是目前我国自驾游市场大众化的表现。俱乐部、车友会、驴友会等之前线下机构纷纷设立微信公众号。可见，线上已成为自驾车游客获取旅游信息最重要的方式。因此，旅游企业应高度重视旅游产品在网上的宣传与营销。

第三节　自驾车旅游者的需求特征

西方旅游学者对于旅游需求的研究开始于 20 世纪 60 年代，研究内容主要是侧重于对旅游需求模型与旅游需求预测的理论探索和案例研究，国内的研究则相对较少，且大都吸收和借鉴了西方旅游学界的研究成果。旅游供给与需求是旅游市场中对立统一的两个方面，旅游业就是在维持旅游供给与需求动态平衡的过程中不断发展的。目前我国旅游业发展的总体情况是供大于求，旅游市场已经从卖方市场转向买方市场，旅游供给的矛盾日益加剧，面对不断变化的现代旅游市场需求，如何把握客源市场的需求特征是旅游界研究中值得探讨的重要课题。

一、自驾车旅游者对住宿的选择

自驾车旅游者作为旅游者中的高端客户，在驾车出游时，要比普通的旅游者省下了不少的交通费用，这使他们在选择酒店时，可以考虑的选择空间更多。在这种情况下，自驾车旅游者在出游时选择酒店的时候还体现出一定的个性化特征，而其选择对于体现自驾车旅游者的需求特征是有一定的反映作用的。

叶展图（2006）对广州市自驾车旅游者在出游时对酒店选择的问卷调查中显示，三星级的酒店最受欢迎，驾车出游时选择三星级酒店的旅游者接近有效受访者的 50%，第二受欢迎的酒店是四星级酒店，占有效受访者的 22.1%，而选择五星级和二星级酒店的自驾车旅游者所占比例分别为 8.0% 和 7.5%。根据以上旅游者选择酒店的人数和比例可以看到，选择三星级酒店以上的旅游者所占比例为 79.34%，所选择的酒店是中档偏高，这是由于自驾车旅游者本身就是有车一族，其消费能力较强，而驾车出游时并不依赖公共交通工具，因此省下了为数不小的交通费用。这使他们在选择酒店的时候会有更大的空间，消费计划更加具有弹性。

二、自驾车旅游者对专业服务的需求

景区、景点和酒店为了适应自驾车旅游的迅速发展，其提供的服务要针对自驾车旅游者的需要。因此，完善对应配套设施主要就是要做好汽车宿营地和汽车旅馆以及停车场的建设等，配备汽车检测、加油和简单维修等设施，可以保证自驾车旅游者完成驾车出游的行程。

广州市自驾车市场的调查研究（叶展图，2006）显示，自驾车旅游者觉得在驾车出游时对酒店和景区的停车场要求较高，77.1%的受访旅游者提出酒店或景区景点要有足够的停车位，32.6%的受访旅游者提出酒店和景区景点要配备汽车维修，仅有11.5%的旅游者认为酒店和景区应该配备汽车美容服务，可以看到汽车美容服务并非是自驾车旅游者在驾车出游时迫切需要的，而他们仅在必要时才需要汽车维修，而对使用较多的停车场需求比较大。

三、自驾车旅游者对旅游产品的需求

广州市自驾车旅游者喜欢的旅游产品类型的调查（叶展图，2006）显示，最受自驾车旅游者欢迎的旅游产品是山水风光类型的旅游产品，占调查总数的67%；其次为休闲度假类型的旅游产品，占接近2/3的比例，由此可以看出自驾车旅游和休闲的联系相当紧密；喜欢海滩和沙滩的自驾车旅游者数量也不少，占有效受访旅游者总数的52.3%，受欢迎程度排在前三位的旅游产品均有1/2～2/3的旅游者喜欢，可以看出自驾车旅游者所喜欢的旅游产品具有一定的共性，而山水风光、海滩沙滩和休闲度假的旅游产品都是与自然比较贴近，而且可以让旅游者放松身心的旅游产品类型，自驾车旅游放松身心和休闲的出游目的更清晰地彰显出来。

此外，也分别有25.7%的旅游者选择了民俗风情和田园风光作为其最喜欢的旅游产品类型之一，也有19.3%的旅游者选择文物古迹为其最喜欢的旅游产品类型之一，可以看到自驾车旅游者在历史的沉淀和文化底蕴方面也有一定的兴趣；而由于自驾车旅游者大都来自城市居民，他们对于城市风光一类的旅游产品，如城市风貌和主题公园等人造景点的兴趣不会十分浓厚。另外，由于自驾车旅游者的学历结构以大专和本科以上的学历为主，因此对宗教和迷信的兴趣不会太多。此外，由于自驾车旅游者在出游的时候通常以家庭为单位，车上会有老人和小孩，因此，他们对考察探索和冒险一类的旅游产品并非十分感兴趣。

通过上述自驾车旅游者喜欢的旅游产品类型的数据以及分析，可以清晰地了解到靠近自然和休闲度假一类的产品是自驾车旅游者比较喜欢的，这一类景区景点建设时要多针对自驾车旅游者进一步细化的特征，满足他们更多个性化的要求。

四、自驾车旅游者对旅游信息的需求

（一）气象信息

各省、市、自治区的气象资料通过电视、电台可以轻易获得，但景区小范围的气象资料常难以得到。灾害性天气信息对自驾车旅游者来说是非常重要的，往往关系到自驾车旅游的出行时间、路线、驾驶安全等。

（二）交通信息

自驾车旅游者关心的交通信息主要涉及通往景区的路况、流量、路标，景区的停车状况、交通状况，景区游览图等。景区道路的状况、车流量和景区停车情况的信息是动态的、变化的信息。而及时、准确的景区交通信息将有助于自驾车旅游者及时变更旅游线路。避开景点游览的高峰期，避免造成新的交通拥挤或阻塞，准确、明晰的路标和游览图对于自驾车旅游者少走弯路、减少景区单位时间内的交通流量具有十分重要的意义。

（三）安全、维修信息

安全信息包括灾害性天气信息道路安全信息、意外伤害报警和交通事故求救设施标志及报警和求救电话等路标牌信息。及时的灾害性天气信息及通往景区道路交通事故多发路段和危险路段的路标牌信息或标志的提示可以大大地降低交通事故的发生率，醒目的报警和交通事故求救设施指示及报警和求救电话路标牌信息则可使旅游者及时得到救护或车辆维修，减少意外伤害的损失，降低事故造成的交通阻塞时间。

（四）餐饮、住宿和游览信息

餐饮、住宿和游览信息也是一种动态的、变化的信息。旅游者需要及时地了解，以便适时地做出调整行车线路和游览线路的计划，减少寻找餐饮、住宿或停车点的时间和车辆在景区路上盲目行驶的时间，及时有效的餐饮、住宿和游览信息既可减轻景区交通、餐饮、住宿和游览压力，又可合理调整景区资源，避开景区高峰游览时间，提高景区周边餐饮、住宿利用率，同时又满足了游客的需要，是一举多得的好事。

由此可见，自驾车旅游者多数会选择三星级及以上的酒店，对酒店有停车场设施的要求比较迫切，同时对山水风光、海滨沙滩和休闲度假的旅游产品的需求较大。此外，由于自驾车旅游不同于传统意义上的旅游，它对道路、交通、旅游设施、旅游信息提出了更高的要求，在旅游景区道路及旅游设施不变的情况下，及时、有效的医疗救治、车辆维修、餐饮、住宿、游览等旅游信息的提供就显得颇为重要了。

第四节　自驾车旅游者的旅游流特征

旅游流的概念有广义和狭义两种解释。从传统角度来说，旅游流是旅游客流的简称，当旅游者从自己的常住地出发，到不同的旅游目的地去观光旅游、娱乐消遣时，便构成了具有一定流向、流量特性的游客群体，这一游客群体就称为旅游流（卢云亭，1988）。从广义角度上来说，唐顺铁和郭来喜（1998）指出"旅游流是以旅游客流为主体，涵盖旅游信息流、旅游物资流和旅游能流的一个复杂的巨系统"。马耀峰和李永军（2000）认为，"旅游流是指旅游客源地与目的地之间，或旅游目的地与目的地之间的单向、双向旅游客流、信息流、资金流、物资流、能量流和文化流的集合"。

无论是在国际上还是国内，有关旅游流的研究都是针对旅游客流进行的（陆林，1997）。旅游流受到交通条件、体力、经济、时间、驾驶技术、维修技术、地理知识等诸多条件的限制，呈现出以下几个主要特征：

一、自驾车旅游者空间距离流动特征

由于受交通状况、出游时间、消费水平和汽车技术标准诸多因素影响，大多数自驾车旅游者均以近距离出游为主。

根据李刚（2007）在其硕士学位论文中对浙江省自驾车旅游市场进行的调查研究表明，有66%的自驾车旅游者的行程均在单边距离300千米内，即以近距离出游为主。若除去"黄金周"因素，出行距离在单边300千米内的自驾车游客比例还会大大增加。自驾车旅游的近地域性特征提示我们，在开发自驾车旅游产品时，应将客源市场重点锁定在单边距离300千米内的中心城市，超过300千米，则考虑以吸纳"黄金周"自驾车游客为主。

二、自驾车旅游者对景区类型的选择特征

（一）青睐城市周边休闲度假旅游区

本地游尤其本地周边游是自驾车游客比较喜爱的旅游产品。许多中心城市周边开办的休闲度假村、"农家乐"，举行的民俗活动、美食节、花果会等，由于具有出行时间短（1~2日游）、花费低、新奇度高的特点，是自驾游客的首选之一，回头客相当多。

调研发现，自驾车游客100%有本地游经历，其中不少人出游次数在10次以上（李刚，2007）。针对这一特点，各地政府应大力开发城市周边休闲度假旅游产品。这不仅有利于调整农业结构，发展特色农业和观光农业，而且对于解决农村富余劳动力、帮助农民脱贫致富也具有积极的作用。

（二）对原生态风景区情有独钟

在本书编者的调查中发现，自驾车旅游者虽然主要开展的是近距离的自驾游，但是在心理上，他们追求的不只是在近距离的风景区里寻找休闲的体验与自由的感觉，在他们的内心，更希望能够到原生态、没有经历污染的地方去寻找自己的梦想。

在我们对自驾车旅游者进行的省份选择调查中，以全国34个省、区、市、特区为选择项目，绝大多数选择了西藏、云南、海南三地，选择这三地的比例分别为22.2%、13.5%、13.4%，占其总和一半的比例。而北京、上海、广东、江苏、浙江这些经济发达的富庶之地，却并不是自驾游者的梦想之地。

三、自驾车旅游者的旅游流对交通要求高

由于受汽车档次、性能和驾驶技术的影响，公路交通是自驾车旅游者必须面对的重要问题，自驾车旅游者在旅游产品的选择上，不得不将公路状况作为重要因素加以考虑，所以自驾车旅游流偏好流向公路通达条件较好的地区。

以浙江为例，浙北、浙东、浙中地区，由于高速公路网密集，公路的通达性好，是自驾车游客的首选目的地；而浙西南的衢州和丽水等地，尽管山水风光秀丽，但由于公路网密度低，山区路况不佳，从而极大地制约着自驾车游客的进入。改善公路交通，增强可进入性；加强山区生态旅游的发展，吸引更多的自驾车游客前来休闲度假，应是这些地区今后发展的方向。

四、自驾车旅游者的旅游流具有周期性变化

旅游流量是指流向同一景区的旅游者的数量。据学者研究发现，自驾车旅游流量在一年四季中的变化相当明显。影响自驾车旅游流量的主要因素有以下几个方面：

（一）节假日

节日和假日出游是自驾车旅游的典型特征。调研发现，自驾车游客节日出游（占61%）和周末假日出游（占23%）占自驾车旅游者总数的84%（陈乾康，2004）。尽管这会造成旅游景区客源冷热的不均，但也提示我们，抓住自驾车旅游市场的商机，其关键就在于全年115个节假日（全年52周共104天双休日，全年法定假日11天，共115天）。

（二）景区风景的季节性特点

自驾车旅游者一年四季均可出游，其出游总量受旅游淡旺季的影响有限。但由

于旅游景区受季节变化的影响较大，不同的季节会有不同的内容。对每个景区而言，不同季节自驾车游客的流量会有十分明显的变化。

（三）节庆活动

世界各地每年在不同的时候，会举办各种各样的节庆活动。每当有意义重大的节庆活动举办时，自驾车旅游流就旺盛起来。如湖州国际湖笔文化节、钱塘江观潮节、西湖博览会、宁波国际服装节以及各地在花开果熟时举办的桂花节、桃花会、枇杷节等，自驾车游客出游量较大，往往形成某一景区车满为患的现象。

第五节　中外自驾车旅游者的行为比较分析

一、中外自驾车旅游者的趋同行为比较分析

自驾游的趋同行为是指自驾车旅游者表现出的某些差别不大、趋于一致的旅游行为特征。趋同行为能够反映出自驾车旅游者的习惯和共性，这是由自驾游本身的特点决定的。

（一）对中短途游的偏好

在出游的时间、次数和距离上，中外自驾车旅游者在整体上出现了趋同性。图3-6反映了中外自驾车旅游者的 11 项行为对比结果，横轴为对比选项，竖轴数字代表旅游者的选择百分比，其中所得各项中外自驾者百分比差距均小于 10%，可被认为行为趋同。

由图 3-6 可知，中外自驾车旅游者以每年出游 2~5 次、每次出游 2~5 天、出游距离 100~500 千米的人最多，周末自驾游比例颇高，可见，中外自驾车旅游者目前都以短期休闲时间活动为主，偏好中短途自驾游。

（二）出游组合趋同

中外自驾车旅游者大多喜欢选择家庭和朋友结伴同游，亲朋同游的总比例均在90%左右，说明自驾车旅游者的旅游圈层以熟悉人群为主。中国家庭自驾游比例为60%，北美家庭自驾游比例为 49%，可见自驾游成为加强家庭情感和交流的主要休闲方式之一，而中西方家庭观念的不同使中国家庭自驾游比例略高于北美，中国自驾游的家庭类型和人员也较北美家庭自驾游广泛和多样。

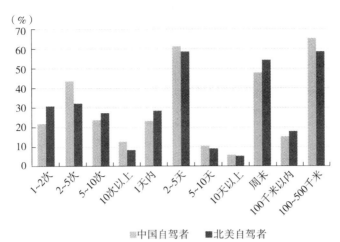

图 3-6　中外自驾游出行时机、时间、频率对比

（三）自驾游评价与信息渠道

69% 的北美自驾者认为行程变化自由是自驾游较其他旅游方式最大的特色，其后是自主安排的成就感，这与中国自驾者的评价是一致的；北美自驾者最主要的信息来源是亲朋的推介（51%），其次是网络与媒体（37%），其后为旅行社推介和旅游地宣传，这与中国自驾者稍有不同，但对于熟悉人群口碑宣传的信赖性和信息搜寻的独立性是一致的，可见北美自驾者也具有旅游从众行为。

二、中外自驾车旅游者的趋异行为比较分析

趋异行为是指旅游者所表现出的某些差别较大的旅游行为特征。趋异行为反映出不同地域旅游者的个性特色，这些特征因地域文化、环境和民族习惯等而不同。

（一）中外自驾者旅游目的比较

如表 3-4 所示，中国自驾者以自驾游作为观光休闲的主要手段，北美自驾者的观光比例相对较低，重视度假疗养和探亲访友，说明中外旅游者在旅游目的上的偏好不同，这与不同地域人群的生活水平、习惯和旅游发展水平密切相关。

表 3-4　中外自驾车旅游者目的调查　　　　　　　　　　单位:%

不同地区自驾者	休闲观光	度假疗养	民俗美食	探亲访友	获得体验与经历
中国自驾者	67	7	3	10	13
北美自驾者	33	25	0	28	14

由中外自驾者休闲观光和度假疗养的比例高低可知，发达国家的度假疗养旅游与私家车普及和自驾游的开展呈正相关关系，发展相对成熟。随着我国居民收入水平的提高和私家车的继续普及，度假疗养自驾游比例将不断上升，自驾游的发展对我国度假旅游将起到积极的促进作用。

（二）北美自驾者的长途自驾游偏好

由图 3-7 可知，北美自驾者进行 800 千米以上的旅行比例（15%）远远高于我国自驾者这一距离的出行比例（7%），带薪假期的利用率（27%）也高于我国居民对带薪假期的利用率（16%），但节庆日的利用率（14%）却低于我国（24%），这是由不同的国情和旅游习惯所导致的。

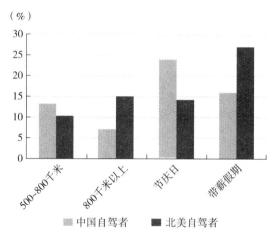

图 3-7　中外自驾车旅游者出行时机、距离对比

北美自驾者的长途旅行相对成熟，完善的公路、国家之间的便利互往以及配套齐全的基础设施提供了有利条件。北美的国内跨洲自驾游（如从加拿大多伦多到蒙特利尔）和邻国的出入境自驾游（如从美国到加拿大）非常便捷和兴盛。北美人的长途自驾游历史已久并最早产生了拖车业务（用单层或多层的大型专业运输车将多辆私家车运输至异地的长途自驾游服务）。

旅游者融合其他交通方式选择单程或双程拖车，在目的地开展自驾游活动。拖车服务可极大地节约旅游者的时间和金钱，具有灵活性和经济性，利于长途自驾游的发展。

我国目前尚未普及拖车服务，因此在对自驾游服务的选择中北美自驾者的拖车服务比例为8%，而中国自驾者为0；北美的带薪假期实施普遍，时间多按个人要求分布无大规模时间冲突，我国的个人带薪假期制度尚未普及，以白领和企业管理者等为代表的中产阶层是带薪假期的主要享有者，因此，"黄金周"仍是大众旅游者的主要出游时机，旅游扎堆现象严重；交通拥挤、道路环境建设的欠缺和沿途基础配套设施的不足也限制了我国长途自驾游的发展。

(三) 中外自驾者对旅游目的地的不同态度

中外自驾者对旅游目的地的价值取向存在差异，表现在：

首先，对旅游地的重视程度不同。在决策自驾游考虑的第一要素中，中国自驾者选择道路安全与闲暇时间，旅游地吸引要素的选择比例为 21%；北美自驾者选择目的地吸引的比例为 36% (位居第一)，然后为道路安全、时间和费用。

其次，对目的地评价侧重不同。在对"促使旅游者对一次自驾游做出较高评价的首要因素"调查中，中国自驾者选择完善的服务与设施的比例为 36% (北美15%)、高质量的旅游资源为 52% (北美 46%)、热情的当地居民为 7% (北美18%)、对当地社区的了解和参与为 7% (北美 21%)。北美自驾者将社区参与和居民态度列为重要的旅游内容和行为期望，旅游过程中重视交流和学习而不是单纯的游览，对设施服务要求相对较低，对目的地的环境污染反感强烈。中国自驾者则将旅游资源和设施服务放在首位，与当地的文化交流意识仍需进一步提高。

最后，对目的地的责任态度不同。旅游者对目的地的环境、社区生活等负有一定责任，中国自驾者认为应当负有一定责任的为 67% (北美为 97%)，认为不清楚的有 20%，回答没有责任的为 13% (北美为 3%)。可见，北美旅游者的环保和责任意识较为清晰，对旅游者义务多持明确肯定态度，我国旅游者尚缺乏对目的地的责任意识，需要加强提示和引导。

三、中外自驾车旅游者的行为比较结论

相比北美自驾者的特点和自驾游发展阶段特征，目前我国自驾者在旅游体验、服务、环保意识行为等方面还存在一定差距，在旅游基础设施、旅游环境、相关制度等方面有待完善。总体上我国自驾游处于由传统观光旅游向休闲度假旅游的过渡阶段，旅游过程中出现观光与休闲双重特征，对目的地的需求和要求逐渐提高。可见，目前自驾游在我国处于初级发展阶段，其完善是一个阶段性的、循序渐进的过程，要配以合理的开发和科学的引导。

第二部分

产品市场篇

第四章　自驾车旅游产品规划与线路设计

第一节　自驾车旅游产品内容

一、自驾车旅游产品的概念

（一）旅游产品的概念

现代产品概念是一种以顾客需求为中心的整体概念。也就是说，产品不仅包括有形的物质实体，而且包括能满足消费者实际需要和利益形态的服务。旅游产品是指旅游者以货币形式向旅游经营者购买的、一次旅游活动所消费的全部产品和服务的总和。它具有综合性、无形性、替代性、同旅游资源的依存性以及生产与消费的同时性等特性。

依据不同的标准，旅游产品可以划分为不同的类型。依据包容性分为：广义的旅游产品包括旅游景观、旅游线路、旅游商品、旅游设施、旅游服务，即综合性旅游产品；狭义的旅游产品主要是指旅游景观和旅游路线。旅游产品依据功能，可以分为：观光类旅游产品、休闲度假类旅游产品、生态类旅游产品、特种类旅游产品等。

（二）自驾车旅游产品的概念

自驾车旅游产品是随着自驾游这种新兴的出游方式而产生的。一般是指为满足自驾游客出游而提供的各项有偿服务的总和，组成要素包括总体线路安排、旅游线路、路况信息、停车服务、食宿服务等。自驾车旅游产品属于专项旅游产品，具有很强的参与性、自由性、灵活性。根据不同类型的自驾游产品会相应地增加特定的产品构成。

二、自驾车旅游产品的特性

自驾车旅游产品作为一种新兴的旅游产品，除了具有以上一般旅游产品的共同特性之外，还具有其独有的一些特性，主要表现为以下几点：

（1）个性化和非程序化。自驾车旅游产品应突破一般观光和度假旅游产品的开发模式，充分彰显个性，"尽情撒野"崇尚自由，充分体现"以游客为本"的经营理念。

（2）追求"反常态"的生活方式。通过新鲜、奇特、惊险的旅游内容，感受浪漫的刺激，追求"反常态"的生活方式。自驾车旅游产品作为近期迅速发展的特种类旅游产品中的一种，主要依托"原生态"的自然景观，满足游客猎奇、审美、自我实现的心理诉求，达到"有惊无险，乐在其中"的旅游意境。

（3）强调体验和过程。自驾车旅游产品，特别是完全自驾车型的自驾车旅游产品对旅游者的生理和心理素质都比其他一般的旅游产品要求更高。它一般不在乎最终目的，重视旅途过程。也正是因为自驾车旅游产品强调体验和过程的性质，使它能够充分调动游客的积极性和创造性，积极参与其中。

（4）更强的关联性。由于自驾车旅游除了满足旅游者吃、住、游、购、娱方面的需要以外，还涉及其他更加广泛的配合，如加油站、宾馆或汽车旅馆、汽车俱乐部、租车公司等，只有这些多方面的共同合作才有可能为旅游者带来所预想的快乐旅游体验，如果这些关联因素中的任何一项出现问题都会影响其旅游体验的完美性。因此，自驾车旅游产品比其他旅游产品具有更强的关联性。

（5）风险性高，专业性强。自驾车旅游产品的非程序化不可避免地增加了旅游中的未知和不可控因素，增大了其风险性。因此，自驾车旅游产品必须要加强专业和安全设施的配备以及风险控制和救援措施的提供。

三、自驾车旅游产品类型

（一）按自驾车旅游的目的分类

1. 观光旅游产品

以观光为主要目的的自驾车旅游者一般分为两部分：一部分是工作较忙，出游机会较少的人，他们利用有限的假期，格外珍惜时间，总希望能跑更多的旅游地，使整个假期得到最充分的利用，因此，其旅游目的主要在于体验驾乘汽车旅游观光的乐趣，由于时间紧张，出游计划一般制订得比较详细，旅游过程中也是走马观花，追求目的地的数量；另一部分相对于前一种人有更多的时间，他们主要游览未到达过的地方，所到目的地都是初次游览的地方，以满足求异的需要。

2. 休闲度假旅游产品

以休闲旅游为主要目的的自驾车旅游者自由支配的时间比较多，经常外出旅游，有比较丰富的旅游经验，消费层次和品位都比较高，旅游的目的在于休闲娱乐、陶冶情操，对于旅游景点不图数量而在质量。由于时间较为宽裕，他们会对目的地的人文、自然各类景观仔细进行品味。休闲旅游产品的开发应注重自驾车旅游者追求幽雅闲适、古朴静谧的特点，除了已经开发的度假旅游区和风景名胜区，自驾车旅游者对于自己寻求出来的"世外桃源"非常感兴趣。人文、自然景观都保持纯朴自然，无人工雕琢，尽量保持原汁原味的地方是他们喜好之处。此外，与其他旅游者相比，在住宿方面，休闲旅游者更追求质量和情调，以具有民族特色和地方特色的旅馆为首选，在饮食方面也追求品尝地方特色。

3. 文化旅游产品

以文化旅游为主要目的的自驾车旅游者，通常有较宽裕的时间，具有较高的文化层次，对不同文化具有浓厚的兴趣，追求文化上和精神上的体验，他们对于旅游目的地加以筛选，一般会投入较多的时间感受目的地文化。

4. 生态旅游产品

利用良好的生态资源可以开发亲近大自然的观光、健身、水上娱乐、初级探险等针对自驾车旅游的产品。生态旅游产品的开发应注重自驾车旅游者亲近大自然、欣赏大自然和保护大自然的心态，线路设计要避免对核心保护区的过多涉及，同时要重视其到达区域广泛的特点，加强对旅游者生态意识的教育。

5. 特色旅游产品

特色旅游产品是指不同于以上各项旅游产品、低频率发生却具有很强吸引力的产品，这也正迎合了自驾车旅游者追求个性化和特色化的需求。特色旅游产品包括美食旅游、购物旅游、节事旅游等。如中国义乌（国际）文化产业博览会、杭州世界休闲博览会、舟山国际沙雕节、湖州国际湖笔文化节、中国国际钱江观潮节、浙江山水旅游节、中国杭州西湖国际博览会等。特色自驾车旅游产品的开发，要突出其"特色"，也就是增大吸引物的魅力，要强调旅游者的参与性。

6. 驾驶体验的旅游产品

在自驾车旅游者中，对驾驶体验非常热衷的人占一定比重，尤其是男性格外突出。征服各种类型的道路，追求刺激的驾驶乐趣，展现个人英雄情结，成为他们自驾车出行的一个重要动机。

7. 极限挑战旅游产品

这类旅游者最热衷于到人迹罕至的地方去旅游，其旅游的目的是了解自然、战胜自然，挑战极限，显示生命的力量，因而往往会避开高等级公路，专门选择条件恶劣、险象环生的道路，以显示自身的力量，充分体验战胜大自然的乐趣。

8. 探险摄影旅游产品

这类旅游者主要是以探险、摄影为主要目的，其旅游目的地的选择多以险、奇、峻为主要准则，以方便拍摄绮丽多姿的照片。由于要拍摄险峻旖旎的自然风光，他们常常要深入人烟稀少的险要处，这与极限挑战型产品的旅游者相似。

9. 随心所欲旅游产品

这类旅游者对大众化的旅游地感到厌倦，希望发现新的鲜为人知的旅游地，因而在旅游线路的设计上往往避开热门旅游路线，选择那些尚未开发的地区。在旅游途中，走走停停，随心所欲，全凭自己的心情而没有具体的计划。

自驾车旅游产品类型分类如表 4-1 所示。

表 4-1　自驾车旅游产品类型分类

产品分类	产品类型
按旅游的目的分类	观光旅游产品
	休闲度假旅游产品
	文化旅游产品
	生态度假旅游产品
	特色旅游产品
	驾驶体验旅游产品
	极限挑战旅游产品
	探险摄影旅游产品
	随心所欲旅游产品
按组织形式分类	散客自驾游产品
	旅行社自驾游产品
	品牌汽车俱乐部或汽车经销商自驾游产品
按市场类型分类	大众自驾游产品
	主题自驾游产品
	高端自驾游产品
按地域范围分类	区内自驾游产品
	区间自驾游产品
	出入境自驾游产品
按人群分类	个人独自自驾游产品
	朋友结伴自驾游产品
	夫妻周末自驾游产品
	全家集体自驾游产品

产品分类	产品类型
按车辆工具分类	自行车自驾游产品
	摩托车自驾游产品
	小轿车自驾游产品
	越野车自驾游产品
	房车自驾游产品

（二）按自驾车旅游的组织形式分类

1. 散客自驾游产品

这类自驾游的参加者大多以家庭或亲朋为单位。怎样使旅游过程尽量按照自己的主观意愿而达到完美是他们特别关注的问题。这类自驾游的策划主体一般是旅游目的地的相关利益主体，而且一般多分布于城郊，以短途为主。

2. 旅行社自驾游产品

自驾车旅游的兴起为旅行社提供了新商机，旅行社组织的自驾车出游也成为自驾游的一种重要形式。旅行社在自驾车旅游服务中的主要任务就是开发产品、组织客源、进行宣传和提供接待服务，与其他旅游项目相同，是自驾车旅游服务业的龙头。目前，我国旅行社在自驾车旅游产品和市场开发方面没有形成气候，而是由汽车租赁公司、汽车俱乐部等通过延伸业务率先开发汽车旅游产品和市场。但是，开发产品和市场不是汽车租赁公司和汽车俱乐部的本职，也不可能是其长项。这些企业和组织实际上是提供汽车及有关设备和会员组织、联络、服务的，围绕着汽车租赁开展上下左右的延伸服务业务是可以的，但绝对不是无限制的。汽车俱乐部和汽车租赁公司去开发汽车旅游产品和客源市场，首先是在网络化资源方面就不如旅行社，旅行社无论是接团还是组团，都必须形成网络体系；其次是在专业化服务方面也比不过旅行社，无论是外联、计调还是接待、票务、市场策划等，每个旅行社基本上都是按专业化分工进行的，有专门的机构、人员、制度和手段，汽车租赁公司、汽车俱乐部等则难以做到这一点。如果要这样做，汽车租赁公司等实际上就变成了一家旅行社。但值得一提的是，旅行社只能为自驾车旅游者提供订房、订餐及汽车维修等基本服务，而不能提供车辆让游客自己驾驶。经营性车辆以及驾驶者是应该有特定资质的，旅行社不具备这方面的资质。

3. 品牌汽车俱乐部或汽车经销商自驾游产品

汽车俱乐部是自驾车旅游的重要团体，自驾车旅游者通过自驾车俱乐部寻找志同道合的人事，交流驾车、旅游心得，是我国自驾车旅游发展和成熟的产物。近年来，国内汽车俱乐部在地域和规模上均呈现出迅猛扩张之势。据不完全统计，我国目前已拥有12000多家汽车销售商车主俱乐部、500多家社会汽车俱乐部、2000多家车友会，地域分布不仅集中在大中城市，中小城市及边远地区也已出现，从北部的内蒙古草原到云南边陲，到处都能看到汽车俱乐部活跃的身影。

（三）按自驾车旅游市场类型分类

按市场类型可分为大众自驾游、主题自驾游和高端自驾游，相应的就有大众自驾游产品、主题自驾游产品和高端自驾游产品。大众自驾游是以自驾散客为主要服务对象的市场，主要由包括基础设施在内的旅游目的地直接面向自驾散客提供综合便利的旅游条件。主题自驾游是指以向旅游者提供具有一定主题和深度的旅游产品为主要方式的市场，市场开发主体是专业的旅游服务部门，如旅行社、汽车俱乐部等。这一市场的自驾车旅游者通常有丰富的旅游经验，愿意以主题产品的方式进行旅游。高端自驾游以有较高旅游要求、具备一定驾驶技术、消费能力较强的旅游者为主要服务对象，市场开发主体为专业的自驾游产品经销商和代理商，以休闲驾车赛事、探险自驾游、房车旅行等深度产品为典型代表。

（四）按自驾车旅游地域范围分类

自驾车旅游可分为区内自驾游、区间自驾游和出入境自驾游，相应的也就有区内自驾游产品、区间自驾游产品和出入境自驾游产品。此类划分以旅游者所在省级行政区划为标准，自驾游在行政区范围内进行的为区内游，跨行政区进行的为区间游，跨越国境的为出入境自驾游，其中，区间游和出入境自驾游都可通过拖车服务、异地租车还车、全程自驾车等方式实现。

（五）按自驾车旅游人群分类

按自驾车旅游的人群可分为个人独自自驾游、朋友结伴自驾游、夫妻周末自驾游、全家集体自驾游等类型，从而就有个人独自自驾游产品、朋友结伴自驾游产品、夫妻周末自驾游产品、全家集体自驾游产品等。有的旅游者喜欢自由，享受孤独，会选择独自一人开车上路；有的则喜欢与好友结伴同行或参加有组织的集体自驾车旅行；有的是"小两口"周末外出度假；有的则是载起全家祖孙三代旅游、探亲访友。每类人群的自驾游需求是不同的，个人独自自驾游产品更多地满足旅游者自驾途中精神和心灵的收获；朋友结伴自驾游产品要满足自驾游途中朋友间的互动与交流的需要；夫妻周末自驾游产品和全家集体自驾游产品则要满足的是自驾游途中家庭和谐氛围的提升。

（六）按自驾车旅游车辆工具分类

按自驾车旅游的车辆可分为自行车自驾游、摩托车自驾游、小轿车自驾游、越野车自驾游、房车自驾游等，相应的也就有自行车自驾游产品、摩托车自驾游产品、小轿车自驾游产品、越野车自驾游产品、房车自驾游产品。此类划分以旅游车所使用的驾乘工具为标准，选择自行车或摩托车的旅游者大部分是自行车或摩托车爱好者。而随着我国经济的发展和人们收入水平的提高，小轿车走进千家万户，也就成为自驾游的首选；越野车则是旅游者在满足日常出行外，希望寻求更大挑战的选择；房车是最近几年刚刚兴起的自驾游车辆工具，由于同时兼顾行车、旅游、休闲、居家等功能，被越来越多的驾游者所接受。

第二节　自驾车旅游产品开发

一、自驾车旅游产品开发的原则

（一）自驾车旅游者的价值行为分析

自驾车旅游产品作为新兴的特种旅游产品，开发时除了要遵循一般旅游产品的开发原则之外，还要重点考虑其独特的性质。自驾车旅游产品的设计要选取与游客本身的价值相同、表现形式相差很大的文化现象（元素）予以开发。这样既可以使游客产生价值的认同感和新奇感，又容易理解作为旅游产品的文化现象的价值。自驾车旅游者具有一些独特的价值取向，尤其是高度的个性需求特征，这决定了我们在设计自驾车旅游产品时的一些基本理念。他们更强调个人主义和自由的取向，外倾性格明显，更乐于主动出游，需求更具有多样性等。

1. 价值行为之一：追求刺激，寻求身心平衡

探险旅游、户外运动这两年蓬勃发展，已经成为部分现代人尤其是年轻人追求生活质量的休闲方式，了解现代社会产生的某种意义上的空虚状态。从某种意义上说，探险旅游、户外运动已经成为活力、优雅、高贵、品位的代名词。现代社会所谓的"精英们"，承受着现代都市激烈竞争下强大的精神压力，耀眼的光环下面掩饰不住灵魂的孤寂，风光的物质外壳遮盖不住内心的脆弱，优越的物质生活也难以弥补内心疲于奔命、充满焦虑的深层压力。在工作的场域中，无法寻找到身体和心理的放松与平衡，身心俱处于一种不自由的失衡状态。对于他们，普通的团队旅游几乎没有太大的吸引力，但是自驾车旅游从某种程度上契合了这些人在日常的物质

生活的压抑中平衡身心的需求，满足了其对精神的追求。

2. 价值行为之二：价值的多元化，更加强调自我价值的实现

当今世界是一个全球化的时代，全球化造成了外来文化价值观与本土文化价值观的冲突与摩擦。同时，中国社会处于传统的计划经济向社会主义市场经济，农业社会向工业社会、信息社会转变的转型时期，各种经济社会矛盾更加凸显，社会结构的异质化与经济体制的多元化导致利益主体的日益分化，形成了社会生活的多样化态势——社会经济成分、组织形式、就业方式、利益关系和分配方式日益多样化，使人们思想活动的独立性、选择性、多变性、差异性明显增加，这就必然形成人们思想观念的多样化价值取向的多元化。和以往任何时代不同，在文化和价值多元化的时代，个人利益的独立诉求不仅不会受到蔑视，而且会引起广泛的共鸣。现代社会虚拟产品的生产，虚拟产品与物质产品相互交换的生产过程，支持着人们对家庭模式、婚姻模式、情感模式、社交模式作多种选择，也亟须构造让人们减缓现时压力的精神按摩和精神宣泄的平台。现代旅游的外在形式是人的体能和心情的释放，然而旅游从本质上是人们预设的精神向往和寻找过程。在一个价值多元化的社会，更强调自我价值的实现。自驾车旅游者一般具有较高的知识文化背景，尊重多元的文化价值，思想普遍具有较强的独立性，特别重视自我价值的实现，因此更倾向于能体现个性和价值的自驾车旅游。

3. 价值行为之三："符号消费"是自驾车旅游者消费的重要特征

在今天，消费不仅具有物质形态意义上的使用价值，而且越来越成为人们"自我表达"的主要形式和"身份认同"的主要来源。在社会学家看来，消费不再仅仅是一个经济的、实用的过程，而是一个涉及文化符号与象征意义的表达过程。有时消费者购买的不只是一个单纯的、可使用的实用商品，而且还表达出这样的信息：暗示消费者本人想成为某种人或对某种生活方式的向往。人们通过消费实践、通过消费模式中的符号使用，构建他们对自我的社会群体认同。这意味着人们的生活、认同感以及自我观念逐渐已不再是以工作为核心，消费扮演了越来越重要的角色。这被认为是进入后现代社会的标志之一。鲍德里亚和詹明信等认为，在后现代社会，消费不再是工具性活动，而是符号性活动；消费本身已成为"对符号进行操纵的系统性的行动"。在消费社会中，消费是"一种操纵符号的系统性行为"，消费的核心在于商品的符号价值。"所谓商品的符号价值，是指商品作为符号，能够提供声望和表现消费者的个性、特征、社会地位以及权力"。所以不难理解越来越多的旅游者把自驾车旅游、房车旅游当成一种时尚、高贵、地位、身份的象征。

4. 价值行为之四：自驾车旅游带有强烈的情感消费倾向

旅游的形式是多种多样的。在一般的意义上，旅游业所提供的情感支持是为旅游者提供"快乐""愉悦"的情感和"新奇""新鲜"的感觉。在这个意义上，旅游也是一种消费社会的"解脱方式"。但是，在具体的旅游形式中，民族旅游和做

客旅游则是一种较典型的寻求情感支持的方式。所谓民族旅游，就是来自发达国家和地区的旅游者，因不满于都市社会人情的淡薄，而到偏远贫穷地区的少数族裔那里体验当地居民真实、自然、朴素和诚挚的情感、好客和热情。这种情感对这些游客来说，就是一种难得的情感支持（在这种陌生关系中进行情感倾诉反而没有什么社会障碍）。当这种类型的旅游是以做客的形式，与某个居民家庭同吃同住，那么，它就叫作"做客"旅游。做客旅游既是一种商业性的情感消费，又是一种获得情感安慰和支持的社会形式。一些来自发达国家的低阶层的旅游者，还通过体验第三世界居民对发达国家居民的尊敬和热情，来达到提升"自我"地位和自豪感的目的。近年在国内也兴起了民族旅游，而这些旅游者中不乏自驾车游客，主要来自东部沿海或者其他发达的地区和城市，他们中多少都带有这种情感消费特征。

5. 价值行为之五：我游，故我在

自驾车旅游者一般具有比较强烈的探险意识。在旅游过程中，通过征服自我满足个人的好奇心和体现个人的竞争本能，如参加登山、悬挂滑翔、慢开伞跳伞降落、潜水等既有高度刺激又有浪漫色彩的活动。通过旅游追求热烈的感官享受，从探索征服中获得以自我为主体的人格意识。自驾车旅游者喜欢从旅游休闲、回归自然中寻找自我，在天人合一、物我交融中得到心灵的慰藉。自驾车旅游者喜欢新奇的、不同寻常的旅游场所，喜欢率先到某个地区享受新鲜的经验和发现的喜悦，接触不熟悉的文化和人民，诸如波浪滔天的大海、挺拔峻峭的高山、水流湍急的大河、险象环生的热带雨林、民族文化色彩奇特浓郁的地区等。自驾车旅游者因自身经历、社会背景、人生目标的不同而对同样事物的理解和感知程度存在差异，尽管如此，但每个人都能从放纵式的游玩中充分体验回归的乐趣与质朴的情怀，而同行者之间的交流恰恰提供了一种"发酵"的环境，是让人沉醉其中并乐此不疲的根本。

（二）自驾车旅游产品开发的原则

自驾车旅游产品的开发必须契合自驾车旅游者的价值行为特征，因此，自驾车旅游产品开发还应该遵循以下几点原则：

1. 快乐原则

在快乐原则支配之下，旅游体验所追求的愉悦，可以称为旅游愉悦。从这种愉悦的获得方式上看，旅游愉悦可以来自旅游者的各种目的或手段，它既可以是我们非常熟悉的、直接的快乐，也可以是我们常常意识不到的那种间接的快乐；既可以是情感释放的快乐，也可以是精神顿悟的快乐；既可以是审美的快乐，也可以是世俗的快乐，甚至是那种仿佛远离尘世、接近天国的快乐。

2. 挑战性原则

在自驾车旅游中，具有一定挑战性的旅游项目很受旅游者的青睐，极限运动在年轻人中颇受欢迎。"运动+旅游"的产业运作方式确实给我国旅游业带来了新热点，随着人类对自我的认识进一步深入和体育活动的多元化发展，其中一些运动项目融入旅游中来，越来越多的旅游者喜爱"运动+旅游"的方式，而自驾车旅游者往往是"先锋"，通过对自身承受能力的挑战，从中获得极大的成就感和愉悦感。

3. 差异性原则

探新求异是自驾车旅游的一大特征。有差异的产品才有特色，有特色的旅游才能更好地满足自驾车旅游需求的多样性和差异性。依托旅游资源中的体验载体和基质，即差异化的文化、环境中存在的可利用因素，包括自然风光、建筑景观、民俗风情、风物特产、历史传说、生产生活形态、特殊文化形态，开发旅游者喜爱的产品。

二、自驾车旅游产品设计

（一）体验个性化设计

1. 体验个性化设计的概念

现代社会逐渐崇尚个性化，人们在各种领域里都争取表达自己的意愿和观点，用独特的方式行事。"自己的，才是最好的"，个性化张扬的需求是旅游发展的趋势，如近几年兴起的背包旅游、自驾车旅游、徒步旅游等。相对于传统团队旅游，充满个性色彩的自驾车旅游已越来越受到年轻人和有车族的青睐。约伴同行，驾着爱车随心所欲地去奔驰，不仅能尽情地观赏沿途的流光画影，享受自在惬意，还能感受到团队互爱互勉的动人精神。追求个性化是自驾车旅游发展的深层内在动力。现在的旅游者对那种团队式、拉练式旅游感兴趣的已经越来越少，而是更多地考虑用一种与他人不同的方式，去获得一种不同的经历、不同的感受，有一份不同的记忆和收获，这就是个性化旅游。

所谓个性化旅游，就是按照个人的价值观念、人生经历、性格特点、偏好需求等特点选择适合自己的旅游产品，从事不同于别人的旅游活动，旅游者希望获得独特的感受、体验，留下深刻的记忆烙印。

在体验经济下，旅游者的消费需求呈现多元化、情感化、个性化特点，同时非常注重过程的体验，要求旅游产品在设计的时候充分考虑到旅游者的这种消费趋势。对于自驾车旅游产品的设计，尤其要考虑到自驾车旅游者高度的个性化需求。而体验个性化的设计方法是一种相对于传统旅游产品而言更适合自驾车旅游产品的设计方法。而旅游产品的体验个性化设计，是指以旅游者的最大体验效果为目标，充分考虑到旅游者的个性需求，通过旅游产品的体验而获得独特的、非我莫属的愉悦和人生感受。它包括以下含义：①整个旅游产品的设计理念、开发思路、设计方案具有相异性、非我莫属、不能复制。②具体到产品设计中，自然景观、建筑风格、活动内容等是独一无二的。③一个产品只对应相应的游客群体。④产品具有不完整性，旅游者既是产品的消费者，同时也是产品的设计者。⑤旅游者是主动接受产品，积极参与其中，而不是被动接受。

2. 体验个性化设计的三个层次

体验是认知内化的催化剂，它起着将主题的已有经验与新知识衔接、贯通，并帮助主体完成认识升华的作用。体验个性化设计的旅游产品能引导旅游者从物境到情境，再到意境，感悟三个情感体验阶段。

一是物境状态。重视对旅游者的感官刺激，加强产品的感知化。一种体验越是充满感觉就越是值得记忆和回忆，为使产品更具有体验价值，最直接的办法就是增加某些感官要素，增强顾客与产品相互交流的感觉。因此，设计者必须从视觉、触觉、味觉、听觉和嗅觉等方面进行细致的分析，突出产品的感官特征，使其容易被感知，创造良好的情感体验。

二是情境状态。一方面是人对物的关爱情境，另一方面是物对人、社会以及自然的关爱情境。物品具有自身的灵魂，它的价值符号是拥有者身份、地位以及权力的象征，人与产品之间必然会形成互动的关爱情境。旅游产品就是从小处深深地感化着顾客，吸引着顾客。

三是更高层次的意境状态。中国画讲究"意在笔先"，在体验经济时代，应追求"意在设计先"，设计具有强烈吸引力的良好主题，寻求和谐的道具、布景，创造感人肺腑的剧场，通过物境和情境的情感铺垫，最后达到完美意境空间，产出丰富的、独特的体验价值。

3. 体验个性化设计的目标

成功的旅游产品就是能与旅游者建立一种感情上的联系，创造出一种让游客无法拒绝的感情体验，他们购买的原因是可以一遍又一遍地享受这种感情体验——"体验经济时代产品设计的追求"。

从根本上说，旅游产品体验个性化设计的最终目标是为旅游者创造最多的感动和最大的快乐。"快乐"与"自我实现"是体验衡量的标准。相对于传统团队旅游者，自驾车旅游者追求更多的自由，更希望深度的体验，感受传统团队旅游所无法领略到的"风景"。此外，旅游对于一部分人来说，除了追求感动和快乐，还想要实现"旅游转型"。相当一部分自驾车旅游者都希望在旅游过程中能"换个心情"，也就是实现"旅游转型"。我们会经常遇到一些年轻的自驾车旅游者，他们厌倦了目前的工作（有些请假，有些辞职），或者失恋，或者人生遭受其他不幸，希望借旅游来调整心情，跨越人生的下一个驿站。而要做到"换个心情"、实现转型，就需要"感动"。在笔者看来，塑造一个新的自我、通过旅游体验实现转型，这是部分自驾车旅游者最深刻的内在需求。许多度假旅游的自驾车游客认为度假能使他们转型为一个全新的自我，以便能投入到下一个阶段的旅游当中。从这个意义上说，自驾车旅游产品体验化设计的目标是创造感动，在体验之上建构自我转型。

4. 体验个性化设计的主要内容

约瑟夫·派恩和詹姆斯·吉尔摩在《体验经济》一书中，提出了一个描述体验内容的分析框架。他们认为，体验可以从很多方面来吸引人，其中有两个很重要的维度来表达体验的一般内容：一个是体验者的参与程度，另一个是体验者与环境的关系，而在这两个维度交叉搭建的框架当中，就可以对体验进行定位。表示参与程度的横轴一端代表消极的参与者，另一端代表积极的参与者，交响乐听众和滑雪者分别是这两种体验的典型代表；表示体验者和环境的联结形式的纵轴，其两端分别表示"通过心智体验而吸引了体验者的注意力"（吸收）和"体验者本身变成体验的一部分"（浸入），看电视属于前者，玩游戏属于后者。

根据这个框架，派恩和吉尔摩将体验分成四种类型：娱乐体验、教育体验、遁世体验和审美体验（见图4-1）。将这四种体验放置在图中的各个象限中，可以判断各种体验在这两方面的特点。娱乐体验是通过感觉主动或被动吸收，而得到愉悦。教育体验是客人在积极参与的同时，吸收在他面前展开的事件，让他有所得，有价值满足感。遁世体验者就想在积极参与到一种浸入式的、与现实习惯另样的环境中，得到一种逃脱束缚后的轻逸感觉。审美体验者就想达到现场，在自然或人工营造的体验中得到真实的审美刺激，进而融合到其中获得愉悦。但是，每种体验并不是毫不相关、彼此孤立的。它们都与旅游的本质是一致甚至是融合为一体的，都是在旅游的大舞台上得到了充分的展示。旅游作为一种休闲行为，娱乐性会像空气一样弥漫和浸透到所有的教育、遁世和审美体验当中。另外，在旅游过程中，对美的追求也使旅游无时无刻不镶嵌在美的背景当中。所以，娱乐和审美的要素和成分会在各种旅游体验当中存在。

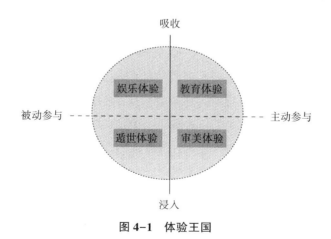

图4-1　体验王国

5. 体验个性化设计步骤

通常旅游产品的开发主要包括项目的设计和策划、配套设施的规划、旅游线路的安排等要素。这些设计要素更多的是从生产者的角度来考虑，比较容易忽视旅游者最深层的内在需求，游客大多是被动式地参与。随着旅游主体市场的不断成熟，旅游经验逐渐成熟，旅游者希望能够主动参与到产品的设计中，渴求直指灵魂身处的放松，他们愿意为"畅爽"付出更多的体验费用。同时，旅游客体市场的竞争日益激烈，同质化产品还是广泛存在的，"异地同品"现象充斥着旅游市场。在体验经济下，以体验为核心理念的设计方法能有效地解决这个矛盾。

丹麦未来学家，也是《梦想社会》一书的作者罗夫·钱森认为："1999年是个临界点，是欧洲和美国开始明显发现信息时代不会延续下去的时点。换句话说，人们即将进入新纪元——一个以故事为主导的年代。我们将从重视信息过渡到追求想象！"如果说旅游体验就是一次人在旅途的想象过程，那么旅游产品所要提供的就是能激发这些想象的基本要素，即一个故事的蓝本。对于体验型旅游产品而言，一次旅游就是一个完整的故事，故事有其情节发生发展的时间脉络，有人物情绪发生发展的矛盾起伏，更有一个统领故事内涵的思想主线。对于自驾车旅游而言，这个故事的主角就是旅游者本人。他（她）既是导演又是演员，一次自驾车游经历就是一个自编自演的剧本。旅游目的地和景区就是提供一个剧场，里面有各种道具，还有其他演员，但是作为演员虽然能调换故事的先后顺序，却不能改变整个剧本的主题和中心。旅游目的地就是一个大的剧场，旅游景区则是每幕戏的一个小剧场或者是分剧场，这里有特定的剧场布景，自驾车旅游者作为编导和演员可以调整和修改，可以再重新编排故事情节，但主题是固定的。

自驾车旅游产品的体验性开发，在纵向上包含以下几点：一是确定主题；二是提炼体验因子；三是情景设计；四是注重活动过程；五是塑造意象。而在横向上，从旅游产品的功能要素看，则包括吃、住、行、游、购、娱等方面内容，这样就形成了一个二维矩阵。它是一个有机的整体，相互联系，彼此影响，以求从各个方面、不同角度强化旅游主体的某一种体验，使游客产生深刻的感悟，获得特别的感动。具体步骤如下：

一是确定主题。构思一个好的体验主题，意味着为一个参与性的故事撰写剧本，为剧情的发展提供线索，由此展开体验的剧情。好的主题还能加强旅游者在活动中的综合体验感，并容易留下深刻的印象，提高旅游产品的活动品位和体验价值。主题来源于旅游地的各种自然、文化形态表现，要富有当地性和本土化特质，要具有感召力和实践性，使产品感知化和稀缺化，利于体验活动的开展和体验产品的增值。成功的主题设计需要"令人瞩目、动人心魄"，即要有"视觉冲击力"和"精神感召力"。

二是提炼体验因子。确立好一个主题后，就应该紧紧围绕该主题来提炼体验因子。这需要根据不同的地区特征和消费终端环境展现不同的体验诉求充分把握好旅游者的优点和缺点，把人的敏感区域激发出来以正面因子来体验，同时删去负面的因子，使之达到和谐。要通过精心组合有形的东西，给游客创造一个易于把握主题的整体环境，要把线索发挥得淋漓尽致，达到充分刺激消费者感官，使消费者感到身临其境，最后留下难以磨灭的印象。实际上，在旅游体验的设计中，目的地和景区所营造的内部布局和建构，视觉、听觉乃至嗅觉冲击，还有服务人员的一举一动、一言一行都构成了消费者可寻找的因子。经营人员在筛选、设计这些因子的时候，不能忽略掉每一个细节，要力求每一个细节与主题的一致性。例如，拉斯维加斯一家购物中心选择了以古罗马集市为主题，便力求从各个细节展现其主题：购物中心大厅铺着大理石地板，有白色罗马列柱、仿露天咖啡座绿树、喷泉，天花板是个大银幕，其中蓝天白云的画面栩栩如生，偶尔还有打雷闪电，模拟暴风雨的情形。在大门的各入口处，每小时有凯撒大帝与其他古罗马士兵行军通过，使人感觉仿佛重新回到古罗马的街市。这些细节便达到了为主题服务的效果，是塑造顾客印象的正因子。要塑造完整的旅游体验，不仅需要设计一层层的正因子，还必须消除削弱、抵触、违反、分散主题的负因子。一个细小的负因子都可能会大大影响主题的效果，有时甚至会与主题背道而驰。

三是情景设计。情景设计就是如何利用现有的体验资源搭建体验的情景或"舞台"，为旅游者提供一个体验的真实环境。体验经济时代的旅游者需要的是参与体验，是满足自我的个性需要的旅游经历，单纯的观光不能给游客留下深刻的印象。因此，在具备了创造体验的环境氛围以后，主题场景可以起到画龙点睛的作用。在《体验经济》一书中，作者反复提到了一家"热带雨林餐厅"，这家餐厅的与众不同之处在于具有一定的主题即"热带雨林"，并依照此主题对餐厅的环境进行精心的设计，使来这里就餐的顾客有一种置身于热带雨林中的感觉，仿佛能够闻到各种原始树木群的清香。这一家非常典型的体验式餐厅，给顾客（游客）创造了持久的回味和感动。杭州的"宋城"按照《清明上河图》仿造了南宋时期的古建筑，并在风景区安排了各种宋代民间的生活场景，如皇帝出巡、战争、市面叫卖声、卖艺者、抛绣球等，让游客觉得身临其境，仿佛回到了宋代。这种情景设计就是想让每一个到宋城旅游的人都有"给你一天，还你千年"的体验。宋城能够成为一个精品的主题旅游景区，其成功很大程度上得益于它所精心营造的情景氛围。迪士尼在这个方面是典范，它创造了很多相关场景，每一个去迪士尼的游客都能感觉到里面就像一个梦幻般的童话世界，每一个主题片区都有美轮美奂的建筑、各式各样的卡通人物，甚至是工作人员的服饰都能让你联想到可亲可爱卡通形象。如果旅游开发者和经营者能在长城上安排一些身披盔甲的古代武士列队而行，在颐和园可以看到王宫妃嫔，必然会为这些景点增加不少吸引力。施密特曾在《体验式营销》里写道，"许多人喜欢在自己的戏剧中扮演主角"。所以，可以考虑为游客"搭造表演舞台"，让他们"扮演主角"。在独具匠心的环境中，在鲜明的文化主题之下，目的地或者景区甚至可以组织与之相关的专题活动，可向游客提供服装、道具（出租或出售），并提供基本脚本，使客人可充当演员，而员工当然是基本演员，在他们的组织和秘而不宣的导演下，有声有色的剧情可自然发展。在新西兰罗托鲁瓦景点的彩虹广场，有内容丰富的新西兰农场的生活示范和表演，有两位牧羊人介绍有趣和精彩的新西兰农场表演，从表演中观众可体验到农场的生活和牧场内的工作，如利用牧羊犬来赶羊的示范，还有剪羊毛的示范及处理羊毛的方法。在表演过程中，观众也有机会参与各种示范，如手搅牛油机和挤牛奶、喂小羊喝奶等。

四是注重活动过程。在具体的体验场景和"舞台"设计的基础上，根据主题线索设计体验"剧情"，策划各种活动项目，打造一个高享受的体验过程。现代旅游者从注重产品本身转移到注重接受产品时的感受。他们不仅关注得到怎样的产品，而且更加看重在哪里和如何得到这一产品。如采摘旅游，旅游者去农村果园采摘水果并以高于市场的价格买回家，虽然所花费的钱比去市场多得多，但是旅游者很痛快，为什么花钱买更贵的东西却更加高兴？因为他们在采摘过程中体验到了劳动的乐趣，体验到了城市生活和农村生活的不同差异，这种差异让旅游者能审视自身一些值得珍惜的东西，这种体验给旅游者创造了感动。又如云南瑞丽推出的淘宝游中，旅游者可以使用统一的工具在河中淘宝石，将淘到的宝石现场加工成各种首饰或拼成其他的美术制品，这种鲜活的旅游活动能够给旅游消费者带来美好的旅游体验，看到自己亲自淘出的宝石被加工成艺术品，旅游消费者的成就感油然而生，而旅游者亲身参与制作旅游纪念品，本身就是旅游经历的一部分，这种纪念品大多融入了旅游消费者的劳动和智慧中，具有了更大的价值。《体验经济》中提到了丽贝卡·派恩在她女儿生日的那天，把整个生日聚会交给"迪士尼俱乐部"来举办，公司把她女儿伊丽莎白及她的 14 个朋友安排到一个叫纽邦德的旧式农场。在那里，伊丽莎白和她的伙伴一起体验了旧式的农家生活。他们用水洗刷牛的身体、放羊、喂鸡，自己制造苹果酒，还要背着干柴爬过小山，穿过树林。一天下来，伊丽莎白的生日花掉 146 美元的费用，但是这样的一个生日活动的过程让全家及伊丽莎白的朋友都非常开心，而且会终身难忘。美国魔鬼岛还曾推出过"当一天囚犯"的旅游活动。这些旅游活动不但能让游客达到放松、娱乐的目的，更重要的是能让游客体验到不同的生活。对于自驾车旅游者而言，他们对旅游过程的重视远远大于旅游的结果，"去桂林玩了一回"对他们不是很重要，"去桂林玩了很多东西，体验了那里的民风民俗，那里梦幻般的田园生活以及当地淳朴的农民给我留下了深刻的印象"，这才是自驾车旅游者所期望和追求的。

五是塑造意象。体验活动产品要讲究意象塑造，只有赋予体验活动以形神兼备的意象，才能激活旅游体验者内在心理空间的积极主动性，进而积极参与到体验中。"形"，鲜明生动，使感官折服；"神"，意味深长，足以统摄心灵。旅游体验者是冲着好看、好玩的心理，花钱来买一份好心情的，希望得到的是"身""心"两方面的满意。因此，在产品的体验化过程中，要强调内外的包装，不仅"舞台"让游客乐于接受，易于进入角色，而且剧情得体，内蕴深刻，能博得游客青睐。意象是主题在体验活动中的折射，是更加具体、更为直接的一种活动概括和图景描绘，更具现实性和宣传效果。

（二）不同类型的自驾车旅游产品的设计要点

据笔者 2018 年自驾游市场调研发现，随着自驾游的大众化，有组织的自驾游退出主流，而以家庭、亲戚、朋友方式的结伴出游成为主流。出游方式前四位分别是朋友同事结伴、三代同堂、夫妻或情侣二人世界，以及夫妻带孩子亲子游。其中，朋友同事结伴出游最主流，约占 31.49%；三代同游式家庭出游次之，占 28.4%；夫妻或情侣二人世界约占 20.97%；夫妻带孩子的亲子游约占 12.35%。其他的说走就走的个人单骑出游方式在自驾游中也有相当比例，约占 2.47%；驴友结伴约占 3.09%；而专门自驾游团队组织在笔者的调研中仅占 1.23%。由此可见，对自驾游不同目的地旅游产品在设计时需要充分考虑不同出游方式人群的结构和需求特征。

1. 观光旅游产品

对自驾车旅游来说，观光旅游产品的规划要尽可能地考虑旅游者的需求和自驾车出行两个方面的特点。在允许外部交通工具进入的旅游景区内，可选择沿路忽远忽近的位置设计车行道路，利用山体、植物的开敞与围合的转换增加视觉冲击和景观对比，在视野开阔处适当考虑停车的需要。同时，为了尽量减少道路与车辆对环境及自然景观的影响，在保证景区内部道路能满足景区内部交通需要的前提下，尽可能将道路面积降到最低限度。另外，由于旅游景区内风景优美的景点既是自驾车旅游者希望体验的也是大众旅游者希望领略的，而大多数旅游景区做不到将自驾车旅游者与大众旅游者完全分开，为此，在旅游景区规划的时候，可以考虑离开道路架设栈道以求满足旅游者步行流动的要求，并在非停车点车行道路旁尽量高密度种植高低错落的植物，不但能遮挡道路与车辆，还能给旅游者柳暗花明的视觉感受。

对于大众旅游者较少到达的生偏景点，沿途尽量减少建筑物以保证车行观赏和停车观赏的需要。旅游景区规划中，合理安排服务点，不但能够使自驾车旅游者观赏风景更加尽兴，并保证他们在观赏之外的服务需求得到满足，还能够有效控制自驾车旅游者在旅游景区内的流动和停留情况。同时，可以适当增添一些娱乐性体验，例如穿过小瀑布、过水路面或者穿过小木桥的道路等，都能够增加旅游者在景区内的自驾趣味，达到增强自驾车旅游体验的目的。从区域旅游角度来看，地理位置比较临近的自然资源旅游景区，应该加强横向合作联系，统一规划设计自驾车旅游导向的观光旅游产品，拉动自驾车旅游者在规划设计好的更长线路上去体验相关产品。

2. 文化旅游产品

提高旅游景区的文化氛围是目前旅游景区规划设计的普遍策略。面向自驾车旅游的文化旅游产品，其主题特色则表现得更加突出，往往会更深入地发掘文化内涵，更多地考虑文化的影响力，同时也会将时间和空间延伸到更广的范围中，从而产生巨大的吸引力。以单边距离统计数据为约束条件，深入挖掘区域内的文化线索将是未来自驾车旅游的一项重要活动内容。以长三角区域为例，吴越文化、徽州文化等是区域内自驾车旅游的重要文化吸引物。当然，文化线索有很多种，如果自驾车旅游线路上能包含多种文化旅游产品，形成对比又相互串联，则能产生特殊的旅游体验。另外，自驾车旅游者在时间和路线上较大众旅游者有更大的灵活性，他们往往可能因为希望更深入地体验某地的文化特质而停留更长的时间，或者因为想亲身体会某地的生活感受而住上几日。这就对旅游产品的体验性和参与性提出了更高的要求，因为自驾游者更容易发现大众旅游者走马观花式的旅游无法发现的很多问题，并对粗制滥造的文化、建筑景观格外敏感。要想得到他们的认可，旅游景区的开发就要更加注重打造"原汁原味"的旅游产品。除了原有文化特色之外，在现代旅游中还有一些新的元素可以融入自驾车旅游产品中。比如国外关于影视文化产品的自驾车旅游产品较丰富，借助电影文化主题让自驾车旅游者体验镜头中的世界。长三角有许多影视基地，完全可以借鉴国外经验，针对自驾车旅游者开发相关的旅游产品甚至多个景区合作联合开发真正受到自驾车旅游者欢迎的影视文化旅游产品。除此之外，还可以积极规划开发事件旅游产品，借助事件串联不同景区或旅游城市，以吸引自驾车旅游者参与其中。从区域旅游角度上看，文化的区域性特征非常明显，文化常常不是某一个景点可以独自垄断的。因此，在开发自驾车旅游导向的文化旅游产品时，有必要加强区域文化的共创与完善，争取以多角度给自驾车旅游者带来多重文化体验。

3. 度假旅游产品

从上面的统计数据中可以知道，度假旅游产品在自驾车旅游中占有重要份额。统计数据显示，41.20%的自驾车旅游者不看重旅游地的级别。他们需要的是找个喜欢的地方度假，缓解城市工作与快节奏生活的压力，让身心得到充分休息。因此，这类旅游产品的规划重点在于提供优质的休闲设施和优美的休闲环境。另外，要充分利用各地的旅游资源开发休闲产品。此类型的旅游产品虽然在普通旅游者与自驾车旅游者之间并没有明显区别，但是，有优质资源的旅游目的地往往不在城市，距离的远近和交通的便利程度对旅游者前来消费的次数影响很大，而自驾车旅游者由于拥有自己的交通工具，他们到度假区消费的机会通常多于普通旅游者，并且他们在挑选休闲目的地的时候有更多的选择。因此，休闲旅游地应该特别重视自驾车旅游者的需求，为其提供高品质的休闲产品，争取自驾车旅游者发生多次消费，提高旅游地的收益。从区域旅游角度上看，度假旅游产品应该力争突出自身所拥有的资源优势，在区域内部争取错位发展，提供差异化的休闲度假产品。同时，仍然需要增强区域联合，使自驾车旅游者在区域内产生多种体验需求并得到满足，在提供的服务上也可以更上一层楼。

4．家庭亲子旅游产品

家庭为单位的出游是自驾游的主流，约占 61.72%（三代同堂、夫妻出游、夫妻带孩子出游之和），这方面在自驾目的地产品设计中需要得到充分的考虑，在住宿露营、休闲游憩、娱乐游戏等各个环节延展"家庭概念"。特别地，带了孩子的出游方式约占 40.75%（三代同堂与夫妻带孩子的和），这就要求在自驾游目的地产品设计上注重儿童游憩项目的配置和创意开发，如一定比例的儿童游乐项目、亲子互动体验项目、家庭互动参与项目的配置。露营自然风光满足家庭户外体验需要，同时，通过主题游乐项目、动植物互动游乐项目满足 12 岁以下青少年处于认知发展阶段的亲子互动需要，通过研学讲堂、科普博物馆等满足 12 岁以上注重人文内涵自我提升阶段的亲子互动需要。

5．驾驶体验的旅游产品

在自驾车旅游者中，对驾驶体验非常热衷的人占很大比重，尤其是男性格外突出。征服各种类型的道路，追求刺激的驾驶乐趣，展现个人英雄情结，成为他们自驾车出行的一个重要动机。针对这一类型的自驾车旅游者，景区可以规划出相应的区域建设驾驶体验项目，甚至大型游乐园可以以此为内容建设驾驶体验园。

6．夜间娱乐产品

自驾车旅游者往往会选择一个夜晚娱乐项目丰富的旅游景区作为过夜的目的地。旅游景区不但要提供在夜晚可以为旅游者聚集畅谈交流的公共空间，还要提供在夜晚可以让旅游者参与的娱乐项目。在少数民族地区，景区往往会组织民族舞蹈和歌曲活动，在非少数民族地区，地方民俗也可以成为夜间娱乐项目的重要来源。除此之外，旅游景区还可以根据自身情况开展更多的现代娱乐活动。例如，海边旅游区可以开展夜晚的沙滩排球、沙滩足球活动，江南水乡可以开展夜晚游园活动。旅游者白天欣赏风景和参观民俗，夜晚不便开展观赏活动，所以在晚上开展娱乐活动来丰富留下过夜的旅游者的游乐过程是非常重要的。

第三节　自驾车旅游线路设计

一、旅游线路的设计内容与原则

（一）设计的基本内容

旅游线路的组织和设计是一项专业性较强的技术工作，它首先要考虑旅游市场需求及其变化趋势；其次需要结合旅游接待地的旅游发展水平；最后是要协调各旅游要素的关系。

旅游线路设计可分为四个方面：第一，从总体上确定旅游线路的性质和类型；第二，根据旅游者的类型和期望，确定旅游线路组成内容的基本空间格局；第三，结合旅游市场和旅游基础条件，设计出若干可供选择的旅游线路；第四，进行合理的旅游线路营销。

（二）旅游线路设计原则

1. 市场性原则

关键是适应旅游客源市场的需求，最大限度地满足旅游者的需要，必须符合旅游者的意愿和行为法则，以最短的旅游时间和最少的旅游费用获取最大的旅游欲望的满足。

2. 特色性原则

由于旅游者的动机、旅游活动的形式各不相同，旅游线路的设计一定要突出特色，形成有别于其他线路的鲜明主题，才能具有较大的旅游吸引性。旅游线路的设计应该围绕主题合理安排旅游交通、食宿、服务等内容，保证旅游过程有张有弛，富于节奏。

3. 效益性原则

注重旅游线路经营者的经济效益和旅游者的旅游效果，尽可能做到游客在途时间短、旅游时间长、重复线路少、旅游费用低；从整体效应出发，加大旅游点、旅游地的开发力度，提高目前旅游温点、冷点的文化品位和有效卖点，将旅游热点、温点和冷点进行科学合理的搭配，提高旅游的整体效益。

4. 季节性原则

旅游活动具有明显的旺季和淡季特征，不同季节的游客流量悬殊。旅游线路设计要充分考虑到旅游的季节性特点，以旅游旺季的游客量最大波动率作为旅游线路设计的依据，注意调节季节波动，保持客流平衡，淡季尽量以热点为主，旺季适当搭配温点、冷点。

5. 网络化原则

旅游线路体系有三个不同的层次：第一层是由若干旅游中心城市联结而组成的进入性旅游线路；第二层是由旅游中心城市作为"大本营"联结各旅游景区景点的主体性旅游线路；第三层是景区内部的游览线路。旅游线路的设计要根据各层次的不同功能对线型和交通工具进行网络化安排。旅游线路网络化不全是指一定密度的交通线路网络，而且包括不同交通形式的相互组合与配套。

6. 安全性原则

安全是旅游的基本要求。安全是旅游线路设计必须重点考虑的因素，一方面要避免线路中游客发生拥挤、碰撞，阻塞线路，甚至造成事故；另一方面要避免天灾人祸的影响。

二、自驾车旅游线路设计

（一）自驾游旅游线路设计理念

自驾游旅游线路不同于旅行社推出的常规旅游线路，旅行社推出的线路是站在经营者的立场，以营利为目的，主要是针对大众游客，其最大特征是经济性，即要最大限度地节省交通费用，以使旅行社获利，至于线路设计中的观赏性、娱乐性等重要特性在与经济性发生冲突时，则被毫不留情地摒弃。因此，自驾游旅游线路的设计理念应有别于常规旅游线路设计的理念。

1. 以旅游者为中心的设计理念

常规旅游线路，往往更多的是经营者从自身立场出发，以经济利益为核心来设计旅游线路，成本意识很强，在一定程度上降低了旅游价值。这在过去供不应求的卖方市场条件下，还能行得通。而今，随着旅游环境的改善，旅游者消费观念逐渐成熟，旅游多元化时代到来，传统旅游线路的各种弊端显露无遗。诚然，作为经营实体的旅行社盈利是其必然的目的，然而，一味地为了盈利而不顾一切，则未必能如愿。

目前，在各地的旅游推广中，不难看出一个很大的弊端，即以资源为核心的设计理念，宣传推广仍停留在旅游资源的介绍上，大抵不过是：山川如何秀丽，古迹如何悠久，民风如何淳朴……宣传推广者早已习惯于这种孤芳自赏式的津津乐道，不顾旅游者的实际需求。至于自驾车旅游者最关心的是：怎样进入、进入条件如何等具体介绍却是只言片语，无法满足其需要，以致造成旅游者望洋兴叹，而很多精品旅游点长期处于"藏在深山人未识"的尴尬境地。因此，在线路设计中要改变传统的以"我"为中心的设计理念，而真正站在游客的角度，认真揣摩其心理，了解其需求，为其精心策划设计旅游线路，使其方便地进入旅游目的地。

2. 以自驾为中心的设计理念

自驾游跟其他的旅游方式有很大不同，它彻底改变了常规旅游时间固定、景点固定、游览项目固定等特点，具有很大的灵活性，旅游者往往随心所欲，停走自如，不拘泥于常规景点的桎梏，常常深入常规旅游线路难以到达的地方。正是这种让旅游者最大限度获得享受的旅游方式越来越受到人们的喜爱，近年来自驾旅游市场迅速发展的态势便是明证。

自驾旅游者与一般旅游者相比，自我意识更强，独立性更强，挑战性更强。无论在旅游的内容还是形式上，他们都不会墨守成规、因循守旧，而是倾向于新颖、独特、灵活、自由。但是，他们的行动绝不是盲目的，而是要做极为细致的准备，线路设计更为精细，绝不马虎。这时他们最缺乏的就是有关旅游目的地的详尽资料，尤其是交通资料，而目前各地的相关资料极其粗糙，对自驾车旅游者无多大帮助。尽管为这样有主见而又精明的旅游者设计线路，不图达到使其按图索骥的目的，但这种从自驾车旅游者的角度精心设计的旅游线路，必然成为他们在旅游目的地旅行的基本框架，而为旅游地推介旅游产品的初衷也就达到了，可谓一箭双雕。当然，在自驾车旅游者中，还可以根据细分出的不同类型，在为其设计旅游线路时，充分了解各类自驾车旅游者的心理需求，了解其真正的需要，为其提供实实在在的帮助。总之，在设计中要突出自驾旅游的特点，突出以自驾为中心的设计理念。

（二）自驾游旅游线路设计要素

自驾游旅游线路是旅游者做旅游计划、费用预算等准备工作的基础，是旅游者在旅游目的地从事旅游活动的行动指南。一个好的旅游线路，应该让旅游者很清楚地知道旅游目的地距离出发地有多远，道路状况、沿途补给、住宿娱乐、景观风情、景点门票等各种信息要详尽，这样才能对自驾旅游者起到很好的帮助。因此，自驾旅游线路的设计绝非一幅简单的线路图而已，它应该图文并茂，既有直观、简洁的线路图，又有较为详细的相关介绍。这样，以旅行线路为纽带，将旅游地各自然人文景观、民族风情串联起来，提供给旅游者，才能使旅游线路具有吸引力。为此，在具体设计中应注意整合以下基本要素：

1. 线路要素

旅行线路既是自驾旅游者出行前做计划、预算的基础，又是整个行程中的行动指南，因此，组成旅游线路的基本要素就应便于旅游者做各种决策。就线路本身而言，主要有起始点、沿途站点、站点间的里程。汇总了这些要素的直观的旅行线路图，有别于一般交通地图，它的站点清晰，只有主要城镇和游览景点，而且里程清楚，便于自驾旅游者估算时间、控制行程。因此，在绘制这幅图时，首先要找一本最新的交通地图作为底本，然后再进行精心的删减和添加，根据自驾车旅游者的心理需求，结合旅游地特点及旅游主题，合理选点布线，在尽量不走回头路的情况下，形成旅游环线，使其符合自驾旅游的需要。

2. 费用要素

自驾游计划得好，其费用不会超过其他旅游方式。旅游线路设计中的费用要素是在线路图的基础上提供给旅游者做预算的重要信息，它主要包括车费（油费、过路费、修理费等）、住宿费、饮食费（餐费、零食）、游览费（门票、景区内车马船票等）等，其中，对自驾旅游者来说最关心的是当地的汽油费、过路费、住宿费、餐费、门票费。因此，要根据当地的实际情况为旅游者提供准确信息。

3. 景观要素

自驾旅游线路是围绕景区景点来设计的，对线路中所经各点的基本情况如不作相应介绍，就会使旅游线路枯燥乏味，失去应有的吸引力。因此，要结合线路图对各景点作相应介绍，突出其地质地貌、建筑、音乐、民俗等特征，以增强吸引力。

（三）自驾车旅游主题线路设计的要点

当前国内自驾车旅游产品的主要现状是：主题自驾游线路是目前自驾游市场的主体。旅行社、汽车俱乐部等组织的自驾车旅游活动一般都围绕某一主题召集旅游者开展活动，旅游线路也依此主题设计，在不同时间推出不同主题，通过穿插安排丰富的主题和线路带给自驾车旅游者不同的出行体验。针对这种类型的自驾车旅游方式，加强相同主题的旅游景区之间的合作将具有巨大的市场潜力。由于 300 千米范围内资源同质性比较明显，而旅游者比较喜欢发现自然景观的差异，因此，自驾车旅游组织者在选择旅游目的地时，深入发掘景区的文化特质将成为主题线路选择的一个重要因素。这种有主题的自驾出行活动，单边距离时常会超过 500 千米，这不仅是区域旅游的重要内容，而且也具有明显的跨区域旅游特征。总体来说，自驾游线路主题的确立是一项极其重要的程序，同时也是一项挑战性极强的工作，确立主题要注意以下几点：

第一，从最有价值和特色的角度去筛选所要表现的主题。一般可以从古典文明、乡情乡愁、都市情调、流行时尚、自然生态、风俗习惯、科学幻想或一种特别的生活方式等角度入手。选择好角度的关键是设计者要领悟什么是真正令人瞩目和动人心魄的。要洞悉到这一点，需要设计者在深入调查消费者的情感和心理过程、社会文化风土人情以及掌握尽可能丰富的各类知识的基础上，发挥极大的想象力和艺术探索精神。如果是人文景区，需要一个有足够人文积淀的、经典的、精华的文化主题。比如游览中国园林的主题就是了解体验士大夫们渴望脱离尘世、享受隐逸生活的一种生活态度。它反映在园林建筑的各个侧面和细节，包括设计、布局装饰等——大到假山凉亭，小到细石碎沙，都淋漓尽致地反映了这一主题。

第二，构成主题的各种要素必须和谐。主题是通过一系列的印象组合起来影响个人的行为来实现的，游客的印象就是旅游体验的结果。从心理学角度看，新奇、动感、触摸、品尝、优雅的音乐及和谐的色彩等都有利于加深游客印象。主题的开发可根据这些要素巧妙地加以运用。打造韵味十足的体验主题有赖于各种精心设计的要素的有机匹配，只有把这些要素恰到好处地组合起来，才有利于加深游客体验并突出主题。

第三，主题不能过于抽象，要有具体化、现实化的空间和潜力。无论是"阳春白雪"还是"下里巴人"，旅游体验开发的主题需要有具体的承载形式，不是纯粹虚无的概念。比如民族村寨旅游主题，为了使其能被体验化，就必须选择一个民族村寨作为一个载体，使游客体验这一主题的行为成为可能。因此，在选择主题的过程中，产品开发者还要首先考虑其实现的可能性大小。

第四，深化主题的多景点布局。一个动人的主题要从多方面去诠释、体现，因此，不同的景区以及同一景区内不同的功能分区要从不同的侧面表现并强化主题，而不能各自为政，彼此脱节。如"桂林——山水体验之都"则可以从桂林漓江、阳朔遇龙河、资源八角寨等景点来表现这个主题。美国荒野体验的五个生物群落符合这样的规则：从红树林、高山、沙漠海滨到山谷的风景变化，都符合电影中的故事。而迪士尼则根据不同的剧本分成了九个单独的区域，让孩子和家长自得其乐。

三、中国十大经典自驾车旅游线路

（一）丝绸之路中国段

行车线路：西安—宝鸡—天水—兰州—武威—张掖—嘉峪关—瓜州—敦煌—柳园—哈密—吐鲁番—乌鲁木齐—阿克苏—喀什

丝绸之路是西汉时由张骞出使西域开辟的以长安（今西安）为起点，经甘肃、新疆，到中亚、西亚，并联结地中海各国的陆上通道。因为由这条路西运的货物中以丝绸制品的影响最大，故得此名。其中丝绸之路的东段和中段均在中国境内，东西长约 4000 千米，为自驾车横穿中国西北的经典路线。

周边景点：大雁塔、茂陵、乾陵、麦积山石窟、雷台汉墓、大佛寺、嘉峪关故城、莫高窟、月牙泉、玉门关遗址、哈密回王府、火焰山、高昌故城、交河故城、喀什噶尔老城、艾提尕尔清真寺。

（二）最美国道214

行车线路：西宁—湟源县—共和县—花石峡—玛多县—巴颜喀拉山口—称多县—歇武镇—玉树县—巴塘乡—下拉秀乡—囊谦县—类乌齐镇—昌都—吉塘镇—益庆乡—邦达镇—芒康县—曲孜卡乡—德钦县—丽江—剑川县—大理—临沧—澜沧县—景洪市—野象谷

214 国道，这是中国目前承载人文历史资源最丰富、高海拔区的人文之路，它从青藏高原的屋檐下起步，自西宁西出祁连山末梢的日月山后南下延伸进青藏高原腹地，开始了一条横穿黄河、长江、金沙江、澜沧江等江河源头之旅，沿途地带的海拔落差达几千米，其惊艳的自然风光、丰足的历史文化、博大的宗教空间、多样的民族风情洒遍沿途，使这条中国国道成为真正的风情之路。

周边景点：青海湖、塔尔寺、鄂陵湖、倒淌河、巴颜喀拉山口、文成公主庙、达那寺、卡诺遗址、德玛雪山、恩达温泉瀑布、蝴蝶泉、丽江古镇、野象谷。

（三）从零海拔到最高极

行车线路：上海—芜湖—安庆—武汉—恩施—重庆—成都—甘孜—林芝—拉萨—日喀则—珠峰大本营

海拔的概念是平日里宅在家里的人们所无法感受的，但是如果你选择了从零海拔的上海一直驾车到世界屋脊的珠峰，那么一路不断变化的自然风光，会让你清晰地体会到什么叫"上升"。身体、车辆、技术、意志、情趣、社交……这些都是一路上需要得到考验的内容，也许走完这一程，会让你重新认识同行的每一个人。只有经历过，才会知道该珍惜原本自己所处那份天地的幸福。

周边景点：布达拉宫、珠穆朗玛峰、罗布林卡、大昭寺、巴松错、周庄古镇、庐山、婺源、黄山、石臼湖湿地、雅家梗、峨眉山、恩施大峡谷、长江三峡大坝、景德镇。

（四）穿越新藏线

行车线路：乌鲁木齐—奎屯—库车—阿克苏—喀什—叶城—阿里—改则—尼玛—那曲—拉萨

新藏线是几条进藏公路中最差的一条线路了，沿途要翻越海拔5000多米的十多座雪山达坂，全线多为一望无垠的戈壁、沙漠和常年积雪的崇山峻岭，常常是数百千米不见人烟。也正是因此，能看到成群的藏野驴、黄羊等野生动物，场面十分壮观。

周边景点：苏公塔、康家石门子岩画、独库公路纪念碑、唐不拉草原、库车大龙池、龟兹古城、库车大寺、拜城克孜尔千佛洞、喀什噶尔老城、艾提尕尔清真寺、香妃墓、班公湖、纳木错自然保护区、布达拉宫。

（五）环游塔克拉玛干

行车线路：乌鲁木齐—库尔勒—轮台—库车—阿克苏—喀什—和田—民丰—且末—若羌—库尔勒—乌鲁木齐

塔克拉玛干沙漠位于中国新疆的塔里木盆地中央，是中国最大的沙漠，也是世界第二大沙漠，同时还是世界最大的流动性沙漠。在世界各大沙漠中，塔克拉玛干沙漠是最神秘、最具有诱惑力的一个。将中国与中亚及欧洲联结起来的传奇式的商路丝绸之路沿塔克拉玛干沙漠的北缘和西缘延伸。近年来日渐受人们关注的"环塔拉力赛"正是围绕着塔克拉玛干沙漠的汽车限制运动。能够自驾车沿着赛车的轨迹环游，感觉那是相当不错。

周边景点：苏公塔、康家石门子岩画、独库公路纪念碑、唐不拉草原、库车大龙池、龟兹古城、库车大寺、拜城克孜尔千佛洞、喀什噶尔老城、艾提尕尔清真寺、香妃墓、约特干古城、于田艾提卡清真寺、米兰遗址、罗布人村寨。

(六) 冰天雪地闯漠河

行车线路：广州—长沙—武汉—郑州—石家庄—北京—沈阳—长春—哈尔滨—齐齐哈尔—嫩江—塔河—漠河—漠河乡（北极村）

中国最北的漠河县，有个最北的漠河村，又叫北极村。村里的一切，都是中国的"最北"：从最北哨所、最北人家、最北邮局……直到最北餐厅、最北厕所。特殊的地理位置，赋予这座普通的边境小镇以特殊的魅力。当地政府不失时机地将北极村评为中国最北旅游风景区。由于纬度的关系，冬季的南国还是 30℃暖阳高照，而漠河已经是零下 50℃的寒夜，可以驾车去体会一下 80℃温差的旅行。

周边景点：哈尔滨防洪纪念塔、冰雪大世界、阿尔山国家森林公园、太阳岛风景区、扎龙自然保护区、五大连池风景区、胜山狩猎场、伊拉哈金土城遗址、北极村胭脂沟。

(七) 东南海岸线踏浪

行车线路：杭州—宁波—福州—厦门—广州—北海

阳光、海鲜、沙滩、碧水、云天……当这些元素集为一体时，就组成了黄金海岸线的美妙奇境。中国的海岸线很长，尤其是东南海岸线，像串起了一条珍珠项链，将一个个美丽的城市由便捷的公路相连。如果对海有着深情、对沙有着爱意，那么不妨在滨海大道上走这一遭。吹吹海风，品品美食，甚至可以躺在车顶晒晒日光浴。

周边景点：钱塘江、灵隐寺、西湖、雁荡山、鼓浪屿、红海湾、平海古城、崆峒岩景区、北海银滩、涠洲岛。

(八) 色彩香格里拉

行车线路：成都—雅安—甘孜—理塘—稻城—香格里拉—虎跳峡—丽江—泸沽湖—盐源—西昌—雅安—成都

自从美国小说家詹姆斯·希尔顿的小说《失去的香格里拉胜景地平线》问世以来，作品中所描绘的香格里拉曾引起无数人的向往。现在所称的香格里拉实际上就是指云南的迪庆藏族自治州。香格里拉从语言上讲是藏语，意为"心中的日月"，英语发音源于中甸藏语土方言。香格里拉人民继承了藏文化人与自然和谐的优良传说，摒弃了拒绝现代科技成果的旧观念，成为全国最富裕的藏区之一。因为那里的无限风光及神秘民俗，吸引着无数人要前往香格里拉，甚至要在每个季节都去。

周边景点：泸定桥、都江堰、西岭雪山、毕棚沟、四姑娘山、卧龙自然保护区、长坪沟、木格错景区、上里古镇、西来古镇、宽窄巷子。

(九) 藏东大环线

行车线路：拉萨—乃东—朗县—林芝—波密—墨脱—波密—然乌—八宿—邦

达—昌都—丁青—巴青—那曲—羊八井—拉萨

每个人都有西藏梦，尤其是开车进藏。但如果，没有足够的时间丈量西藏的每一寸土地，那么，有没有什么方式可以不错过西藏的各种表情？答案是肯定的。只要你开车走一遍藏东大环线，便可以用最短的时间领略西藏的各种魅力。拉萨，山南地区，林芝地区，昌都地区，那曲地区，环绕藏东一圈，无论是你一直向往的博大苍凉的高原草地和雪山、牧场，还是你意料之外的高山深谷、激流密林和田园风光，都会在你还未做好心理准备的时候闯入你的视野，让你征服西藏各种复杂路况的同时，眼睛和心飞上天堂。

周边景点：卡如拉冰川、纳木错自然保护区、藏王墓群、扎贡沟景区、雅鲁藏布大峡谷、鲁朗林海、然乌湖、波密嘎瓦龙、巴松错。

（十）崇高而神圣——川藏线

行车线路 1：川藏路南线：成都—雅安—泸定—康定—新都桥—雅江—理塘—巴塘—芒康—左贡—邦达—八宿—波密—林芝—拉萨

行车线路 2：川藏线北线：成都—灌县—映秀—卧龙—小金—炉霍—马尼干戈—德格—江达—昌都—类乌齐—丁青—巴青—那曲—当雄—拉萨

这条线路在自驾爱好者心中的地位崇高而神圣，每年吸引了无数的中外旅游者。川藏公路以风景优美路途艰险著称，但一路景色壮丽，有雪山、原始森林、草原、冰川和若干大江大河，是旅游探险爱好者和摄影师的极乐所在。

周边景点：碧峰峡、泸定桥、海螺沟、木格措、天路 72 拐、然乌湖、来古冰川、米堆冰川、鲁朗林海、巴松措、措木及日、米拉山、布达拉宫、大昭寺。

第四节 景区开发自驾游产品的原则与思路

一、自驾车旅游对景区的挑战

（一）自驾车对景区的"消极选择"

相对一般游客而言，大部分自驾游游客都是旅游经验较多、较为成熟的旅游者，多数想远离喧嚣，感受一般旅游者难以看到的景致，去充分体验一种放松与自由的心情。过热的景区对他们而言反而缺少足够的吸引力，而那些新奇的，甚至是未开发的，但是纯净的、真实的、质朴的目的地则比较受他们的青睐，所以他们去的都是一些温点、冷点，甚至未开发的旅游景区和景点。尽管从流向来看，每当长假时期，仍有部分自驾车游客将各地风景名胜区作为首选，但这一流向的回头客较少。由于自驾车旅游者一般皆属于中高收入阶层，因此他们对于景区的"消极选择"，尤其是对热点地区的回避使景区被动地丧失了相当大的客源市场。

（二）自驾车对景区产品的挑战

对于那些选择景区的自驾游旅游者来说，很多景区推出的产品都不能很好地满足他们的旅游需求。目前我国很多景区并未对自驾车旅游者的旅游需求进行深入的分析研究，对其设计、推出的产品多是传统旅游产品的简单转型，甚至无视其与一般游客旅游需求的差异而直接将产品同时推向所有旅游者；而且随着我国旅游业的进一步发展，新的景区（点）被不断开发，景区间同质化现象不断出现，而景区面对的将是越来越多有主见、精明、追求个性的自驾游旅游者。因此，对景区来讲应注重对自驾旅游者旅游需求的调查研究，并在此基础上推出针对自驾车旅游者的旅游产品。

（三）自驾车对景区配套基础设施的挑战

对于那些选择了景区的自驾游游客而言，目前我国景区的配套基础设施远远不能满足他们的基本需求。

首先，无论是抵达景区的大交通还是景区内的小交通，其交通标志系统大多不够完善。突出表现在交通图形符号、警示牌等标识物欠缺或不明确，道路标识信息和地图未及时更新，路途中缺少必要的旅游咨询服务点，甚至在某些温、冷景区道路标识系统还是一片空白，景区内部缺乏专用的自驾车游道且与景区相关的道路交通信息系统不够通畅。

其次，景区停车场、加油站以及车辆检修和维护的建设问题日益突出。目前我国无论是景点景区还是商场饭店，都存在停车场所紧张的问题；加油站是自驾车旅游的生命补给线，但目前许多的自驾车旅游者都面临着缺少提供加油站信息的渠道，加油站服务不能满足多元化需求等问题；而车辆检修和维护部门在我国景区很少见。

最后，景区为自驾游旅游者提供的相关旅游信息不够全面。很多景区尽管备有旅游手册，但多是仅仅针对本景区的，这显然不能满足自驾游旅游者对于旅游过程中的餐饮、住宿、相关景区、道路交通系统等综合旅游信息的需求。

（四）自驾车对景区安全保障系统的挑战

从自驾车旅游者的角度来说，景区的行业服务与管理在安全方面也是相当薄弱的，也缺乏相关的保险措施和制度。目前国内的景区安全救援能力与相关建设均十分薄弱，无法适应自驾车旅游的需要，自驾车旅游者在景区内如遇到异常天气、突发疾病、交通事故等意外事件时往往难以得到及时救助。此外，景区也没有意识到要引导自驾游旅游者提高其自身的安全意识。

（五）国外自驾游游客对我国景区自驾游产品的挑战

随着全球旅游业的不断飞速发展，每年来我国的国际游客呈日益增长的趋势，自 2015 年以来，中国入境游持续稳定增长。2018 年，中国接待入境游客 1.41 亿人次，同比增长 1.2%。入境过夜市场和外国人入境市场规模同样保持稳步扩大。2018 年，中国接待入境过夜游客 6290 万人次，外国游客 3054 万人次，分别增长 3.6% 和 4.7%，高于入境游总人数的增速。[1] 我们不得不提到的是相对于我国景区的自驾游产品而言，国外发达国家的自驾游已经发展得很成熟；服务体系人性化、收费系统方便化、主题+景色的线路设计科学化、住宿服务简单有效，附属服务设施多样全面。如何应对和满足已经习惯享受如此成熟的自驾游模式的国外自驾车旅游者，不仅使他们满意，更要促使其成为景区的忠诚游客，是我国景区未来自驾游产品发展面临的巨大挑战。

二、景区开发自驾游产品的原则

（一）生态原真性

近年来自驾游的火爆发展，一方面给景区发展带来了充足的客源和丰厚的利润，另一方面也对周围的环境造成污染。尤其是自驾车停靠所带来的地表植被破坏和自驾车行驶所带来的尾气污染，对于景区环境和文物的损害是不容忽视的。而自驾车旅游者最看重的就是能够缓解城市环境和工作压力的自然生态环境，因此依托自然山水风貌的各类景区在开发和日常管理中一定要考虑到环境问题，努力保护好景区内的自然生态，营造一个让人回归自然又享受自然的舒适氛围。

（二）人性化原则

"以人为本"的思想应当贯穿于旅游发展的始终，要处处体现人文关怀，为人民服务的理念，故而要针对游客的不同年龄、性别、爱好、职业、种族、国籍和不同的旅游需求，设计不同的旅游项目。据统计，外籍游客的旅游动机主要有 18 种。观察别的国家人民的生活、工作和娱乐；浏览特别的风景名胜；更好地了解新鲜事物；参加一些特殊活动；摆脱每天的例行公事；过一下轻松愉快的生活；体验某种

---

① 中国旅游研究院发布的《中国入境旅游发展报告 2019》。

浪漫生活；访问自己的祖籍出生地；到家属或朋友曾去过的地方；气候；健康；体育活动；经济方面；冒险活动；取得一种胜人一筹的本事；适应性；考察历史；了解世界。

（三）地方性原则

地方性原则要求旅游产品的设计要突出地方特点、文化特色、区位特点、资源特色，突出旅游体验的别致性，以形成整体旅游目的地的特色。地方性原则要求以系统工程的观点对待旅游区的总体发展战略，从开发区域旅游资源的深度和广度入手，加以艺术化的开拓和组织。总之，要求做到人无我有、人有我特。只有强调和突出地方性，提出自己的特色，才有可能形成强大的旅游吸引力，逐步占领更多的市场份额。

（四）多样性原则

丰富多彩是旅游产品设计的重要原则。如果游客在自驾车途中旅游消费时单调呆板，在其他地区司空见惯，那么旅游业将失去魅力，无法形成自主的支柱产业。为此应用多样性原则，从观赏角度的新颖性和多重性、浏览形式的多样性与组合方式的灵活性、模拟旅游环境的建立与模拟的逼真性，多层次旅游项目的设置与选择的方便性，求新求异，时时更新，创造全新体验的途径设计多样性旅游产品。也就是说，"多样性"原则要求多、真、新、活。

（五）参与性原则

游客活动就是一个人人参与的系列。但是传统的观光旅游只让游客在景区行、看、听，这是旅游初期阶段的基本模式，随着旅游逐步成为人类生活的必需品，对旅游的需求大大增强，不仅要开发一系列的旅游新项目，如休闲、度假、健身、养生、修学、探奇等产品，还要在创新观光旅游中融入更受欢迎的参与性活动，使旅游者获得更加直接的体验和感受，加深印象，延长在景区的停留时间，增加游客的消费开支。

三、景区开发自驾游产品的思路

（一）旅游景区开发要保持原生态

近年来自驾游的火爆发展，一方面给景区发展带来了充足的客源和丰厚的利润，另一方面也对周围的环境造成污染。尤其是自驾车停靠所带来的地表植被破坏和自驾车行驶所带来的尾气污染，对于景区环境和文物的损害是不容忽视的。而自驾车旅游者最看重的就是能够缓解城市环境和工作压力的自然生态环境，因此依托自然山水风貌的各类景区在开发和日常管理中一定要考虑到环境问题，努力保护好景区内的自然生态，营造一个让人回归自然又享受自然的舒适氛围。

（二）旅游景区开发要注重交通整体规划和基础设施硬件建设

在中短途自驾车旅游中，大部分游客是自己开车带着家人或是朋友来旅游的，基本上属于自助游，很少参加旅行社或是汽车俱乐部组织的活动。这样，自驾游就使更多的旅游者与景区直接接触，景区的服务直接摆在了旅游者的面前，接受着旅游者的考量。

另外，自驾车旅游者所需要的服务与原来的普通游客是有很大区别的，他们对基础设施和服务的要求更高，而目前还很少有景区能达到这一要求：

第一，无论是景区周围的大交通还是景区内的小交通，其交通标志系统大多不够完善，这会让游客感觉很难找，不方便。突出表现在方向导引符号、交通警示牌等标识物欠缺；景区导游信息和地图分布不广泛且未及时更新；景区附近的道路交通信息系统不够通畅，尤其是节假日，人群的大量聚集使景区周围的交通常常陷入瘫痪。

第二，景区停车场、加油站以及车辆检修和维护点的缺少所带来的问题日益突出。目前我国大多数景区都存在着停车场紧张的问题，尤其是在节假日，这已成为阻碍自驾车旅游者的重要因素之一。而加油站、车辆检修和维护部门在我国景区更是少见，一旦车辆出现问题，旅游者就会面临无处求救的局面，大大降低了游客的满意度。

因此，景区无论是在最初的开发还是后来的提升中都要对交通进行科学规划，加大针对自驾游的基础设施建设，保证良好的道路交通状况，规范清晰的交通标志牌，设置安全可靠的临时停车点，保证足够的停车场停车位，提供汽车应急维修服务等。

（三）旅游景区产品开发要逐渐休闲化、多样化

虽然目前我国的自驾游市场还处在初级阶段，旅游者对知名度较高的自然观光景区兴趣较大。但不容忽视的是，休闲游以及各种专项特色游已呈现出上升的态势。但景区还没有专门针对此趋势设计的产品和项目，已有的产品体系还远远满足不了自驾车旅游者的旅游需求。因此，景区在开发产品时应注重对自驾车旅游者需求的调查研究，适应游客休闲度假的特点，向着休闲化、个性化、体验化的方向发展，开展各类康体、娱乐度假村，建设乡村民俗旅游以及修建农业观光生态园区等。

深入分析自驾游旅游者的特殊性，景区可考虑与旅行社、汽车俱乐部、租车公司、保险公司、住宿业甚至景区相关的高速道路收费部门以及医疗部门相互合作，

推出"景区+租车""景区+住宿""景区+保险""景区+收费站"等适合自驾游旅游者的，既可进行单项销售，又可进行组合式销售的景区自驾游旅游产品。

（四）景区建设要针对自驾车旅游者完善信息系统

自驾车旅游者大部分属于自助旅游的范畴，对旅游信息的需求更为广泛和细致。气象信息，交通路况信息，安全、维修信息，餐饮，住宿和游览信息对自驾车旅游者来说都必不可少。但目前我国的景区、景点都还无法提供如此完善的信息服务，需要从以下两方面进一步加强与改善：

（1）为了便于自驾车旅游者做好行程计划安排，景区或是当地政府要根据自驾车旅游者的需求，为其设计最佳行车路线，编制集交通线路、旅游景点、食宿设施于一体的旅游交通图，图上的千米数要标注清晰、准确；周围的加油站、高速公路出入口、汽车维修中心要用鲜明的标记标出，便于自驾车旅游者寻找；交通图上要包括一些常用的电话号码，比如汽车维修中心、汽车安全救援中心、酒店、加油站等。

（2）开通政府或景区旅游公共服务热线，发布各旅游景区和景点的客流量、舒适度、天气状况和住宿情况预报。另外可以在机场、车站、饭店以及各主要景区、景点、交通要道等旅游者集散地，提供游人免费取阅的旅游资料或配置触摸式旅游信息查询设备。为旅游者提供完备、便捷的信息服务。

（五）针对游客出行方式，加强市场宣传和针对性服务

自驾游已经成为旅游者的主要出行方式，所以对有车一族的宣传促销是十分必要的。针对游客大多愿意和家人、朋友一起出游的特点，应充分考虑到配置适合家庭氛围、朋友聚会的各种接待、娱乐设施。同时游客朋友之间的口碑宣传作用会变得比较重要，为游客提供满意服务将有助于游客返程后的正面宣传，从而带来更多潜在游客。旅游信息的传播渠道也很重要，比如在有车族比较集中的地方提供免费旅游宣传资料，在人流比较集中的地方设立旅游咨询点等，目的都是要减少游客收集信息的成本，使信息主动暴露给游客并引起其注意。

自驾游在未来的发展中将继续享有广阔的市场前景和发展空间。这一方面是由不断扩大的市场空间决定的，即工业化带来了更多的有逃离工业环境需求的城市人口；另一方面是经济的发展以及休假制度的改革推动的，这种推动是强大而持续的。我们相信，只要旅行社或景区全面了解自驾车旅游者的特征，以他们的需求为出发点来设计产品和线路，自驾游将呈现出新一轮的更加火爆的发展趋势。

第五章 自驾车营地规划

第一节 自驾车营地的概念、类型与功能分区

自驾车营地作为自驾车旅游很重要的配套设施，有必要做出详细的研究。本节首先对自驾车营地的概念、类型、功能进行基本介绍，然后给出建设自驾车营地的具体建设模型、营地规划设计方法、开发运营和建设标准，希望能为自驾车营地规划建设提供一些帮助。

一、自驾车旅游营地相关概念和类型

（一）自驾车营地概念和内涵

1. 自驾车营地的定义

陆军（2007）认为，旅游营地是指在自驾车旅游线路上，依托旅游交通干线和风景优美之地或者在旅游景区附近开设的，有一定场地和设施条件，可以为自驾车爱好者提供自助或半自助服务的，具有特定主题复合功能的旅游场所，其主要服务项目包括住宿、露营、越野、休闲、餐饮、娱乐、汽车保养与维护、汽车租赁、度假、户外运动、信息服务、医疗与救援等。通过规划发展，旅游营地甚至可以在特定的区域发展成为集景区、休闲度假、健身运动、综合服务为一体的特色旅游景区。

张宪洪（2003）认为，汽车营地是指在交通发达的风景优美之地开设的，专门为自驾车爱好者提供自助或半自助服务的休闲度假区，其提供的主要服务包括住宿、露营、餐饮、娱乐、汽车保养与维护等。

林福煜（2008）认为，自驾车旅游营地指设立于自然生态系统良好、交通便利、各类配套公共设施相对完善之地的宿营场所，主要为自驾车游客提供住宿、露营、餐饮、休闲娱乐、补给、汽车保养、维护与救助等服务，具有旅游服务基地及地区旅游集散地等功能。

自驾车营地又称为汽车营地、旅游营地,目前尚无比较权威的定义。国际宿营和旅游联合会认为,宿营是人们在户外短暂居住时进行的娱乐活动,旅游营地是人们进行宿营活动的场所。

2. 帐篷营地与汽车营地的界定

现阶段,按住宿设施划分,中国野外宿营地的主要经营方式为营帐式宿营地、自驾车宿营地(也叫汽车营地,这里是为了与国外的汽车营地加以区分)和其他营舍式营地(如小木屋、高架帐篷床等)。现在主要研究的是前两种宿营地的开发规划和设计,其他的不作重点研究,但可作为前两种宿营方式的有益补充。

3. 汽车营地与自驾车旅游营地的界定

汽车旅游一般是指依托汽车开展的旅游活动,既包括以汽车为主要交通工具的旅游,如乘汽车外出观光、度假、娱乐、休闲、探亲等,又包括依托汽车形成的专项旅游,如大篷车旅游、自驾车旅游、自驾房车度假和汽车越野探险、群众性汽车拉力赛等。

自驾车旅游是指旅游者或其中之一、一部分人自己驾驶汽车开展的旅游活动,包括自驾车观光、体验,房车度假,自驾赛车,越野车和老爷车比赛,探险等,目前在我国往往专指自驾小汽车旅游,因为房车在我国为数还很有限,兴起的时间也很短,而自驾车探险、越野、比赛不仅目前量小面窄,而且很难成为普遍化、大众化的旅游活动。

虽然自驾车旅游是汽车旅游的细分市场,但主要研究的是汽车旅游营地,没有明确区分汽车营地和自驾车营地。因为,汽车营地既可以接待自驾车旅游者又可以接待其他的汽车旅游者。

(二) 自驾车营地类型

以不同的标准可将自驾车旅游营地划分为不同的类型(见表5-1)。

表5-1　自驾车营地分类

标准	营地类型
按旅游动机划分	登山营地、骑行营地、教育培训营地、娱乐营地、休闲营地、拓展营地、体验营地等
按旅游吸引物划分	山水田园营地、主题乐园营地、古镇民宅营地、滨海营地、森林营地等
按营地区位划分	城郊营地、滨水营地、滨海营地、景区营地、高原营地、山地营地、森林营地、乡村营地、湿地营地、草原营地等
按营地功能划分	过路型营地、目的地型营地等
按住宿设施划分	营帐式营地、房车营地、营舍式营地(如小木屋)等

(1) 按照旅游动机分,营地可分为登山营地、骑行营地、教育培训营地、娱乐营地、休闲营地、拓展营地、体验营地等。这类营地以满足出行者的旅游动机为出

发点。登山营地是为登山者的适应休息和运输物资等需要而设置的营地，可分为基地营和中间营地。登山营地设置一般要求安全、便于观察目标线路、便于取水、能避风、日照时间长、地势平坦，基地营能以汽车与附近城镇进行联系，例如珠穆朗玛峰设置的 5300 米（基地营）、6100 米（1 号营）、6400 米（2 号营）、6900 米（3号营）、7400 米（4 号营）、7900 米（5 号营）、8500 米（6 号营）。骑行营地是针对骑行者设立的营地，一般拥有一定规模的骑行赛道（大众体验赛道、专业级赛道），可以举办一定规模自行车公开赛，如莫干山久祺国际骑行营地总体面积 1000 亩，严格按照中国自行车协会打造专业级赛道 5 千米，大众体验赛道 4 千米，营地建有土坡重力场、Pumptrack 等特色骑行培训设施及场地，是骑行爱好者的综合旅游度假区。教育培训营地、娱乐营地、休闲营地、拓展营地、体验营地等对应相应的教育培训、娱乐、休闲、拓展、体验等旅游动机展开，满足各类旅游者的需要。

（2）按吸引物的不同，营地分为山水田园营地、主题乐园营地、古镇民宅营地、滨海营地、森林营地等。山水田园营地较为普遍，如途居的黄山露营地、北京日光山谷营地乐园、上山自由家营地。成都棕榈世界房车营地、涿州生态园露营地等是主题乐园营地的代表。北京龙湾国际露营公园是以露营为主题的营地公园，又具有山水田园营地的特征。途居芜湖龙山露营地就是山水田园营地，又因与方特毗邻，也具有一定的主题乐园营地的特征。

（3）按照地理区位不同，营地分为城郊营地、滨水营地、滨海营地、景区营地、高原营地、山地营地、森林营地、乡村营地、湿地营地、草原营地等。就全国范围看，山地型、滨水型、森林型、景区型平分秋色，沙漠型、乡村型、湿地型、草原型多元化补充。

（4）按功能划分，营地分为过路型和目的地型。过路型营地，主要为自驾车游客提供旅途休憩等服务，游客在营地经过短暂的休憩调整之后将继续旅程，奔赴下一过路型营地或目的地型营地，故此类营地功能相对简单，主要布局于交通主干道、高等级公路等公路及游线沿线，仅是在传统旅馆基础上增加汽车服务等项目。在国外，许多过路型营地依托加油站进行项目配置，采取此方式具有投资小、营地网络建设快等特点。目的地型营地的显著特征便是游客逗留时间较长，对营地服务的需求具有综合性。目的地型营地是游客的旅途终点或旅途中的重要节点，扮演着旅游基地及地区旅游集散地的重要角色，集休闲娱乐、度假等功能为一体，对区域旅游景区具有一定的客源辐射作用，因而此类营地对建设条件要求较高，营地规模一般较大，功能较为齐全，投资规模也较大。目前，国内建设的主要是目的地型营地。

（5）按住宿设施不同，营地可分为营帐式营地、房车营地、营舍式营地（如小木屋）等。营帐式营地较为普遍，既有如安吉帐篷客溪龙茶谷度假酒店、千岛湖星空帐篷酒店以及帐篷客"景区+帐篷"连锁营地酒店的高端野奢版，也有景区划定的临时露营版。房车营地是以房车为住宿单元的营地，目前一个标准的房车营地一般会配置拖挂车营地、自行式房车营地以及自行式房车营位。营舍式营地的住宿设施为小木屋、树屋、特色民居（农舍）等。目前国内头部露营地大部分采取混合住宿方式，即营帐式营位、房车营位、营舍式营位按照一定的比例组合而成，满足不同露营者的需求，如北京龙湾国际露营公园，就由木屋别墅群、滨水帐篷营区、木屋营区、部落格、房车营区以及自行式房车营位区组成。

此外，按照占地规模大小，营地可以分为综合营地（度假区）、标准营地（小镇）、驿站（村）；按照开发干预度强弱，营地可以分为原始型营地、半原始型营地、中间型营地、半现代化营地、现代化营地；按照开放时间的差异，营地可以分为临时营地、日间营地、夜间营地、周末营地、假日营地。

二、自驾车营地的功能及分区

（一）自驾车营地的功能

营地是指在原有的生态基础上认为的进行相关设施的建设与管理，从而为营地旅游发展提供吸引物、环境依托、内容载体，进而满足游客以露营体验为主，休闲、娱乐、体育、观光、养生、科普、餐饮等多种功能为辅的旅游体验。营地的主要功能包括：宿营、餐饮、购物、汽车服务、补给、休闲娱乐、信息服务、其他服务（见图 5-1）。

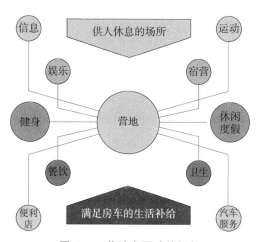

图 5-1 营地主要功能框架

1. 宿营

宿营是自驾车旅游营地最主要、最核心的功能。鉴于国内外经济发展的阶段性及游客消费理念的差异性，目前国内外汽车旅游发展处于不同的阶段：欧美国家经济发达，社会保障体系健全，休闲旅游起步较早，自驾车旅游发展也较为成熟，

20世纪40年代后，其出游主要交通工具为房车，出游主要形式为大众化自驾房车旅游。我国由于经济、社会发展的阶段性与局限性，尚处于轿车普及的起步阶段，目前游客主要是自驾轿车旅游，且游客集中于社会的中高端人群。故在营地的功能设计方面，国外自驾车旅游营地主要为游客提供房车露营活动，建筑设施较为简单，而在国内，自驾车旅游营地严格而言暂属于轿车营地，主要为游客提供轿车停放、露营或住宿等功能，由于文化背景、消费理念的差异性，多数游客目前选择营舍住宿，故国内营地建设投资规模要大于国外。从市场发展趋势来看，房车旅游作为更为高端的自驾旅游方式，市场正逐步拓展，故营地需预留房车旅游的发展空间。

2. 餐饮

餐饮服务是自驾车旅游营地的主要功能之一。由于房车内厨房设施较为齐全，游客出游食品储备得较为充足，故国外旅游营地主要为游客提供时鲜蔬菜等原料或地方特色美食。在国内，由于轿车不具有烹饪等功能，营地需为游客提供具有地方风味的特色餐饮服务，或为游客提供灶具、餐具租赁及原料供给等服务。由于自驾游客相对高端的消费能力，营地餐饮服务的质量及特色将成为营地整体服务质量的重要衡量标准。

3. 旅游购物

购物是旅游的重要环节，也是自驾车旅游营地创收的重要来源之一，旅游营地为游客提供地方土特产、工艺品等旅游商品的购物服务。目前国内游客旅游购物消费占出游总花费的10%~20%，对于自驾车游客，由于其具有高端消费、亲友结伴出游、物品携带方便等特点，旅游购物量大，购物消费比例也将高于国内平均水平。

4. 汽车服务

汽车服务是自驾车旅游营地社会责任的集中体现，也是其相对于其他接待设施最具有特色的服务项目。由于国外社会救助及保障体系比较健全，自驾车旅游营地主要负责营地内的汽车检修、保养、保险等服务，仅在特殊情况下提供汽车救护等服务。而在国内，由于社会保障、救援体系尚处于构建中，诸多自驾游客又非经常性地驾车远行，驾驶经验不足，故旅游营地的汽车服务便需由营地内延伸至营地外，扮演起营地周边一定范围内车辆救助者的角色。

5. 补给

旅游营地作为自驾游服务基地，除了为游客提供食宿服务外，还将根据游客的需求提供水、食品、药品及出游必备工具等补给。不同于旅游购物，营地的补给主要是为了满足游客旅途的需求。对于游客的房车，营地还需通过专业设施为其提供水、电、燃料等补给。

6. 休闲娱乐

游客在自驾车旅游营地宿营期间，为丰富夜间生活，营地需提供酒吧、地方曲艺表演等休闲娱乐项目，对于目的地型旅游营地，游客入住期较长，休闲娱乐服务及特色将是他们权衡并选择营地的重要因素,而一些营地依托既有建成景区,此项功能更为完善。

7. 信息服务

自驾车旅游具有极强的自主性,对信息依赖度较高,故自驾车旅游营地需为游客提供目的地旅游景点信息、交通信息、天气状况信息等旅游资讯服务以及上网等服务。

8. 其他服务

除上述主要服务外,营地还将为游客提供基本的卫生医疗、紧急救助等服务,部分营地需为游客提供自行车租赁等服务,以便于游客在当地更换交通工具,开展回归自然等休闲旅游活动。专业营地如登山营地等还需为游客提供专业器械、设施、场地等租赁服务。

(二) 自驾车营地的功能分区

自驾车旅游营地根据其类型、自身特色及目标客源市场的消费特征设置不同的功能区,一般而言,营地都设有综合服务区、宿营区、休闲娱乐区等,其详细服务项目如表 5-2 所示。

表 5-2　自驾车旅游营地功能分区

功能区	功能	主要服务项目
综合服务区	营地管理、服务中心,承担基本服务功能	预订、购物、餐饮、医疗与救助、租赁、汽车保养、信息服务等
宿营区	营地的主要功能区,提供宿营服务	相对独立封闭的房产营区、露营区、轿车营区、营舍区等
休闲娱乐区	营地的公共活动区,提供休闲、娱乐等服务项目	垂钓、烧烤、采摘、攀岩、滑草、汽车运动及水上娱乐活动等

表 5-2 中所列的三个功能区是营地最主要的功能区,其服务项目基本能够满足自驾车游客的宿营需求。在三个功能区之外,营地可根据自身资源禀赋及市场需求,对功能区进行延伸或完善,增设度假、旅游地产等功能区,提供分时度假等服务。

三、营地分级及建设标准

1932 年由英国发起组织的"国际露营总会"(FICC)为促进营地行业的健康永续发展,根据营地的基本条件、空间、卫生、娱乐等条件将营地分为一星至四星四个级别,该分级制被诸多国家接受,广泛应用于实际营地分级建设及管理中。国内露营地迅猛发展的同时，也暴露出空间布局不合理、产品单一且同质化、运营服务不专业等各种问题。面对露营地发展中的这些问题，国家有关部门发布了一系列产业政策，而行业组织也制定了相关标准，包含《休闲露营地建设与服务规范》（GB/T31710.2—2015）、《汽车自驾运动营地建设要求与开放条件》（TY/T 4001.1—2018）、《汽车自驾运动营地星级划分与评定》（TY/T 4001.3—2018）。本章拟引入以上所提到的国内外标准，为营地的分级及建设提供参考。

第二节　自驾车营地规划设计

一、自驾车营地选址

（一）选址理论

1. 中心地理论

德国经济地理学家克里斯·泰勒提出的中心地学说是近代区位论的核心部分。该学说成立的条件是：假定地域是一个均质平原，避开了自然地形和人工障碍的影响，经济活动的移动可以长年在任何一个地方进行，居民及其购买力是连续的均匀分布，生产者和消费者都属于经济行为合理的人。

中心地等级序列：在某一区域内，城镇作为中心地向周围地区提供商品和服务。中心地的规模和级别与其服务半径成正比，与其数量成反比。规模大、级别高的中心地还含有多个较其低级的中心地。

中心地模式：理论模式是指在一个平原地区，各处自然条件、资源都一样，人口均匀分布，人们在生产技能和经济收入上均无差别，购物以最近为原则，则这个平原上的中心地最初应是均匀地分布，且每个中心地的理想服务范围是圆形服务面。

2. 门槛距离与行为区位理论

城市居民外出旅行，从事户外游憩活动，存在一个门槛距离。随着距离的增加，游憩人数增多。递增与递减的节点离城市的距离即门槛距离。超越这一门槛距离，呈现距离衰减现象。不同城市由于其经济发展水平不同，门槛距离也不相同；发达地区门槛距离大，距离衰减曲线平缓；落后地区门槛距离小，距离衰减曲线陡峭。同一城市在不同的经济发展时期门槛距离也不相同，门槛距离的大小直接影响城市郊区旅游项目的选址和竞争力。对于汽车营地这一基本建在城市周边的项目来说，其门槛市场尤其重要。

（二）选址条件

1. 选址的战略目标

汽车营地选址主要集中在自然环境条件优美的山地、地理条件优越的滩涂以及辽阔宽广且极具海洋娱乐条件的海岸线三种区域。这三者的共同点就是项目核心用地的辐射功能要强，更重要的是其产业延伸性的土地资源要具有可观的扩充效应。

2. 选址的前提条件

营地选择首先应该满足三个条件：距当地中心城市 150~200 千米，车程在 2~3 小时以内；地址所在地区域自然环境良好，景观资源天然可塑；土地延伸价值良好，具有项目后期的可操作性以及可持续发展空间。

3. 选址与投资策略

"汽车营地"的项目选址选择与投资经营性的合作洽谈，将主要从以下四个角度来运作。不同的选址资源定位策略，其核心目的只有一个，就是保证汽车营地的建设以最低的代价尽快实施。

（1）常规资源。主要表现在符合"汽车营地"项目选址的三大前提条件，即区位、环境、面积三要素条件合适，其合作对象比较普遍。

（2）交通资源。主要是指在高速公路经济圈内建设汽车营地，从而与同一区域的汽车营地有机相连，选址核心是每隔 300 千米左右设置一个，投资经营模式主要为独资、合资和合作三种，合作对象应该是高速公路运营公司或者主管机构。

（3）战略资源。主要是指地方政府可以划出的大片区综合开发土地资源，其主要表现方式为农业用地、景区用地和闲置土地等，具体的投资经营模式将通过旅游农业（按主题可分为"三高农业"、观花赏花和园艺习作、水果品尝、茶艺欣赏、水乡农耕景观、养殖场、郊野公园七大类）、景区规划招商、综合产业开发三个方面来体现。合作对象主要是地方各级政府。

（4）嫁接资源。主要是指专有、专营、私营资源的合作发展。这一领域的投资与合作经营的主要对象为国有林场、自然村庄、大型农场等。

4. 具体选址条件

自驾车旅游营地选址主要满足环境、交通、区位及用地面积四个条件，优美的环境、便利的交通、优越的区位条件及充足的项目用地是自驾车旅游营地成功的必要条件，但在具体营地选址中，营地周边城市群需求规模因素也需要得到相当的重视（见图 5-2），毕竟市场决定营地后续经营的好坏。

区位交通优势包括周边城市群条件、高速—高铁—机场组成的快交通区位以及文旅自驾区位。城市群区位对应城市休闲圈——1 小时圈（100~150 千米）。选址在 3 个以上中小城市一小时圈的叠加区域更有利。交通区位对应流量。高速出口、（客运）高铁站以及机场等快交通体系正在改变文旅格局，这些节点为中心 50~80 千米

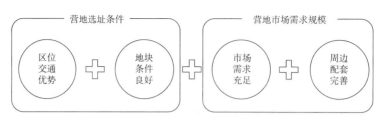

图 5-2 具体自驾车房车营地选址标准

流量随着分流衰减。文旅区位对应当前大众旅游热度现状，4A 级以上景区邻近国家风景道、旅游公路、国家风景道沿线。地块条件是实操中营地选址。一般地块规模不应低于 20 亩，适宜规模的营地一般在 100~120 亩。地块内不能有基本农田，生态控制区，且高压线、墓地等拆迁体量大也不建议选址。

市场需求支撑包括人口规模、收入状况、私家车规模三大因素。人口规模对应周边 3 小时车程内人口规模，且出游率与全国平均水平相当。收入状况是消费能力的表征，营地周边主要城市人均 GDP 应当大于 2.7 万元，人均可支配收入不低于 2 万元。私家车规模是营地生存的根本，一般营地需要周边 1~3 小时车程，主要城市私家车总量总和不低于 200 万台。

二、自驾车营地布局

（一）布局理论

1. 增长极理论

增长极理论最早是由法国经济学家佛朗索瓦·佩鲁提出，该理论认为区域经济的发展主要依靠条件较好的少数地区和少数产业带动，应把少数区位条件好的地区和少数条件好的产业培育成经济增长极，通过增长极的极化和扩散效应，影响和带动周边地区经济发展。

增长极的"极化效应"是指要素所有者为了降低交易成本和获得聚集效益，一定地域范围内的劳动力、资金、原材料等要素向某个交通便利、经济基础较好的城市或地点集中，从而产生规模经济效益；"扩散效应"是指极点通过其产品、资金、人才、信息的向外流动，将其经济动力和创新成果传导到周边地区，促进周边地区经济增长。在发展初期，极化效应是主导，而当增长极发展到一定规模后，极化效应削弱，扩散效应加强，先富带动后富，逐渐形成区域经济共同发展。

"极化"及"扩散"是增长极理论的核心，旅游营地对周边景区同样存在"极化"及"扩散"效应，即资源的极化及客源等的扩散，这对于营地的布局及开发时序等研究具有重要的意义。

2. 点轴理论

点轴理论由波兰经济学家萨伦巴和马利士提出，是从增长极模式发展起来的一种区域开发模式。从区域经济发展的过程看，经济中心总是首先集中在少数条件较好的区位，呈斑点状分布，这种经济中心既可称为增长极，也是点轴开发模式的"点"。随着经济的发展，经济中心逐渐增加，点与点之间，由于生产要素交换需要交通线路以及动力供应线、水源供应线等，相互连接起来便是"轴线"。这种轴线首先是为增长极服务的，但轴线一经形成，对人口、产业也具有吸引力，吸引人口、产业向轴线两侧集聚，并产生新的增长点。

在一定地域范围内，点轴形成后，高级的点轴通过极化及扩散效应在其周边形成次一级核心点和轴线，在次一级的点轴周围又将形成三级核心点及轴线，如此形成的具有不同等级结构而又相互关联的网络便称点轴系统。点轴反映了社会经济空间组织的客观规律，是区域开发的基础性理论，广泛应用于区域发展研究及实践中，对于区域旅游的开发布局同样具有重要的理论价值和现实指导意义。在旅游发展中，"点"就是中心城镇或重点旅游区，"轴"就是它们之间的联结通道，建设布局中应重点开发旅游增长点，点与点之间构筑一定的联结通道，在旅游发展的过程中，逐渐带动增长点及轴线周边旅游的发展，形成以点带线、以线带面的发展格局。

3. 旅游中心地理论

中心地理论是德国经济地理学家克里斯塔勒（Christaller）通过对德国南部城市和中心聚落的大量调查研究后提出的，其核心思想是：中心地存在于一定范围的区域之中，不同大小的服务区域对应于不同规模的中心地；不同规模的中心地构成一个等级序列；中心地体系的具体空间排列服从于中心地的功能性质。

旅游中心地理论是我国学者以中心地理论为基础，结合旅游产业特征推演出来的，广泛应用于旅游中心地分析。旅游中心地是指具有一定的旅游吸引物，具有一定的集散功能，能够面向区域内的旅游景点和旅游区提供一定强度的旅游交通、接待、信息、管理等对外旅游服务职能和客源的中心城镇。旅游中心地既是旅游目的地也是旅游客源地，同时也具有一定的旅游服务职能。旅游中心性是衡量旅游中心地等级高低的指标，反映了中心地在本区域内旅游业发展中的相对重要性。根据旅游中心性高低的不同，可以划分为不同等级的旅游中心地，中心地之间通过交通或客流相连，形成等级网络的旅游中心地体系。

（二）布局模型

营地布局应尽可能地考虑游人可达性、私密性、周边开发的特征，以便营员对营地内部、周边的接待设施加以充分利用。营地的规划布局受道路交通、地形地貌、植被、光照、通风等自然环境影响，尤其是场地的地形、坡度、排水等对规划布局有着至关重要的影响。根据我国地形、地貌和自然资源分区特点，综合考虑环境保护、功能畅通等目标，提出均匀发展型、辐射型、主轴线型三种房车营地景观布局结构（见图5-3），为营地的规划布局提供了一定的参考，但不局限于此。

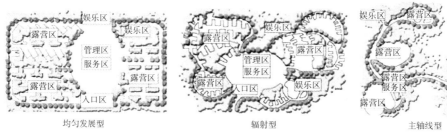

图5-3　营地布局模式

1. 均匀发展型

该布局模式的管理服务中心布置在场地的中间或入口处，方便对整个营区进行管理，承担着游客服务、购物、餐饮、住宿等功能，提供游客露营生活所需的各种服务。露营区是为游客提供露营休息的场所，营位均匀分布在其中，包括帐篷露营、自驾车露营、房车露营、木屋露营等功能。

这种模式能充分利用土地、易于管理、成本低，而且容易组织交通，道路通常都相互平行，易于识别方向；缺点是露营区的景观通常比较单一、乏味，缺少变化和情趣，娱乐活动区通常布置于露营区一侧或周围，主要的娱乐活动和露营区相对独立。

该模式适用于：①计划用于建设汽车营地的场地本身比较平整、形状也较规整，如广阔的平原、低缓的丘陵、海滨沙滩、辽阔草原等。②对于我国一些用地比较紧张的旅游景区，可以运用这种布局模式，充分发挥其布局紧凑、节约土地的优势。③景区内地形复杂多变，没有合适露营的场地，只能在入口或周边提供一处较集中、较大面积的平整场地。④不容许车辆和游人在景区内随意停留、搭设帐篷影响旅游区的景观，但可以在景区周边或入口处提供一块相对集中、比较平整的场地。

2. 辐射型

在该模式中，营地管理和服务中心位于整块场地的中心或各块地的连接处，以方便对整个营地各个区进行管理和提供服务。各个露营区根据场地的地形和环境特点，不规则地分散布置于管理区和服务区周围。

这种模式形式灵活多变，对场地要求较低，易于与周围环境结合，能很好地将既分散又相对集中的零散地块有机地结合起来，根据地块的自然条件灵活选择场地用途。各露营区相对独立、景观各异、变化多样、各具特色，还可以结合环境在露营区内增加一些娱乐活动场。

该模式适用于：①景区内可利用空间呈辐射型分布，像一些森林、河流冲击沿岸等。②台地为主要地形的地区所形成的可用场地常常是不连续的呈片状分布，而片状土地之间距离和高程又相差不大,像这种地形最适合运用辐射型布局。③一些丘陵地带所形成的可以用来露营的辐射状空间分布的缓坡地带。④具有相对复杂地形的景区。⑤景区用于建设营地的场地内有相对分散的资源需要保护。⑥对营区的露营环境要求较高,要求景观具有变化和特色的景区。

3. 主轴线型

这种布局模式通过一条主道路,将各个露营区或活动娱乐区串在一起。布局非常分散,较难管理,管理的中心区通常布置于入口处或相对中间的露营区内。服务设施的布置也相对较困难,要根据各个营区的需求分开布置,对于一些必需的设施,每个露营区都要布置,成本较高。营地中各露营区几乎都是独立的单元,可以结合所处环境特点开发出完全不同的露营特色,可以创造不同的风格,使游客体验更多不同的乐趣。

这种布局模式能避开植被景观较好的自然资源,选择相对生态景观较差的区域,易于周边生态环境的营建,可以作出很好的环境。这种布局模式适合在风景游览路线较长的大型风景旅游区或景点比较分散的山地环境中建设。

我国山地面积广大,形态多样,蕴藏着丰富的瀑布、溪涧、森林、珍稀树种、奇花异草、珍禽异兽、特殊的地质现象和地貌类型等旅游资源,但交通相对不便,山岭起伏、道路崎岖,这些地区正是主轴型露营模式发挥其优势的地方。对具有名山大川、地形相对复杂的森林公园和旅游景区都非常适合运用这种布局模式。

(三) 自驾车营地具体建设

(1) 营地建设原则:营运成本最低、最优化方案、环境污染最小。

(2) 适合汽车露营地的地域环境条件:①有开阔的场地、有绿树、河流、日照充沛。②在海边、湖畔、河畔等处,可以开展海水浴、钓鱼、游泳等活动。③有名胜古迹等观光资源。④易配给排水、电器、通信等与生活相关的基础设施,或是比较容易配备的场所。⑤周围应有游泳、网球场、赛车场等体育设施或娱乐设施。⑥营地周边有公共交通设施 (汽车或火车),使没有车的露营者也能参加露营活动。

(3) 营地用地条件:选择平坦或坡度较小、排水良好的地方,要求光照好、通风好、方便车辆出入,在夏季有适当树荫遮盖并且安全的地方。

(4) 选择环保材料建设汽车露营地。在国外露营地建设中,提到较多的是建设生态的 (Ecology Camping) 或环境友好型 (Environment-friendly Camping) 的露营地,其环境保护意识来自四个方面:

一是开发一个露营地要考虑将对环境的破坏程度降到最低。具体做法是在选址阶段首先彻底调查和记录地形、地貌和当地的动植物情况;开发的面积尽可能小;为了有效地保护当地的动植物,需要提供有价值的第一手资料和环保培训。

二是用环境友好型方法建设露营基地。具体做法是除了主要的公路可用沥青铺设外，其余次要的公路和辅助性的小路均用石砾铺设；除了主要的排水系统考虑安装排水管网外，其余的排水沟均用鹅卵石铺底以利于污水下渗；排水沟的沟壁普遍使用多孔渗水性材料，以保护植物和动物；搭建帐篷的地点就地取土撒播上当地的草籽，停车处和车道都要用当地的小鹅卵石铺上一层；营地的建筑物能经久耐用，最好用木质材料建成。

三是尽可能就地取材。所有建筑物设计时充分考虑自然通风和采光效果良好；营地采用太阳能热水供应系统；营地所有的垃圾都分类、循环处置；所有废弃物被分解，油污和废水进行物理和化学处理后再排入水沟。

四是所有的建筑物均需与当地的自然与文化环境相协调。建筑物的颜色及形状要与自然环境协调，还要考虑当地的传统建筑和风俗习惯。

一句话，在不破坏地形多样性前提下，用多孔渗水性材料和环境友好型建筑方法，使用节能型建筑设施，最大化地安装人性化的现代设备，使露营地保持其原始的自然风貌，露营者在这样的露营地上与当地的动植物达到和谐共存的境界，这样的露营地才是可持续的。

对环境负责任的露营也是同样目标的观点。前任国际露营总会主席 Lars Dahlberg 先生在 "Responsible Camping—Sustainable Camping" 一文中谈道 "露营肯定对环境有一定影响，但负责任的露营不会破坏环境"。

三、自驾车营地规划设计——以帐篷宿营地为例

住宿是自驾车旅游营地最核心和最基本的功能，而帐篷露营在露营发展中具有相对简易、易于起步发展的比较优势，所以本书将以帐篷宿营地为例来介绍其具体规划。

（一）帐篷营位的选址

帐篷营地应选择在地势平缓的稀疏林内，最佳郁闭度为 0.2~0.3，林下地被以矮小、均匀、耐践踏的草木较为适宜；林缘草地、沿平缓河流的两岸、距水源 20 米以外也是帐篷营地的适宜区。帐篷营区距营地中心服务区不超过 1500 米，以 500 米左右为宜。

帐篷营位的选址应注意的事项：

（1）不能将营帐位建在河滩上，有些河流上游有发电厂，在蓄水期间河滩宽、水流小，一旦放水时将涨满河滩，包括一些溪流，平时小，一旦下暴雨，都有可能发大水或山洪暴发，一定要注意防范这种问题，尤其在雨季及山洪多发区。

（2）背风：应该考虑背风问题，注意帐篷门的朝向不要迎着风。同时背风也是考虑用火的安全与方便。可以设置于森林边缘，由部分森林提供庇护，而且通风良好的地区。

（3）远崖：不能将营位建在悬崖下面，这样很危险，一旦山上刮大风时，有可能将石头等物刮下，造成伤亡事故。

（4）背阴：应当选择一处背阴的地方建营帐位，如在大树下面及山的阴面，最好是早上能够照太阳，而不是夕照太阳。这样，如果在白天休息，帐篷里就不会太闷热。

（5）防雷：营帐位不能扎在高地上、高树下或比较孤立的平地上，那样很容易招致雷击。

（6）避免在顺向坡开辟营地，如果是一块坡地，坡度不大于10度的地方才可以作为营帐地。

（7）选择排水良好的地点，以沙质土壤最佳，砾质土壤次之，黏土最差。

表5-3的内容可作为帐篷营位选址的参考。

表5-3　露营地选址评估

内容	劣	不佳	尚佳	佳	优良
位置	市内	近郊	郊外	野外自辟营地	有规划的营地
排水	沼泽	雨后积水	排水慢	向二面排水	全面排水
土质	垃圾堆	黏土	砾石	砂砾	坚实的沃土下层砂砾
地面	光秃	杂草	草枝杆	枯叶干草	草皮
树木	无	丛木	树苗	再生林	再生林
地形	悬崖	20度以上斜坡	平坦	15~20度斜坡	稍有斜坡
水源	无	距离远	近而险峻	不远不近安全水源	近距离安全且清洁之水源
游泳	急流深涧	深涧	深度安全之溪流	湖泊不太深	湖泊不太深水清洁
燃料	无	倒下朽木	倒下朽木	枯立的树木	枯立的硬木及带油脂的衫枝
民众	捣乱者	好奇者	野餐者	友好的邻居	赞助活动者
害物	蚊蝇	其他咬人的昆虫	有毒植物	赶得走的苍蝇	少有
交通	漫长大道	长而崎岖	车子及步行甚远	车子及徒步尚近	距离不远车子可达营地
退避处	无	草原	办事天幕	凉亭	室内停车场

（二）帐篷营位设计

帐篷营位根据使用人数不同，营位大小也有所差异，其标准营位单元为7米（7~10米）（见图5-4）。其中营帐位设计最小应为300厘米×240厘米。在实地规划应用中可以从综合因素加以考虑，灵活调整。

现阶段投入使用的营位主要有两种，分别为简易营位和抬高式营位。简易营位

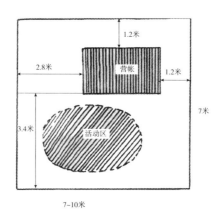

图 5-4　帐篷营位设计

多用来搭建帐篷，抬高式营位则多用来建筑木屋一类的设施。简易营位主要有两种设计方法（见图 5-5、图 5-6）。具体方法的选择要依地形、地质而定。

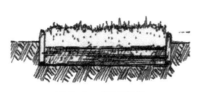
图 5-5　简易营位

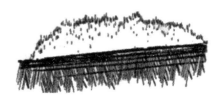
图 5-6　抬高式营位

简易营位在设计时长度一般应大于 370 厘米，宽度应大于 250 厘米。其上方混合三种以上的草籽栽植，并需为耐践踏的草种。抬高式营位设计建筑要复杂一些，相应的要求也较多，例如：所用的木料需经防腐处理；注意不能有突出的尖刺，最好以螺栓组合等。如图 5-7 所示为一个抬高式营位设计范例。

图 5-7　抬高式营位设计范例

（三）自驾车营位及营地设计

一般来说标准的汽车营位占地面积约为 100 平方米，下面将对具体的布局及内部规划做进一步探讨。

图 5-8 为自驾车营位标准尺寸示意图。实际上一个自驾车营地面积以 60~120 平方米为宜。据有关调查资料显示，我国四川省自驾车出游人数在 3~5 人以上者竟占到总数的 96%，此调查具有一定的普遍性，代表了一个市场的主流，因此我们在设计我国的自驾车营位和营地的时候，就应该充分注意到这一点，做出恰当的设计

和规划。我们认为，对这部分市场，要进行充分的调查和分析，结果显示：在这部分市场中，人数分别为 3~5 人的有 2/5 的概率是朋友和同事的关系，另外的可能性就是家庭关系。根据这个了解，在设计营位的时候把 3~5 个人分成两个阶段，一个为 3~4 个人，另一个为 4~5 个人。这样分的原因是：前面的 3~4 个人，可能为一

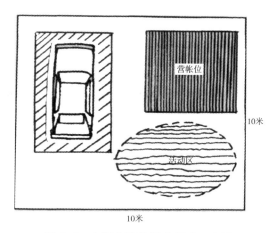

图 5-8　自驾车营位标准尺寸示意图

家三口外出度假，还可能为 3~4 个同性的朋友，这样一般可以安住在一个帐篷里，也就是一个标准的自驾车营位就可以满足其需求；后面的 4~5 人，可以为同性的朋友，也可以为异性的朋友，还可能为一个大家庭的集体出游，如果是这些种情况，设有一个营帐位的标准的自驾车营位就不能满足他们的需求。为了解决这种需求，我们认为最好的办法是设计一种可以在一个汽车营位内部适合搭建两个帐篷的汽车营位。这样的营位占地面积根据需求要比原来的营位增加一定的面积，建议总的占地面积为 120 平方米，每个营位里的营帐位设计成 580 厘米×300 厘米的标准形式。

　　自驾车营位的具体位置应选择幽静的路边并且以稀树和耐践踏的草坪为背景的地方，既方便到达又具有高度的审美视野，还可以充分享受优美的环境带来的舒适感。其他具体的注意事项和要求与营帐位的选择相似。汽车营区一般应附设一个服务较为齐全的服务中心，如桑拿、美容等，也可以临近高尔夫、游泳场等景点。

　　由于汽车本身的私密性较强，自驾车营位应相对集中，一个营位与另一个营位视觉交流可较密切，营地视线通透性可较强。营地之间不必车道直接相连。一个汽车野营地以适当数量的自驾车独立营位为一个组，设一个服务中心。根据地形不同采用规划式排列。自驾车营位之间相距不能太大，是因为汽车本身具有的私密性与游客渴望社交的矛盾。一般自驾车游客渴望相互交流汽车、驾车和其他生活信息。

　　分成的各组营位可以分设在几条道路的两侧，可以根据实际地形地势进行规划，尽量集中或者也可分散成一个相对封闭空间的外围区域，既方便游客又便于管理。

布设时可以在围成的相对封闭的空间内设置游乐设施和服务设施等。图 5-9 为一个自驾车营地的核心区的示意图。整个营地分为三个大的功能区，分别为自驾车宿营区、休闲娱乐区和综合服务区。规划中将自驾车营位分为四组，每组 8 个，共 32 营位，按每个营位可以容纳 3~4 人计算，该规划中营区的最大接待能力为 100 人左

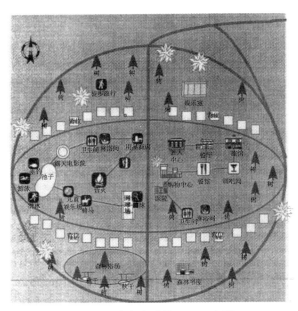

图 5-9　自驾车地核心区示意图

右。自驾车宿营区紧邻另外两区，既能方便游客又便于景区管理。在宿营区的外围空间里可以另外安排一些独具特色的活动及娱乐项目，作为景区的特色项目开展区来经营；也可以针对内部娱乐区作一个必要的有益补充，以满足不同受众的需要。各个功能区中，其中娱乐健身区主要是公共娱乐的活动区域，这个功能区设计的项目原则是力求可以满足各个方面、各个层次、各个年龄段旅游者的需要，高档消费者可以打网球、台球或高尔夫球，低端消费者可以去游泳、日光浴和森林漫步。老年人可以进行森林浴或者去阅览室看书，还可以去娱乐室下棋打乒乓球等；女士可以参加健身和水上项目；儿童可以去儿童游乐场等。综合服务区自然是为游客提供相关服务的区域，包括游人中心、旅馆、餐馆、酒吧和商店等。自驾车营地中的服务区完善的供水、排水设计应能满足生活和洗车的需要，设计能与汽车相连的水电设施，排水、排污系统等。

　　营地在规划时，还要注意道路网的设计。在旅游区内，道路的规划十分重要，在自驾车营地中更是如此，不仅要满足日常生活中的方便实用经济原则，还要更加注重科学和美观。能够同沿线视觉资源一起，共同组成和谐的风景。此设计中道路规划用的是混合式道路网的方法。混合式道路网是将方格网式道路网（又称棋盘式）、环形道路网和自由式道路网组合而成。混合式道路网总结了上述几种道路网

的优点，有意识地进行规划，形成新型的混合式道路系统。混合式道路网的特点是不受其他道路网模式的限制，可以根据旅游区内部的具体情况综合考虑。主干道和次干道用的是环形道路网，其特点是由几个近似同心的环形组成的路网主干线，并且环与环之间有通向外围的干道相连接，干道的作用就是有利于景区中心外部景点之间的联系，在功能上有一定的优势。可以组织不重复的浏览路线和交通引导。但是环形路网有着自身的缺点：放射性的干道容易把外围的交通吸引到中心地区，造成中心地区交通的拥挤，而且景观建筑也不容易规则布置，交通灵活性不如方格网式。因此，规划中主分区功能设计成环形的道路网，能够充分利用其优点；在内部则用另外两种道路网形式，则更好地规避了其不足之处。

营区中心的娱乐健身区道路连接采用的是自由式道路网。该种路网通常是由于地形起伏变化较大、道路结合自然地形呈不规则布置而形成的。这种类型的路网没有一定的格式，往往根据风景区的景点布置而设置，变化很多，非直线系数较大，许多景区都用这种道路网规划形式。综合考虑各娱乐项目的特点、用地的布局、各种设施的布置路线走向等因素合理规划，不但能够克服地形起伏带来的影响，而且可以丰富景观容量，增强景观效果。营区中心的综合服务区之所以采用方格式道路网，是因为它适用于地形比较平坦地区。而综合服务区的选址一般能够满足这一条件。用方格网道路划分的区域一般比较整齐，有利于建筑和景观的布置，由于平行方向有多条道路，交通分散，灵活性大，为游人提供最大限度的方便。此设计只是将自驾车营地在规划时不得不考虑的诸多因素更好地展示出来，在实际规划中，还要根据实地情况作更细致和具体的分析，合理选择、适合开发的项目，灵活掌握和合理应用各个原则和方法。

（四）自驾车旅游营地分级标准

目前国内在建或筹建中的营地多以所依托的景区、景点级别设定标准，如四星级景区便相应地设立四星级营地，我们认为这种分级制具有一定的局限性，营地建设需考虑景区的核心吸引力及旅游产品类型。休闲、娱乐型景区，即便级别较低，也较观光型四星乃至五星的景区对自驾车游客的吸引力大，况且在国内，自驾车旅游属于高端旅游，营地建设均需考虑设施、服务的档次问题。1932 年由英国发起组织的"国际露营总会"（The Federation International ede Campingetde Caravanning, F. I. C. C.）为了促进营地行业的健康永续发展，根据营地的基本条件、空间、卫生、娱乐等条件将营地分为一星至四星四个级别，该分级制被诸多国家接受，广泛应用于实际营地分级建设及管理中，本书拟引入 F. I. C. C. 营地分级标准作为营地分级建设的参考标准。

四、自驾车营地规划设计——以标准连锁营地为例

（一）标准营地概述

随着我国自驾车营地市场的发展，各类营地层出不穷。博雅方略文旅集团在多年积累的基础上，结合国内外典型实践，在首旅华龙休闲咨询项目中提出一种标准营地连锁模式。该标准营地功能上满足房车的生活补给的营地，即在提供人休息的基本功能上满足房车停靠的生活补给功能（水电气补给）。标准营地之所以"标准"，即仅提供住宿和基础服务，规模 100 亩，包含 100 个标准营位和 20 个自行式房车营位。考虑到区域运营管理的协同与便宜行事，在标准营地的基础上，设定区域综合营地（规模 300 亩以上，包括 1 个标准营地、1 个定制营地、1 个主体休闲区）和驿站营地（规模 20 亩到 100 亩之间，标准营地的精简版）。我们研究发现，在一定地域空间（市级行政单元）内，一般设置 1 个区域综合营地，若干个标准营地和一些驿站营地的组合模式较为合理。

（二）营地标准规划设计

标准营位区指的是房车营位区和露营区，场地内提供 120 个房车营位，供游客停靠车辆，这一区域主要是用来给游客提供宿营服务。区域综合营地是大型休闲度假营地，占地规模大于 300 亩。驿站营地相当于标准营地的缩减版，从运营上考虑要求至少 20 亩的规模。区域综合营地相当于 1 标准营地区和若干定制营位区、特色休闲区的组合搭接。如北京龙湾国际露营公园（金蜗牛 No.1）房车营位区域相当于一个小规模的标准营地，在标准营位区外叠加定制庭院式房车营地、木屋、景观木屋等，供顾客选择。特色休闲区域包括餐饮、商超、研学、团建、户外运动、户外游戏等，通过合作经营给营区内的游客提供与其他营地差异化的服务内容（见图 5-10）。

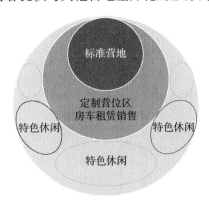

图 5-10 标准营地、综合营地

标准营地占地 100 亩，提供营位 120 个，其中 100 个是拖挂式营地车宿营位，20 个是自行式房车宿营位，营位的设计都是统一规划。在营位区之外的是大众休闲以及综合服务区。大众休闲区是每一个标准营地所特有的，管理者可以选择满足游客需求的休闲娱乐项目。综合服务区则是提供基础类服务，包括汽修服务和餐饮服务，会配备餐车和汽车维护人员（见图 5-11）。

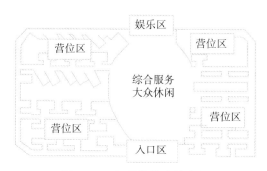

图 5-11　标准营地功能布局

驿站营地是标准营地的精简版，占地面积在 20~50 亩，主要作为自驾游中途停靠站。营地根据自身面积合理化规划营位区域，营区内设置管理服务区，保障营地的正常运营活动，能为游客提供早餐并配有便利商店（见图 5-12）。

图 5-12　驿站营地功能布局

通过对比三类营地的参数，可以看出这三种营地的规模功能差异（见表 5-4）。

表 5-4　金蜗牛三类营地主要参数

	总规模	营位数量	综合服务	休闲娱乐
区域综合营地	>300 亩	200 个	接驳+早餐+商店+房车服务+集散+俱乐部+休闲	经营性休闲
标准营地	>100 亩	120 个	接驳+早餐+商店+房车服务	休闲广场 休闲小品
驿站营地	20~50 亩	小于 60 个	接驳+早餐+商店	休闲广场

其中标准营地是本章制定的标准化模型；区域综合营地是标准营地+定制营地+集散+休闲娱乐；驿站营地是标准营地的缩小版。这种设计的方式是为了品牌连锁

布局所考虑。按照自驾游市场的活跃度，市（县）级行政单元一般设置1个区域综合营地、若干标准营地和若干的驿站营地。在区域综合营地之间通过标准营地和驿站营地相连接，沿自驾游线路呈带状布局。

区域综合营地占地面积较大，需要有大量的客源维持，因此布局在大中型城市周边，这样得到客源保障的同时还能起到金蜗牛营地品牌的旗舰宣传作用。而标准营地占地面积适中，可以选址在自驾线路上或者景区周边，让驾驶员在远途驾驶中有停靠和补给的地方。驿站营地占地面积小，布局灵活。在自驾游路线中，受自然环境影响有些地理位置不适宜建大型自驾车补给营地，而金蜗牛的驿站式房车营地恰好符合这一条件的要求。同时，驿站式房车营地也可以通过合作经营的方式布局在景区里，增加景区的住宿功能。

房车营地通过三种类型的营地（见图5-13），结合当地自驾游路线以及自驾游市场的发展，综合布局，形成房车营地网络，让游客在自驾旅途中每一次停靠都能享受到金蜗牛品牌的营地服务。

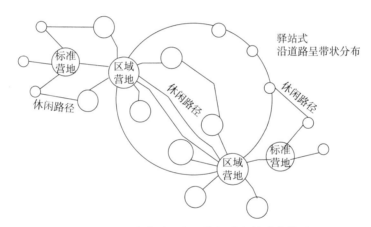

图 5-13　三类营地沿交通休闲路径的分布格局

（三）标准营地规划设计

1. 江油市爱情谷房车营地规划设计

江油市爱情谷房车营地依托4A景区百年好合爱情谷，隶属于大九寨沟旅游环线。年旅游流量预计40万人次。项目范围约120亩，原场地作为爱情谷旺季备用停车场，场地平整，且有60亩已平整且建成或在建停车服务基础设施。按照《金蜗牛标准营地选址标准》，该营地定位于景区依托型标准营地，是爱情谷旅游服务设施的组成部分。营地内提供适量餐饮、住宿、车辆维护等标准项目，以及少量"爱情"主题休闲及互动娱乐项目（见图5-14）。

营地由综合服务区、拖挂式房车营地体验区（标准营区）、旅居车营位体验区

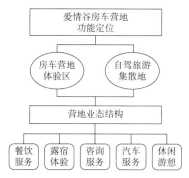

图 5-14 江油爱情谷营地功能定位及业态结构

及休闲娱乐区组成（见图 5-15）。考虑自驾游客需求特性，以拖挂式房车营位（每个营位 140 平方米）为主，每个营位形成独立式庭院空间，在此区域配置烧烤、休闲运动等功能形成慢时光体验区。综合服务区主要配置咨询服务中心、停车场、公共卫生间及洗浴间等综合服务功能，为自驾游客提供全方位服务。休闲娱乐区汇聚烧烤活动、观景台、露营、篝火休闲广场等活动功能。

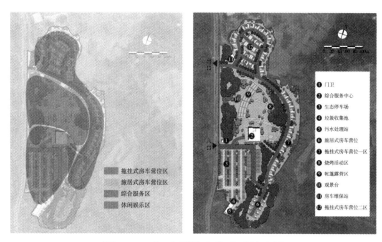

图 5-15 江油爱情谷营地功能布局

2. 江油市新安服务区房车营地规划

营地选址位于京昆高速公路沿线（国内自驾游主线之一），距离新安农业园 7 千米。项目范围约 210 亩，含建设用地 100 亩，农林用地 110 亩。场地是江油市新安镇新安高速服务区的拓展区，地势平整，植被覆盖良好，水源充足。场地零散分布民居 5 处，且临近村镇依托旅游交通优势民宿、农家乐等业态丰富。营地定位于江油市综合营地，通过培育自驾游市场，引导游客新的消费形式、消费内容聚集。按照《金蜗牛标准营地选址标准》，该营地定位于区域综合营地，是江油市自驾游交通集散枢纽，更是新安镇旅游新门户。营地内提供餐饮、住宿、车辆维护等标准项目，叠加一定规模（100 亩）自驾俱乐部基地、汽车服务等高附加值项目以及体现新安镇及江油市特色的休闲娱乐特色项目（见图 5-16）。

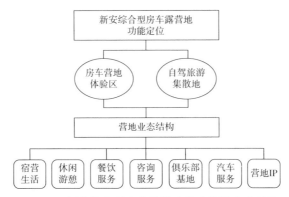

图 5-16　新安综合型房车营地功能定位及业态结构

依照场地资源条件及地势特点，打造"五彩叠溪"特色水系，沿水种植彩花镜，营地公共服务建筑及休闲游憩空间沿溪水布局；组团式打造 7 大营地集聚空间，加强房车露营的区割与交互（见图 5-17）。

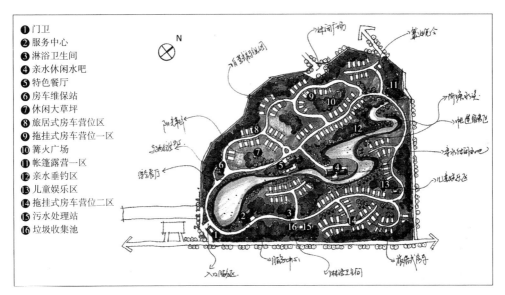

图 5-17　新安综合型房车营地规划设计

3. 雅安市天全服务区房车营地规划

营地位于雅康高速天全服务区，规划范围约为 20 亩。营地是天全服务区的功能拓展，定位于驿站型营地。营地主体为拖挂车营位，在此基础上依托场地地形态势集中配置一些烧烤、休闲运动等休闲娱乐项目（见图 5-18）。

天全营地以拖挂式房车营位为主，生态预留区域搭建帐篷露营基础设施用作旺季帐篷露营或家庭亲子活动空间。驿站型营地规模小，营地内主体交通规划相对严

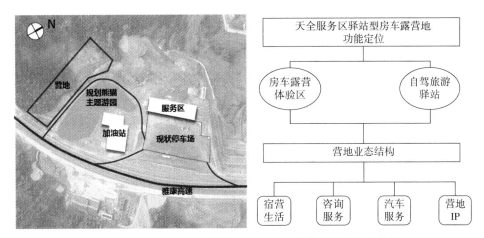

图 5-18　雅安天全驿站营地空间位置、功能定位及业态结构

格，既要有效覆盖营位便于自驾者自助到达营位；又要尽可能地集约，使占据空间最小（见图 5-19）。

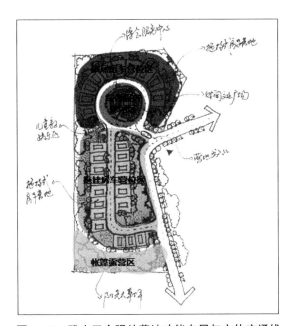

图 5-19　雅安天全驿站营地功能布局与主体交通线

五、营地道路及设施设计

(一) 营地的道路设计

营地作为自驾游客休闲的地方，其道路不仅要方便、实用、经济，还要更加注

重科学和美观，将沿线的视觉资源串联一起，组成和谐的风景。混合式道路网是由方格网式道路网（又称棋盘式）、环形道路网和自由式道路网组合而成。混合式道路网的特点是不受其他道路网模式的限制，可以根据旅游区内部的具体情况综合考虑。主干道和次干道宜采用环形道路网，并且环与环之间有通向外围的干道相连接。营区中心的娱乐健身区道路宜采用自由式道路网，道路结合自然地形呈不规则布置，不但能够克服地形起伏带来的影响，而且可以丰富景观内容，增强景观效果。方格式道路网适用于地形比较平坦的地区，有利于建筑和景观的布置，由于平行方向有多条道路，交通分散，灵活性大，所以能为游人提供最大限度的便利。

（二）营地设施设计

营地设施设计应综合考虑营地类型、功能、主题和周边环境。单一功能型营地设施包括供水、排水设施、卫生设施、解说系统等。综合功能型营地设施包括供水、排水设施、卫生设施、娱乐设施、管理建筑、解说系统、游步道等。其中，卫生设施包括洗濯池、垃圾桶、个人洗浴设施、厕所设施等。管理建筑包括营地管理中心、管理员室或住房、旅行车修理站等。服务设施包括贵重物品保管处、商店与供应站，娱乐设施包括室内或室外的游乐场或运动设施，如森林剧场、艺术中心或简易活动设施。标识与解说系统，应起到引导、警示警告、解说、宣传标识等作用，应具有最大的能见度和一定的连续性，遵循系统性、规范性、地方性、文化性、可持续性原则。营地绿化应尽可能地保留营地原有植被，通过土丘或植物屏蔽，起到防护隔离、保护私密性、美化景观、提供遮荫等功能，创造轻松、令人愉悦的环境，

第三节　自驾车营地的开发与运营

一、自驾车旅游营地产品的开发模式

从国内外自驾车旅游营地发展历程来看，营地产品主要有三种开发模式（见图5-20），即独立开发模式、依托既有目的地（景区/景点、特色城市、特色小镇等）的配套开发模式，以及沿交通干线的自驾配套补给开发模式。

（一）独立开发

独立开发模式的营地自成目的地，一般表现为较大规模的"营地"综合体。在

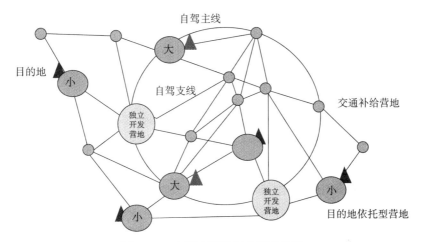

图 5-20　自驾车营地开发模式分类

资料来源：笔者归纳总结。

营地选址建设中，不依托于任何既有旅游吸引物（景区/点、旅游小镇、主题公园等），往往选择尚未开发但环境优美、交通便利、区位优良又有足够项目用地的地点进行营地建设。这种开发模式为自驾车游客提供了登山等专业营地产品或更为清幽的休闲、度假产品，迎合了部分游客求新、自主、求静的需求特征。

独立开发模式打造的是一个"露营"目的地，高投资、高风险。一般而言，采取独立开发模式的营地产品多面对相对高端的房车休闲市场、露营市场或专业自驾游市场，需以较成熟的自驾车旅游市场为基础。我国的营地 No.1——北京延庆龙湾国际露营公园当属独立开发模式。该营地位于北京西北部延庆县金牛湖畔，集旅游观光、房车露营、木屋住宿、餐饮娱乐、儿童乐园、休闲度假于一体，是国内首座符合国际标准，兼顾我国游客消费习惯的五星级房车露营公园。

（二）依托既有目的地的配套开发

自驾车旅游营地多依托于既有目的地进行营地配套开发，分为两种情况：一是在目的地内部设立营地，即在目的地内划定特定区域进行设施配套，提供营地服务产品，如在景区内，划定景观视线好的区域做营地配套，以满足游客的露营需要。二是在目的地周边设立营地，由于目的地内（特别是景区）项目用地受限或相关法律法规限制，部分营地只能在目的地外围进行项目配置。

采取此模式有诸多优势：第一，营地可最大限度地利用既有设施条件，减少基础设施方面的投入，与独立开发模式相比，省去了外部"三通"（路水电），或者"五通"（路水电污信），甚至"七通"（路水电污信热气）。第二，依托于既有目的地的旅游吸引力，营地可为宿营游客提供更为成熟、完善、丰富的营地产品。第三，营地可利用目的地品牌提高自身知名度，利用提供完善的服务提升服务美誉度。第四，依托目的地的市场，营地可扩大客源市场，综合经营，提升经济及社会效益。

目的地依托型营地开发中规模体量灵活。成熟的目的地依托型营地，经过数年的精耕细作甚至可以成为目的地的"重量级核心吸引物"。例如号称"国内最大极限运动及冒险主题公园"的自由家黄山齐云营地，初始借"齐云山国家地质公园"之势，目前已形成具有一定规模的集度假、户外、趣味为一体的营地主题公园。四川九寨沟后花园露营地，服务高端休闲旅游、自驾游，建设家庭奢华露营地、素质拓展基地、极限突破露营地等内容，满足家庭露营体验、野外观星、素质拓展、生态学习等户外体验活动。这类目的地依托型营地，因目的地的强劲吸引力和营地的多元创新，在规模和体量上可以和独立开发型综合营地相当，甚至更大，但投资风险相对独立综合开发小得多，如芜湖龙山露营地、途居黄山露营地、宁波徐凫岩房车度假露营地、宜昌三峡国际房车营地、涿州生态园露营地、湖南龙凤国际露营基地等更是其中的佼佼者。[①] 此外，大城市依托型营地也是较为成熟的综合性营地，尤其是北京、上海、广州等一线、新一线城市的郊区，在市场驱动下，自驾主题度假营地更是繁盛，户外休闲活动、露营大会、烧烤派对、品牌推广、团队拓展等，满足城市对野外休闲的多重遐想，如北京的龙湾国际露营公园、港中旅露营小镇、上海邻家营地、上海小木屋营地、上海联怡枇杷生态园等当属我国露营地体系中的顶级梯队。[②]

目的地依托型也有规模体量较小的简配营地，受到目的地土地、生态限制，以"原生态"为卖点。例如新疆喀纳斯露营地，位于喀纳斯国家级综合自然保护区内，面向中高档消费的自驾游客提供简单接待设施、汽车露营服务、房车租赁服务，力求保护当地脆弱的生态环境。这类营地所依托的目的地往往是对环境保护有严格要求，不允许大规模开发，或位置相对偏僻，市场规模有限，不适宜高强度综合开发建设，但适合简配营地以满足游客的度假观光需求。这类营地与交通补给型营地在规模和体量上相当，接待设施力求轻便小巧，尽可能地将对环境的影响降到最低。

然而，实践中多数的目的地依托型营地介于上述综合营地和简配营地之间，营地依赖目的地引流，又为目的地贡献一份"吸引值"，服务则在简配营地的基础上，拓展具有主体性的休闲娱乐。这类在目的地依托型营地中占比较多，竞争尤为激烈，对商业模式、运营模式、盈利模式以及项目创意、个性创新等方面的要求尤为迫切。

（三）依托交通干线的自驾补给型开发

依托交通干线的自驾补给型营地是从"狭义营地"概念衍生的，是大众旅游、全域旅游下区域旅游的硬件基础设施配套之一。该类营地依附于旅游交通或线路。本书将"交通干线"分为实路（即高速、国道及风景道、旅游公路等）和虚路（即

---

①② 露营天下、SMART 评选"2018 年中国露营地综合竞争力排行榜"TOP20。

区域或省级旅游精品线路）。交通补给型营地开发的初衷是"优化自驾体验"，因此，补给型营地以数量占优，小巧精致的规模，如珠串般散布于道路沿线。

但采用这种开发模式的营地除了"路"通外，往往在"水污信热气""五通"方面有一定的难度，而在功能上，此类营地提供的服务产品比较简单，基本上不提供营舍住宿及娱乐等服务，多提供补给、露营等基本服务。由于所处地理位置一般较为偏僻，营区安全保障工作乃营地服务重点。

（四）三种模式的比较

在选址方面，独立开发模式对"本底"资源要求最高，需要有高品质的竞争性资源；依托目的地的配套开发的选址由目的地所属方占主导，资源依赖性居中；而依托交通干线的自驾补给型营地选址方面要求有一定的资源偏好，但更多的是自驾体验，2~3小时车程，"感觉需要休息了，就很容易地找到一个营地，OK"。

在投资方面，独立开发模式的营地最高，需要解决庞大的"外通"和"内通"的基础建设投入，更有面向中高端消费者的足够体量的休闲娱乐投入；目的地配套的营地投资可小可大，一般目的地内部的投资较小；目的地外部的相对高一些，但远低于独立开发模式；依托交通干线的自驾补给型营地因其内容体量小，投资最低。

在服务方面，独立开发模式面向中高端市场，运营投入也最高，要求独具个性的品质服务，高度的服务渗透（个性化定制服务），运营规范参考四星级以上综合酒店、国家级度假区或国家4A级以上景区；目的地配套在运营方面考虑目的地的运营服务规范，模式上相对灵活，可独立运营，也可从属目的地，也可连锁运营，中度服务渗透（半自助服务）；交通补给型营地因规模小，从集约的角度以自住服务为主，且连锁运营。三种营地开发模式比较如表5-5所示。

表5-5　三种营地开发模式比较

比较维度	独立开发模式	目的地依托模式	交通补给模式
营地选址	资源要求最高，竞争性资源	依赖目的地品质	自驾体验，2~3小时车程
营地投资	投资最高	根据规模，可大可小	规模小，投资小
营地运营	高标准、规范化运营	灵活，高中低均可	连锁运营
营地服务	高服务渗透率个性化定制服务	中服务渗透率半自助服务	低服务渗透率自助服务

资料来源：笔者归纳总结。

（五）国内外营地产品开发案例比较

国内外营地产品开发案例如表5-6所示。

表 5-6　国内外营地产品开发案例

国家和地区	案例内容
美国 加拿大	露营地（Campsite）：通常指为帐篷露营（通常也包括房车）提供的基础露营地。美国的基础露营地通常由地方政府或联邦政府经营，位于州立公园、娱乐场地和国家公园等公共场所。提供的服务设施完善度不同，收取的费用也有所不同。加拿大的基础露营地也包括国家公园露营地和省级公园两个体系，均可提供在线预订，费用为每晚 10~20 加元。 　　KOA 商业化连锁露营地：KOA（Kampgrounds of America）美国营地连锁集团是世界上最大持有营地连锁经营集团，其经营范围已经涵盖了北美地区的美国、墨西哥、加拿大以及亚洲地区的日本，在新一轮的全球自驾游产业大发展的浪潮中，成为当之无愧的跨国营地连锁经营第一品牌。其在北美、美国和加拿大布局的露营地，比大多数公立露营地更为高级，提供了各式各样设备齐全的房车露营地，还有木屋和帐篷露营地。主要包括三种类型：靠近高速公路和交通要道的旅行露营地（Journey）；提供额外活动和豪华小屋的假日房车露营地（Holiday）；配有带天井的房车泊位、娱乐人员以及游泳池或迷你高尔夫等设施的房车度假村（Resort）。所有类型的露营地都提供无线网络、宠物公园以及含有热水淋浴的浴室。一些营地还设有公用厨房。根据地段、KOA 分类和车位类型的不同，每个车位每晚的价格在 40~100 美元，并且按照车位而非人数收费。 　　房车公园：是专门为房车设计的私营露营地，通常配备了洗衣设施、浴室、污水处理站、全面电力供应、下水道、自来水管和其他设施。当然，每个公园提供的设施各不相同。房车公园常见的设施包括无线网络、游泳池、电视休息室、游戏场和便利店，此外还有很多设有餐厅、热水泳池、高尔夫球场、健身房和各类豪华设施的高档公园。由于房车公园包括了从简单到豪华的各个类型，因此无法估计其入住价格。
英国	Caravan Club 在英国全国经营 200 多个房车露营地，这些露营地同时向会员和非会员开放，此外还有 2500 处"认证场所"，它们是仅供会员使用的小型私营房车露营地。主要房车露营地提供电力连接，但经济型车位除外，并提供公用浴室设施。房车露营地通常按车位收费（通常不到 10 英镑），按人数收费的价格通常略低于车位费。预订网址：caravan-club. co. uk。 　　Camping and Caravanning Club 则是另一家房车俱乐部，提供与 Caravan Club 类似的服务和设施。该公司在英国经营超过 100 处露营地，还有很多其他仅供会员使用的小型露营地。他们允许帐篷、房车或篷车入住。预约网址：campingandcaravanningclub. co. uk。 　　假日公园（Holiday Park）、旅行公园（Touring Park）和房车公园（Caravan Park）是指私营露营地或配有房车停车场的度假村，有些时候也设有帐篷营地和木屋，并且往往提供休闲娱乐设施。这些营地通常有公共浴室和洗衣房。少数可能设有公共厨房或户外烹饪设施，但大多数没有。这些营地可能很简单，也可能相当豪华，与北美的房车公园相似。
欧洲各国	露营地：欧洲大陆各个国家的房车露营地分类和设施存在很大差异，几乎无法概括总结"露营地"可能提供的设施；可能仅仅是一块提供水龙头的空地，可能是一些提供电力和公共浴室的房车露营地，也可能是配有游泳池和供电车位的度假村，分布在城郊和很多小镇内，或者乡村及偏远的地区。Eurocampings. eu 是寻找露营地的好方法，ASCI 专家每年对他们网站上的所有房车露营地进行检查，以确保提供准确、无偏见的信息。 　　服务区房车停靠点：Aires（aires de service，服务区）是指法国、比荷卢地区、西班牙、葡萄牙和德国高速公路沿线的房车停靠点。它们往往标有房车标志，并提供了垃圾站、加水甚至供电服务，同时还可以提供免费停车过夜服务。这类服务区只适合自带浴室厨房的房车使用。

续表

国家和地区	案例内容
澳大利亚 新西兰	国家公园露营地： 　　澳大利亚的国家公园由澳大利亚公园管理局或澳大利亚各州政府管理。其中很多公园都提供房车露营地，但设施可能很简单，也可能提供淋浴和厕所等全套设施，在某些地方可能还会找到有电力供应的露营地。因此，房车露营地的费用差异很大，但大多数都低于每个车位 20 澳元。可以在线预订露营车位，每个州都有自己的网站和不同支付方式。 　　在新西兰，国家公园完全由环境保护部管理，因此搜索和预订很方便。允许房车入驻的公园分为四类，可以通过 doc. govt. nz. 预订。 　　基础露营地（Basic Campsite）的设施有限——通常为蹲坑厕所，水源来自水箱、溪流或湖泊。这类营地可以免费使用。 　　标准露营地（Standard Campsite）提供蹲坑或堆肥厕所、水源，有的还提供冷水淋浴、野餐桌、垃圾箱和烧烤架等额外设施。这些露营地的价格为每名成人每晚 6 新元。 　　观光露营地（Scenic Campsite）在设施方面和标准露营地类似，但通常位于沙滩或自然景点等人流密集、使用率高的地点附近。其价格为每名成人每晚 10 新元。 　　服务露营地（Serviced Campsite）可谓新西兰国家公园露营地中的贵族，该类露营地设有冲水厕所、厨房或料理台、热水淋浴、垃圾箱，甚至可能有洗衣设施。其价格为每名成人每晚 15 新元。 　　假日公园： 　　澳大利亚和新西兰的假日公园（Holiday park）也被称为旅游公园（tourist park）或房车公园（Caravan Park），通常提供小屋、帐篷营地和房车营地，设施齐备，且比汽车旅馆便宜，是旅游时的理想居所。和其他国家的类似设施有着一个显著的区别——这些营地不仅提供浴室，还基本全都提供烹饪设施，厨房内往往配有冰箱、微波炉、灶具和烤箱等全套设施。这可能是由本地流行无炊具或厕所的小型基础型房车所导致。 　　澳洲和新西兰各有一家家喻户晓的大型连锁露营地公司，分别是澳大利亚的 Big 4、新西兰的 Top 10。此外，诞生于 1990 露营地品牌——家庭公园（Family Parks）凭借其先进的经营理念和周到的服务也被越来越多游客所认可。据统计，该公司已经在澳大利亚和新西兰境内布局了 160 多个景观特色的家庭公园连锁营地。
中国	我国自驾车露营地的发展仍处在起步阶段，在旅游市场的推动和政策的影响扶持下，呈扩张发展态势。据中国旅游车船协会的调查，截至 2017 年末，全国建成营业的自驾车露营地约有 500 家，在建的自驾车露营地约有 400 家。露营地的平均投资额为 7223 万元，平均占地范围 582 亩，年均收入达到 511.4 万元。露营地的建设带动了房车、木屋等露营设施及休闲游乐产业的发展，多项国际性的房车展、露营展风起云涌，参会商数量多，品牌集中，交易额领先。展会举办地区也成为重点市场。 　　2016 年，露营地建设是最吸引各路资本关注的重点领域。2016 年北京建成并对外开放营地 37 家，建设中 15 家，规划中 76 家。福建已建和在建项目 42 个，已经建设 21 个。四川建成和在建 37 个，总投资 20.94 亿元，拟建 30 个。青海、甘肃、陕西、山西等省制订了自驾车房车露营地发展规划，对露营地建设提出了具体的数量目标。港中旅、首旅、途居等露营企业在全国迅速布局，例如港中旅拟在全国主要城市和重点旅游区发展 500 个房车营地。截至 2016 年底，途居露营地股份公司已经形成了 6 家自营（4 家建成开放、2 家在建）、39 家加盟的露营地经营体系。途居将在芜湖、扬州、黄山等直营露营地的基础上立足长三角搭建全国房车露营地网络，并计划未来 5~10 年在全国开设 300 个以上露营地。

二、自驾车旅游营地的运营模式

运营，也即促进机构有组织地开展工作，依自驾车旅游营地所有权、经营权的自主程度，规模化的广度、深度等的差异性，营地运营主要分为以下三种模式：

（一）单体运营

单体运营指由营地单体独立进行营地运作与管理，包括对外渠道建设与管理、市场培育及拓展等。采取单体运营的营地保持极高的自主性，营地之间缺乏深入的沟通与合作，需独立面对市场挑战，由于力量单薄，市场开拓乏力，一方面造成市场规模有限，另一方面由于单体运营，服务资源有限，无法满足自驾车游客自主性、流动性强，需要网络化服务等需求特点，不能适应自驾车旅游的发展趋势。

单体运营是营地发展第一阶段主要采用的运营模式，在美国，由于市场化程度较高，政府主导营地发展角色较弱，该模式直至 20 世纪 50 年代之后才逐渐为联合化运营所取代，但并未完全消亡，随着市场规模的扩大，一些特色营地仍采取此模式运营。在国内，营地业起步较晚，早期开发的营地多是单体运营。随着大众旅游时代的来临，这些营地靠着自身市场吸引力和品牌价值，在单体运营的基础上，进行了联合化运营、品牌连锁的尝试。

（二）联合化运营

联合化运营指由营地单体组成非正式、非营利的联合组织，该组织通过品牌塑造、市场培育及拓展、市场渠道建设、集中采购等举措降低营地单体运营成本，提升营地服务质量，增加营地游客接待量，促进营地整体效益的提升。按此模式，联合体内的会员单位无须缴纳特许经营等费用，仅需支付相当于其所得到的服务费用，单体也完全拥有营地所有权及经营自主权，并可随时中断与联合体的会员关系。

对区域自驾车旅游营地发展而言，营地单体采取联合化运营方式能更迅速、有效地整合、盘活营地资源，更有力地进行市场开拓活动，提升渠道效率。但此模式需要较强势的市场倡导及组织者，在市场化程度不高的国家及地区则需政府的介入及引导。

（三）品牌连锁

相对于上述两种模式，品牌连锁则是种相对强势、成熟的运营模式，此模式下较大型企业完成前期资本、品牌等积累阶段后，通过特许连锁、自建、联营或并购等方式实现扩张，营地连锁组织对营地单体统一规范经营理念、管理、服务规范、营销策划、价格体系、视觉识别系统等，是紧密的营地组织。相对于联合化运营模式，此模式具有更强的内部服务质量监控能力及对外市场开拓能力，随着市场竞争的逐渐白热化，此模式在国外已得到较广泛的应用，如美国的 Prince Motel Inns、Super 8 Motel 等均已借此进行快速的扩张，提高市场份额，在国内，目前的"中天行营地"已着手在环渤海及广东、海南等自驾车旅游热点地区选址布点，进行品牌输出，促成营地的连锁化、规模化运营。KOA 和 318 品牌连锁营地比较如表 5-7 所示。

表 5-7　国内外典型品牌连锁营地比较（KOA 与 318）

	KOA	318
连锁模式	特许经营	加盟合作；收纳并购
核心资源	IT 管理系统、人员培训体系、配套营地建设服务、品牌效益	房车营地、微信预订系统
关键业务	为加盟提供管理支持、特许经营、管理培训、营地运营服务	露营地运营、加盟管理、房车租赁（异地还车）、露营地建设开发、旅游线路规划
重要合作	特许加盟商	加盟营地、房车租赁公司、营地规划设计公司、酒店、旅行社、商贸公司、保险公司、文化传播公司
客户关系	营地服务	营地服务、房车配套服务、旅游线路规划、保险服务
成本结构	人力成本、配套产品研发、管理费用、宣传推广成本	营地建设、营地管理、微信预订平台运营
收入来源	特许经营加盟费（首次）、年度管理费、年度特许权使用费、年度广告费	营地收入、房车租赁服务收入、保险收入

三、自驾车旅游营地的管理体制

（一）汽车营地的管理现状

目前西方旅游营地已基本形成比较完善的营地管理体制，政府、行业协会及投资主体三方分工明确。政府职责为引导、控制及服务，主要负责制订区域性营地发展规划，对营地建设、改扩建工程进行控制管理，为营地提供信息咨询服务等，并做好营地周边的安全保障工作，行业协会主要进行行业宣传，负责制定相关行业规范及营地标准，促成营地间的横向沟通交流等，投资主体则在政府引导、行业指导下依规划进行营地建设，并依据行业规范经营管理。另外，西方对自驾车营地进行着规模化、品牌化的管理。

而我国对自驾车营地的管理还不是很理想，但有一些营地已经做了很多的改进。以下以天津的天津蓟县房车营地为例。该营地培养一批体育和服务的专业管理人员进行营地管理和服务，使露营者踏进营区即可体验到回归自然、陶冶情操和强身健体的情趣，享受到便利、规范、温暖和一流的服务。通过培养专业的管理人员或者是引进外来管理人员对营地进行管理，使其变成一种连锁的营地，可能是我国以后的自驾车营地发展方向。

（二）汽车营地管理组织结构

为实施有效的实施管理职能，营地对各级管理者及职能部门的相互关系、职责和权限进行规定，并传达到相关部门，具体汽车营地组织结构如图5-21所示。

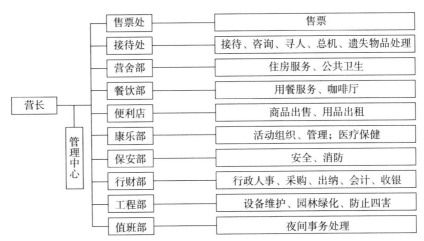

图5-21　汽车营地组织结构

（三）各职能部门职责与权限

（1）营长。为确保营地服务能够满足游客要求，确保相关方利益，保证整个营地的良好运作，应对以下工作负责：制定质量方针和目标；建立质量管理体系；实施管理评审；配备必要的管理资源；设置管理中心；与合作单位接洽；向上级公司负责。

（2）管理中心。按照选定的质量模式建立和实施质量体系；负责《营地质量手册》的评审及程序文件的批准；协助营长做好管理评审负责指导、解决质量工作中的技术难题；对顾客需求保持敏感，及时向营长报告体系运作情况；协助营长实施对营区事务的管理；协助营长进行与合作单位的洽谈。

（3）售票处。负责营地窗口的票务出售；负责游客人数的统计。

（4）接待处。负责游客接待；负责游客咨询；负责总机管理；物品保管、遗留物品处理；负责各种紧急事件、突发事件处理；提供住房服务。

（5）餐饮部。为顾客提供用餐服务；为顾客提供舒适的就餐环境。

（6）便利店。提供日用品，为顾客提供便利；提供营地自助住宿、用餐器具租赁。

（7）康乐部。提供娱乐设施；组织、管理营地内的各项活动；提供医疗保健服务。

（8）保安部。负责营地游览秩序的维护、营地财产和游客安全的保卫，以及重要贵宾的警卫；负责公共区域环卫管理；负责消防安全工作；管理停车场；负责营地内的合作单位安全、财产、秩序的维护。

（9）行财部。负责行政文件的起草、审核、打印、收发、存档及档案管理工作；检查、督促、协调各项工作指令的落实情况，及时向领导反馈，提出建议；参与营地有关会议、活动的筹备和组织工作；负责制订营地的人事培训计划，并组织实施；负责员工的招聘、奖惩、调动及考核、评定等工作；负责营地的人事工资、社会保险、劳动保护等相关员工福利工作；负责员工的劳动纪律教育，并督导各部门认真执行；建立并管理员工档案；负责管理员工住房、就餐等员工生活问题；会计职能，及时建立各种报告、报表，将财务状况汇报给营长，以便做出财务决定；出纳职能，及时建立各种报告、报表，将收支状况汇报给营长，以便做出财务决定；采购职能，负责营地及后勤的物资采购、分发与保管工作。

（10）工程部。负责对营地的设备进行维护维修；负责营地供水供电；负责营地排水排污、园林绿化、防止四害。

四、自驾车营地运营模式设计——中航工业贵航从江汽车营地综合体为例

本案例从管控模式、商业模式入手，逐步解析从江汽车营地综合体项目的运营模式。权责明晰、监管得当的管控模式是商业模式及盈利模式设计的基础，本案例设计以项目为中心投资与监管双管齐下，从战略经营层、业务经营层、项目建设层三个维度出发构筑管控结构。在此基础上结合商业模式机理，确立本案商业模式，并最终推导出项目盈利模式。

（一）权责明晰，构筑中航工业贵航从江汽车营地综合体管控模式

中航工业贵航从江汽车营地综合体项目成立专门的旅游投资部门，统一负责项目的规划指导及协调协作；与其并行"贵航从江项目委员"由集团公司总裁及财务总监、投资总监、董事会配比组成，负责项目资产管理及资产监督。之下是从江汽车营地综合体的战略经营层，包括负责汽车营地综合旅游服务的旅游综合体、负责项目融资及盘活资产的资产资本运营以及负责品牌形象的战略及品牌运营。接下来是产业经营层，按照从江项目结构分为贵州东南旅游集散中心、航空主题园、自驾俱乐部、汽车营地、大医疗大健康、休闲度假等，并配套休闲娱乐及餐饮服务次业

态，主要负责产业运营及产业招商。最后是具体项目建设实施层，专门负责具体项目模块的建设实施（见图5-22）。

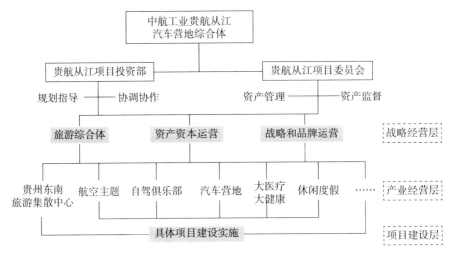

图5-22 中航工业贵航从江汽车营地综合体管控模式

资料来源：北京博雅方略旅游景观规划设计院，中航工业从江综合营地规划项目成果，下同。

（二）九大模块，确立中航工业贵航从江汽车营地综合体商业模式

中航工业贵航从江汽车营地综合体项目从合作关系、关键业务、核心资源、价值主张、客户关系、渠道通路、客户细分、成本结构、收入来源九大模块确立汽车营地养生综合体商业模式（见图5-23）。

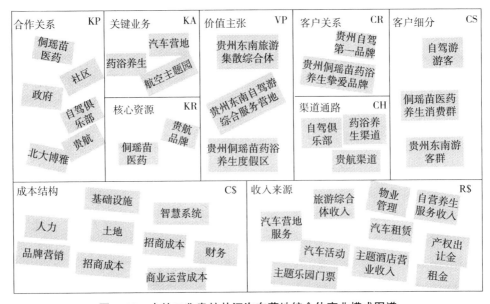

图5-23 中航工业贵航从江汽车营地综合体商业模式图谱

　　从江汽车营地综合体的合作关系包括作为中航工业贵航集团、侗瑶苗药浴养生行业相关者、项目地社区、从江政府、贵州自驾俱乐部以及作为智库的北京大学博雅方略（咨询）集团。中航工业贵航集团作为项目主要投资人，是项目投融资及项目建设运营管理的强干系人；侗瑶苗药浴养生行业相关者主要考虑到养生市场的品牌效应，本项目设计药浴养生主题项目为合作经营模式，以药浴知识产权合作为基础按比例合资经营，因此，药浴养生行业相关者是本项目的强干系人。从江政府作为项目审批、项目建设及经营监管的主体，是项目的强干系人。从江社区作为项目建设与运营的人文环境，是项目的重要干系人。贵州自驾俱乐部乃至全国自驾俱乐部以及拟成立的"贵东南自驾俱乐部"作为汽车营地主要客户的集聚组织，是项目的重要干系人，尤其是拟成立的"贵东南自驾俱乐部"更是建立在项目地的自驾游组织。北大博雅方略（咨询）集团作为项目的规划者，为项目提供智力支持，是项目的重要干系。该项目的关键业务包括汽车营地、航空主题园以及药浴养生度假，即依托从江优越的区位交通条件打造贵东南旅游集散（自驾游）综合服务营地；围绕中航工业贵航业务延展打造航空主题公园；依托贵州侗瑶苗养生文化构建药浴养生度假区。该项目的核心资源即为中航工业贵航品牌以及贵州侗瑶苗药浴养生文化。该项目的价值主张为"贵州东南旅游集散综合体""贵州东南自驾游综合服务营地""贵州侗瑶苗药浴养生度假区"。该项目的渠道通路主要由贵航渠道、自驾俱乐部渠道及药浴养生渠道组成。该项目的客户关系设计为贵州自驾游第一品牌、贵州侗瑶苗药浴养生度假挚爱品牌。该项目的客户细分包括贵东南自驾游游客、贵州侗瑶苗药浴养生消费群体以及贵州东南游客群。该项目的成本结构包括土地成本、项目基础设施建设、智慧旅游系统建设实施、品牌营销成本、招商成本、商业运营成本、人力成本、财务成本等。项目收入来源以旅游综合体运营收入、汽车营地营业收入、主题酒店及主题公园营业收入、产权出让金及租金等组成。

（三）双轮驱动三驾马车，诠释中航工业贵航从江汽车营地综合体盈利模式

　　中航工业贵航从江汽车营地综合体项目盈利模式概括为"双轮驱动、三驾马车"。双轮驱动即汽车营地和大医疗。三驾马车即围绕"汽车营地和大医疗"而展开的贵州东南旅游集散地（旅游综合体）、贵州东南自驾综合服务营地（休闲露营区）、侗瑶苗药浴医疗养生（木屋度假区）三大盈利体系（见图5-24）。

　　贵州东南旅游集散地采用旅游综合体模式，盈利点包括（自营）商业营业收入、展览馆及其配套商品零售、商业租金、物业管理费及智慧旅游平台服务费等。贵州东南自驾车综合服务营地（休闲露营区）采用自营主题公园模式，自营包括自驾车俱乐部、航空主题园、房车营地以及其他配套商业，主要盈利点包括自驾俱乐部会员费、自驾活动收益、汽车租赁费、主题园门票、休闲露营项目收费、营地综

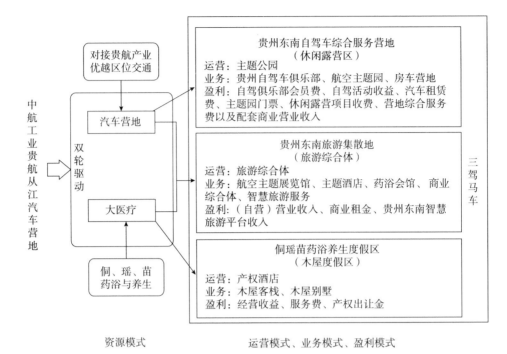

图 5-24　中航工业贵航从江汽车营地综合体盈利模式

合服务费以及配套商业营业收入。侗瑶苗药浴医疗养生度假区（木屋度假区）采用以侗瑶苗药浴养生为中心的产权酒店模式，盈利点包括侗瑶苗药浴养生经营收益、酒店经营收益、产权出让金、服务费等。

1. 贵州东南旅游集散地——旅游综合体模式

贵州东南旅游集散地是以航空、药浴养生为主题旅游综合体，规划项目包括停车场、集散广场、智慧旅游服务中心、商业综合体（购物 Mall、主题酒店、中航航空主题展览馆、药浴馆）等。该旅游综合体以自营为主，联合经营、合作经营及招商经营相辅助（见图 5-25）。

2. 贵州东南自驾车综合服务营地——主题公园模式

贵州东南自驾车综合服务营地以"航空、房车游"为核心，采用主题公园模式，设计包括中航航空主题乐园、汽车营地（房车营地、集装箱营地、帐篷营地等）、民俗演艺广场以及配套餐饮娱乐休闲设施。该主题公园以自营为主，允许一定比例的联合经营（见图 5-26）。

3. 侗瑶苗药浴养生度假区——产权酒店模式

侗瑶苗药浴养生度假区采用木屋群结构，以产权酒店模式经营，包括侗瑶苗民族风格木屋群、现代风格牧区群及独栋别墅木屋群，木屋之间栈道相连。该度假区运营管理上从属于"旅游集散综合服务区"的"主题酒店"，是主题酒店服务的产权式经营部分，木屋内外设置药浴设施及药浴池。本案出于投资规模的考虑，将侗

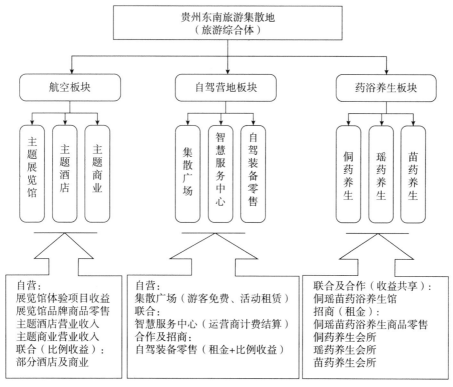

图 5-25 贵州东南旅游集散地的旅游综合体模式

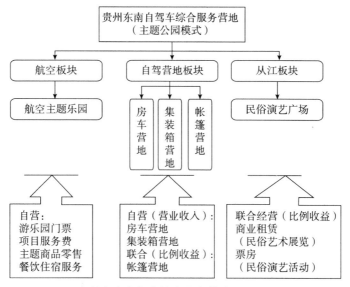

图 5-26 贵州东南自驾车综合服务营地——主题公园模式

瑶苗木屋群、现代木屋群定义为自营开发式产权经营,独栋别墅木屋群定义为联合开发式产权经营(见图 5-27)。

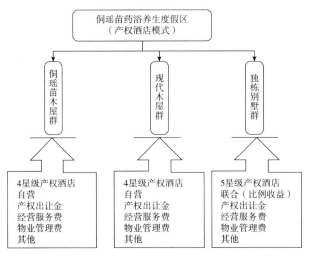

图 5-27　侗瑶苗药浴养生度假区——产权酒店模式

五、自驾游营地 IP 开发

IP（Intellectual Property，即知识产权）即特指"权利人对其所创作的智力劳动成果所享有的财产权利"。各种智力创作成果，比如发明、文学和艺术作品，以及在商业中使用的标志、名称、图像及外观设计，都可以被认为是某一个人或组织所拥有的知识产权。IP 具有专属权利、高附加值、人格魅力、自带粉丝四个特征。对于旅游行业来说，IP 是内容、文化、体育、形象等具有排他性和独特性的吸引游客的元素；IP 代表着个性和稀缺性，它体现商品的核心价值，能够化解同质化的价格战；IP 可以连接一切可识别的数据，有较高的转化率和超强的变现能力。简单来说，IP 意味着拥有大量数据、客户群、流量，其最终目的是把旅游产品的利润最大化，以及提升品牌和形象。

对于露营地而言，IP 的引入，有利于突破露营地市场如产权模式不完善、盈利渠道单一、运营模式差等问题。通过创新的内容经营，带动深度体验和二次消费。特立独行的具有鲜明特点的 IP，可以赋予营地独特的性格特点、保持良好的生命力。它可以是一个故事的再现，也可以是影视、游戏或者传说的再现，并深入营地的渠道、产品、形象、营销，甚至露营体验的每一个环节，靠有温度和态度的优质内容吸引用户，并最终转化为具有较高附加值的消费（见图 5-28）。

（一）营地 IP 的打造路径

路径一：深入挖掘自身地方文化与特色资源，创造自有 IP 项目和活动。可以深挖当地名人、历史、传统文化风俗等地域文化元素，也可以引入 VR、AR 等创新科

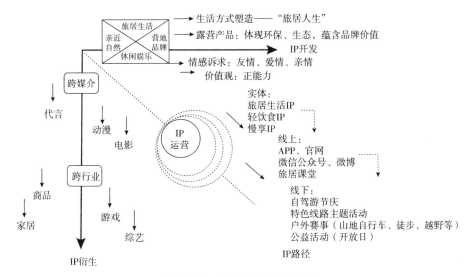

图 5-28　自驾游营地 IP 开发

技元素并给予包装，或者利用致力于动漫、影视、音乐和现场活动等创意内容元素，或者在满足游客亲情、爱情和友情的诉求基础上，探索开发特色功能元素。

路径二：积极与 IP 拥有方和运营方合作，将 IP 项目和产品引入目的地。引入具有一定知名度的 IP，通过合作的方式，实现 IP 的重塑发展。如上海浦东引入迪士尼乐园后，之前普普通通的川沙镇，一跃转变为上海国际旅游度假区，成为上海旅游走向世界的核心增长极。

(二) 营地 IP 的多维强化

营地 IP 的表达，需要结合互联网思维、新营销理论，通过线上线下、跨行业创新、跨媒体互动等方式实现，从四个方面进行强化：

1. 商品文创化 IP 开发

以 IP 为连接点，结合文化创意，通过创新化、情感化、主题化、体验化的方式，赋予多种旅游商品一种人文情怀与商业价值，然后对 IP 进行强化与重塑。可借鉴北美第二大露营连锁经营品牌的经验，通过特制或特许供货渠道的方式，制造丰富精美、独一无二的旅游商品与特色纪念品，并将其作为营地特色。

2. 品牌的确立与推广

树立品牌理念，从规划、定位、传播、提升四个方面制定营地品牌的长期发展战略。基于游客消费心理与行为，进行品牌形象规划打造，促进游客对品牌的认知和忠诚；通过品牌口号、品牌故事等方式，体现品牌定位的差异性；在品牌传播中，注重游客体验的内容和场景打造，增进游客的品牌理念体验；通过品牌延伸、授权、扩展、创新等环节，助力品牌的国际化发展。

3. 主题化空间的设计

通过多种渠道深化 IP 形象。从营地建筑风格、营地标识系统、营地景观、营地设施设备等多个方面体现 IP 形象，打造营地整体氛围，注重强化营地综合服务区、公共休闲区的主题化表达，让游客通过合影、盖章、虚拟体验等多种方式，强化 IP 形象，提升 IP 价值。

4. 多元化的产品销售渠道

打通销售渠道，通过线上与线下相结合的销售方式，循环发力，优势互补。一方面利用现代媒体及互联网宣传平台，将营地 IP 的形象推广出去。另一方面，通过实体销售伴手礼、包装袋等宣传素材，宣传活动、周边产品线等，将营地 IP 放到大的市场体系中，实现传播强化。开展完善的主题式营销策略。

第四节 自驾车营地的可持续发展

可持续的露营包括：在计划建设露营地一开始，无论是露营地所有者还是设计建设者，都须从环境保护的角度出发；研究决定营地选址时，选择对环境影响尽可能最小的方案；建设中要考虑当地的风俗习惯，建筑物要与周边环境和景观协调，建筑材料和技术方案要是环境友好型；注意保护文物古迹，保护大自然的生物多样性，避免使用沥青路面以保存植物种群；由交通引起的汽车噪声和其他环境问题要尽可能减少；营地管理者和所有者尽可能使用当地的产品和服务人员；可持续的露营地也包括尽可能利用当地已有的运输网络；徒步旅行和脚踏自行车是环境友好型锻炼的例子；露营者在露营中不留下任何痕迹，提倡露营者将垃圾带回家；应提前计划旅行路线以利用现存的大路、小路，这种引导自然旅行的目的会加强我们保护自然、保护环境的意识；应控制水量、电量及热能，避免使用耗电的干洗机；避免使用对环境有害的产品，如一次性盘子、杯子和盥洗物品等，也避免听装饮料和塑料包装饮料，可用玻璃瓶装饮料；露营者要关注废物分类，有计划地分步处置那些润滑剂和其他问题废物，有机废物要制成混合肥料。总之，一切废物要远离自然。

自驾车营地作为露营地的一部分，可以借鉴可持续露营地，使自驾车营地健康发展。

一、旅游可持续发展的概念与内涵

（一）可持续旅游发展的概念

目前关于旅游可持续发展概念的研究十分活跃，但由于其本身尚处于实践性探究阶段，其概念和理论尚无统一结论。世界旅游组织顾问爱德华·英斯基普的定义比较权威："可持续旅游就是要保护旅游业赖以发展的自然资源、文化资源、其他资源，使其为当今社会谋利的同时也能为将来使用。"

国内专家综合国内外各种概念，得出一个比较完整的定义：旅游业的发展与社会经济、资源环境和谐发展，不仅要满足旅游者和当地居民当前的生活、文化、精神、享受性利益和需要，而且要保证和增进人类社会未来发展的机会，从而使全球的生态体系、各国的民族文化、人们的生活质量保持完整性、多样性和有序性。

（二）可持续旅游发展的内涵

1. 满足需要

发展旅游业首先是通过适度利用环境资源，实现经济创收，满足东道社区的基本需要，提高东道居民生活水平；在此基础上，再满足旅游者对更高生活质量的渴望，满足其发展与享乐等高层次需要。

2. 环境限制

资源满足人类目前和未来需要的能力是有限的，这种限制体现在旅游业中就是环境承载力，即一定时期、一定条件下某地区环境所能承受的人类活动作用的阈值。它是旅游环境体系本身具有的自我调节功能的度量，而可持续旅游的首要标志是旅游开发与环境的协调。因此作为旅游环境系统与旅游开发中间环节的环境承载力，应当成为判断旅游业是否能够可持续发展的一个重要指标。

3. 公平性

强调本代人之间、各代人之间应公平分配有限的旅游资源，旅游需要的满足不能以旅游区环境的恶化为代价，当代人不为满足自己的旅游需求而损害后代公平利用旅游资源的权利。

二、汽车营地与环保

（一）汽车污染对人体健康的危害

1. 汽车排气污染对人体健康的危害

汽车排放的一氧化碳（CO）、氮氧化物（NO）、铅（Pb）、碳烟、苯并芘（BaP），对人体都有直接的危害。

由于 CO 是无色、无味、无臭的气体，因此不易被察觉。氮氧化物（NO）的破坏力也很强。汽车排放的主要是 NO，但 NO 在空气中很快被氧化成 NO_2，会增加肺毛细血管的通透性，导致胸闷、咳嗽、气喘甚至肺气肿等症状的疾病。汽车排放的铅占大气中铅的 97%，大部分颗粒直径为 0.5pm 或更小，因此可以长时间地飘浮在空气中。铅还具有高度的潜在致癌性，其潜伏期长达 20～30 年。汽车排放的 BaP 和柴油机排出的碳烟都有一定的致癌作用。此外，汽车排放的废气通过其他方式对人体还有间接影响，如引起紫外线减少、光化学烟雾、细菌总数增加，排气还有可能污染蔬菜、加剧温室效应等。

2. 汽车噪声对人体健康的影响

日本人在 1978 年给从北海道到九州的日本全国 24 个都道府县居民散发了调查卡，调查结果表明，最令人烦恼的正是汽车交通噪声。美国环境保护局（EPA）进行的全国规模的城市噪声调查也得到了同样的结果。

长期在噪声中暴露会导致人听力损失。大量的统计研究表明，在声级为 85 分贝的噪声下工作的人，30 年后耳聋发病率大约是 8%；90 分贝为 20%；95 分贝为 30%。

听力正常的人，如果在一定的时间内，听到 90 分贝以上强大的噪声，也可引起一过性听力下降，通常把这种现象称为一过性重听（TTS），在 TTS 恢复之前再反复暴露于 90 分贝以上的噪声之中，最后则听力不能恢复正常而成为永久性耳聋或噪声性耳聋（PTS）。

汽车交通噪声对城市居民的工作、休息造成影响所引发的申诉和纠纷越来越多，已成为城市一大公害。

（二）汽车营地的环保措施

随着人均居住面积的缩小，人口密度的不断增大，现代化的设备设施对人们生活进行了重大的改革，但是各种工业污染、废水污染、废气污染等对环境的破坏越来越严重，因此对生态自然及大自然的保护工作越来越重视，全人类已经将生态环境保护放在首要位置。

（1）汽车营地必须具备消防、治安和食品安全条件，能给消费者提供有益于健康的服务和享受，在运营中减少浪费，实现资源利用和环保的最大化。绿色标准的餐饮加强环境保护，对提升企业品牌形象树立产品等，提供了切实可行的指导意见和运作框架。

（2）从根本上实行"三个转变"。一是由环保计划管理型向环保市场经营型的转变。在这一转变过程中，政府的角色主要是制定和提供标准、规则、政策和法律法规。而环境保护自身则要努力向社会化、产业化、专业化、企业化经营的方向发展。

二是由传统的单向思维向新型的多向循环思维转变。既包括整体环境保护规划和某个环境保护计划，也包括环境工程筹划，如污染治理、废弃利用、清洁生产等，都应以循环经济的思路为指导，实现减量—再用—循环的最大效益目标。

三是由经济运营型向绿色运营型的转变。一个新型的现代企业，不仅要为企业和国家创造财富，更要最大限度地减少环境成本，努力实施绿色产品战略，这就需要牢固树立绿色经营思想。如绿色管理、绿色开发、绿色生产过程、绿色技术保障体系，进而构筑起完整系统的"绿色通道"，确保资源利用效率和整体环境的优化。

（3）遵循国家相关部门应颁布切实可行的循环经济技术政策，如 ISO 14000 环境质量管理体系、国际绿色产品质量标准、国际有机食品质量标准、国际双边贸易准则等。只有通过系统完整的制度衔接，才能不断向实现经济国际化、产业标准化和管理规范化的目标迈进。

（三）汽车营地与环保教育基地的结合

汽车营地项目必须最大限度地考虑环保问题，面对一个本身就属于国家级重点风景保护区，一方面我们要利用自身的自然资源优势，尽量减少对其人为的过度开发与破坏保持自然风貌，另一方面如何减少营地对自然资源所带来的环境污染，这是当地政府、投资者从切身利益出发都会关注的重大问题。

根据社会公众、政府机关从长远角度看待环保方面，不难得出结论：有些地方的开发受到项目的可行性限制，如果项目实施对生态环境造成不可估量的损害，那么这个项目就一定会被扼杀在萌芽状态，不管这个项目将来会对社会产生多大的经济效益，因为我们的生存环境是需要人人来保护的，而且政府工作一直将生态工作作为业绩考核的指标，所以我们的项目一定是与环保息息相关的。

首先，我们的项目在最初定位时就是以环保产业为目标的，主要表现在基本对自然资源不再进行大规模的改造，在对建筑部分材料的应用上采用自然环保材料，在建筑风格的定调上保持与自然融为一体，公共设施设计基本上都是属于可拆卸简易装置，活动项目根据自然环境而进行适当安排，设施都是成品或半成品现场进行组装，营务区均采用新型材料制作的露营用品，尽量保护生态的平衡避免人为的破坏。

其次，在汽车营地的经营管理方面必须坚持环保教育为初衷，对内对外都应树立严格的生态环保思想，营地的工作人员都是一名合格的环保教育宣传员，公共设施的排污处理必须遵照环保标准实施，对每一细节性的问题都能引起高度的改良重视，采取切实可行的符合国际标准的环保做法。

综上所述，如果汽车营地自始至终都能贯彻环保教育，那么它将率先为旅游服务行业的评定带来创新，对汽车营地不断扩大引起直线上升的作用，通过工作实践来验证营地的环保教育。

第六章　风景道的规划设计

第一节　风景道概述与我国风景道现状

一、风景道的概念界定

关于"风景道"（Scenic Byway），至今尚未形成一个公认的、明确的概念定义，但总的来看，普遍公认的是联邦公路管理局于 1995 年正式颁布的，国际风景道计划（National Scenic Byway Program，NSBP）中的风景道定义。即"一条土地所有权公有的，具备风景、历史、休闲、文化、考古和自然六大品质的道路"，其不单指道路本身，还包括道路两边视域范围内的廊道风景，并且需立法或官方声明来认定。

按照发源地和研发基地美国的实践经验，绿道（Greenway）、公园道（Parkway）、历史廊道（History Corridor）、风景公路（Scenic Highway）、遗产廊道（Heritage Corridors）、旅游公路（Scenic Highway）、风景线路（Scenic Routes）等各类专用道路，按照国家风景道计划制定的标准，通过申请并经过官方认定后，可纳入国家风景道体系中。

风景道在北美、西欧已形成独立且蓬勃发展的研究领域，根据余青等（2018）的梳理，风景道发展历程可分为四阶段：

（1）萌芽期（1700~1930 年）：风景道雏形初现，美国的绿道和公园道等具有美学、生态、游憩等意义的绿带式景观道路，欧洲的林荫大道、景观轴线，都是风景道的早期表现形式。

（2）初步发展期（1930~1967 年）：伴随着汽车的发展与自驾车旅行的盛行，风景道的发展获得了更多的关注和重视，风景道的景观特征和旅游功能得到强化，但风景道的发展仅呈现局部、零散的分布特点，风景道长度也比较短。

（3）迅速发展期（1967~1991 年）：该阶段政策层面和学术研究领域对风景道及其体系建设给予了高度关注，风景道项目迅速普及发展，且注重强化旅行体验，呈现综合、多样的特点，突破了地域界限，发展成为交通、景观、文化、游憩、保护等多功能复合体。

（4）规范发展期（1991年至今）：随着一系列风景道相关法案的出台、国家风景道计划（NSBP）及系列技术指南的出版，风景道的发展进入了规范化、法制化道路，国家风景道体系逐渐完善。

二、风景道的功能与空间结构

（一）风景道的功能

风景道实现了道路从单一的交通功能向交通、生态、游憩和保护等复合功能的转变，强调其交通功能与外部环境、资源的协调发展。其功能主要体现在以下四个方面：

1. 生态及人文景观格局保护功能

为建设风景道保留或增加的大面积植物绿化，不仅可以改善区域生态环境状况，还可以容纳大量乡土物种，并通过提高景观连接度，起到保护生物多样性的作用，有利于完善城市生态系统结构，强化城市生态系统功能。同时，风景道实现了沿线自然与文化遗产、特色文化景观等资源的保护和利用。

2. 区域景观资源整合功能

旅游风景道作为一种线性旅游开发模式，是对"点状、面状"旅游开发模式的补充完善，也是将区域内众多分散、级别低的旅游景区、景点，串联为一种大尺度的、统一整体的区域复合型景观资源的有效手段和途径，这可以为旅游者在消费点、面状旅游产品时提供一种更经济、更直观、更深度的体验方式，有利于保障景观体验的连续完整，形成区域景观集群优势，从而提升旅游资源的复合价值。

3. 旅游休闲游憩承载功能

风景道突破道路本身单一的交通价值，整合了颇具吸引力的风景及人文资源，成为户外旅游休闲活动的重要载体，不仅为自驾游游客提供了愉悦的驾驶旅行体验，也提供了休闲游憩、景观欣赏、亲近自然、教育学习、了解历史、感受文化、文物猎奇的机会；既满足人们日益增长的户外休闲游憩需求，还可以创造较好的旅游收益。

4. 区域经济发展带动作用

风景道的建设是以道路作为发展轴线，同时辐射到其周边的旅游景区、景点，以及住宿、餐饮、接待服务区，通过廊道资源的整合，形成廊道发展带，为途经地区带来可观的经济收益，成为拉动区域旅游经济发展的重要引擎。

（二）风景道的空间结构

风景道的空间结构如图 6-1 所示。

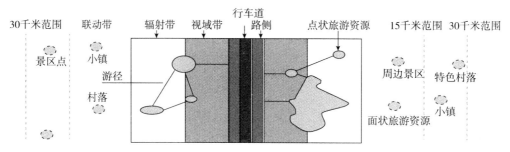

图 6-1　风景道的空间结构

资料来源：北京博雅方略旅游景观规划设计院。

三、类型

（1）按照风景道内在品质分类，可分为自然型风景道、文化型风景道、游憩型风景道、风景型风景道、历史型风景道、考古型风景道六大主题类型（见表 6-1）。

表 6-1　美国各主题类型国家风景道数量及百分比

类型	自然型	文化型	游憩型	风景型	历史型	考古型
数量（个）	26	5	14	35	40	1
占比（%）	21.49	4.13	11.57	28.92	33.06	0.83
代表案例	心灵山风景道伊利诺伊和路	伍德沃德大街国家历史路	佩埃特和风景道凯托克廷山风景道	北岸风景驾车道熊牙公路红岩风景道	蓝岭风景道哥伦比亚河历史路 66 号历史路	古人游径

资料来源：National Scenic Byways Program Collection of America's Byways Designated by U. S. Secretary of Transportation，2012.

（2）按照风景道内在品质价值的高低，可将国家级风景道分为泛美风景道和国家风景道两级。

泛美风景道（All-America Road）的认定标准是：道路或者公路至少应该满足两个或以上的内在品质，并可以作为一个独立目的地。泛美风景道是国家级风景道中最好的风景道，其杰出的内在品质是最能代表国家的，并且是独一无二的。品质的重要意义是在整个国家中具有独特性。

国家风景道（National Scenic Byway）的认定标准是：当一条道路能够代表一个地区或一个州的内在价值以及能促进旅游和经济的发展，为当地或州级政府机构所认可，其内在品质的突出性已经达到国家级水平，该道路就可以提名为国家风景道。国家风景道必须至少拥有六项内在品质中的一项，其内在品质必须具有代表性、独特性以及不可替代性。品质的重要意义是在该区域中具有独特性。

四、我国风景道发展现状、类型与典型线路

我国幅员辽阔，山川壮美，历史文化悠久，民俗风情浓郁，各地自然人文资源极为丰富和独具特色，可以为建设不同类型的风景道提供优越条件。近年来，风景道在国内以一种新的旅游业态模式呈现蓬勃发展之势。2016 年 8 月，"国家风景道"这一概念在《全国生态旅游发展规划（2016—2025 年）》中被提出。随后，国务院发布《"十三五"旅游业发展规划》提出，要重点建设国家旅游风景道，打造 10 条国家精品旅游带，重点建设 25 条国家旅游风景道。

专栏　国家旅游风景道布局

（一）川藏公路风景道（四川成都、雅安、康定、巴塘—西藏林芝、拉萨）

（二）大巴山风景道（陕西西安、安康—四川达州、广安—重庆）

（三）大别山风景道（湖北大悟、红安、麻城、罗田、英山—安徽岳西、霍山、六安）

（四）大兴安岭风景道（内蒙古阿尔山、呼伦贝尔—黑龙江加格达奇、漠河）

（五）大运河风景道（浙江宁波、绍兴、杭州、湖州、嘉兴—江苏苏州、无锡、常州、镇江、扬州、淮安、宿迁）

（六）滇川风景道（云南楚雄—四川攀枝花、凉山、雅安、乐山）

（七）滇桂粤边海风景道（云南富宁—广西靖西、崇左、钦州、北海—广东湛江）

（八）东北边境风景道（辽宁丹东—吉林集安、长白山、延吉、珲春—黑龙江绥芬河）

（九）东北林海雪原风景道（吉林省吉林市、敦化—黑龙江牡丹江、鸡西）

（十）东南沿海风景道（浙江杭州、宁波、台州、温州—福建福州、厦门—广东汕头、深圳、湛江—广西北海）

（十一）海南环岛风景道（海南海口—东方—三亚—琼海—海口）

（十二）贺兰山六盘山风景道（宁夏贺兰山、沙坡头、六盘山、内蒙古月亮湖）

（十三）华东世界遗产风景道（安徽九华山、黄山—浙江开化钱江源、江郎山—江西上饶—福建武夷山、屏南白水洋）

（十四）黄土高原风景道（内蒙古鄂尔多斯—陕西榆林、延安、铜川、西安）

（十五）罗霄山南岭风景道（湖南株洲—江西井冈山、赣州—广东韶关）

（十六）内蒙古东部风景道（内蒙古阿尔山—呼伦贝尔）

（十七）祁连山风景道（青海门源、祁连—甘肃民乐、张掖）

（十八）青海三江源风景道（青海西宁、海北、海南、果洛、玉树）

（十九）太行山风景道（河北石家庄、邢台、邯郸—河南安阳、新乡、焦作—山西晋城、长治）

（二十）天山世界遗产风景道（新疆霍城、巩留、新源、特克斯、和静）

（二十一）乌江风景道（重庆武隆、彭水、酉阳—贵州遵义、贵阳、铜仁）

（二十二）西江风景道（贵州兴义—广西百色、柳州、荔浦、梧州—广东封开、德庆、肇庆）

（二十三）香格里拉风景道（云南丽江、迪庆—四川稻城—西藏昌都）

（二十四）武陵山风景道（湖北神农架、恩施—湖南湘西—贵州铜仁、遵义、黔东南）

（二十五）长江三峡风景道（重庆长寿—湖北神农架、宜昌）

2017年3月，交通运输部、国家旅游局等六部门联合印发《关于促进交通运输与旅游融合发展的若干意见》提出构建"快进慢游"交通网络，因地制宜建设旅游风景道；中国人民政治协商会议第十二届全国委员会第五次会议期间，中国民主促进会中央委员会提交了名为"建设国家风景道体系，打造公路旅游国家名片"的提案；2018年3月，《国务院办公厅关于促进全域旅游发展的指导意见》再次强调推动旅游与交通融合发展，打造旅游风景道。

根据国家风景道的空间布局特征、地域文化特征、经济发展特征，我国旅游风景道主要分为江河型旅游风景道、滨海型旅游风景道、乡村型旅游风景道、环山脉旅游风景道四种类型。

1. 江河型旅游风景道——乌江旅游风景道

乌江风景道主干道全长约337千米，以乌江水道为轴线辐射两侧15~20千米范围。从上游到下游途径石阡县、思南县、德江县和沿河县四县，起点为石阡本庄，终点为沿河洪渡，其中石阡段约12千米，思南段约81千米、德江段约55千米、沿河段约189千米，总面积有1万多平方千米，涉及沿江34个乡镇（街道），风景道干道涉及16个乡镇。

2. 滨海型旅游风景道——海南旅游风景道

海南环岛旅游公路，主线规划总里程约1000千米①，贯穿海口、文昌、琼海、万宁、陵水、三亚、乐东、东方、昌江、儋州、临高、澄迈沿海12个市县和一个国家级开发区，有机串联沿途9个旅游小镇、37个产业小镇、50余个旅游景区和度假区。海南环岛旅游公路（东段）路线长522.61千米，贯穿文昌市、琼海市、万宁市、陵水黎族自治县、三亚市沿海5个市县，串联沿途特色海湾、特色海角、特色小镇和旅游景区、度假区等。海南环岛旅游公路（西段）路线长合计422.1千米，贯穿乐东黎族自治县、东方市、昌江黎族自治县、儋州市、临高县、澄迈县、洋浦经济开发区沿海6个市县和1个国家级开发区。

3. 乡村型旅游风景道——国家一号风景大道

国家一号风景大道，东起承德围场罕坝森林小镇，西至丰宁大滩，全长约180千米，是国内首条国家层面注册的风景道。项目建设点缀沿线16个乡镇、112个行政村及55个美丽乡村，集合了草原、森林、河流、山地、湖泊、乡村多种风貌景观。

4. 环山脉旅游风景道——太行一号国家风景道

太行一号国家风景道以陵川县六泉乡为起点，与太行大峡谷相对接，途经泽州、阳城，止于沁水县龙港镇，全长约402千米。一条黄金通道观光廊道康庄大道串联晋城市王莽岭、珏山、皇城相府、历山为龙头的太行山水、太行古堡等四大旅游景区、20余个旅游景点、5条高速公路和5条普通国省道。

---

① 2018年6月，海南省《海南环岛旅游公路及驿站概念规划》。

第二节　风景道规划建设要素及原则

一、建设要素

风景道通常由交通要素、游憩要素、生态要素三个基本内容构成。

（一）交通要素

交通要素指风景道的道路交通部分，除行车道、隔离带、路肩、路堤边坡、边沟等，还包括重要交通节点及必要的交通设施部分，如入口、起始点、立交区、隧道、桥梁、收费站区等；另外，配套的安全防护、夜景照明等，也是风景道交通要素的内容。

（二）游憩要素

风景道在为游客提供道路通行条件的同时，更强调为游客的游览过程提供基础性服务。游憩要素主要指由风景道串联和涵盖的旅游资源点，既包括风景名胜区、自然保护区、森林公园以及历史文化遗址、特色人文景观等，也包括布设在风景道沿线的户外游憩服务设施，如观景台、野餐区及各类旅游服务基地、游客中心，还包括餐饮、住宿等旅游接待设施。

（三）生态要素

生态要素指风景道两侧及视域内的景观环境，包含自然的地形地貌、乔灌木等景观绿化植被及河流、水系等水体资源。这些要素是风景道生态功能的承载，对保护生物多样性及改善生态环境，具有十分重要的意义。

二、规划原则

在进行风景道规划设计时，需综合多方面因素进行协调，力求创造舒适、优美、和谐、特色的线性廊道景观，需着重处理好以下几种关系：

（一）总体与局部

在规划设计时，首先应依据景观、资源条件及周边环境状况，确定风景道的定位，营造统一和谐的环境氛围，及多样性的强化处理，来塑造整体的风景道景观形象。风景道不应是孤立的，而必须与沿路环境景观相融合。沿途景点、附属设施以及绿化植物应结合周边地块的情况，因地制宜，避免割断生态环境空间或视觉景观空间的错误做法，使其有机地融合在一起，达到良好的视觉环境效果。

（二）统一与变化

风景道的景观设计强调统一，但不是千篇一律，而是要在统一的主题下表现出各自的特色和韵味，否则沿途景观就可能会因单调而使游客注意力迟钝，适当的变化如构筑物的风格、造型、色彩以及线形的弯曲、起伏等，都会使游客在行走过程中感受到沿途景观富有节律感、多变性，产生愉悦的心情。所以，景观廊道的设计一定要在统一的主题下，在统一中变化，在变化中统一，主次分明，重点突出。

（三）舒适与美观

舒适与美观是风景道设计的重要方面。道路应该为游客提供既有趣又舒适的行车环境，才能让游客在行车过程中充分领略周边的景色。比如热带地区阳光明媚、光照强，白天比较炎热，如果一味地追求景观效果，而不考虑适当的遮荫是很难提起游人的游赏情趣的，因此在风景道的规划设计时，必须要处理好景观效果与自然环境变化的关系，重视游赏的舒适性。风景道的景观设计还应充分重视自驾者的视感变化，并由此实现富于动感、协调的景观效果，让自驾者看到优美的风景道景观。

（四）保护与发展

风景道设计必须考虑保持长期的自然经济效益，生态优先，尽量避免破坏自然环境和原有风景，保护各种动植物资源。风景道的建设应建立在环境保护的基础上，依据国家相关方面的法律、法规依法办事，才能真正走上可持续发展的良性循环道路。否则，会给子孙后代留下遗患。在保护原有风景资源的同时，对资源进行整合，提升资源的品质，改善其景观效果，发挥其生态及科普功能。

（五）文脉与创新

文化是维系一个民族的精神纽带，是凝聚一个民族的情感乳胶。地域文化的形成是受自然环境的地质、地形、气候等因素影响，在长期的社会发展中形成的具有区域特征的文化现象。不同的地域有其区别于其他地域的特色文化，富有个性特征和识别性。

考虑风景道的周边环境及所处地域的特点，规划设计应从大处着眼，深入理解地域特征，挖掘地域人文特点；同时，吸收现代艺术与现代景观设计的创作灵感和创新思路，全方位、多角度地展示景观廊道的美学效应和艺术魅力，创造出具有鲜明特色的廊道景观。

第三节　风景道道路交通设施设计

一、设计理论基础

(一) 道路生态学理论

道路生态学是以路域生态系统为研究对象，运用生态学原理研究交通道路、车辆、功能形态变化与所在的周边自然环境之间相互作用的科学，注重纵向空间的可持续性发展，以及景观与生态的互相作用，从而更加合理地规划道路对生物种群和生物栖息环境的影响。从景观生态学的点效应、廊道效应和边际效应出发，引入景观生态网络的概念，即由点、线、网按照一定等级结构、功能分工和空间秩序组合成的生态网络体系，其中道路网和水网是最主要的表现形态。

作为一种线性景观，风景道规划设计属于道路生态学的研究范畴，道路生态学的点-廊道叠加效应对风景道具有重要影响与作用。风景道规划中遵循道路生态学意义上的空间格局，减少斑块的隔离，保护地形地貌、植被资源、野生生物生境的有机联系。风景道场地选线、线型改善、空间构成、景观结构等多方面优先考虑生态问题，构建由风景道串联的结构合理、功能完善的线性生态系统，将人类与自然因素及其相互影响有机结合，使风景道系统更具有完整性，营建一个可持续的道路生态景观。

(二) 交通安全理论

提高道路交通安全是道路设计最根本的要求，需要同时达到人行安全、车辆安全和环境安全。通过优化道路设计，消除某些因环境因素造成的交通事故，降低偶然事故概率。从道路设计角度，控制景观要素对交通安全造成的影响。这是一个系统的工程，包括路面宽度、平整度、路侧边坡、排水设施、交通标识等方面。尤其是山地风景区道路的规划设计要兼顾考虑大巴车、私家车及骑行因素，又受到用地、自然、经济条件所限制，有时路线设计时需要满足的条件自身都会相矛盾，因此其更需要统筹考虑，互相兼顾，适当牺牲或突破规范中一些次要的标准，适当改变下习惯性的思维，以实用为核心目标。

风景道规划设计毫无疑问应建立在交通安全的基础之上，以保障安全作为设计的基本原则。虽然风景名胜区风景道相对于城市道路具有来往车辆数量受季节影响、车行压力较小等特点，但依旧不可避免地含有危险因素。因此，如何使景观设计不影响驾驶员的视线、注意力甚至起到引导视线、屏蔽危险物的作用是极其关键的，提升景观美感也要在保证安全性的基础之上进行。

（三）灵活性设计理论

灵活性设计是指公路设计人员运用专业知识和判断能力，在满足安全和需求的前提下，灵活运用技术指标来平衡各种需求，达到与周围自然条件、人文环境相和谐的目标。每一条公路本身都具有自己的共性和个性，包括项目所处的地理位置、地形地貌、气候水文、社会环境、文化风俗、审美判断以及公路使用者需求。该理念并不是试图让设计者去创造一个新的标准，而是要求设计者灵活应用各地的规范标准、规章制度，平衡各种因素，使道路运输功能和安全与沿线的自然条件、人文历史等相和谐。具体到某一路段的设计，可以根据不同路段的实际情况，来采用不同的设计方法。比如直路的景观布线会给人带来一种方向感和畅通连贯感，但长时间的同质景观重复难免使驾驶人员产生一种疲劳和乏味的感觉；弯路布线可以创造优美道路景观效果，易使驾驶者了解周围的环境，主要的景观从开始进入弯路时就已经在视线之内，形成记忆点。在弯路上展开着的景象慢慢地指导行驶方向，前方的景象随着道路使用者沿着曲线的移动，也不断地变动，形成动态景象。总的来说，采用灵活的设计在整个工程中能起到降低工程造价、适应自然条件、保护生态环境、促进社会经济等作用。

二、风景道线型规划

在规划中，风景道作为线型风景廊道，难以形成传统自驾游览线路那样的环状交通线，但可以形成以风景道为主轴线，以游径、交通次干道等连接的线型放射布局方式，实现与周边旅游景点、景区、旅游区域的联系（见表6-2）。

表6-2 风景道与传统自驾游览线路布局

类型	布局方式	布局特点	布局示意
风景道	线型放射布局	风景道轴线两端连接旅游区和客源市场，并将沿线旅游吸引物串联，旅游相关服务产业也在风景道沿线呈紧密布局态势，而后通过游径、交通次干道等与景点、景区及旅游区相联系，最终形成辐射带，带动地方旅游业和区域经济的发展。辐射带动能力的大小取决于旅游吸引力、旅游服务质量及旅游地可达性	

类型	布局方式	布局特点	布局示意
传统自驾游览线路	环形布局	环形布局为不同廊道游径使用者提供了多种功能。这一布局的成功实施需要依赖于更多的土地。游径使用者希望有一种长途跋涉的体验，但同时又未远离游径起点。其主要特点是缺乏多样性。在游径连接点设置合理的情况下，环形布局最适于游览之用	起点/目的地 环形游径布局

(一) 选线方法

道路选线，需要在道路交通、资源评价、客源市场等分析的基础上进行，一般来说道路尽可能经过风景优美、自然景观独特、文化历史特征突出地区，并综合生态环境影响等因素。目前，风景道选线方法主要有以下两种：

1. 基于实地调查打分的景观评价选线方法

吴必虎等（2001）在伊春风景道中尝试和运用等距离专家目视测评法。评价因子包括景观被、视质、视域三种。在野外工作进行前，事先设计好调查表，并在表中将沿途景观被主要分为自然景观被、人文景观被及点状物类，观测时对景观被的现状进行记录，并对各观测点的视域及视质进行目视观测和主观评分。在实地观测评价基础上，建立由地形、视觉质量、视域变化、视觉土地利用（景观被）变化图及沿途典型景观照片构成的景观评价数据库，由林业、地理、生态环境、旅游规划和政府官员组成的评价小组共10人，运用"等距离专家组目视评测法"获得研究数据，然后进一步分别对景观被分类分段评价、视质评价、视域评价进行分析。这不仅提供了一种线性旅游景观评价的适用技术，也为风景道规划设计提供了科学依据。

2. 基于ArcGIS等技术的参数化选线模型法

袁旸洋、成玉宁（2015）运用ArcGIS软件平台，基于成本距离或路径距离算法、成本路径算法，构建了参数化风景环境道路选线模型（见图6-2）。在该方法中，考虑线路选择的地方差异，综合多项影响因素，包括控制点因素（起点、端点、必经点），与地理空间位置相关的因素（地形地貌、地质条件、水文条件等），限制因素（生态敏感区、建筑、各类设施、植被等），通过因子权重、叠加分析、成本距离分析等，从而生成并筛选出最优路径。

(二) 形态设计

由于道路自身条件各异，道路周边的建设条件也各不相同，因此应因地制宜，灵活地建设各种标准、各具特色的旅游风景道。

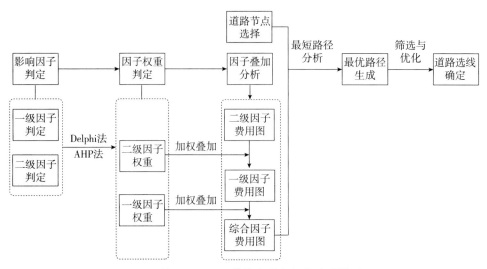

图 6-2　基于 Arc GIS 等技术的参数化选线模型法

1. 优化景观质量和连接度

旅游风景道在进行选线和形态设计时应以景观质量和景观连接度为主要依据。首先，尽可能地选择沿线景观质量较高的道路，串联具有地域特色的自然景观及历史人文景观节点的道路。其次，风景道的线型设计可以在保护原有景观资源、顺应地形的同时，实现创意与趣味设计，带给自驾者不一样的审美体验。尽量避免路线经过对原有地区的自然形态或风景冲击较小，强调路线和地形地势的协调与吻合，使风景道融入自然并利用自然，同时还要尽量解决自然中的不利因素，从而达到最优的视觉景观效果。此外，还应综合考虑长度、宽度、通行难易程度、建设成本等因素，以确定风景道的实际道路形态设计方案（见表 6-3）。

表 6-3　不同地形的风景道设计方法

地形	设计方法
平坦地形	可通过线形改变，协调与高产农业区域及自然保护地段的避让关系
山地地形	尽量沿等高线走向布设，并处理好山地桥隧与路线与的配合关系
滨水地带	尽可能保留和利用水域及沿岸绿化，当道路不可避免地要侵入水体时，应提供景观缓和、平衡措施
林地区域	可通过曲线设计，避免长时间林中行驶的单调与疲劳，并应尽可能穿插一些开放空间

2. 注重乡土及生态设计

旅游风景道的形态特征在一定程度上反映了它的历史文化特征，不同的道路形态会营造出不同的空间氛围和心理感受。旅游风景道沿线穿越具有不同景观特色和地域文化的地域空间，因此与地域特色相适应的乡土化设计是必要的，比如在广阔田园景观的背景下，应该采用自然蜿蜒的曲线道路而非笔直的道路形式，道路边缘应该采用土路肩或石头路肩配合多层次绿化柔和过渡，而非水泥硬质路肩的生硬分隔。

旅游风景道会穿越很多生态敏感区域，一旦遭受破坏将很难恢复原状。因此在对其宽度和线形进行提升建设时，应本着对原有道路和周边环境造成最少改变，降低人工建设对自然造成的生态和视觉影响的基本原则，"设计上最大限度地保护生态，施工中最小程度地破坏生态"，最大程度地保护生态原貌、恢复生态特征，使其像自然生长出的一样，与周边环境充分融为一体。正如《交通运输美学》中所描述的那样："根据自然地面轮廓，使用优美的平纵渐变将线形与河流、山川等特征相联系，将公路设计成为'流线'型，使驾驶者感觉到路线的流畅及节奏感。"

3. 强调廊道节奏与韵律

景观廊道是一条狭长的线形空间，在设计时，为了使司机保持警觉和兴奋，游客可以得到持续的美的享受，在线形的设计上，要结合周围的山水地形，形成变化丰富的节奏和韵律。一条笔直的道路是不会有什么感染力的，而直线与曲线的结合，则可以克服单调、呆板所引起的人们的疲劳和注意力不集中，使人总保持一份新奇感和探求感，这就是视觉连续性带给人们的一种愉快感受（见图6-3）。因此，给司机和游客提供引人入胜的景物，创造外观优美有变化的线形是非常重要的。

图6-3　直线与曲线的完美结合

资料来源：王浩. 城市道路绿地景观规划［M］. 南京：东南大学出版社，2005.

三、风景道道路设施设计

（一）道路主体设施设计

风景道道路主体设施包括路基路面、路肩、中央分隔带、边坡、桥梁隧道等。

风景道道路主体设施的设计，可灵活运用现有规范与标准，注重功能实用、景观协调、道路生态、交通安全设计，力求道路与自然、人文环境的完美结合。

1. 路基路面

路基路面是风景道道路最主体的部分。

实用设计：路面设计，应依据风景道不同阶段的交通流量发展需求，不断改进道路宽度标准及路面铺设的耐用标准。

景观协调设计：路面的重新铺设、重建和修复，强调不应该破坏或偏离风景道本地特质。

生态设计：注重完善路面排水系统，为道路安全行驶提供保障。

交通安全设计：注重加强易滑、破损、不平整路面及不稳定路基的提升改造，避免对驾驶者构成潜在危险。

大河路车行道设计标准如表6-4所示。

表6-4　大河路车行道设计标准

设计要素	道路分类		
	地方公路	支道	干道
设计时速（mph）	30	40	50
车道宽度（ft）	11	12	12
路肩宽度（ft）	2	4	6
人行/自行车道宽度（ft）	4	4	6
最小停车视距（ft）	200	300	400
最小水平曲率（%）	252	468	764
最小坡度（%）	0	0	0
最大坡度（%）	7	6	5
最大超高率（%）	8	8	8

注：mph，每小时英里数的简称，全称"miles per hour"；ft，英尺的简称。

资料来源：Mississippi River Corridor-Tenessse Great River Road Tennessee Corridor Management Plan [R]. 2008：11.

2. 路肩

实用与安全设计：路肩是一种道路设施，设置在行车道两旁，为驾驶者提供了行车缓冲空间，供车辆发生故障或其他紧急事故临时停车使用。路肩设置形成的侧向余宽，不仅有利于保护行车道主要结构的稳定，还能改善挖方路段的弯道视距，从而保障行车的交通安全。

景观协调设计：路肩的宽度设计，应综合考虑路段通行能力、对周边环境影响、交通安全等因素灵活处理，路肩铺装材质可选用碛石、碎石、矿物或化学添加剂以及沥青、水泥等。也有根据路侧环境需要，做软路肩处理的方法，比如利用当地自然地形，在压实的土路基上种植草皮的路肩形式，既赏心悦目，又生态经济。

生态设计：路肩的设置，可以使雨水能够在远离行车道的位置排放，减少行车道雨水渗透，减少路面损坏，这符合风景道建设的生态理念。

3. 中央分隔带

实用设计：中央分隔带主要位于道路中央，其作用主要包括分隔对向行驶的两相邻公路交通流，为自驾游客在缓慢驾驶中欣赏沿途美景提供安全保障，还可以提供景观绿化空间，以满足安全需要并改善设施景观效果，同时也可以作为未来车道的改造设计预留空间，并承载标识、排水等设施空间。

景观与生态设计：中央分隔带形式及宽度需根据道路交通条件权衡，以达到缓冲隔离效果为准。中分带景观设计可采用防眩板和植物栽植两种方式。防眩板设计可将地域特色融入。采用植物栽植不仅可以发挥它的防眩功能，同时也具有减弱噪声的作用。在选材上应选用观赏效果好、抗性强、低养护的灌木；形式上多采用规则式种植形式，在较宽的区域可采用自然式栽植。

交通安全设计：中央分隔带的设计可以通过植被的绿化、色彩变化来调节驾驶员的注意力，缓解驾驶员长时间驾驶而产生的疲劳感，从而提高驾驶的安全性。

4. 边坡

实用与安全设计：边坡主要指在路堑、路堤段填挖方的倾斜部分，是道路与周围自然环境相连的重要区域，稳定的边坡可防止落石对行车安全造成影响，减少水土流失。边坡的景观绿化有利于保护道路沿线自然生态与景观效果。

景观与生态设计：风景道边坡设计应在主要考虑稳固性和排水功能的基础上，最大程度展现当地的最美景观风貌。因此，宜采用生物边坡方式实现斜坡和排水模式的改进，在坡度较缓的边坡上，可选择适应性较强的当地本土植被，以草本植被为主，灌木与藤本植物为辅，因地制宜，形成错落有致的灌草植物景观特征。在坡度较大的边坡上主要采用绿化防护措施如植草袋、防护网等。

5. 桥梁隧道

实用与生态设计：风景道上的桥梁和隧道是跨越江河、深谷或穿越山川峰岭而形成的结构构造物，满足自驾车辆和行人通行需求，在最大程度上减少了自然环境的干扰，同时也成为风景道上充满趣味的特征物。

景观协调设计：桥梁和隧道口的设计应考虑周边景观环境的肌理特色，并选择能够与景观融合的颜色和材质。对风景道上的桥梁来说，桥面车行道及路肩，桥上的护栏、照明设施，桥侧的桥台、桥墩、翼墙等，在行驶过程中的部分，都应考虑必要的美学处理。对隧道而言，隧道洞口的位置应优先选择在森林瀑布、遗迹、山川、奇峰怪石等自然景观优胜处，尽量保持洞口周边原有的自然植被覆盖，并注重历史文化以及地域特色在洞口造型、洞口标识及景观设计中的表达。

交通安全设计：桥隧的安全设计除主体结构达到强度标准外，钢护栏、混凝土护栏、石砲混凝土护栏以及木质护栏等各种桥梁护栏形式，除考虑风景观赏功能外，还应进行防撞测试，以保证自驾行车的安全。

（二）交通安全设施设计

景色优美的旅游风景道与一般公路相比，机动车驾驶者更容易因欣赏风景而分散注意力，因此应提高道路安全设计的要求。风景道中常见的交通安全设施主要包括安全护栏、挡土墙、限速区段、夜景照明等。

1. 安全护栏

路侧安全护栏的设置与否，主要依据路堤填土高度、边坡坡度和路侧危险程度，比如在靠近悬崖陡壁或急转弯的路段，除了设置必要的警示和引导设施，还需要在路侧合理设置安全护栏，减小驾驶车辆失控冲出路基的可能性。路侧护栏设置一般不是连续设置。风景道护栏设置，一方面要保障道路的通行性和安全性，满足所设计公路类型的撞击试验标准；另一方面要兼顾风景道景观观赏性和美观性的功能需求，护栏形式及材质选择的设计不仅要融入环境，突出环境的美，还要彰显文化特色和环境风貌的表达，如蓝岭风景道护栏材质以木质和山石为主，形式上以木栅栏和低矮的石墙为主。

2. 挡土墙

挡土墙是建于坡地的构筑物，用以加固土坡或石坡。防止山崩，防止土块和石块落下，以保护行人和附近建筑物的安全，也可防止水土侵烛。在自然地形较为陡峭，以及环境敏感区具有限制性干扰的条件下，挡土墙可能就显得极为必要。

风景道挡土墙的设计，首先应在满足安全功能的前提下，考虑尺度、色彩、材质等对周边自然环境及道路的影响，尽量采用融入自然的、质朴的设计。同时，可对挡土墙进行自然生态化处理，在挡土墙上适当种植本土植被，使墙面形成植被覆盖，营造自然古朴的景观效果。其次，考虑到自驾过程中的动视觉特性，挡土墙的设计应尽量直观，不适宜小尺度的雕刻与绘画。最后，融入意境流设计理念，形成统一主题的挡土墙单元，互相组合构成有机整体，从而形成具有内在联系、反映当地文化特色的景观意境效果。

3. 限速区段

旅游风景道沿线会经过观景点、景点服务区以及村镇居民点人流复杂地区，道路两侧行人交通活动多，交通秩序混乱，这种路段最主要的安全隐患是快速行驶的车辆和随意横穿的行人、自行车之间的冲突碰撞。解决的主要措施是规范行人的过路行为，同时对机动车进行限速和预先警示，还可以辅助采用机非分离的手段。首先，应将这类路段作为一个限速区段，限速值 30 千米/小时或更低，在到达服务区或居民点的前一段距离就设置提示标识，提示前方有行人穿越，然后是醒目的社区（观景点/服务区）入口标识、限速标志以及横向震动减速标线。另外，应规范行人的过街交通，即需要统一行人的过街路径，设置人行横道并辅助安全提示标识，人行横道可以结合机动车减速平台作进一步的优化设计，将人行横道设置在减速平台的顶部平面，形成高出路面的人行横道，使人行横道的视觉效果更加醒目，增加可视距离。

4. 夜景照明

风景道夜景照明系统的设置，以亮化为前提，以美化为目的，一方面能够有效鼓励人们在夜间使用风景道，保障风景道的夜间使用安全和活动的正常进行；另一方面，照明设施的艺术化应用，可提高视觉景观的多样性，彰显风景道主要构筑物及显著自然景观的夜间美景，包括桥梁、高架桥和设计精美的挡土墙、瀑布、地标性树木或岩石以及路侧的悬崖峭壁等。

风景道夜景照明设施的设计，以点、线结合的方式进行。沿线的景观节点是装饰照明的重点，以高、中、低三个层次展开，轮廓灯、泛光灯相结合，同时注意光线色彩与景点主题相呼应，景观节点丰富光源色彩。玻璃体内用透光灯美化，同时采用草坪灯、地灯、水下灯等使风景道的夜景丰富，充满层次感。在具体的灯具设计、选择及设置中，应注重以下原则：

（1）确定恰当的照明标准，以确保目标使用者的安全。

（2）指定一个总体的廊道照明等级，包括地平面路灯组合、高架灯、标志、艺术品和植物的特殊照明。

（3）对照明固定装置的位置和合理布局进行确定，从而达到要求的标准，在重要地点均匀地设置光源。

（4）不要设置可能会暂时阻碍廊道使用者视线，引发交通事故的照明固定装置。

（5）选择适合廊道的照明设施。有几种照明灯可以使用，包括白炽灯、荧光灯、汞蒸气灯、金属卤化物灯、高压钠灯和低压钠灯。这些灯的尺寸、形状和规格都不尽相同（见图 6-4）。

（6）对照明组合设备在廊道交叉口的高度和位置进行评估，确保使用者进入游径交叉口时，无论从前还是从后，都能看到照明设施，从而辨别周围的环境。

图6-4　照明系统意向环境

第四节　风景道路侧游憩节点及服务设施设计

一、设计理论基础

（一）人的空间感知理论

人类世界根本上以空间为基础，因此道路与周围建筑构成的实体界面造型、道路空间随行进方向形成的空间秩序、道路空间随时间而展开形成的空间秩序、道路空间由历史积淀而成的风貌特色，都可看作道路空间不断延伸的线性空间。凯文·林奇在他的著作《城市印象》一书中提出，城市空间可被看成居民的"心理地图"，它由路径、边界、区域、结点和地标五种元素构成，其中"路径"在人们印象中占主导地位，作为线性通道和连接。"结点"是要点，可以看作居民进入某一区域的战略点，即道路交叉口。而舒尔茨提出场所理论，着重强调"人的存在"，以此来揭示人的生存环境。事实上，人在道路空间的动态存在，使其产生的感知丰富、多变。游客对风景道的感知，包括以下三个角度：一是游客在实地游览过程中形成的直接感知形象；二是在游览结束后的回忆感知形象；三是记忆中的经验形象转而又成为对该景区的原始形象。作为以满足人们通行、游憩需求的特定场所，风景道的领域属性包括居民生活必不可少的空间。由于居民的生活使用要求，和游客对风景道的审美感观要求有很大区别，而导致人群差异产生行进过程体验的差异。

因此，要求我们针对各种不同兴趣类型、不同年龄层、不同生活环境的人群，采取多变的景观设计手法来设计的风景道，发挥道路在不同维度的空间特性，满足不同道路使用者的空间愉悦感。

（二）文化遗产保护理论

区域内长期的历史发展，培养目的地具有强大的传统文化吸引力，这些历史发展所保留下来的文化遗产成为某些区域独特的历史文化沉淀，对旅行者的偏好产生重要的影响，成为发展区域文化特色的宝贵资源。文化遗产包括有形的物质文化遗产和非物质文化遗产（一切以非物质形态存在的与群众生活密切相关、时代相承的传统文化表现形式），这些不可再生的珍贵资源由于过度开发和不合理利用，面临整体风貌破坏的严重威胁。一些地方对非物质文化遗产保护的必要性和紧迫性还抱有侥幸，为未能充分认识到非物质文化遗产大多以声音、形象和技艺存在，只能身口相传依托于人本身而存在，是"活"的文化及其传统中最脆弱的部分。对它的保护工作在传承民族文脉、提高国家软实力和促进社会和谐发展方面起到重要作用。

风景道作为多价值的景观廊道，其历史、文化和考古功能价值对风景道的规划设计起着极其重要的作用。历史文化的分析不仅对于客源地的研究很有必要，对目的地旅游产品的吸引力也会产生深层影响，某地区的旅游需求受到其历史文化传统和旅游价值意义的影响。同时，风景道开发建设也在影响当地历史文化资源的发展与利用。风景道的规划设计必须经过准确、科学的资源调查，针对当地历史文化资源全面分析与研究，充分挖掘并展现其历史文化价值，发挥宣传教育作用，实现道路建设与环境建设的可持续发展。

（三）游憩学理论

"游憩"这个词于20世纪30年代在《雅典宪章》中首次被提出，宪章指出居住、工作、游憩和交通是现代城市的四大基本功能。随着乡村城镇化进程的不断推进，我国已逐步进入"休闲时代"，人们对游憩空间的需求越发迫切。对游憩活动的理解即在闲暇时间里自愿进行的，并离开居所一定范围，以实现参与者益智、益趣、体验自然、放松身心、有助于恢复其体力和精力的合法行为。游憩的方式、环境、影响因素等各有不同，但都能使人收获愉悦和满足。可见，旅游行为有益身心健康，促进人们在日常学习和工作中调动积极性。游憩学以人的行为为导向，根据人们的游憩动机、游憩需求、游憩方式等作为研究对象。探索以人为本，合理分配游憩资源的方式，将游憩客体与游憩主体进行互动，以达到合理布局游憩空间，最终将游憩空间功能发挥得淋漓尽致。这既是游憩学研究的出发点，也是其发展的最终归宿。

风景道的规划必须与旅游目的地规划及其相关旅游规划相结合，根据游憩理论的指导，理性、科学地进行规划。风景道作为游憩活动发生的载体，应充分考虑游憩活动的特性，满足不同游憩动机的游客，注重提升游客的参与度。最终实现风景道与城市、景区、乡村等空间范围之间的良性互动及共同发展。

二、游憩服务节点布局设计

游憩节点是风景道景观空间的"突出点"，即场地最大、立地条件最好、景观设置可塑性最强的部分，其布局设计不仅可以避免风景道景观的呆板单一，而且可以使一些优良的地域自然风光和人文资源得到很好的体现。游憩节点以地形、绿化、建筑小品等元素为主，布局自然，具有较强的艺术性、观赏性和实用性（见图 6-5 和图 6-6）。设计时灵活性较大，需根据不同的环境条件进行处理。

图 6-5　道路相交处形成的节点一　　　图 6-6　道路相交处形成的节点二

（一）游憩服务节点选址布局

在游憩节点规划选址时，应充分考虑现状地形、地貌，优先选择一些重要的景观、交通节点和自然风光优美的区域。一般游憩节点主要包括三种类型：第一种是风景道的起点和终点。风景道的起点和终点是风景道线型廊道景观空间序列的开始和结束，是进入旅游区的门户，其景观环境决定着人们感受出旅游区的第一印象。第二种是风景道的观景台和停车区，和高速公路设立服务区一样，风景道也应该在适当的里程结合两侧的地形地貌来设置休息区，其环境生态组成要素有停车场、加油站、维修站、厕所、绿化、广告、小品建筑及餐饮、购物的主体建筑等。第三种是风景道与其他相交区，它是由两条或多条线型廊道围合而成的内向型空间，其环境生态组成要素与景观廊道的道路空间层次生态组成要素相同。在旅游风景道建设及体系构建中，游憩节点主要通过以下方式布局：

1. 面状布局——实现旅游城市、旅游区、景区无缝衔接

在旅游风景道建设中，充分利用旅游城市的高速收费站、省际收费站建设综合性游客服务中心。在重要国道线建设城镇建设综合性游客服务中心，带动城镇实现

旅游经济收益，同时改善城镇风貌环境，提升城镇品质。在与景区衔接处利用加油站等已有基础设施建设大型游客服务中心。建议景区游客服务中心外移，减少人流，保护核心景区生态环境。

2. 点状布局——实现百千米全方位服务

旅游风景道因其线性开发的特性，旅游服务的有效覆盖范围不能以服务半径来测算，而应以距离来测算。在风景道的游赏中游客基本以轨道交通、公共交通和自驾交通三种方式出行：在轨道交通的旅游公共服务设施建设中，应以轨道交通的站点作为点状的基站，实现旅游服务全覆盖，包括公共厕所、问询、寄存、换乘、购物、餐饮等。在公共交通中，应利用现有公交站点，拓展功能，包括咨询、公共厕所、寄存、小型餐饮等，实现旅游城、镇、村的旅游服务全覆盖。在自驾交通中，应充分利用高速公路服务站，完善服务设施，改善服务环境，加载旅游咨询、住宿功能，解决长途游客的过夜问题。在国道等路面交通中，应充分利用村庄资源，设置公共厕所、便利店、民宿等旅游服务设施。

3. 线状布局——实现网络信息全覆盖

旅游风景道是一条流动的景区，游客获取在流动的多维度线性空间内获得游赏价值，为使游客在游赏中获得更好的体验度，在这个信息膨胀的时代，旅游风景道上网络信息全覆盖尤为重要。这就要求各村、镇、城市所辖各级政府，与通信运营商之间做好沟通，完善信息服务基站建设等。这里包含了 WiFi 全覆盖，救助电话城际、省际互联互通等。

（二）游憩服务节点设计手法

1. 借景和造景

风景道作为一种线形景观环境，其周边环境千变万化，山岭、坡地、河流体现出一种自然美。廊道节点一般处于路域景观丰富的段落，充分利用现有的自然景观，同时将园林素材、造景手法融入廊道景观节点的设计当中，使廊道节点景观既要满足丰富廊道景观内涵的需要，又要达到自然景观与再造景观的和谐统一。

"借景"，简言之是将廊道外的风景借用到廊道景观之中，并使之成为一个必要的部分。"借"的原因是它位于廊道以外、车辆不能到达的地方，但其景色却可以在游线上欣赏到。有效的借景使人们不仅局限于廊道本身的景色，通过景观过渡，欣赏到大自然的美好画卷，扩大人的视野范围。廊道节点因空间有限，因地制宜地借景至关重要，它是节点重要的构图手法，将优美的远景、近景有效地纳入人们的视野范围，满足视觉多样性的要求，并体现不同节点的景观特点。

景观节点作为廊道景观的"亮点"，仅仅借景是不够的。众所周知，中国园林讲究"虽由人作，宛自天开"，植物、建筑、山石、水体是中国园林四大要素。在节点景观设计当中应该充分运用传统园林要素，使节点景观建设与周围环境达到

"和谐统一"（见图 6-7 和图 6-8）。

图 6-7 景观节点的创意设计体现

图 6-8 景观节点各造景元素的和谐

2. 整体和细部

如果廊道是一幅山水画，节点就是画中的点睛之笔。要想画好这一笔，首先必须与整幅画保持风格上的一致，其次要有它的独到之处，这就体现在整体设计和细部设计上。节点景观是廊道景观的一个重要组成部分，设计时要充分利用各种景观元素，按照一定的尺度、比例、线形、形态、色彩、质地、韵律、节奏等基本法则进行构图，综合考虑整体和细部景观，创造良好的视觉形象和生态环境，给人带来一种审美愉悦和良好的情感反应，使游客能真正地感觉到"人在车中坐，车在画中行"。

节点的细部设计主要体现在地形营造、植物配置、观景路线、景石布置、园林小品等方面。在地形营造上，充分利用现状土方，保持原有水系不变，只是对道路建设的弃土进行梳理，更好地突出原有的自然山水。在植物配置上，路边引导区花团锦簇，观景休闲区有遮阴的大乔木，水边可以栽植大量的水生植物；观景路线满足车辆短暂停留和行人的游览需求。在路边设置标识性景石，水边自然布置鹅卵石，使人领略廊道景观的无穷韵味和意境。

3. 观赏和休憩

由于廊道景观具有"车动景异"的特点，它的观景点是一个动态的过程，而节点景观还同时是一个静态的景观，当游人站在不同的观赏点要达到不同的观赏效果。对于廊道节点的景观，由于设计者的精雕细琢，要求游人停留下来"赏景"，展开联想和想象，可以达到情景交融的境界，使情操得到陶冶、精神得到升华。

对于具有观景台功能的较大的廊道节点在设计时，不仅要考虑其观赏性，还要突出它的功能性，需要为驾乘人员提供停车和休憩的场所。通过建筑、铺地、设施等环境条件，营造一个集停车、休闲、观光为一体的独特景观。要充分利用原有的树木，配置花灌木、草坪、花坛、座椅等，创造舒适的休息空间。

三、游憩服务设施设计

（一）游憩服务设施内容

游憩体验功能是风景道价值的核心所在，而这一功能的实现离不开其物质载体——游憩服务设施的支撑。完善的游憩服务设施，可以为出行者和游客提供休息、休闲、观赏、标识等功能性服务，其本身也是风景道廊道景观重要的组成部分，颇具技术观赏价值和文化价值的造型，往往给人以深刻的感受和体验，从而创造美观、舒适、便利、生动的环境氛围，往往成为"画龙点睛"之笔。风景道游憩服务设施包括户外游憩设施、旅游接待设施、交通连接设施、引导标识与解说服务设施等。

1. 户外游憩设施

户外游憩设施，为自驾游客提供了风景道路途中深度观赏、亲近自然、体验文化的场所，包含观景平台、野炊区、野营区。

2. 旅游接待设施

这类设施的设置，是为满足游客驻足休闲需求，包括游客中心（或驿站）、餐饮服务设施、住宿服务设施、旅游纪念品商店等。

3. 交通连接设施

其主要包含交通收费系统、救援和安全系统、停车场、游径慢行系统（水、陆两种）、汽车维修及租赁站、汽车加油站、物资提供点等。

4. 引导标识与解说服务设施

风景道标识设施主要指风景道沿线为游客正确和安全驾驶提供说明和指示的标记标识牌。按照使用者需求，分为Logo、指向、信息、解说、广告、约束和警告标识七大类。风景道解说设施是为让游客能更好地了解和欣赏风景道的自然资源、动植物特征，以及风景道品质而设置的，包含以解说标识、解说点为主的自导式解说设施及借助其他媒体的媒介式解说设施两类。

（二）游憩服务设施设计方法

1. 实用性设计

实用性设计为风景道游憩服务功能和服务效率提供了保障，具体包含以下几方面的内容：

（1）与所在空间环境氛围相协调。正如奥地利建筑师、《城市规划的艺术原则》作者西特所言："一个良好的原则就是各种设施尽可能从属于它所在空间的性质。"风景道游憩服务设施的设计应与所在空间协调，比如一座环境雕塑的造型、图案和色彩应与周围的建筑、绿化、水体等所构成的空间气氛相协调。

（2）在空间环境中应合理布置。游憩服务设施的规模取决于客流量，选址需综合考虑景观、交通、地形、地质条件等要素，根据场地及需求，提供多种类型、多种组合方式（独立设置、组和设置）的布局。设施在空间环境中的布置应符合人的行为心理特点，方便公众使用或欣赏。比如对垃圾箱数量、位置的确定，需要考虑人流走向、垃圾排放量等因素，若布置得太少或位置不好，则不利于人们的使用，减弱空间环境的整体美。在空间环境中应比例适度。每件公共设施的空间环境尺度配合"精在体宜"，注意各部分之间的尺度关系应符合人的行为心理需求，使它们的大小、疏密、虚实在比较中显得适度。

（3）应具备更新要求。特别是小型设施，除考虑其造型要素外，还应考虑其随时可以更新和移动，有意识地安排某些小型设施的更新时间，会使环境持续具有新鲜美感。比如在空间环境组合中不可缺少的组景设施——花盆、花箱设计，它们可以随时按需移动或更新，且形式多样。

（4）应适宜四季、昼夜不同环境。随着季节的交替变换，夜晚景致及灯光的影响，公共设施及其所处环境的形象与色彩也在相应地变化，在设计中应充分考虑不同的光线、气候条件对公共设施的影响，如喷泉造型应充分考虑白天及夜晚灯光下的不同景观效果。

（5）应满足不同的体验需求。丰富的体验功能，可以提升风景道旅游吸引力，因此，游憩服务设施应呈现多样化，比如结合周边环境，提供森林小木屋、房车公园、生态酒店等住宿类型，或利用当地资源条件，为游客提供野餐、野炊、农家乐、酒庄、农场、果园等多种餐饮选择。

2. 人性化设计

人性化设计即是在设计的过程中以人为本，了解人的需求，设计出尊重人、关怀人的物质和精神形态，这是一种人文精神的集中体现，是人与设施、自然完美和谐的结合（见图6-9和图6-10）。

图6-9　景观小品与环境完美整合

图6-10　美观、文化与功能相结合

通过对公共设施物质形式要素（造型、色彩、装饰、材料等）的巧妙设计，引发人积极的情感体验和心理感受，是设计中的"以情动人"。

（1）造型。设计中的造型要素是人们对设计关注点中最重要的一方面，设计的本质和特性必须通过一定的造型而得以明确化、具体化、实体化。公共设施的造型既是公共设施功能的载体，也是视觉传达的媒介，还是设施设计风格的直接体现，造型设计应基于朴素简练的风格，使其易于辨识又避免具象化。除了运用设计的形式法则，巧妙处理点、线、面、体等造型要素的彼此关系外，还应将文化以有形的手段融入造型当中，通过设计创造一种贴近自然、与环境和谐、充满生命力的美好形态，来引导人们感受环境、珍爱生活。

（2）色彩。在设计中色彩必须借助和依附于造型才能存在，但色彩一旦与具体形象结合，便具有极强的情感和表现特征。因而色彩成为设计人性化表达的重要因素。公共环境设施的色彩运用应考虑环境因素，突出其直观性，并与环境色彩相适应，兼顾其与周围大环境的关系，合理地选择对比色和邻近色，以实现其在环境中的点缀或融合作用。

（3）装饰。现代设计在尽量体现简洁、大气特点的基础上，在适应机械化大生产技术条件的前提下，适当的装饰可以增加设计的情趣和个性，使设计灿然生色，甚至很多设计中的细节装饰决定了最终的成败。

（4）材料。材料是公共设施实现的物质条件，是与人最直接接触并保障功能实现的设计要素，因而材料是人性化设计的重要表达因素，材料选择的合理与否会对设施的使用效果产生极大影响。在公共设施的设计中，材料的选择既要考虑使用者的要求，尽量美观舒适耐用，又要从人文、绿色的角度加强材料与人的亲和力。以座椅为例，目前使用的单纯石材质座椅，虽然具有坚实耐磨的优点，但是给人一种冰冷的心理感受，特别是寒冷季节其利用率会明显降低。而最令人感到舒适的座面材料是木材，它富有弹性、性温，在室外既不会过冷也不会过热。通过合理发挥木材与石材的优越性，将两种材质巧妙地组合起来，不仅优化了座椅的功能，而且使设施充满自然情趣，产生强烈的材质对比效果，唤起使用者的情感共鸣。

3. 地域性设计

旅游风景道沿线地域文化符号提取和图像衍生地域文化符号的提取指的是通过符号的形式将地域文化的精髓元素进行提炼，并用文字、图形、色彩、纹饰、造型形态等视觉信息表达出来。通过采用模拟、衍生、夸张、变形和扭曲等艺术手法可以将地域文化符号应用在景观设计的不同展现形态上，从而将地域文化转化为景观元素进行文化的传递与表达。在路侧景观营造中，彰显文化感知力的设计是将文字、图形、色彩、造型形态等视觉信息符号运用在景观小品、建筑物、铺装、植物搭配、标志标牌、护栏、座椅等环境物质实体上，这些景观元素承载的不仅是人的某种精神理解和主观情感，也是对所在环境空间的高度信息浓缩，使景观场所易于观赏者理解。

方法：EDIS 模式方法

对旅游风景道进行地域文化的景观表达，即文化挖掘（Excavate）、图像衍生

（Derive）、符号引入（Introduce）和景观表达（Significance）。

在对旅游风景道沿线地域文化元素进行挖掘后，将抽象的地域文化进行图像的衍生表达，把抽象的文化转变成具象的符号形式，最终应用到景观设计中。符号提取与衍生的形式有：在具有当地文化特色的具象物体中提取色彩、材料、形状进行模拟、简化、变形和衍生，将抽象的文化含义进行具象的比拟和表达。衍生的符号图像必须具备通俗性和直观性，才能被游人识别和认可。

建立完善、多样、特色化的标识系统是风景道区别于其他道路的重要方面，它不仅是道路管理的主要手段，也是风景道上旅游吸引物的重要组成部分，其通过文字、符号、图案等元素向旅行者传递可靠、准确的信息的同时，也使游客愉快阅读和感受风景道上的自然与人文景观，以及蕴含的故事，加深旅游体验。

第五节　风景道路侧景观环境设计

一、设计理论基础

（一）景观美学理论

美国早在 20 世纪 60 年代就兴起了公路景观美学评价体系研究，几乎每个州交通部都有自己的一套道路景观的美学评价方法。美国林业部（US Forest Service）于 1995 年出版《景观美学》，既可用于公路景观的管理又可用于森林景观的管理。视觉审美一直是景观评价的重要方面。研究表明：道路景观合理布置有利于道路交通安全，令人赏心悦目的景观会使驾乘者心理上保持适当紧张感而又有松弛感，有助于防止交通事故的发生，而杂乱无章的道路景观会使人产生厌烦和迟钝感，对于行车安全有潜在的威胁。道路沿线的景观美学要素包括公路自身及其沿线范围内的自然景观（气候、水文、地质、地貌、动植物等）和人文景观（各种建筑、村庄、雕塑、人工植被、场地等），景观的美不仅是外在的形式美，更蕴含内在美，其构成要素多元、存在形式多样、影响因素多变。因此，道路景观美学评价的方式目前没有形成统一系统，对于路域景观视觉质量评价应由道路使用者的评价为主要依据，实事求是地调查分析，最终为新建道路景观规划设计提供依据。

（二）景观生态学理论

景观生态学将"斑块—廊道—基质"的空间模式嵌入区域格局中，构建一个结构合理、功能完善的区域生态系统，提高区域的生态安全度，协调区域资源利用和环境问题。其中斑块是指空间内的一种点结构或块结构，廊道是指一种特殊的带状要素类型，基质则是指土地利用类型、背景生态结构等背景结构。景观的异质性及其与生态过程的相互作用是景观生态学研究的核心问题之一。按照景观生态学对景观功能和结构的解读，那么风景道作为一种特殊线型景观，也是廊道类型中的一种，在周边土地利用及自然环境等基本基质的背景支撑下，其沿线也存在大量"点结构"或者"块结构"的空间，这些不同结构之间的环境和资源类型的差异性构成了整个风景道沿线的景观特色。因此，风景道的规划开发与景观生态学相关理念密切相关，景观生态学理念有利于解决规划过程中不同尺度的动静状态问题，有助于实现人、生态环境及景观三者之间的可持续发展，有利于实现功能、环境和美学上整体效益的最大化，也给道路沿线景观资源的分类以及道路景观的评价评估提供了指导。

二、景观环境美学设计

（一）景观美学特征

景观廊道给人带来的舒适感、愉悦性和审美情趣上的满足，是通过旅客视觉和心理提供的信息所感知的，而信息获得的影响因素主要来自两方面：一方面是廊道自身的线形，另一方面是景观及其与周边环境的关系。当然，这两方面本身也有密不可分的内在联系，无论是廊道自身线形，还是其景观或与周边环境的和谐关系，最终都汇集为一个综合的视觉印象。一条精心设计的景观廊道应保持线形流畅优美并能自然融入周围景区环境，集安全性、舒适性、便捷性、美观性于一体并具有其"个性"，使行驶于其中的旅行者享受到生理上和心理上美的双重体验；相反，一个结构笨重、设计粗糙的景观廊道，不仅给公路本身功能的发挥带来了很多问题，而且降低了所经景区环境的趣味性，影响了所在自然环境的美观。西方许多国家修建的"旅游专线"和"风景小路"，都充分利用了路域显著的自然特性，人们行走在其中能够充分领略当地独特的景色，以其独特的吸引力表现出很高的美学质量。

风景道作为一种特殊的景观构造物，对其评价遵循基本的美学原理。风景道所表现出来的线条、形体、色彩、质地等，在时间、空间上的排列组合，遵循形式美的特点与规律，创造出功能、环境、美学上和谐统一的景观。统一性和多样性是对景观元素进行组织、管理的基本原则，一个景观的格局和结构是对多样化的基本要素进行组织的结果，任何景观都是在统一性和多样性之间取得平衡。统一性涉及的是景观中部分和整体的关系，追求一种视觉统一的结构，多样性涉及的是景观中的变化和差异，是审美主体的基本需求。两者体现出景观内在的和谐关系，追求把复杂的多样性变为高度的统一，包括形状的统一、色彩的统一、结构的统一等。对比是强化视觉刺激的有效手段，是使差异很大的两个景观要素在一定条件下共处于一个完整的统一体中，形成相辅相成的呼应关系。相似是由同质部分组合产生的，其基调是统一无冲突的。相似的要素越多，越能在视觉上把它们联系起来。风景道视觉的连续显示着功能的连续，景观格局在空间、时间或同时两者中显示出连续性。均衡是景观结构的视觉性质之一，均衡中心两边的视觉能力相当，则会给人以美好感觉，比如对称，具有高度的稳定性。任何景观都是由多个要素或要素的一部分组成，比例就是要素与要素之间或要素的整体与局部之间的数量关系。在自然或人工环境中，不同比例的形式具有不同的形体情感和视觉美感。而景观的比例是在一定尺度中的比例，尺度使人们产生景观尺寸中的美感。

景观设计与优化的创新本源来自风景道的线性特征。风景道长度多达几十千米甚至几百多千米，一方面存在着将惯常的旅行成本转变为特殊的旅行收益成本的内在诉求，强调风景道不再只是提供从出发地到目的地之间的直接快捷的路径，另一方面强调风景道本身就是一种特色旅游吸引物，能够为旅游者提供欣赏沿路美景的愉悦享受。如果风景道沿途景观破败，则风景道的景观价值、游憩价值则会严重削弱甚至荡然无存，因此风景道规划重视沿线景观设计与优化。风景道景观设计与优化注重景观效果对道路使用者心理的暗示、引导与刺激，避免产生审美疲劳，这是与道路交通规划最大的差异。

（二）景观美学设计

1. 兴奋点设计

景观廊道沿途不同景观类型对游客吸引力不同，使游客赏景的兴奋程度也不同，从而产生了心理体验的平缓区和景观兴奋点。在美学设计中，兴奋点设计是指运用各种能被人的感觉器官直接感知的风景信息，或不能直接被人的感觉器官所感知而作用于一定层次潜意识的潜在审美信息，来激发游客产生兴奋点的设计。在景观廊道美学设计中引入兴奋点设计理念，宜于通过简洁的形象空间营造欢快、具有标志性的色彩，传达通俗易懂的信息，提高景观廊道景观的观赏性，缓解游客旅途的身心疲劳，激起游客对沿途和目标景区的好奇心和兴趣。从自然景观节点到历史文化遗址，从路侧构造物到景观小品，都可以作为景观兴奋点的设计内容。需要注意的是，在景观廊道上，游客大部分时间处于动态观赏状态，而不具备驻足欣赏的条件，不能给人以较多的时间去思考和感受形体，更多的是瞬间印象。另外，兴奋点的位置选择、景观色彩及造型设计都应满足道路交通安全设计，尽量不用易引起驾驶员视线停滞和错觉的色彩和造型，注重宏观效果，减少对细部的刻画处理，以防止分散驾驶员的注意力，造成交通安全隐患。

2. 空间序列设计

景观廊道呈现出连续的、动态的景观序列空间形态。景观空间序列是由若干自然与人文景观元素构成的，由起景、过渡、高潮、过渡、结尾等几部分依次展开。一些复杂的序列还包括有序景、转折等部分。遵循一定构成的景观结构有主有次，产生有起有落、有高亢有低回的赏景意趣，宜形成一条富有韵律与节奏的景观游览线路。景观廊道的美学设计要根据公路景观类型的分布规律和公路景观现状评价的结果，先确定全段序列的形式，如三段式或多段式，如果线路较长，在每一小段还可以对该段的景观序列进行细节处理。然后在整体上对公路进行景观序列规划，结合景观兴奋点设计方法划分每一个子序列空间的各个不同组成部分，为景观廊道美学设计提供序列空间上的定位，以形成连续而富有节奏变化的公路动态景观序列。

3. 色彩规划设计

色彩，早在混沌时期就以其变幻莫测影响着人类的精神世界。在绚烂的多彩世界里，没有不美丽的色彩，只有不和谐的搭配。因此，在规划设计中，可通过景观色彩构成设计、景观色彩情感表达两个方面，在形成统一协调色调、统一情感的基础上，营造对比、突出亮点。或把握好主色、辅色和点缀色三个系统，通过位置、面积、色相、明度、纯度的某种移动变化或重复，形成一定次序呈阶梯式逐渐变化、推移或在视觉上造成一种具有动势的重复调子，从而实现色彩错落有致的节奏韵律；或通过强烈对比，重点渲染设计空间中的高潮段落，丰富景观层次、活化重点空间段落，考虑"时移景变"，兼承功能与美；或个性发挥色彩的温度感、运动感、距离感等心理效应和观众的想象力、领悟力，产生迂回含蓄、以一概万的意境和强烈的形态感情。廊道色彩设计效果如图6-11和图6-12所示。

图6-11　廊道色彩设计效果一　　　　图6-12　廊道色彩设计效果二

三、景观环境绿化设计

风景道景观环境绿化需要通过一定的园林手法和植物配置，兼顾生态环境改善和游憩休闲的需求，因此，在规划设计的过程中要遵循以人为本、体现生态、与周边环境相协调及因地制宜、适地适树的原则。

（一）绿化景观营造

景观廊道绿化的景观效果，在自驾车旅游中起着举足轻重的作用，通过植物不同的配植方式、不同的选择，可以形成不同的廊道景观效果。

1. 行道树绿化景观带

在廊道上以种植行道树为主的绿化带。许多旅游区希望做到"一路一景""一路一特色"的行道树景观。在植物配置方面，主要利用当地的乡土树种，常绿树和阔叶树相结合，并适当点植香花、彩叶的树种。根据路况，大乔木的种植也能够产生很好的绿廊效果，以常绿树作为背景树，列植落叶乔木，夏天可以遮阴，冬天落叶可以使人们充分享受阳光。点植彩叶树种，以丰富植物景观。也可根据当地情况，营造出热带、亚热带、温带不同景观的行道树绿带。

2. 隔离带绿化景观效果

在植物配置方面掌握适地适树的原则，以乡土树种为主，形成季季有景的景观环境。同时体现时代特色，营造出明快通透的氛围。乔灌草、乔灌花的合理搭配，落叶与常绿树的搭配，注意季相变化，满足其功能要求。快慢车道隔离绿化带，以种植灌木、灌木球等，下层以花草或草坪连续铺开，形成上下层景观。中间隔离带灌木高一般在80厘米，间植色叶灌木，下铺块、带草坪，防止相向车辆由于灯光引起眩光。

3. 交通岛绿化景观

在植物配置方面以灌花草合理搭配，通过绿化与周围环境和其他设施相配合，使其空间色彩和体形的对比与变化达到相互烘托、美化街景、改善道路环境的效果。

中心岛的绿化是景观廊道绿化的一种特殊形式。原则上是只有观赏作用，不准行人进入的装饰性绿地。因中心岛外侧集中了许多路口，为了便于绕行车辆的游客准确、快速识别路口，不宜密植乔木树种或大灌木，保持行车视线通透。可以在中心岛铺植草坪，或设置花坛，在中心种植一株或一丛观赏植物，以不遮挡视线为主（见图6-13）。

4. 立体交叉的绿化景观

在植物配置方面要考虑其功能和景观性，做到常绿与落叶树种合理搭配，速生与慢生树种相结合，乔灌草、乔灌花相结合，并注意选用季相不同的植物，利用叶、花、果、枝条形成色彩对比强烈、层次丰富的景观。在较大面积绿地上点缀观赏价值较高的常绿树和灌木，丛植宿根花卉，采用不同的图案形式，成为景观廊道新的绿化景观（见图6-14）。

图6-13　交通岛绿化效果　　　　图6-14　立体交叉绿化效果

5. 滨河廊道的绿化景观

遵循当地河道总体规划，以现代园林艺术构成理论指导园林规划设计，通过园林小品、石景、绿化造景等景观，改善河道及河道两岸绿带环境，使其与道路、建筑物相互协调，创造优美的滨河景观，提高品位。在植物配置方面以松、杉、樟、柳等为基调树种，以彩叶树为辅调树种，观花、观果树种为点缀树种，共同构成叶、花、果的景观，层次感强烈（见图6-15）。

图6-15　滨河绿化效果

6. 快速路绿化景观

快速路的行车特点，以"安全、实用、美观"为宗旨，以"绿色、美化、彩化"为目标。廊道两旁绿化带作为统一的要素，贯穿于整个道路，其行道树以小乔木和灌木为主，其下配植草坪等。中央隔离绿化带或快慢车隔离绿带，根据路况绿化植以修剪整形的低矮灌木或灌木球，也可植以小乔木和灌木，其下层配植草坪或彩色植物景观带。

7. 环路绿化效果

外环两旁多为风景林带、生态林带和经济林带，植物配置以观花、观叶、观果树种合理搭配。也可选择具有当地特色的经济树种，不仅增加道路景观效果，还有一定的经济收益。分车绿带植以灌木或球形灌木，下层配植彩色草坪色带，以增加景观效果，改善道路环境。内环多为景观路（见图6-16）。

图 6-16　环路绿化效果

（二）植物配置设计

廊道绿化常用的配置方式有规则式和自然式。规则式的布置方式用对植、列植、丛植、带植、绿篱等；自然式的布置方式用孤植、丛植、对植等。

1. 对植

对植是指将两株树在廊道两旁，作对称种植或均衡种植的一种布置方式。如在路面宽度较窄的街道两旁进行对称的行道树种植。自然式的对植，其植树的树形及大小是不对称的，但是在视觉上要达到均衡，也不一定就是两株，可以采取树种不同，株数在两株以上的布置方式，如左侧是一株大树，右侧可以是同种的两株小树；也可以在道路两旁种植树形相似而不相同的两个树种，如街道一侧种植桂花；另一侧种植紫叶李。也可在道路两侧丛植，丛植树种的形态必须相似。树种的布置要避免呆板的对称形式，但又必须对应。两侧行道树或两侧丛植还可构成夹景，利用树木分枝状态或适当加以培育，构成相呼应的自然景观。

2. 列植

列植是指乔木或灌木按一定的株行距或有规律地变换株行距，成行、成排种植的布置方式。列植的树木可以是同一树种、同一规格，也可以是不同树种。廊道宽度的宽窄有一列至多列的布置。一列多布置在路面较窄且种植在一侧，而自驾游景观廊道最好的景观效果宜布置多列。树种常选"市树"或有代表性的树种，又可尽量选择应用一些新优品种，做到树种丰富，力求植物的多样性。如北京的槐树、杭州的樟树、南京的悬铃木、福州的小叶榕、广州的木棉、广东新会的蒲葵、法国巴黎的七叶树、日本的垂柳均形成具有鲜明特色的城市廊道景观。

3. 丛植

丛植通常是由两株到十几株乔木或灌木组合而成的种植类型，布置树丛廊道以路型而定，可以是草坪或缀花草地等。组成树丛的单株树的条件必须是树姿、色彩、芳香等方面有突出特点的树木。树丛可分为单纯树丛和混交树丛两类。在功能上除作为构成绿地空间构图的骨架外，有作遮阴用的，有作主景用的，有作诱导用的，还有作配景用的。

4. 带植

规则式带植指树木栽植成行成排，各树木之间均为等距，种植轴线比较明确，树种配置也强调整齐，平面布局对称均衡或不对称但也均衡，分段长短的节奏，按一定尺度或规律划分空间。这种林带常具有防护功能（见图6-17）。

自然式带植的林带即带状树群。树木栽植不成行成排，各树木之间栽植距离也不相等，有距离变化。天际线要有起伏变化，林带外缘要曲折，林带结构如同树群，由乔木、小乔木、大灌木、小灌木、多年生草本地被植物等组成。当林带布置在廊道两侧时，应成为变色构图，左右林带不要对称，但要互相错落、对应。常用于旅游区道路两侧的风景林带，能够产生较好的景观效果，在改善环境的同时也不会让司机眼睛疲劳，有利于行车安全（见图6-18）。

图6-17　规则式带植绿化效果

图6-18　自然式带植绿化效果

5. 绿篱

绿篱是由灌木或小乔木以较小的株行距密植，栽成单行或双行的一种规则的、紧密结构的种植形式。绿篱的类型有：高绿篱，高度在160厘米以下，120厘米以上，人的视线可以通过，但不能跳跃而过。绿篱，高度在120厘米以下，50厘米以上，人需较费力才能跨过。矮绿篱，高度在50厘米以下，人可毫不费力地跨越。在绿化带中常以绿篱作为分车绿带，有两侧绿篱，中间是大型灌木和常绿松柏或球根花卉间植。这种形式绿量大，色彩丰富，但要注意修剪，注意路口处理，不要影响行车视线。分车带在1米及以下的，只能种植如大叶黄杨、圆柏等绿篱（见图6-19）。绿篱树种的选择，依据功能要求与观赏部位，可分为常绿篱，常用树种有圆柏、侧柏、大叶黄杨、锦熟黄杨、雀舌黄杨、冬青、海桐、珊瑚树、女贞、小蜡等。落叶篱，常用树种有榆树、雪柳、紫穗槐、丝棉木等，在北方常用。刺篱，常用树种有枸骨、枸橘、黄刺玫、花椒等。花篱，常用树种有栀子花、金丝桃、迎春、黄馨、六月雪、木槿、锦带花、日本绣线菊等。观果篱常由紫珠、枸骨、火棘等组成。

图 6-19　绿篱绿化效果

6. 孤植

孤植是指乔木的单株种植形式，也称孤立树。有时为较快、较好地达到预期效果，可以采取两株以上相同树种紧密栽植在一起，形成单株的效果，这也可称为孤植树。孤植在自然式种植或规则式种植中都可采用，它着重反映了自然界植物个体良好生长发育的健美景观，在构图中多作为局部地段的主景。孤植树也可以布置在自然式林带的边缘；可以作为自然式绿地中的焦点树、诱导树；也可以把它种在道路的转折处，在叶色、花色上要与周围的环境有明显的对比，以引人入胜。

孤植中常选用具有高大雄伟的体形、独特的姿态或繁茂的花果等特征的树木，例如油松、白皮松、华山松、银杏、枫香、雪松、圆柏、冷杉、樟树、悬铃木、广玉兰、玉兰、七叶树、樱花、元宝枫等。

（三）绿化树种选择

理想的景观廊道树种的选择标准应该从两个方面加以考虑。一方面要考虑便于养护管理，要选择耐瘠抗逆、防污耐损、抗病虫害、强健长寿、易于整形的树种；另一方面要考虑景观效果，要选择春华秋色、冬姿夏阴、干挺枝秀、花艳果美、冠整形优的树种。

树种的实际应用，应根据廊道的建设标准和周边环境，以方便车辆行驶为第一准则，确定适当的树种、品种；选择适宜的树体、树形。如上方有电力、通信线路，应选择一个最后生长高度低于架空线路高度的树种，以节省定期修剪费用。另外，整形栽植时，树木的分枝点要有足够的高度，不能妨碍车辆的正常通行，不能阻挡驾乘人员的视线，以免发生意外。特别是在转向半径较小、转角视线不良的区域，更应注意。树体规格的选择要适宜，并能经受时间推移的考验。

1. 乡土树种与外来树种相结合

凡在一个地区有天然分布的树种则称为该地区的乡土树种。乡土树种在长期种植的过程中已充分适应本地的气候、土壤等环境条件，易于成活、生长良好、种源多、繁殖快，就地取材既能节省绿化经费，易于见效果，又能反映地方风格特色，因此选用乡土树种作为行道树是最可靠的。只有当已驯化成功的外来树种，比如乡土树种在各方面都有明显的优越性时才可以选用。选用树种，特别要注意气候条件，其中最主要的是温度状况和湿度状况。

但是为了适应景观廊道复杂的生态环境和各种功能要求，如仅限于采用当地树种，就难免有单调不足之感。因此，还应引用外来的优良树种，以丰富行道树种的选择，满足景观廊道系统绿化多功能的要求。不过在树种的规划设计中，还应注意因地制宜、相对集中、统一协调，这样才能做到丰富多彩，别具特色。

2. 生态效益与经济效益相结合

廊道树种的生态功能诸如遮阴、净化空气、调节气温湿度、吸附尘埃等有害物质、隔离噪声以及美化观赏等，都是重要选择标准。但树种本身的经济利用价值，也是树种选择时需考虑的因素之一。若能提供优良用材、果实、油料、药材、香料等副产品，一举多得，岂不更好。特别是自驾游景观廊道，线长量多，更应考虑经济效益。

3. 选用抗性强的树种

栽植自驾游景观廊道的树种的环境条件一般比较差，有许多不利于树种生长的因子，如酸、碱、旱、涝、多砂石、土壤板结、烟尘、污染物等有害因素，为取得较好的效果，就要选择抗逆性强的树种，树种本身要求管理粗放，对土壤、水分、肥料要求不高，耐修剪，病虫害少，同时对环境无污染，树种无刺、无毒、无异味、落果少、无飞毛，以适应栽植的环境。抗有害气体的树种有大叶黄杨、珊瑚树、广玉兰、夹竹桃、海桐、茶花、槐树、合欢、龙柏等；抗粉尘较强的树种有油松、白皮松、侧柏、垂柳、梧桐、冬青、桂花、女贞、重阳木、栾树、腊梅等；防火性较强的树种有银杏、金钱松、木荷、海桐、相思树、女贞、棕榈、白蜡、悬铃木等。

4. 选树形优美、干形通直的树种

树形高大、冠形优美，使景观廊道有雄伟之感。南亚热带、热带地区宜选夏季枝叶密生、成绿荫的树种。寒冷地区宜选落叶树种，冬天落叶会增加阳光照射，则有暖和之感。主要根据不同地区的气候环境条件选择树形优美的树种。

5. 选择观赏部位不同的树种

人们对树木的欣赏是多方面的，如观赏树干、观叶、赏花、赏果、品味等。但一种树木能具备这么多的功能是很少的，一般需要通过合理配置树种，才能达到多方面观赏的要求。观赏树干的，如选用金钱松、池杉、水杉、毛白杨、大王椰子、蒲葵等树种。观叶时，可选秋色树种中枫香的红叶，还有红枫、鸡爪槭、乌桕、蓝果树、火炬树、黄栌等，秋色黄叶如银杏等。此外还有观叶形等，选用艳丽夺目花朵的观花树种时，可选白玉兰、山梅花、山茶、紫丁香、凤尾兰、金缕梅、石榴、杜鹃等。果实美丽的树种宜选择银杏、红豆杉、无花果、冬青、面包树、檬果等。

6. 选择具有当地风情民俗特色的树种

结合城市特色，优先选择市树、市花及骨干树种。如北京市市树为槐树和侧柏，槐树冠大阴浓，适应城市立地条件，是优良的树种；杭州市、宁波市以樟树为市树，桂花为市花，具有亚热带风情；还有广州及厦门的木棉，新会—葵城的蒲葵，福州—榕城的小叶榕。

第六节　坝上草原风景道规划设计案例

坝上地区位于河北省张家口和承德市北部，包括张家口市尚义县、张北县、康保县、沽源县以及坝下的崇礼区，承德市的丰宁县和围场县。坝上南临北京，北接内蒙古，是连接内蒙古高原和华北平原的交界线，更是著名的大首都圈绿色屏障。《京津冀协同发展规划纲要》中坝上地区是京津北部生态和水源涵养区。国家生态功能区等多项发展机遇聚焦坝上地区，河北省张承坝上草原国家生态旅游度假区营运而生。本项目秉承京津冀协同发展的指导方针，围绕旅游业态创新、旅游扶贫和生态环境改善，从空间、产品、廊道、服务、机制多维度谋划坝上草原生态旅游度假区的旅游发展。

一、战略定位：以自驾游为特色的国家级生态旅游度假区

围绕坝上草原、山地、湖泊、文化特色，充分利用景观优势和风景道基础，瞄准高端度假和自驾旅游市场，提质升级国家 1 号风景道旅游体系，做足旅游基础，做优生态度假，做强文化休闲，以风景道和度假区带动区域产业、城市、乡镇、村庄一体化发展，打造宜居的生态文明区、宜业的协同发展区、宜游的旅游度假区，建成京北草原冰雪、避暑休闲文化旅游目的地（见表6-5）。

表 6-5　草原天路·千里画廊

·草原天路：展现了坝上草原风景道的独特魅力，也已经成为草原旅游的一张名片，充分利用草原天路的品牌效应，深化天路风景道的影响力。

·千里画廊：体现了张承坝上地区绵延 600 多千米的不同风光，构筑起画卷般的风景带，传递了坝上风情的多元性、组合性和体验性。

二、国家 1 号风景道休闲旅游带空间组织

尚义县城—白龙洞（张北）—野狐岭（张北）—桦皮岭（张北）—沽源—大滩（丰宁）—御道口（围场）—山湾子温泉（围场）一线，围绕坝上草原资源主题，构建草原全景度假旅游，打造全国第一条草原型国家 1 号风景道，并以风景道为核心，串联沿线大青山、桦皮岭、滦河神韵度假区、京北第一草原、御道口、塞罕坝等景区，形成一条集长城风情、草原音乐节、湿地风光、茶盐古道、森林草原为核心的休闲旅游带。

三、坝上国家 1 号风景道旅游体系规划

依托坝上地区国道、省道、县道等主要交通线路，连接尚义草原天路、张北草原天路、沽源天际线、丰宁茶盐古道、围场草原森林道路等景观线路，串联坝上四大草原，整合草原、森林、山地、湿地、湖泊等多样化资源禀赋，通过"廊道建设+产业延伸+市场精分"汇聚形成坝上草原休闲度假大道，建设国家生态旅游草原特色风景道，贯通"1+4+2"路网的坝上草原国家 1 号风景道自由空间，并以风景道路网为载体朝着国际知名旅游目的地和休闲经济带方向发展，最终形成体系完备、功能完善、特色鲜明的坝上草原国家 1 号风景道（见图 6-20）。

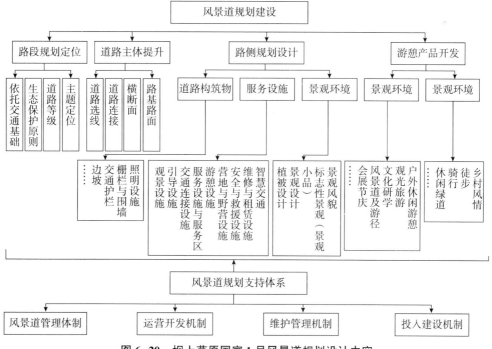

图 6-20　坝上草原国家 1 号风景道规划设计内容

（一）坝上风景道五段空间结构

国家 1 号风景道起始于尚义县的大青山地块，途经张北、崇礼、沽源、丰宁等区县，止于围场县的山湾子温泉小镇，总长 577 千米。坝上草原 1 号风景道由五段主题道路共同构成，即尚义段以青山漫路为主题，从大青山（卧龙山峰）到张北白龙洞一线；张北段以草原天路为主题，由西线（白龙洞—野狐岭）及东线（野狐岭—桦皮岭）组成；沽源段以天际线路为主题，从桦皮岭到大滩一线；丰宁段以茶盐古路为主题，即大滩—御道口，御大线段；围场段以森林御路为主题，从御道口到山湾子温泉。

（二）风景道路侧系统构成

依托风景道沿线的景点进行设施布局，合理布置停车场、休闲驿站、观景平台等设施（见表 6-6）。根据现有景点分布的现状，景点间休闲驿站按照 30 千米进行布点，观景平台按照 10 千米预设。风景道路侧系统主要由四种类型构成：①通道系统；②观景系统；③游憩系统；④设施系统。

表 6-6 风景道路侧系统构成

风景道子系统	类别及功能			
通道系统	车行道	骑行道	步行道	
	自驾车通行	自行车骑行	游憩慢行	
路侧引导系统	方向牌	标识牌	告示牌	
	指引景区方向	导引景区名称	介绍景点特色	
路侧游憩系统	观景区	游憩区（营地）	驿站（服务区）	环卫设施
	拍照、停歇、停车休息	餐饮、烧烤、活动、游览、住宿等	餐饮、住宿、加油、车辆修理、医疗急救	卫生间、垃圾桶
景观系统	景观小品	绿地系统	风景体系	
	草原马文化、生态文化、民俗文化等景观，风景道路段标志景观	路侧绿地、草丛、灌丛等防护绿带	山地景观、草原景观、河流湖泊景观、花卉田园景观等	
景点休闲节点	景区	度假区	小镇	特色村
	草原景区、森林公园、湿地公园、保护区	文化度假区、滨水度假区	文化小镇、旅游小镇、特色小镇	民俗村、艺术村、文化村、旅游村

四、旅游公共服务系统规划

通过完善集散服务、旅游交通、信息服务、标识引导、公共服务设施提升以及安全管理六大工程，实现旅游接待设施与服务的品质提升，统筹布局设置集散中心、接驳系统、驿站、快慢行系统、智慧旅游系统、标识引导系统、自助服务系统、安全管理系统等，建设一个接待设施层次多样、公共服务品质优秀的度假旅游目的地。

（一）集散服务工程

根据坝上草原风景道规划线路，依托区域内的重点景区、城镇空间分布，规划"2+4+5+10"的旅游集散空间体系（见表6-7）。强化对接北京客源市场的集散功能，在主要交通干线及连接点上设置交通集散节点，缓解交通道路压力，设置售票区、停车场、公共厕所等主要功能区。

表6-7　坝上草原旅游集散等级

旅游集散等级集	散点分布
区外集散服务中心	张家口市、承德市
一级集散服务中心	张北县、崇礼县、丰宁县、围场县
二级集散服务中心	沽源县、尚义县、康保县、塞罕坝、桦皮岭
三级集散点	御道口、山湾子乡、五道沟、万胜永乡、凤山镇、汤河乡、九连城镇、邓油坊镇、四台蒙古驿站、红土梁镇

（二）旅游交通工程

建设一二三级风景道道路网络：新建1条链接一级风景道：连通坝上尚义县、张北县、沽源县、丰宁县、围场县的国家1号风景道建设；打造4条二级国家1号风景道：张家口至康保的青山漫路张库纵线风景道、北京至大滩的草原避暑风景道、北京至木兰围场的皇家文化风景道、桦皮岭至大境门的冰雪运动风景道；维护多条三级风景道：构建坝上两大路网，京东北（承德）生态草原风情路网、京西北（张家口）冰雪音乐休闲路网。

（三）坝上智慧旅游工程

将智慧旅游作为智慧城市建设的核心内容，推进物联网、云计算、大数据、空间地理信息集成等现代信息技术在坝上旅游产业发展中的广泛应用，实现旅游与交通、公安、消防、商务、通信等数据信息的贡献，实施坝上旅游智慧"2+6+1"工程构建（见图6-21）。

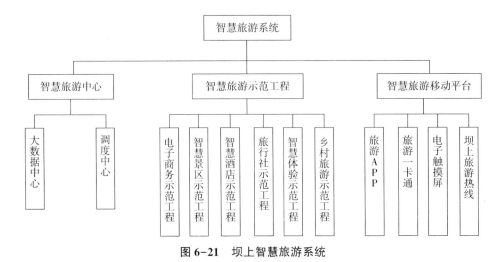

图 6-21　坝上智慧旅游系统

（四）标识引导工程

张承政府共同规范、维护、监测道路和景区内部标识引导体系，引导坝上各区县建设完善景区内部标识、道路旅游引导标识，使其内容清晰易懂、材质环保，景观化、数量符合游客需求；由张承两地政府共同组建坝上标识管理小组，并出台《坝上草原国际度假区标识引导标准》，规范标识系统的完善与维护；由坝上标识管理小组定期检查标识系统损毁情况、定期清洁标识设施、定期更换标识设施（见图6-22）。

（五）旅游自助公共设施提升工程

以旅游供给侧改革优化服务要素配套，培育赛羊流水席、张库大锅宴、草原大烤宴、福源全鱼宴、杂粮精品席、养生膳宴、八大碗席为重点的坝上草原特色餐饮体系；建设文化产业园区。鼓励小微企业入驻，创新旅游商品设计，鼓励旅游商品开发，通过旅游商品赛事、旅游商品节会等，打造"坝上礼物"品牌；加强以草原毡房、自驾营地、主题酒店、汽车旅馆、乡村民宿、度假别墅、青年旅社、特色农家乐形成的高档（度假别墅、精品酒店）、中档（青年旅社、特色酒店）、低档（民宿客栈、农家旅馆）的住宿多元化；开展草原传统体育体验活动，加强博物馆、休闲馆、图书馆、文化馆等休闲设施建设，深入挖掘坝上自然和人文旅游资源，运用主题化打造的开发思路，构建一系列主题型休闲娱乐活动和项目，丰富游客的休闲体验。

升级完善自助公共服务设施系统，为游客食、住、行、游、购、娱等出游时提供有力保障（见表6-8）。主动对接游客需求，提升坝上草原旅游接待水平，推进旅游生活一体化，统筹设计，建设景区、村镇旅游服务设施。

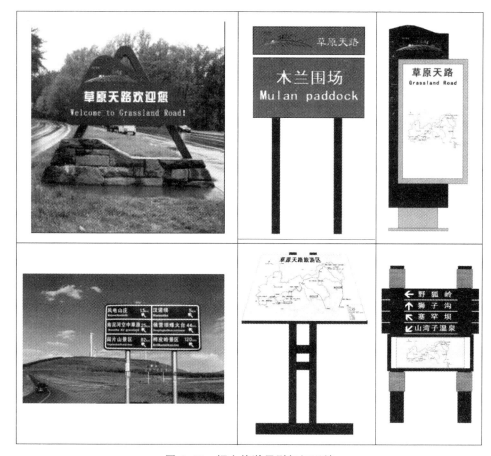

图 6-22　坝上旅游导引标识系统

表 6-8　坝上自助公共服务设施系统

自助服务设施	功能措施	功能表现
旅游智能卡	一卡在手、全程无忧	智能一卡通
志愿者服务	贴心服务、方便你我	旅游咨询服务、观光导游服务
无障碍旅游服务	以无障碍服务、提升旅游质量	无障碍标识系统、无障碍交通服务、无障碍信息服务指南
公共服务设施	健全公共设施、人性化的设计	厕所、无线网络
核心游览设施	完善核心设施、打造特色景点	景区景点、社会资源点
配套设施建设	设配套设施、完善旅游活动	酒店、餐厅、商店、娱乐场所、节事会展场所
自然生态环境氛围	创建绿色景观、美化生活环境	城市绿化、城市公园、公共卫生等
社会人文环境氛围	实现全民接待、游客居民共赢	居民语言能力、居民好客程度、兑换支付便利程度等

（六）旅游安全管理

建设安全服务点体系。在河北省旅游风险保障管理中心的统筹下，与国际 SOS 组织、中国国际旅行社旅游救援中心等组织合作建设"三级国际旅游安全救援服务点"。河北省旅游发展委员会联合省公安厅、卫生厅、气象局、地震局等部门统筹负责，与公益组织、旅游企业共同合作：包括编制应急救援资源分布图谱及救援预案等；景区安全、灾害性天气和地质灾害预警与应急救援总调度；定期发布河北省重点景区和主要路段旅游安全预警指数等。在国际 SOS 组织的指导下，与地市 120、110 等部门合作，开展"24 小时旅游安全救援服务"；设立由医生、导游、翻译、专业户外爱好者等人员组成的"河北省旅游救援志愿者服务站"。定期组织宣传"旅游安全应急救援"相关知识，协助开展旅游安全救援行动，汇总灾害性天气、地质灾害等安全信息；旅游应急预案备案率达到 100%，涵盖旅行社、3A 级以上景区及星级酒店；应急救援点配备必要的医护人员和常用药品。

建设安全应急响应机制。健全旅游安全预警机制和突发事件处置机制，积极打造集旅游安全法规、旅游安全预警、旅游安全控制、旅游应急救援、旅游保险"五位一体"的旅游安全监察保障机制，加强旅游目的地安全保障体系建设。建立健全旅游安全管理机构，形成各级旅游部门安全责任落实、信息渠道畅通、上下联动的协调机制。依托现有公共安全系统，以旅游景区、旅游交通沿线、旅游服务基地为重点区域，加强旅游景区预警系统、服务场所防范系统、自驾车救援系统、旅游紧急救援队等公共安全项目建设。加强旅游安全知识宣传，增强旅游者的安全意识和自我保护意识，提高一线从业人员应急救护能力和旅游者风险意识，以减少旅游者安全事故的发生。进一步完善安全设施，制定游客分流预案，合理组织安排景区内游览线路。加大公益性旅游安全设施投入，使旅游安全服务的重点逐步向散客转移。

第七章 自驾车旅游市场的营销规划

第一节 自驾车旅游市场营销理念

一、自驾车旅游市场营销综述

（一）自驾车旅游市场营销的含义

随着我国经济的发展，拥有私家车的个人和商务用车的企业越来越多。自驾车旅游在我国逐渐兴起，并日益受到重视。自驾车旅游市场上产品种类繁多，消费者众多，需求量大，具有广阔的发展前景。但我国当前的自驾车旅游市场产品的供给、建设并不完善，市场提供的服务与消费者的需求尚未很好衔接，自驾车旅游市场的经济效益并不明显。因此，要进行自驾车旅游市场的营销规划，在以顾客需求为导向的基础上，确定合理的市场营销组合策略，使供需双方实现各自的利益。

通常旅游市场的营销规划是以 4Ps 理论为基础的，即旅游市场的营销是产品、价格、分销渠道和促销四大策略的组合。随着理论的发展，营销界又提出了 5Ps、7Ps 等相关概念，但其核心仍为 4Ps。旅游营销的组合最终体现在两个非常特殊的方面：人际互动与过程管理。这既是由旅游产品特点所决定的，也是由旅游营销组合的特点所决定的。本章所讲的自驾车旅游市场的营销规划正是基于 4Ps 理论进行的。

所谓旅游市场营销，是指旅游市场上的供给者（个人和组织）为满足游客需求，对旅游产品和服务的生产、提供、定价、分销、促销等各环节的执行和实现。它在适应旅游市场环境的基础上，以游客的需求为导向，通过对游客需求的不断发掘、引导、满足甚至创造，向他们提供满足其物质需求和精神需求的各种商品和服务，从而实现旅游商品的交换，获得经济收益。

我们认为，对于自驾车旅游市场，其旅游产品是指整个旅游过程中的各个环节，包括旅游目的地、旅游纪念品、相关旅游资讯、餐饮、住宿、与自驾车有关的加油站、路标等配套设施及相关服务。其中，特别强调旅游信息的快速、及时、准确的传递，交通规划、服务站建设等基础设施的提供。面向自驾车旅游市场的营销规划就是要根据自驾车旅游者的行为特征，结合自驾车旅游市场的特点，以品牌建设为核心，确定上述旅游产品的自身特征规划、价格、销售渠道、促销手段等策略，以促进旅游产品的销售，取得收入，同时满足旅游者的需求，实现旅游产品供给者和游客的"双赢"（见图7-1）。因此，自驾车旅游市场营销有以下三层含义：首先，营销是一个动态、持续的过程，它是对各种资源的整合和管理。其次，营销以交换为基础，所提供的各种有形或无形的产品要具有自驾车旅游市场的特点，强调以自驾车旅游者的需求为导向，所有的营销策略要充分挖掘、满足旅游者的需求。最后，营销的主体是自驾车旅游市场产品的供给者，主要指各自驾车旅游目的地的相关组织，餐饮、食宿等产品的提供者，即自驾车旅游市场上的旅游经济个体（包括组织和个人）。而营销的客体包括市场上存在的各种有形和无形的产品以及主体所发生的与营销有关的一系列行为。自驾车旅游市场的营销就是一个使主体将旅游产品传递给自驾车旅游者的桥梁。

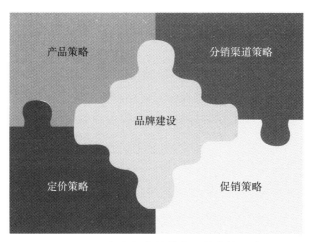

图7-1　面向自驾车旅游市场的营销组合

在本章中，将着重分析品牌建设、定价策略、分销渠道策略和促销策略，进行相应的自驾车旅游市场营销规划、策略组合。由于具体的产品规划已在产品章节中论述，本章将不再详述。

（二）自驾车旅游市场营销的特点

在自驾车旅游市场上，游客以中青年为主，有着独特的旅游行为特征，其要求的是可以满足其个性发展、时尚需求、休闲娱乐的旅游产品。因此，自驾车旅游市场营销有别于传统的旅游市场营销，自身特点突出。

1. 旅游者参与到旅游市场的营销过程中，成为营销的一个方面

在传统的旅游市场中，市场的宣传往往是通过旅行社、电视广告等形式进行的。在自驾车旅游市场中，由于自驾车旅游者有其相关的群体，其旅游行为大多是和群体进行交流的。因此，这些旅游者就成为自驾车旅游市场营销过程中必不可少的元素之一。

在旅游市场营销的四个过程中，自驾车旅游者通常主要参与到分销渠道和促销环节中。例如：可以将旅游者看作一个和旅行社同级别的分销渠道，通过他们联系更多的人进行自驾车旅游。同时，通过对旅游者进行营销，使其成为自驾车旅游市场上的宣传方式之一，实现其营销促销策略的作用，将旅游市场的信息及时在自驾车群体中传播，从而增强自驾车旅游的吸引力。为此，要使提供的旅游产品符合游客需求，就要加强对游客的了解和互动，增加游客与旅游服务提供者间的沟通。

2. 旅游者对市场信息需求强烈，对出行配套设施建设要求较高

在自驾车旅游市场上，有别于传统的旅行社组团出游，自驾车旅游者往往独自或私下组成小群体出游。他们强调的是自由、随意、个性化的出行。这样旅游者就需要及时、准确的旅游信息，以帮助他们在旅行中做出准确的决策。同时，旅游者全部为自己驾车出行，在整个行程中，他们需要完善的交通道路、路标、加油站、服务站等基础设施。因此，自驾车旅游市场的营销要侧重于信息传递渠道的建设，并且在促销宣传时，可突出各种完善的基础设施的可获得性。

3. 营销涉及各个方面，要求综合性、全方位的营销活动

自驾车旅游活动涉及食、住、行、游、购、娱等多种活动，是这些活动的整体组合。其中，行、游是旅游者发生频率较高的活动。因此，自驾车旅游市场营销要围绕行、游这两项主要活动进行，同时必须要涉及上述各种活动。一个合理的旅游市场营销规划，就是要从旅游活动的各个方面入手，进行相关的营销策略组合。

4. 旅游者追求差异化，营销策略强调满足个性、时尚的需求

对于自驾车旅游者而言，他们出行更强调的是享受一种旅游经历和获得切身感受。特别是自驾车旅游市场上的游客以中青年为主，其追求时尚、行为彰显个性。因此，这种自驾车的旅游经历是极具差异性和个体化的。所以，自驾车旅游市场的营销规划势必要注重旅游者体验的诉求，各种营销策略能够使其感受到休闲娱乐、新颖刺激，满足他们要求"与众不同"的需求。

二、自驾车旅游市场营销的新理念

当前，市场营销出现了很多新的变化和新的发展趋势。随着旅游市场营销理论的不断完善和发展，各种新理念相继被提出并付诸实践。针对于自驾车旅游市场的特点，在进行营销规划时，主要强调如下理念，如图7-2所示。

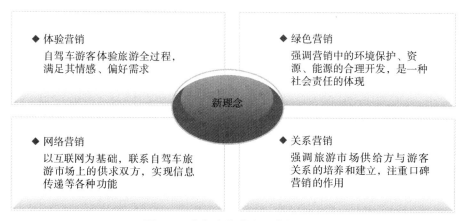

图7-2 自驾车旅游市场营销理念

（一）体验营销

随着社会的进步，人们的生活水平日益提高。按照马斯洛的心理需求五层次理论，人的需求共分为五个层次。其中，生理需求属于较低层次的，而获得社会尊重、归属感以及自我实现是较高层次的需求。为了满足这些高层次的需求，人们往往追求的是消费物品所带来的情感满足。自驾车旅游者作为时尚追求者的代表，其个性化的情趣偏好更为突出。而体验营销的理念恰好与自驾车旅游者的情感需求相契合，因此，在自驾车旅游市场营销中营造一种体验的氛围，可以有效地实现营销中游客需求的导向。

所谓体验营销，就是以体验旅游过程为核心，充分调动游客的视觉、触觉、听觉等各种感官，使自驾车旅游者在旅游过程中，通过自驾车、旅游、消费等行为，满足其情感、心理、偏好的需求。

通常，体验营销包括感官体验、情感体验、文化体验。其中，感官体验就是通过刺激游客的各种感觉器官，引发其旅游体验，使其融入自驾车旅游的过程中来；情感体验就是通过各种营销手段的实施，触动自驾车旅游者的内在感情，创造情感体验，满足游客的感情诉求；文化体验是以顾客的文化体验为诉求，强调文化氛围的营造，使之能够影响游客的消费行为，让游客自觉地接近旅游产品，促进消费行为的发生，最终形成一种消费习惯。

在自驾车旅游市场的营销中，可以将体验营销的理念贯穿到整个营销过程中去。例如，在设计产品时，可以在产品中附加满足游客感官需求的特性，设计更精美的产品以满足游客视觉审美的体验。又如，在广告的促销环节上，可以通过广告词的设计满足游客的情感需求。

（二）绿色营销

绿色营销是指自驾车旅游市场上的供给者在进行营销时，要以一种绿色、环保的意识去规划产品、定价、分销渠道以及促销的各个环节。它要求一种以资源价值为中心，合理利用并节约资源、能源，集约型发展的环境保护观念，其实质是一种社会责任导向观念的反应。

以绿色营销的观念指导自驾车旅游市场的营销规划时，特别要强调环境保护，实现人与自然的和谐。例如，自驾车旅游对于各种交通配套服务设施的要求很高。加油站是必不可少的基础设施之一。考虑到环境污染的问题，通过各种促销手段激励自驾车者给汽车添加环保型的汽油，既满足了游客的需求，又维护了自然环境。

（三）网络营销

网络营销是随着计算机应用的普及和互联网的发展而兴起的，它是以信息技术为基础，应用互联网作为传播手段，进行各种营销活动。旅游市场营销与网络技术的结合改变了传统的经营方式和传播方式，特别适合于自驾车旅游这种强调灵活、个性化的市场。因此，在自驾车旅游市场营销中融入网络因素，成为新时代旅游市场营销的重要内容和趋势。网络营销作为桥梁，实现了自驾车旅游市场上供需双方的沟通，在两者间全面、准确、及时、迅速地传递信息，既降低了营销成本，又方便了游客查询信息、制定游线、预订宾馆等各种旅游活动的准备工作，从而促进了自驾车旅游市场的发展。

在自驾车旅游市场营销中，可以通过建设旅游网站，开发旅游电子商务模式，进行网络营销。网络营销主要可以起到以下作用：首先，各种旅游网站可以充当分销渠道。在相关的旅游网站中，游客可以在线购买各种旅游产品，预订景点的电子门票，报名参加旅游目的地举办的各种活动，查询有关信息，确定个性化的旅游线路。其次，实现促销中的广告宣传功能，可以在旅游网站上发布相关的旅游广告，举办活动的资讯，旅游产品介绍等信息。由于互联网的覆盖面大，通过网络宣传，可以和更多的潜在消费者接触，使他们了解自驾游市场上的相关信息。

通常，自驾车旅游市场上的网络营销有以下三种模式：B2B、B2C、C2C。首先，B2B 模式是指在各产品供应者间建立的网络联系。包括分销渠道的供应商、中间商等旅游产品供给的各个环节的联系。例如，可建立旅游景区与旅行社、汽车俱乐部等企业组织之间的网络，以供这些组织进行业务洽谈、传递合同及各种单据、进行合作等。其次，B2C 模式是指在产品供给者和自驾车旅游者之间建立的网络联系。这些网络是各旅游产品供给者针对游客而设计的，主要向游客提供各种信息的查询和一些预订食宿等电子商务的功能。通过建立 B2C 网络，可以加强供给者和游客之间的沟通，使提供的旅游产品和各种营销策略更能满足游客需求。最后，C2C网络是建立于自驾车旅游者之间的。例如，自驾车旅游论坛就属于这种模式的网络。此网络主要是沟通各自驾车旅游者，使他们能够通过网络实现信息的共享、交换，进行旅游经验、体验和感情的交流。总之，上述三种模式的网络营销为自驾车旅游市场的营销注入了新的活力。

（四）关系营销

在自驾车旅游市场上，游客均为自驾车者。他们一起出游的对象比较固定，有自己的交往群体。这种群体性决定了自驾车旅游者本身就是一条很好的销售渠道，通过自驾车旅游者的口碑宣传，他们往往能够起到市场的促销作用。因此，自驾车旅游市场的营销要注意和自驾车游客建立一种密切的关系，使他们发挥促进自驾车旅游市场发展的作用。

关系营销的理念正是强调旅游市场上的供给者要重视培养、建立和游客的关系，通过和游客的每一次接触，向其传递有用的产品信息，在使其获得满意的基础上，促使其向所处的自驾车群体进行宣传，以吸引更多的自驾车者旅游。

第二节　定价策略

价格是营销组合手段中唯一能够带来直接收益的因素，是旅游产品价值的货币表现。在现代自驾车旅游市场营销中，通过制定适当的产品定价策略，确定合理的产品价格，从而在满足供需双方的基础上，实现经济效益。相对于非价格因素，价格在旅游市场的营销中作用突出，是营销策略组合重要的组成部分。通常价格直接且深刻地影响到自驾车旅游者的购买决策，它往往是市场中最为敏感、灵活的因素。价格是由旅游产品的自身价值和消费者对产品的心理价值两方面组成的。因此，在设计旅游产品的定价时，要基于一般产品定价的理论，综合考虑旅游产品的特性和游客心理，制定合适的旅游市场定价策略。

一、影响自驾车旅游市场定价的因素

（一）旅游产品因素

旅游产品的价格制定首先是基于成本进行的。成本是指在整个旅游产品的生产、流通过程中所耗费的人、财、物以货币的形式所表现的。旅游产品成本是价格的主要组成部分，是价格的下限，通常制定的产品价格要求可以补偿产品生产的耗费。一般而言，成本包括固定成本和可变成本两部分。旅游产品作为提供服务的产品，固定成本较高而可变成本相对较低。因此，在对旅游产品定价时，考虑到旅游产品的不可存储性，所定价格必须高于平均可变成本，而为了获得更多的利润，在寻求市场供需平衡的基础上，价格要高于平均成本。

在进行自驾车旅游产品的定价时，除了考虑产品价格外，产品的生命周期、价格的需求弹性等自身因素也会影响到定价决策。例如，处于不同生命周期的产品有不同的定价规律和策略。而产品生命周期的长短也会影响价格的高低。对于生命周期较短的产品，往往制定较高的价格，以在有限的生命周期内回收成本，获得利润；对于生命周期较长的产品，可以在产品投入期采取低价的策略，以迅速占领市场，扩大市场占有率。此外，价格的需求弹性也会影响到定价策略。对于旅游产品，价格的需求弹性是指旅游产品价格的变化所引起的产品需求变化。对于自驾车旅游者，其本身的收入较高，对价格反应并不是非常敏感。因此，面向自驾车旅游市场产品的价格需求弹性较低。这种低弹性提示在定价时，可以适当采用高价格策略。

（二）市场竞争情况

产品现有和潜在的竞争对手对于产品价格的确定有重大的影响。市场竞争越激烈，单个产品供给者独立制定价格的能力越弱。对于一个完全竞争市场，供给者往往成为价格的被动接受者，而市场价格是由供求双方共同决定的。而对于一个完全的垄断市场，产品的单一供给者有独立制定价格的能力，其对价格的控制力较强。自驾车旅游市场竞争激烈，有些产品供大于需，市场门槛低，产品易于模仿。因此，旅游产品的供给者自主定价的能力较弱。在制定价格时，往往需要更多地综合考虑各种因素，特别是市场需求和竞争者的情况。

（三）旅游市场营销目标

制定、实施任何定价策略都是为了最终实现市场营销目标而服务的。价格的制定受到供给者营销目标的影响。不同的产品供给者、不同的产品供给阶段，营销目标是不一样的。为了确定科学、合理的旅游产品定价，对于不同的营销目标要采取不同的产品定价方法和策略。例如，对于一个强调短期利益的供给者，撇脂策略可使其在短期内获得更大收益；而对于一个更注重市场份额的供给者而言，渗透型定价策略则更为合适。

（四）国民收入等社会环境因素

游客对于旅游产品都会有自己的心理预期，这种游客可接受的价格往往与其个人收入、所处社会环境有关。例如，随着我国的经济发展，国民的收入水平提高，人们对于旅游的投入加大，可接受的旅游产品的价格和在旅游方面的支出自然就会提高。当一旅游目的地的经济出现通货膨胀时，物价上涨将导致旅游产品的成本上涨，从而提高了产品的价格。此外，各种风俗习惯、所处社会环境、消费者自身的受教育程度、心理文化等特性，都会对价格的制定产生一定的影响。

（五）相关政策、法规

在我国的市场经济中，政府对于市场的干预会影响到市场的运行和发展。在自驾车旅游市场中，国家对于经济的宏观调控对于旅游业发展支持的各种政策、法规同样会影响旅游产品价格的制定。通常政府对于市场的干预主要是通过制定、实施各种法律、法规的法律手段和执行各种政策的行政手段进行的。例如，政府可以通过对旅游产品价格的干预来反对不正当竞争，遏制旅游目的地乱收费的现象，维护公正、有序的市场秩序，也可以通过对供给者的税收优惠政策影响价格，实现对旅游业的扶持。

二、自驾车旅游市场定价的步骤

自驾车旅游市场的定价是遵循一定的科学步骤进行的。在对产品进行定价时，首先，要确定目标市场和市场定位，明确产品所处的市场环境和自身特点。其次，研究相关自驾车旅游者的消费行为并综合考虑旅游产品的成本、市场竞争情况等影响价格制定的因素，按照供给者的市场营销目标和利润目标确定定价目标。最后，根据旅游产品的定价目标确定合适的定价策略，最终确定合理的价格，如图 7-3 所示。

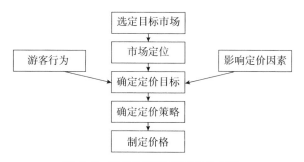

图 7-3　自驾车旅游市场定价步骤

三、自驾车旅游市场定价的方法

通常自驾车旅游市场上产品的定价方法包括成本导向定价法、需求导向定价法、竞争导向定价法。这三种方法各有所长，是针对于不同的定价因素而实现的。成本导向定价法以成本为核心进行定价；需求导向定价法以需求为核心定价；竞争导向定价法则主要强调产品供给者是以价格领导者或价格追随者的定位进行定价的。

（一）成本导向定价法

成本导向定价法，是以产品的成本作为基础而进行定价的方法，具体包括以下几种：

1. 成本加成定价法

成本加成定价法是以产品的全部成本，包括可变成本和固定成本作为定价基础的。在确定产品的全部成本的基础上，按照一个预期的利润率进行成本加成，具体计算公式为：

单位产品的价格＝单位产品成本×（1＋预期单位产品成本利润率）

在进行成本加成定价时，要特别注意预期的成本利润率的确定。通常此利润率是由价格制定者综合考虑各种影响因素估算的，具有很大的主观性。能够确定一个合理的利润率成为成本加成定价法的关键。

2. 投资回收定价法

通常投资回收定价法是指企业开发产品和增加服务项目要投入一笔数目较大的资金，且在投资决策时总有一个预期的投资回收期，为确保投资按期收回并赚取利润，企业要根据产品成本和预期的产品数量，确定一个能实现市场营销目标的价格。这个价格不仅包括在投资回收期内单位产品应摊销的投资额，也包括单位产品的成本费用。利用投资回收定价法必须注意产品销量和服务设施的利用率。

（二）需求导向定价法

所谓需求导向定价法，是指产品价格的确定以需求为依据，首先强调适应消费者需求的不同特性，而将成本补偿放在次要的地位。这种定价方法对同一商品在同一市场上制定两个或两个以上的价格，或使不同商品价格之间的差额大于其成本之间的差额。其好处是可以使企业定价最大限度地符合市场需求，促进商品销售，有利于企业获取最佳的经济效益。

（三）竞争导向定价法

1. 价格领导者

价格领导者，指旅游市场上的某产品供给者率先制定价格，其他供给者跟随这个价格。这种定价方法通常适用于有一个垄断性质的企业存在的情况。该企业率先制定价格，成为价格领导者，其他小企业跟随该价格。

2. 价格跟随者

与价格领导者相反，价格跟随者并不率先自己制定价格，而是等价格领导者制定价格后，参照或使用该价格。

3. 投标定价法

投标定价法，也称为投标竞争定价法，是指在招标竞标的情况下，供方在对其竞争对手了解的基础上定价。这种价格是企业根据对其竞争对手报价的估计确定的，其目的在于签订合同，所以它的报价应低于竞争对手的报价。密封投标定价法公司对竞争对手的报价进行预测，并在此基础上制定自己的价格。在此过程中，价格的制定受到两方面限制：一方面需要考虑完成任务的成本，若低于成本则会损害公司自身利益；另一方面价格不能过高，价格高于成本越多则中标的可能性越小，这又制约着公司不能制定高于竞争者的价格。

四、自驾车旅游市场定价策略

（一）新产品定价策略

对于处于不同产品生命周期的旅游产品，定价策略是不同的。新产品定价策略主要适用于新产品的导入期，具体包括市场撇脂定价、市场渗透定价、满意定价。

1. 市场撇脂定价

市场撇脂定价是一种有效的短期定价策略。它是指在旅游产品的导入期，通过制定高价格获得高额利润。通常当市场上出现一种新颖独特的旅游产品时，制定高价格能够吸引那些追求时尚的旅游者，较高的价格可以带来短期的高收益。此外，此种定价方法有较大的降价空间。在长期发展中，通过降价一方面吸引更多的游客；另一方面限制了竞争者的进入。

2. 市场渗透定价

此种定价策略与撇脂定价相反，采取低价格的方式以吸引大量游客，在旅游产品投入初期迅速占领市场，赢得较大的市场份额。

3. 满意定价

采用满意定价策略所制定的价格介于撇脂定价与市场渗透定价之间。它是基于游客的支付期望而制定价格的。采用此价格的产品既可以保障产品供给者的一定利润，又符合游客的价格心理预期，为大部分游客所接受，因此称为满意定价。

（二）心理定价策略

1. 尾数定价策略

尾数定价策略是指在确定零售价格时，以零头数结尾，使用户在心理上有一种便宜的感觉，或是按照风俗习惯的要求，价格尾数取吉利数字以扩大销售。

2. 声望定价策略

这是利用游客对某些名牌或流行产品产生的崇尚心理而制定价格的策略。名优产品的定价高，可以满足消费者购买该商品以显示其身份和地位的心理需求；消费者对有声望的企业有信任感，价格也愿意接受。同时，此产品质量不是用户容易感知的。

（三）折扣定价策略

1. 季节折扣策略

季节折扣策略是指旅游产品供给者对在销售淡季购买季节性产品的游客给予价

格折扣优惠，以鼓励游客在淡季购买产品来减少相关的库存和资金占有的策略。例如，一般的旅游景区的门票都会分为旅游淡季和旅游旺季两种。

2. 数量折扣策略

数量折扣策略是指旅游产品供给者根据游客购买的不同数量给予不同的价格折扣的策略。实行这一策略的目的是鼓励买方一次大数量购买并与自己建立长期的贸易关系。例如，游客个人购买景点门票、预订宾馆的价格要远高于旅行社组团购买的价格。

3. 消费群体折扣策略

消费群体折扣策略指针对不同的游客群体，制定不同的价格。更进一步讲，就是供给者对目标市场上不同层次的顾客群体制定不同的价格。例如，对于学生、退休人员等低收入群体，通常会提供打折等优惠价格。对于自驾车旅游市场，可以对由旅行社、汽车俱乐部、汽车协会组织的自驾游团体给予一定的优惠价格。

第三节　分销渠道策略

一、自驾车旅游市场分销渠道概述

自驾车旅游分销渠道有汽车俱乐部、旅行社、汽车租赁企业三种主要形式。

（一）自驾车旅游市场分销渠道的含义

所谓分销渠道，根据科特勒的定义，是指"某种货物或劳务从生产者向消费者移动时取得这种货物或劳务的所有权和帮助转移其所有权的所有企业和个人"。本书中，旅游市场的分销渠道是指旅游产品在其使用过程中从生产领域进入消费领域的途径，即旅游产品从旅游生产企业向旅游消费者转移过程中所经历的各个环节连接起来而形成的通道。其起点是旅游产品生产者，终点是游客，中间环节包括代理商、批发商、零售商等组织和个人。

（二）自驾车旅游市场分销渠道的作用

与传统的旅游市场不同，自驾车旅游市场的产品供给者通常与游客的接触更为直接，两者之间设立的中间商分销层级较少。因此，自驾车旅游市场的分销渠道对于沟通供需双方、传递信息起到了重要的作用。该市场的分销渠道意义重大，有以下作用：

（1）提供信息与反馈。在向游客提供相关旅游信息的同时，也从游客那里收集有关旅游市场状况的信息，为旅游市场的营销改进奠定基础。同时，介绍游客的投诉，及时处理问题，提高游客的满意度。

（2）沟通、谈判功能。各种分销渠道介于游客和供应商之间，起到了沟通两者的桥梁作用。各分销渠道可以代表两者就旅游产品的价格等方面进行谈判，促进最终合理价格的确定，实现旅游产品所有权的转移。

（3）促销功能。有时各种分销渠道要参与到促销策略的执行中。辅助设计传播相关的促销活动，向游客传递促销信息，促进旅游市场的发展。

（4）提供、销售产品的作用。通过对旅游市场进行分销渠道的设计，可以及时地供给旅游产品，实现旅游产品服务于游客的目的，从而满足游客需求。

（三）旅游市场分销渠道的层级

根据科特勒的相关定义，可将旅游市场面向消费者的分销渠道分为四种类型，分别为零级渠道、一级渠道、二级渠道、三级渠道（见图7-4）。其中，综合考虑自驾车旅游市场的特点和消费者行为，主要产品景区的分销渠道更适合采用零级渠道或一级渠道两种类型，其他一些旅游纪念品等位于景区内部的产品销售，可考虑适当增加渠道层级。

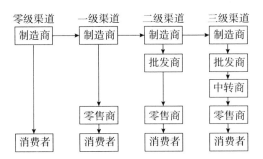

图7-4　旅游市场的分销渠道层级

二、自驾车旅游市场分销渠道策略

（一）发展多种类型的中间商

考虑到自驾车旅游市场区别于传统旅游市场的特殊性，自驾车旅游消费者更倾向于寻求自由、时尚。因此，应设立旅行社、汽车俱乐部、电子商务中的自驾游论坛等为中间商。这些中间商通常为自驾车旅游消费者提供各种旅游信息，包括旅游景点介绍、游览线路这些相关资讯，同时也可提供宾馆预订、景点门票代购等相关服务，以满足自驾车旅游者的旅游需求。对于海外或远距离的市场，可以设置相关代理商，将游客运送到旅游地后，提供租车服务，供其进行自驾车旅游。

（二）分销渠道模式

1. 垂直联合分销模式

垂直式分销渠道也称一体化分销渠道。它是指由生产制造商、批发商和零售商联合组成的一种工商一体化的分销渠道，其主要特点是按照社会分工原则，由商品流通涉及的各类企业所组成。因此，该模式能充分发挥分销渠道成员的各自优势，经营水平比较高，具有一定的竞争能力，能广泛适应生活资料和生产资料各类商品的流通。所以，目前被众多的各行业、各类企业广泛采用。其不足之处是生产制造商和经销商两方面都会感到缺乏一定的独立性；维持分销渠道系统的成本较高；另外，在利益的分配上也容易产生矛盾。

2. 水平联合分销模式

水平式分销渠道也称横向联合式分销渠道。它是指由两个或两个以上的企业联合在一起所形成的一种新型的分销渠道。其主要特点是成员企业之间可以实现优势互补，以便更快、更经济地去实现产品在更大范围内的销售。水平式分销渠道，比较适合实力相当并能实现营销优势互补的企业之间的联合。其不足之处是成员企业之间容易产生矛盾和冲突。

3. 混合式联合分销模式

混合式联合分销模式也称松散式分销渠道。其主要特点是具有很大的灵活性，其成员可以根据自己的情况随时做出进入或退出的决定，成员之间的关系往往是临时的、松散式的。

第四节　促销策略

一、旅游促销组合

旅游促销是指旅游营销者为了培育和强化企业形象、激发顾客的购买欲望、影响顾客的购买行为、扩大旅游产品或服务的销售而与企业外部环境因素所进行的一系列沟通工作。它是建立旅游企业与外部环境之间良好关系的重要手段之一。目前，在旅游业最常用的促销组合元素是：广告、营业推广、公共关系和人员推销。

一般地，旅游促销组合由以下五个步骤组成：

（1）确定促销对象。确定促销对象就是界定目标市场，确定旅游产品面向的受众，这是整个促销过程中非常关键的一步，如果没有明确促销对象，那么接下来做的努力都是徒劳的。

（2）明确促销理由。在这个阶段，旅游企业需要明确的是：企业希望通过这次促销达到一个什么样的目的。促销通常要达到这1/3的目的——它们或者含有特定的信息，或者具有劝说性，或者具有提醒的功能。含有特定信息的促销对于新的产品和服务，以及对于在早期购买阶段的顾客效果最好。劝说性促销主要是未来让顾客在同类产品或者服务当中做出选择，并进行实际的购买。而提醒促销则会唤起顾客对于他们所看到的广告回忆，并刺激他们再次购买。

（3）选择促销方式。在这一步，企业需要确定"如何促销"，这就要根据旅游促销的目的、产品的服务的类型以及市场特点来决定如何进行选择和组合。例如，自驾车旅游可以通过各种媒体进行广告促销，也可以联合相关饭店、宾馆推出各种优惠活动来吸引自驾车游客。

（4）确定促销频率。在选定促销方式之后，还必须明确"多长时间促销一次""每次促销活动持续时间有多长"等问题，很多因素都会制约企业对促销频率的确定，比如资金预算、时间安排等。因此，确定促销频率需要企业仔细策划。

（5）选择促销媒体。企业在进行产品促销的过程中，往往会遇到选择媒体的问题。是选择电子媒体还是印刷媒体，或是其他的载体？这些媒体的受众范围是多少？能否满足目标？媒体的类型不同，其特点和沟通质量也就不同，所以需要促销策划人员加以全面衡量，仔细选择。

二、旅游市场促销方式

（一）广告促销

广告促销是指旅游产品的供应商通过各种广告手段，对旅游产品进行宣传，从而实现销售旅游产品的目的。广告形式、种类繁多，主要的广告媒体有：报纸、杂志、广播、电视、直接邮寄、户外广告等。

（二）公共关系宣传

旅游产品的供给者为了树立良好的形象，赢得广大公众的理解和支持，促进产品的销售，向社会公众进行关于企业经营方针和商品情况的宣传活动。公共关系宣传活动的主要方式有利用新闻传播媒介进行宣传，这是公共关系宣传的主要形式；通过报告、演讲、制作视听材料进行宣传，主要宣传企业的状况及经营特点；通过举办各种专门活动来扩大企业影响，如举办商品展览会、周年纪念会，赞助文艺活动、体育比赛等；邀请消费者现身说法进行宣传；通过聘请的企业顾问和公共关系代理人进行宣传。

（三）节事活动策划

节事活动是指某个旅游景区举办的一系列活动或事件，包括各种节日、庆典、会议、展览会、交易会、博览会以及各种特定的文化、体育活动或非日常发生的特殊事件。节事活动本质上是一种旅游资源，可以为旅游业开发利用，并产生经济效益，促进地区的旅游业发展。

三、自驾车旅游市场促销策略

（一）不同产品生命周期的促销策略

旅游市场的促销策略，就是针对旅游产品的不同产品生命周期，将上述三种促销方式有机地结合起来。对于处于导入期的新产品，应以提高产品知名度为主要目的，采用广告及公共关系促销增进游客对其的了解和认知；当产品处于成长期时，要加大广告和事件促销的力度，通过举办各种活动，宣传产品的特色，扩大市场占有率；对于处于成熟期的旅游产品，要加强公共关系营销，稳定客源。当产品进入衰退期时，一方面要加强新产品的设计，另一方面要通过提示性广告留住老顾客，吸引新游客。

（二）不同手段的促销策略

1. 游客关系促销

游客关系促销是指旅游地政府、组织或个体对游客进行营销，目的是促进游客有意或无意地向其周边人群传播旅游信息包括旅游地信息和旅游体验，达到营销旅游地的效果。其中周边人群是指游客的家人、亲戚朋友、邻居及同事同学、网络人群等与游客进行信息交流的群体。游客的旅游体验水平会影响周边人群进行旅游的欲望，对旅游地的评价会影响周边人群的旅游地选择。通过对来旅游景区的自驾车消费者进行关系营销，使其将关于景区的一些正面信息传递给其能接触到的周边人群，达到促销的目的。

2. 电子商务网站促销

通常旅游市场上建立的电子商务进行促销的模式为 B2C、C2C。电子商务网站主要为自驾车旅游者提供多种服务，主要体现在信息的提供上。例如，通过网上调查、电子布告板、电子邮件、电子刊物等进行形式多样的旅游调查活动及促销活动，使自驾车游客及时了解最新的旅游信息。同时通过这种全新的信息交流方式，旅游营销者可以清楚地了解到每一个旅游者的兴趣、爱好和要求，而旅游线路设计体系与旅游纪念品制造系统的完善，则进一步为其提供了物质基础——旅游企业（包括旅行社、旅游纪念品生产厂家等）可以在成本上升幅度不太大的前提下，提供不同的旅游线路、不同的旅游纪念品等，使旅游产品向"度身定做"的方向发展。旅游产品的定制营销将成为旅游营销的重要组成部分，个性化的旅游将真正成为旅游活动的主流。另外，网站还可以实现转账支付方式进行旅游产品的网上交易。并且，通过在网站上设立相关的论坛板块，可以加强自驾车旅游者之间的信息传递和沟通，促进他们旅游经验、感受的交流，也便于自驾车旅游者寻找志同道合的"旅友"共同出行。

此外，通过电子商务网站的建立，可以设计一种全新的、完全依靠网络来实现而不必依赖物流企业的旅游方式——网上虚拟现实旅游。具体说就是利用虚拟与数字模拟平台，可能还会包括虚拟与现实的情景交融，让使用者置身于一个由计算机模拟出来的世界中。这个世界既可以是现实世界的模拟，也可以是一个完全虚构的世界。使用者在其中可以看、可以听、可以嗅，还可以有触觉上的感受，也可以自己决定行为方向。这样，自驾车旅游者可以通过在网上的预先模拟体验决定出游线路进行旅游。

第五节　自驾车旅游市场开发与产品匹配

一、自驾游旅游产品的五个层次

除了满足自驾游旅游消费者的旅游需求，旅游公司首先应该充分理解自驾游旅游产品的概念。现代营销学强调整体产品的概念，即消费者需要得到的有形利益和无形的满足感，它是由几个层次划分的。为了更好地理解自驾游旅游产品的五个层次，我们引入菲利普·科特勒的五层次模型来表述整体产品的概念，如图 7-5 所示。

根据菲利普·科特勒的五层次模型，自驾游旅游产品也应考虑五个层次，即核心产品、形式产品、期望产品、附加产品和潜在产品。

（一）核心产品

自驾游旅游产品的核心部分是旅游者所需要的最基本的效用或利益，它是旅游产品最基础的一个层次。了解核心产品意味着游客真正想要什么，是产品设计的开始。对于自驾游旅游者来说，核心产品就是其支付一定的货币、花费一定的时间和精力获得满足其自身物质需要和精神需要的经历。当然，旅游产品的核心部分是一

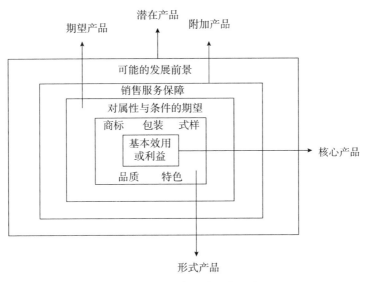

图 7-5　整体产品的五个层次

个抽象的概念，并非整体产品中的实体部分，无法体现与其他产品的差异性。因此，营销者要把旅游产品销售给顾客必须借助具体的形式来反映顾客的核心需求，即将其转变为顾客可感知的一般产品。

（二）形式产品

自驾游旅游产品的形式部分是核心产品借以有形部分，也是产品的基本形式，即顾客认为他们所购买的东西。形式产品可以简单到一张床或一顿饭，也可以抽象到质量、美观；它可以是无形的环境或档次，也可以是具体的地理环境。

（三）期望产品

自驾游旅游产品的期望部分是指已为一般公众所普遍认同的旅游企业在形式产品基础上应提供的一组属性和条件。例如，自驾游旅游者期望汽车租赁公司提供丰富的选择和异地还车等服务，期望自驾游经过的宾馆提供优质的服务和舒适的床铺等。通常期望产品是自驾游旅游产品中必不可少的组成部分，与其他层次相比，它直接影响着自驾游旅游者对旅游地以及旅游公司的评价和印象，在制定旅游产品策略的时候应当给予足够的关注。

（四）附加产品

自驾游旅游产品的附加部分是指自驾游旅游产品中所包含的附加服务和利益，它能把旅游企业提供的产品与其他公司提供的产品进一步区分开来。对于自驾车来说，它的附加产品包括安全保障、道路救援、旅游导航信息以及实时道路信息服务等。全套客房观念成功的一大秘诀就是附加产品，比如在客房里面提供洗衣粉、客房小酒吧、送餐服务等，从而让顾客在入住酒店的时候得到更多居家式的体验。附加产品能够形成顾客忠诚的独特因素，创造顾客忠诚。

附加产品实实在在地给旅游企业带来更多的竞争力，营销者应当充分重视。正如美国营销学家李维特所言："竞争的关键，不在于企业能生产什么样的产品，而在于为产品提供什么样的附加价值。"但是，旅游企业在运用附加产品策略的同时也需要注意以下问题：

（1）附加产品的成本。增加附加产品通常会增加成本，旅游企业应该清楚地知道提供附加产品所取得的收益是否大于或者足以抵消其为之付出的成本，如果把这些成本转接到自驾游旅游者身上，那些旅游者又是否愿意为这些成本埋单。

（2）附加产品转变为期望产品。随着旅游服务水准的不断提高，附加利益很快就会转变为期望利益。比如在几十年前饭店客房里提供的地毯、洁具等均被视为高档设施，而如今，这些设施早已成为客房的标准配置。

（3）附加产品的价格。当旅游企业因为附加产品而提高价格时，竞争对手往往会以更低的价格吸引顾客，营销者要考虑这一因素。

（五）潜在产品

自驾游旅游产品的潜在部分是最终产品的潜在状态。如果说附加产品表现了产品现有的内容，那么潜在产品则指出了产品可能的演变趋势和前景。潜在产品也是一个时间的概念，虽然今天还没有出现，但当它出现的时候，就可能会成为附加产品或是期望产品。

二、自驾游旅游产品的生命周期与各阶段营销策略

菲利普·科特勒对产品生命周期的概念是这样论述的："产品生命周期就是认识产品销售历史上各个不同阶段的一种尝试。对于这些阶段，就营销战略和利润量而言，有着不同的机会和问题。"这也就是说，在产品生命周期的每个阶段都需要不同的战略和战术。

旅游产品的生命周期就是指某种自驾游旅游产品在市场上停留时间的长短以及这期间所呈现的市场销售特征。自驾游旅游产品的生命周期理论在理论上可以分为四个阶段，即导入期、成长期、成熟期和衰退期，如图7-6所示。

产品的生命周期的概念可以应用于四个方面。首先它是指某一个产品大类（如主题公园、饭店、快餐馆）；其次它只涉及某一特殊的产品品牌（如迪士尼、希尔顿、麦当劳等）；再次也可以运用到某一个特定企业（如瑞恩航空公司、半岛酒店管理公司）；最后还可以运用于某个具体的产品线（如观光旅游产品、旅游度假产

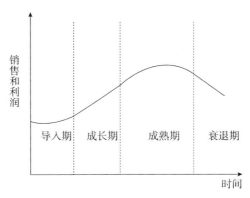

图 7-6　产品生命周期曲线

品、修学旅游产品等）。

在产品生命周期的不同阶段，旅游企业需要制定不同的营销方案。

（一）导入期

导入期是指产品进入市场的时期。新开发的旅游景点、刚开张的饭店等都正在进入产品生命周期的导入期。同时也有一些产品由于调整品牌、定位等进入其新一轮导入期。

在通常情况下，导入期的利润都比较低甚至利润是负的，原因是在这个阶段销售量比较低，而促销的费用却比较高。在这个阶段顾客大部分是抱着尝试的态度去体验产品的。

自驾游旅游产品在这个时期的目标包括培育产品认知、引导产品试用和在市场上进行产品定位。旅游企业可以采用大规模促销的办法以快速进入市场。在这个过程中，说服顾客是重中之重。考虑到自驾游旅游产品所具有的特点，顾客对产品的认知是建立在个体感知结果的基础之上的，所以除了需要大力度的宣传和广告来培育认知度以外，还要努力给顾客留下良好的"第一印象"。因此，关系营销和内部营销在自驾游旅游产品的导入期是非常重要的策略。

（二）成长期

如果新产品满足市场的需求，它就会进入成长期，销售额会持续上升。在成长期中，消费者对产品已有所了解，早期购买者还会继续购买，后来者听到该产品的好口碑后也开始购买，旅游企业的单位成本随之下降，相应的利润就上升了。旅游企业可以通过以下几种成长策略来维持商品的快速增长：

（1）企业提高自驾游旅游产品质量并增加新的产品特色和式样。

（2）进入新的细分市场。

（3）进入新的分销渠道。

（4）将某种广告的诉求目标从建立对产品的认知转向对产品的信任并推动购买。

（5）在适当的时候降低价格以吸引更多的购买者。

旅游产品的畅销在很大程度上依赖回头客，因此，与顾客建立良好的关系对于旅游企业推销自驾游旅游产品是非常重要的。由于相对来说，转换供应商成本较低，顾客较为易变，所以旅游企业的管理者必须保持警惕，不要被眼前的利润高速成长冲昏了头脑。

（三）成熟期

当旅游产品的销售量经过长期的快速增长之后，出现一个比较稳定的状态时，产品就进入了成熟期。这一阶段所持续的时间通常比前两个时期要长，这将给旅游企业的营销者带来巨大挑战。

在成熟期阶段，产品的质量已基本定型，潜在的消费者已经很少，市场需求逐渐趋于饱和，产品的销售量也逐渐达到最高，利润达到最大化。市场竞争处在最激烈的阶段，竞争者开始降价，并展开更大规模的广告和促销攻势。在产品生命周期的成熟期，要保持产品的市场地位就必须更加努力经营。旅游企业需要进行创新来保持自己在市场中的竞争地位，与顾客保持良好关系，寻求新市场，并努力将这些做得比竞争对手更好。

为扭转产品生命周期曲线，麦当劳努力吸引新顾客并增加老顾客的满意度，增加了早餐、色拉食品和甜点等项目；美国北卡罗来纳高尔夫之都的北卡罗来纳度假区将高尔夫度假区重新定位为家庭运动度假区；许多航空公司为了更好地服务乘客纷纷开通网上电子客票系统等。自驾游旅游产品的经营者应充分认识成熟期的重要性，它是产品走向衰退之前扭转产品生命周期曲线的时期，营销管理人员要不断地通过调整产品、调整市场或者调整营销组合去努力延长成熟期。

（四）衰退期

如果某种产品出现了更有前途、更受欢迎的替代产品，那么消费者对该产品的偏好就会下降，从而导致该产品试产份额的减少，该种产品就可能因此走向没落，进入衰退期。在衰退期，产品的需求量和产品的销售量都急剧下降，利润迅速减少，甚至出现亏损。

对于每种衰退产品，决策者都要作出是否维持、减少成本或是舍弃该产品的决定。面对收入下降，许多决策者会采取减少开支的措施。于是，许多旅游企业会通过诸如减少旅游设施维护的次数、减少服务人员或降低服务人员的工资等方法来降低成本。然而，旅游产品的特点决定了旅客能直接感知产品质量的下降，顾客会更加不满，导致收入继续下降，进入死亡循环（death spiral），如图7-7所示。

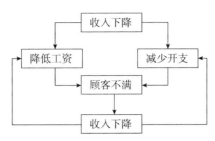

图 7-7　衰退期产品死亡循环

企业的决策者可能会决定维持该产品而不做任何改动，希望竞争对手退出；或者会决定对品牌进行重新定位，希望它能够回到产品生命周期的增长期。但是，衰退期的加速发展趋势甚至比成长期更快。优秀的决策者会在衰退期到来之前就采取行动。决策者可能采取的一个行动是放弃该产品。当然有些产品应该衰亡，这时可以促使其退出市场从而为新的产品腾出市场空间。然而，值得注意的是，如果不是顺其自然而是出乎预期，那就应该检讨是不是营销没有做好了。

三、自驾游旅游产品开发模式

旅游产品有别于其他产品的一个很重要的特点是它的可模仿性非常高。在制造业中，如果没有详尽的产品制造流程和相关知识，产品就很难被复制，而且还可以申请专利保护。而旅游业就不那么容易将竞争对手挡在生产场所之外了，并且所提供的服务不受专利的保护，这样旅游产品就很难保持其独特性，被模仿的速度也越来越快，产品的生命周期也随之缩短。

自驾游旅游产品的开发在程序上没有严格的限制。对于一些投入不大、预期消极效应不大的小型新产品，一旦形成创意，就可以着手开发了（比如超短途自驾游，自驾游途中一个小型餐馆等）。但是，对于一些重要和巨额产品开发项目，就需要认真做好产品开发计划，采取科学的开发程序，以确保产品投入市场之后获得成功。

自驾游旅游产品的开发程序当中主要包含以下几个主要步骤：

（1）创意形成。新产品开发的第一个阶段是寻找创意。创意形成的过程是对自驾游旅游产品的基本轮廓和框架的构想。当然创意的产生是建立在明确研究的产品与市场范围和新产品开发目标的基础之上的，而非毫无根据的乱想。创意可以来源于企业内部，也可以来源于顾客，甚至可以来源于竞争者，关键是要找到切入点，从而形成独特且可行的构思。

（2）创意筛选。对新产品的筛选工作是为了减少产品设想的数量，以便将目标集中在一个有开发前途的产品上。筛选主要是考察新产品的创意是否和企业总体任务目标相一致，企业内部的条件和管理水平是否适合新产品的开发，是否有进行过类似产品的营销经验，销售渠道是否畅通，还有市场规模与增量、市场增长状况和竞争程度等。

（3）产品概念形成与测试。接下来要做的就是把经过筛选的产品创意转化为具体的产品概念。产品概念是把创意具体化，并采用某种为消费者所理解的术语（如文字、图像、模型等），目的是在旅游者心中形成一种潜在的产品形象。

（4）初拟营销策略。营销策略包括三部分：第一部分是描述目标市场的规模、结构和行为；计划产品的定位和销售量、市场份额以及利润目标。第二部分是描述产品的计划价格、分配策略和第一年的营销预算。第三部分是描述长期的销售量和利润目标以及不同时期的销售战略组合。

（5）商业分析。一旦决策者发展了它的产品概念和一个营销战略，就能够对这个建议商业吸引力作出评价。具体的商业分析将包含很多内容，如推广该项产品和服务所需要的人力和额外物质资源、销售状况预测、成本和利润水平、顾客以及竞争对手的反应等。在这一阶段，旅游企业的决策者们只能做一个大体的估计。

（6）产品开发。当产品概念通过商业分析被认定为可行之后，就可以进入产品的开发阶段了。在自驾游旅游产品的开发中，旅游企业需要考虑增加对此项目的投资、新产品的功能和质量问题以及招聘和培训新的人员等。在这个过程中，旅游企业需要避免由于重视实体要素而忽略了服务产品本身的利益导致产品内容的空洞。因此，有效沟通系统的建立是必不可少的。

（7）市场试销。市场测试要在真实的市场环境中对产品和整个营销计划进行评估。通过这个阶段能使营销人员在进行大笔投资全面推广产品之前获得产品营销的实际经验，发现潜在的问题，了解对信息的需要，了解消费者和中间商的反应等。

第三部分

支撑保障篇

第八章　自驾车旅游交通

第一节　自驾车旅游交通系统

一、自驾车旅游交通系统的含义及内容

（一）自驾车旅游交通系统的含义

交通历来被认为是旅游业的三大支柱之一，在旅游业发展过程中始终起着举足轻重的作用。旅游交通是联系旅游客源地和旅游目的地的重要物质纽带，是旅游活动开展必不可少的基础条件，是旅游流（包括人流和车流）的限制因素。2017年交通运输部、原国家旅游局等六部委联合下发《关于促进交通运输与旅游融合发展的若干意见》提出建设"结构合理、功能完善、特色突出、服务优良"的旅游交通运输体系；2019年9月中共中央、国务院印发《交通强国建设纲要》指出加速新业态新模式发展，深化交通运输与旅游融合发展，推动旅游专列、旅游风景道、旅游航道、自驾车房车营地、游艇旅游、低空飞行旅游等发展，完善客运枢纽、高速公路服务区等交通设施旅游服务功能。

在传统旅游形式中，交通起着旅游廊道的作用，通过交通廊道，旅游者可以从其定居地到达目的地，并从目的地返回其定居地。然而在自驾车旅游蓬勃发展的今天，交通在旅游发展中的作用日渐突出，一个完整的交通系统将人、车、路、景各种自驾游元素衔接起来，成为自驾车旅游的核心组成部分。

从产业融合的角度，自驾游以高速、国道、省道等干线交通、城乡县道（通勤快线等）及其相关配套服务设施为基础，自驾车旅游交通系统是全域旅游发展建设的重要基础设施。自驾车旅游与传统旅游的一个重要区别就在于，自驾车旅游必须以公路交通和相关配套服务设施为基础。阡陌纵横的各级公路以及包括交通标识、停车场、加油站、维修站、汽车旅馆、汽车超市、汽车快餐馆在内的各种交通配套

服务设施组成了自驾车旅游的交通系统。如果将自驾车旅游比喻为一个人，那么交通系统就好比人的骨，旅游景观就好比人的肉。自驾车旅游作为旅游产业中的一种备受瞩目的新兴业态，是交通产业和旅游产业相结合的产物。大众旅游时代，自驾车交通体系具有非常强的客源市场组织功能，交通通道与沿线旅游城市、景区之间存在强市场关联性，在一定范围内具有优势互补、市场共享、和谐共赢的特性，是区域旅游一体化和跨区域旅游协同发展的重要抓手。

（二）自驾车旅游交通系统的内容

自驾游旅游交通系统强调自驾游服务功能，强调"接驳"、"点—线—面"无缝覆盖的全域立体交通网络体系。其由四个部分构成：

（1）道路系统。道路是连接自驾车旅游客源地与目的地之间的路径。自驾车旅游交通的道路系统包括公路、城市道路、乡村道路及山野小路，其中公路是自驾车旅游道路系统中最主要的组成部分。

公路是指连接城市、乡村，主要供汽车行驶的具备一定技术条件和设施的道路。根据作用和使用性质可将公路划分为国道、省道、县道、乡道和专用公路。一般把国道和省道称为干线，县道和乡道称为支线，和自驾车旅游有关的专用公路称为旅游公路；按适应的交通量水平又可将公路划分为五个等级：高速、一级、二级、三级和四级。

（2）道路标识系统。道路标识又称交通信号，包括交通信号灯、交通标志、交通标线等。道路标识的作用是分配道路上各种车辆的通行权，使之安全、有序、顺利地通行。

在自驾车旅游交通道路标识的设置中，最重要的是提供规范清晰的交通指示标志、安全可靠的临时停车位以及醒目方便的报警电话等。

道路标识具有法律效力，道路标识的设置应该严格遵守国家有关标准。

（3）交通运载工具。自驾车旅游的运载工具是汽车，其中又以家用小轿车最为常见。比较特别的是越野车（包括 SUV）和房车，更多地被应用在自驾车旅游的高端市场中。

越野车，国际上简称 G 型车，四轮驱动，动力强劲，减震性能优越，适于在各种路面行驶，成为探险旅游广泛采用的交通工具。

房车，包括旅游车和流动旅馆汽车，集行、住、食、游等多功能为一体，成为专项旅游和家庭度假旅游的理想交通工具。

（4）交通配套服务设施系统。交通配套服务设施一般可分为两大类：第一类是车辆服务设施，即为交通运载工具提供服务的设施，包括停车场（库）、汽车维修保养站、加油站等。公路上通常会设置有集成上述设施的技术站。第二类是游客服务设施，即为自驾车游客提供服务的设施，包括旅馆、餐厅、邮局、商店等。

在我国，高速公路上设置有既为"车"服务又为"人"服务的高速公路服务区。但是，它所提供的服务同自驾车游客对服务的要求之间还存在不小的差距，这种差距表现在：①服务区数量少，间距大。②中、低等级公路无服务区。③服务设施不完善，尤其缺少停车、住宿等服务。因此，我国急需建立适应于自驾车旅游的汽车旅馆或自驾车营地。

(三) 交通对自驾车旅游类型的影响

在传统旅游业中，交通条件可能只是影响旅游评价的一个因素。但是在自驾车旅游中，交通却成了决定自驾车旅游成败的关键，交通条件甚至决定了自驾车旅游的类型：

（1）交通条件较好的地区，开展观光度假型和休闲度假型自驾游。相应的自驾车旅游交通系统的特征为：道路系统级别较高，如高速公路、国道和省道等；交通运载工具为家用轿车；配套服务设施健全。

（2）交通条件较差的地区，开展极限挑战型和探险摄影型自驾游。相应的自驾车旅游交通系统的特征为：道路系统级别较低，如县乡公路或乡村小路等；交通运载工具为越野车；配套服务设施缺乏，往往只有技术站。

（3）交通不通达的地区，不存在自驾车旅游交通系统，无法开展自驾游。

二、自驾车旅游交通系统的特征及功能

(一) 自驾车旅游交通系统的特征

1. 先导性

自驾车旅游交通是自驾车旅游产生和发展的先决条件。自驾车旅游交通系统与传统旅游交通系统的最大不同在于，自驾车旅游往往采取"先路后景"模式。自驾车旅游者追求的是自然野趣，向往的是"世外桃源"，他们往往不会选择人满为患的热门景区，而是沿着交通线的扩展尽可能地去寻找新的景点。一旦某个景色优美，且可驾车抵达的地区被这些自驾车探险者开辟，就会逐渐吸引商业开发，建成旅游景区（点）。

2. 目的性

旅游包括旅行和游览两个方面内容，在传统旅游业中，旅行是手段，游览才是目的。但是在自驾车旅游中，很多时候游览是手段，旅行才是目的，至少旅行和游览是同样重要的。也就是说，自驾车旅游的目的就是享受交通服务，追寻驾驶乐趣、漂泊体验和探险经历等。这就使自驾车旅游交通系统成为自驾车旅游的目的地和服务提供者。

3. 通达性

自驾车旅游交通系统承担着自驾车旅游客流和旅游目的地主要景区和景点的连接、流动和沟通的功能。成为自驾车旅游目的地的景区、景点，各旅游服务设施和娱乐场所的基本要求是能够自驾车到达，旅游目的地和各种设施通过自驾车道路系统延伸和串联，使旅游要素能有效地连接和组合。通达与否是决定旅游地可进入型和决定地方旅游发展的关键因素之一。

4. 审美性

与普通旅游者不同，自驾车旅游者对旅行生活的舒适性、游览性和个性化有更高要求，因此质量、品种、特色就成为对自驾车旅游交通服务的核心内容。自驾车旅游道路系统能够连接若干旅游景区（点），或经过风景、风情特色浓郁的地区。自驾车旅游道路，特别是旅游公路，要注重景观廊道的建设。为了审美，旅游交通一般尽量避免走回头路。

5. 季节性

自驾车旅游者出行的季节性强且随意性大，其流量、流时、流向、流程极不稳定，分布极不均匀。由于自驾旅游的季节性，自驾车旅游交通运输量也随季节和时间的推移而发生明显的、有规律的变化，具有较强的季节性。这必然导致自驾车旅游旺季时交通比较拥挤，而旅游淡季时交通系统运力过剩的问题。如何调节淡旺季运力差异，是规划自驾车旅游交通系统应该解决的一个问题。

6. 方向性

自驾车旅游交通系统从宏观角度看具有一定的方向性。自驾车旅游的客源地多为经济比较发达的区域中心城市，而自驾车旅游的目的地则为生态环境比较好、远离尘嚣或具有驾驶挑战乐趣的偏远地区。自驾车旅游交通系统在宏观上按照一定方向性将自驾车旅游者从客源地引导向目的地。

7. 漫游性

自驾车旅游交通系统从微观角度看具有漫游性。因为自驾车旅游具有灵活性和随意性，很多自驾车旅游者为了体验特殊的驾驶乐趣，刻意回避级别高的道路而选择崎岖的道路进行越野挑战，所以在以自驾车旅游出发地或留宿地的结节区域内，交通流表现出不规则性和不确定性，且可以同时向各级道路渗透。

8. 区域性

自驾车旅游具有近地域流动的特点。旅游者往往以居住地或留宿地为结节点，依托自驾车旅游交通系统，在不超过节点 500 千米以外的自驾车旅游结节区域内活动，表现出较强的区域性。结节点所能提供的自驾游交通配套服务越完善，其等级越高。高等级结节区之间由高等级公路连接，低等级结节区之间由低等级公路连接。自驾车旅游者往往先在高等级的结节点做好出游的完全准备后，才会开始自驾车旅游活动。通常只有路遇突发事件才会向低等级结节点寻求应急服务。因此，自驾车旅游在空间分布上也非常不均衡。

（二）自驾车旅游交通系统的功能

旅游从马车、铁路交通发轫，交通运输本身的体验性强，其旅游功能使交通通道或设施成为新的吸引物，随着一个地区国道、高速、高铁、航线等交通网络的逐步完善，交通通道及沿线设施、景观，作为新吸引物的旅游功能逐步显现。自驾车旅游交通系统即是交通运输系统在基础运输功能至上叠加旅游基础设施、旅游吸引物的多重功能属性。其具有交通运输功能、社会经济产业功能、旅游休闲功能。

自驾游交通系统的基本功能使交通运输功能，即提供空间位移，形成"自驾车流"。在一定区域范围内基于从城市到城市、城市到乡村、乡村到乡村，变成城市到景区、乡村到景区、景区到景区之间的连线形成立体交通门户。

自驾游交通系统强调社会经济产业功能，交通运输与区域旅游通过旅游空间格局、景观廊道、公共服务以及产业要素实现充分融合，形成"文化传承、旅游发展、生态治理、产业转型"四位一体的区域旅游经济发展模式。

自驾游交通系统要求旅游休闲功能，沿途景观点、廊道、城乡聚落体系以及旅游集散中心、汽车营地、港口、服务区、临空及区域慢行驿站构筑多维度旅游休闲体系，"进得来、出得去、散得开"盘活区域旅游休闲资源。

第二节 自驾车旅游交通规划

一、自驾车旅游交通规划的目的

（一）提高自驾游交通通达性

满足自驾者"进得去、散得开、出得来"的基本需要是自驾车旅游交通规划的首要目标。自驾车旅游交通道路系统不通畅、不完善，自驾车旅游就难以为继。换句话说，自驾车无法行驶的地方，缺少加油、停车等必要设施的地方，自驾游就无法开展。

（二）赋予交通道路审美功能

多样的色彩、变化的质感、巧妙的结构、精妙的细部设计等，都赋予道路以生命力与个性。自驾车旅游道路在解决基本输送功能，符合审美观念的同时，还应反映地域文化的特征。道路的优化应从路面色彩、明度、质地、线型的区分等方面加强视觉效果，即便是道路基石、排水侧沟、防护栏、街灯、信号器、电话亭、雕塑、植物、路牌等实用价值较为主要的部分，都要精心地设计，成为审美空间的有机部分。

（三）提供自驾游信息支撑

自驾游信息主要包括以下两个方面：一是基本的交通信息。除了国家法律、法规和国家标准强制要求的部分外，应该根据路段性质和周围环境，从自驾者行为出发，设置更丰富的自驾游标识。二是旅游信息。旅游信息标识的种类繁多、形式各异，有向导标识、名称标识、地图、规章制度的说明等，标识设置的形式、位置、高度、大小及文字的表达都需要经过仔细考虑，不仅要便于自驾者根据自己的意图高效、准确地使用，而且这些标识都需要体现较高的地域文化含量。在规划设置交通和旅游两种标识时，应确保两种信息不相冲突和干扰；设置既能传达交通信息，又能提供旅游信息，还能体现地域文化特色的自驾车旅游交通标识。

（四）构造自驾游体验空间

自驾车旅游者从发动汽车并驶入自驾车道路后，就开始了旅游体验。自驾者在旅游道路上获得的驾乘体验比从旅游区（点）获得的休闲观光体验更为重要。自驾车旅游交通布局决定了自驾者的认同度和满意度。

一次完整的自驾游过程应该包括自驾者离开和返回营地的整个循环，而不是各个独立旅游区（点）所获得的割裂的旅游体验。自驾车旅游交通规划应该通过构建点、轴、面的自驾车旅游交通系统，整合、优化旅游资源，将散落的珍珠串联，使旅游景点、交通系统和旅游区域连为一体，为自驾者构筑一个完整的体验空间。

（五）完善自驾游交通体系

自驾车旅游交通系统以自驾车旅游道路为骨架，以自驾车旅游服务设施为结点，形成了四通八达的网络。自驾车旅游道路可以是高速公路到乡村小路的各级道路，自驾车旅游服务设施也有很多种类。如何在不同等级的自驾车旅游道路上设置满足不同需要的自驾车旅游服务设施，如何使各级自驾车旅游道路顺畅地连接在一起，是自驾车旅游交通系统规划中必须考虑的问题。

另外，自驾车旅游交通规划中还应注意自驾车旅游道路系统和景区道路系统的对接，保障通行顺畅、景观协调、服务和管理形成一体化。

（六）促进区域可持续发展

自驾车旅游交通系统是一个开放性的系统，贯穿自驾游客源市场与目的地，同时也向周边的城镇延伸，这就形成了一个自驾游区域系统，区域内各客源地、各目的地之间，以及区域内部与外界环境之间都有物质、能量和信息的交流。自驾游交通规划需要促进自驾游区域可持续发展，在保护资源与环境，并最大限度地增加自驾车旅游者乐趣和给当地带来经济效益的同时，也将旅游交通发展对自驾区域的消极影响维持在最小限度内，是实现自驾车旅游交通发展目标、促进自驾游区域可持续发展应该遵循的基本原则。

二、自驾车旅游交通规划内容

（一）自驾车旅游交通网络规划

规划内容涵盖自驾车旅游交通中的道路系统和道路标识系统。

交通道路系统与自驾车旅游存在必然的联系，根据发达国家的经验，道路建设完善的地区，自驾车旅游发展都比较成熟。因此，自驾车交通网络规划的目的是加快高速公路建设速度，提高高速公路网覆盖率，加强主要交通干线和其他景区景点间的交通连接线建设，提升沿途风景的质量。在实施过程中，针对主要目的地应加强完善出入交通的力度，提高道路等级，建设完善的景观道路体系，从而达到吸引自驾车旅游者的目的。

自驾游交通网络规划的关键在于处理好景区外部交通系统与景区内部交通系统的关系。

景区外规划建设自驾游客源地到自驾游目的地的道路，根据自驾车旅游交通特性建立快捷、方便、大容量的交通联系，从而促使旅游交通时空距离的缩减，最终实现旅游区客源腹地的拓宽，旅游出行频率的提高。

公路是景区外部交通网的骨干。公路规划要充分满足旅游布局的要求，深入城乡腹地，与城乡道路有机衔接，体现自驾车旅游交通的区域性特征。公路路线设计应根据公路的等级及其使用任务和功能，合理地利用地形和技术标准，并考虑车辆行驶的安全舒适以及驾驶人员的视觉和心理反应，保持线形的连续性及与当地景观的协调性。

公路在选线时，应尽量避免穿过地质不良地区和城镇，贯彻保护耕地、节约用地原则，少拆房屋、方便群众，依法保护环境、保护古迹。对不同选线方案，应对工程造价、自然环境、社会环境等重大影响因素进行多方面的技术经济论证。

景区内道路要根据景点间的分布态势，建设多样性、网络化、"快+慢"的道路布局并与景区旅游空间结构相呼应，实现自驾游游览性、休闲性、舒适性、安全性和特色性相叠加，从而提高旅游景区（点）（景点）的品牌知名度和美誉度。

旅游车行车主干道和次干道是旅游地内部交通网的骨干，用以解决游览运输与供应运输。要求路面平整、无尘，符合行车的技术标准，特别是登山、沿湖公路，不能破坏自然景观、植物、风景岩石、风景水系。

和景区内快行道不同，慢行道主要体现游览功能，相应地可以设计一些彩色慢行交通路面，利用特殊材料铺筑的彩色慢行交通率面，既适应了旅游景区（点）景点的特殊性，又明确了对交通空间的划分与识别，为自驾车旅游旅程增加乐趣。

（二）自驾车旅游交通设施规划

规划内容涵盖自驾车旅游交通中的道路标识系统和配套服务设施系统。

自驾车旅游交通设施规划应该注意如下几个问题：

（1）交通基础设施规划：确保主要交通道路及其他支道或支道与景点的连接道路状况良好，设立完善的道路交通指示牌、合理分布沿途加油站及车辆维修点、尽量低廉的过路过桥收费等。

（2）住宿设施规划：保证足够的清洁、方便、安全的经济型酒店，开发汽车旅馆。近年来，随着自驾车旅游的发展应运而生的汽车营地，是一种经济的度假形式，与之相应而生的泊车、医疗、保安、商店、餐厅、住宿、淋浴、洗衣、租赁等服务应该同时跟上。

（3）自驾游配套设施规划：提高旅游目的地和旅游景区（点）的接待规模自驾车游客能力，大力完善目的地停车场、汽车营地、汽车维修服务、中小型家庭汽车旅馆等服务设施配套服务，以更好地满足自驾车游客的需要。

（4）实时信息化的交通服务体系建设：基于全球定位系统（GPS）、地理信息系统（GIS）、智能运输系统（ITS）等交通信息技术，为自驾车旅游者提供即时、准确的交通信息。

（5）行车安全保障：建立自驾车旅游紧急救援体系，合理布局医疗急救设施和车辆维修救援设施。

（三）自驾车旅游交通综合规划

从区域的角度综合安排自驾车旅游交通系统各组成部分，以促进区域自驾车旅游发展的规划。

在自驾车旅游交通综合规划中，首先，要提出指导旅游交通的全局理念，确定旅游区的客源交通圈并分析旅游交通网络的空间形态。其次，在分析旅游区交通宏观需求的基础上，结合旅游区内外的出行特征、要求及主要影响因素，确定旅游交通规划目标和网线布局。最后，在规划过程中要强调旅游资源的特色，将旅游交通的安全性、舒适性、游览化、多样化等本质内涵在旅游目的地内部景区交通设施的具体形态中充分体现，建立健全自驾车旅游交通系统，提供完善的自驾游交通服务。

三、自驾车旅游交通规划相关技术标准

（一）道路技术标准

自驾游道路要充分依托区域内的各级公路。公路应按现行的交通部标准《公路工程技术标准》（JTG B01-2003）的规定进行规划。各级公路主要技术指标如表8-1所示。

表8-1　各级公路主要技术指标汇总

公路等级	汽车专用公路								一般公路					
	高速公路				一		二		二		三		四	
地形	平原微丘	重丘	山岭		平原微丘	山岭重丘	平原微丘	山岭重丘	平原微丘	山岭重丘	平原微丘	山岭重丘	平原微丘	山岭重丘
计算行车速度（km/h）	120	100	80	60	100	60	80	40	80	40	60	30	40	20
行车道宽度（m）	2×7.5	2×7.5	2×7.5	2×7.0	2×7.5	2×7.0	8.0	7.5	9.0	7.0	7.0	6.0	3.5	
路基宽度（m）一般值	26.0	24.5	23.0	21.5	24.5	21.5	11.0	9.0	12.0	8.5	8.5	7.5	6.5	
变化值	24.5	23.0	21.5	20.0	23.0	20.0	12.0	—	—	—	—	—	7.0	4.5
极限最小半径（m）	650	400	250	125	400	125	250	60	250	60	125	30	60	15
停车视距（m）	210	160	110	75	160	75	110	40	110	40	75	50	40	20
最大纵波（%）	3	4	5	5	4	6	5	7	5	7	6	8	6	9
桥涵设计车辆荷载	汽车：超20级				汽车：20级								汽车：10级	
	挂车：120				挂车：100								挂车：50	

旅游公路除了需要满足上述标准外，规划中还要加强道路沿线的绿化美化建设，选好景观行道树种，营造道路两侧的绿化景观和环境。

（二）公路服务设施建设标准

我国公路服务设施分为两大类：第一类是服务区，向司乘人员和机动车辆提供全面服务；第二类是停车区，向司乘人员和机动车辆提供短时停车休息服务。

程苏沙等（2009）根据规模的大小和功能的差异把服务区和停车区进一步细分，将服务区分为B1类服务区和B2类服务区，停车区划分为停车区和港湾式停靠站（观景台）。不同类型服务设施对应的功能如表8-2所示。

表 8-2　公路服务设施类型、功能

服务设施类型		功能
B1 类服务区	必选	停车场、加油站、汽车维修、公共厕所、便利店、休息区、餐饮
	可选	住宿
B2 类服务区	必选	停车场、加油站、便利店、休息区、公共厕所
	可选	汽车维修、餐饮
停车区	必选	停车场、公共厕所、休息区
	可选	汽车维修、便利店、餐饮
观景台	必选	停车场、公共厕所
	可选	便利店、休息区

按照高速公路法要求，高速公路沿线需每隔50千米设一个服务区。设置在高速公路上的服务区，给人们提供了休息、餐饮、加油、修理等服务，是保证高速公路安全、畅通、方便、快捷的重要配套服务设施。高速公路服务区是驾驶员和乘客旅途中的主要消费场所，从而形成独特的服务区产业。高速公路服务区的规模、服务内容应按照公路交通量、服务区之间的距离，结合沿线经济、旅游等综合考虑，而不应片面追求高标准、大规模，在设计服务区前应做好详细的调研分析工作，合理确定出服务区的建设规模和经营内容。同时，服务区内应进行渠化管理，避免人、车混杂。对大货车比较多的路段，应使客车、货车停车位置分离，避免杂乱。另外，通过高速公路服务区的绿化和美化起到缓解司乘人员的驾驶疲劳、愉悦身心的作用。

此外，为了适应自驾车旅游交通系统的特点，还可以设置一些自驾车旅游公路休息区。

参照高速公路服务区的布置形式，自驾车旅游公路休息区的布置形式有：布置在旅游公路一侧、两侧或中央三个类别，应该根据使用要求，并结合地形、用地条件、建设、管理以及经济性等酌情选定使用类别。

自驾车旅游公路休息区的设置应重点考虑两个问题：一是尽可能选择风景优美的地点修建休息区，以引导驾驶员去休息，并综合考虑安全、地形、方便性以及与周围环境相协调等因素。二是其设置要对公路上，尤其是邻近原有事故多发点的安全改善起到积极作用，使之更好发挥保障公路交通安全的功能和作用。其具体原则为：

（1）尽量选择景色优美、视野开阔的地段作为休息区，而秀丽的山水、江河湖海、优美的自然景观及名胜古迹等最为旅行者所喜爱，因此选择具有优美景观、名胜古迹的地段作为休息区建设既可以满足人体心理、生理的需要，同时又可以保障道路交通安全，提高休息区设置的经济效益。

（2）为满足驾驶员及旅客休息、车辆保修等的基本需要，以及车辆加油、旅客食宿等高级服务需要，休息区必须按一定间距进行设置。关于休息区的布置间距，目前高速公路服务区一般为 50 千米，最大不超过 60 千米。在服务区之间应设置一处以上的停车区，两处相邻服务设施的间距以 15~25 千米为宜，最大不超过 30 千米。结合我国旅游公路的现状，自驾车旅游公路休息区设置间距可以是 30~40 千米，具体应根据公路状况、运行车速等实际情况加以确定。不过，考虑到二级及以下等级公路的实际情况，在确定休息区设置位置时，沿线经过的较大的村庄、城镇应该视为停车区或休息区。

（3）根据自驾车旅游公路线形特性和沿线的地形地貌等环境条件，合理选定休息区位置。要从公路的线形关系出发，避免将休息区设置在小半径的平、竖曲线上和陡坡区段内，以及曲线的凹处。有的路段穿越山高林密的山区地带，视距严重不良，要考虑休息区的布置对公路交通安全造成的影响，并且应紧密结合当地的地质条件，避免选在土质疏松，易发生泥石流、山体滑坡等地质灾害的地方。

（4）休息区的选址应尽量产生与公路的隔离感，不受眩光和噪声干扰。同时必须便于明确设置进出休息区的引导标志，并与公路上的其他标志之间保持一定的间距。

（5）应充分考虑选址的经济性，供电、给排水及地质、地形条件等在很大程度上直接影响休息区的建设造价。在交通量较大、地区经济较为发达的路段设置功能要求齐备的休息区，可考虑设置在供电方便的地方。

按照程苏沙等（2009）对于公路服务设施的分类，在高速公路上选择设置 B1 类服务区和停车区，在自驾车旅游公路上选择设置 B2 类服务区和观景台，以满足自驾者的需要。

（三）加油站建设标准

在高速公路、干道及乡间道路附近选择的加油站，应有方便的出入口；在高速公路旁的加油站应属于高速公路服务区的一部分，加油站的距离应不小于 5 千米。设在高速公路旁边的加油站距交叉口距离应大于 2 千米，加油站不应设在道路旁道、竖曲线或道路交叉口的 100 千米以内；对加油站进出口的视距至少保持 100 米的距离，特殊情况下不得小于 50 米的距离。加油站用地面积应符合表 8-3 所示标准。

表 8-3　加油站用地面积技术指标

昼夜加油的车次数	300	500	800	1000
用地面积（公顷）	0.12	0.18	0.25	0.30

随着自驾车旅游的兴起，公路加油站所提供的服务已经逐渐从单一的油品服务，向包括了洗车、修车、保养、汽车美容以及快消品零售在内的综合性服务转化，从

而形成了一种可以被称为"汽车综合服务区"的新型加油站。

在自驾车旅游交通规划中，应该注意新型与传统、大型与小型加油站协调布置，最大化地满足自驾游游客的需求。

（四）其他交通配套设施建设标准

旅游景区（点）停车场应满足区域静态交通需求，着重改善交通环境，充分利用土地资源，与旅游景区（点）规划统一协调，注重体现地方特色、提高利用效率、保证游客安全。大中城市和重点旅游景区（点）停车场规划适用《停车场规划设计规划（试行）》。

停车场面积按下列公式计算：

停车场面积＝高峰游人数×乘车率×停车场利用率×单位规模/每台车容纳人数

其中，乘车率和停车场利用率可取 60%～80%。

各类车的单位规模：小轿车：17～22 平方米/台（2 人）；小旅行车：24～32 平方米/台（10 人）；大巴车：17～36 平方米/台（30 人）；特大型大巴车：70～100 平方米/台（45 人）。

另外，应在旅游公路两侧或旅游景区（点）附近按技术规范修建简易汽车修理点等其他交通配套服务设施。

第三节 自驾车旅游公路

一、旅游公路的类型与特点

（一）旅游公路的类型

人们通常把较多地承担旅游运输功能的公路称作旅游公路。旅游运输又包括自驾车旅游运输和公共客运旅游运输。较多承担自驾车旅游运输功能的公路，即为自驾车旅游公路。在我国除了一些偏远地区，大部分地区公路的自驾车旅游运输和客运旅游运输呈现出一体两面的特点，因此本节所谈的自驾车旅游公路和旅游公路是等同的。

自驾车旅游公路建设将地区旅游资源开发和交通条件的改善融合为一，并将生态保护和审美原理渗入规划和设计中，以保护沿线的生态环境和文化景观。自驾车旅游公路既可以是连接各个景区的干线公路，也可以是景区内连接各景点的主要道路或次要道路。

旅游道路并不独立于我国的道路等级体系之外，可分为国道、省道、县道、乡道和专用道等。干线旅游公路，公路等级高，旅游运输流大，但是旅游运输流在总运输流中的比重可能不高；一般旅游公路，公路等级低，旅游运输流小，但它可能是旅游专用道，旅游运输流在总运输流中的比重很大。因此，干线旅游公路和一般旅游公路同等重要。

葛亮等（2006）根据我国现行的旅游景区级别划分标准，将旅游公路划分为：4A级景区旅游公路，3A级景区旅游公路，2A级景区旅游公路，1A级景区旅游公路和非旅游景区旅游公路。

蒋贵川（2008）根据旅游交通在总交通流中的比重、旅游交通流的目的性、与目的地的距离、与旅游目的地联系的紧密程度等因素的不同，将旅游公路大致划分为三类，如表8-4所示。

表8-4 自驾车旅游公路分类

分类	旅游交通流比重	自驾目的地	与目的地距离	与景区关系
旅游可选路径	占有相当的比例或有相当的规模	较为分散	尚有一定距离	为旅游交通的集散路径
旅游主路径	占有优势的比例或有很大的规模	集中	距离景区很近	为必经之路或主要路径
景区道路	近于100%	景区内部景点	位于景区内部	景区旅游专用

（二）旅游公路的等级标准

葛亮等（2006）指出，在确定旅游公路等级标准时，应以旅游旺季的交通量为依据，但交通量的最大预测值，不能大于旅游区的最高日接待量，同时还要考虑相关布局政策及交通影响因素，综合衡量加以标定。

1. 路基路面标准

旅游公路的路基路面，一方面要求具有足够的结构强度，保证全天候通车、寿命长、减少养护工作量；另一方面要求具有良好的使用性能，即平整舒适、干净整洁、晴不扬尘、雨不泥泞。

2. 平纵横的设计标准

平纵横综合设计要考虑旅游公路与周围附属设施、景物构成的交通视觉空间，将足够的视觉空间深度及曲径通幽效果有机结合起来。这样可以既确保行车安全，同时又保证景观丰富多彩。

3. 路线的交叉处理标准

交通设施布局需以旅游交通为主导地位，旅游公路的线位规划需考虑控制出入的专线，产生交叉或作立交分离，或根据高峰小时交通量，利用绕右转、环岛，减少冲突点，或采取其他措施。

4. 设施标准

旅游公路设施包括安全防护设施、照明通信设施、绿化设施及停车设施等。根据需求量，合理规划规模、位置，从根本上消除恶性事故、停车占路、联络不畅等现象。

（三）旅游公路的特点

通常认为旅游公路有如下几个特点：

（1）技术标准灵活：旅游公路对行驶速度要求不高，所以在工程技术标准掌握上可以更加灵活。自驾车旅游公路技术标准的拟定主要以公路的旅游功能为依据，并不要求完全遵从较高的工程技术指标。除考虑旅游区的因素外，还必须着重考虑景观区域的自然环境，正确处理技术标准与自然环境的关系，在最大限度地保护区域自然环境的前提下，灵活运用技术标准。

（2）景观类型复杂：旅游公路穿越或连接各种自然景区，大多数路段地形地貌类型复杂，加之道路支路口相对较多，在丰富景观设计元素的同时也给公路设计和建设增加了难度。

（3）景观要求很高：旅游公路享受需求很高，因此对沿线自然和人文景观的要求也很高。自驾者作为欣赏主体，对公路景观有较高的视觉质量要求，因此追求景观特点和文化差异是自驾车旅游公路设计的一个重要理念。

蒋贵川（2008）基于公路交通流需求做了四类划分：安全需求，效率需求，享受需求，特殊需求，从而探讨了旅游公路的特点。采用这种方法，可以区别自驾车旅游交通流的需求与非旅游交通流、一般旅游交通流的需求之间的异同。

作为基本需求，无论何种交通流，对于安全的需求应该是一致的，不会有大的差异；对于直达目的地的旅游交通，在效率上的需求与一般交通也是基本一致的，但对于自驾性质的旅游交通，则有可能因为各种即兴的原因，而放宽对于效率的需求。三者最大的差异体现在享受需求上，对于一般交通流而言，享受需求无足轻重；对于一般的直达旅游交通流来说，安全和效率仍然是其主要关心的需求；而对于自驾车旅游交通而言，享受需求的重要性就要大得多了，如表8-5所示。

表8-5 不同类型公路使用需求的差异

公路类型	安全需求	效率需求	享受需求
不达旅游景区（点）的普通公路	高	高	低
通达旅游景区（点）的普通公路	高	高	中
自驾车旅游公路	高	中	高

二、自驾车旅游公路安全设施设计

（一）影响自驾车旅游交通安全的因素

许多旅游区，尤其是那些自驾者偏好的生态环境自然原始的旅游区，往往地处偏远、地形比较复杂的山区，相当一部分旅游公路是利用原有的山区公路改造而来的，其等级低、路窄、坡陡、弯急，道路技术条件差，许多地方线形受地形地貌限制大，视距不良，公路沿线环境色彩丰富且多变化，驾驶环境比较复杂，影响行车安全。

旅游交通流具有明显季节性的特点，由于各种原因很多地区旺季交通流要明显超过公路的负载能力。兼有地区物资运输功能的旅游公路其交通组成复杂且随季节会发生较大变化，早晚的交通量也呈现出潮汐性的分布特征。这样大量突发性的旅游交通流会给公路的安全运营带来许多不确定的因素，加上长时间的旅行，很容易造成驾驶员的疲劳和诱发交通事故。

很多自驾车旅游者因为追求亲近自然的审美体验和超越极限的驾驶乐趣，因此形成对于等级低、路况差的旅游道路的偏好，他们对于安全风险的估计偏低，所以他们遇到安全威胁的可能性也会变大。

旅游公路的享受需求和安全需求有时不可兼得，自驾者被道路景观所吸引，势必会减慢行驶速度，加大旅游流和其他运输流行驶速度的差异。而公路上各种车辆速度差异越大，超车频率越高，安全威胁也就越高。

吴立新等（2005）从旅游公路交通安全与自然环境之间关系的角度，总结了旅游公路交通安全的一些特点：

（1）旅游公路所处地形条件的特殊性：我国有许多旅游景点建在山区，山区的地形、地质条件较为复杂，山高坡陡，沟深谷窄，由于受限条件过多，各项技术指标往往难以充分满足安全行车要求；急弯陡坡、依山傍水的险段给驾驶员行车带来极大的心理负担，造成感受和处理信息的能力下降和安全操作的可靠性降低；加之一些车辆的制动性能、爬坡性能和转弯性能不能适应于山区道路上的行驶要求，道路交通标志、标线和防护工程设施欠缺或不齐全，事故就难以避免。而事故发生后，由于受地形条件限制，救援和事故现场清理又存在较大的困难。

（2）旅游公路周边小气候对公路交通安全有着特殊的影响：一般来说，周边树木茂密的旅游公路，其小气候十分活跃，经常出现的风、霜、雨、雪、雾等自然现象，使车辆能见度降低，行车视距不足，易导致驾驶人员产生急躁或不安心理，导致交通事故的发生。

（3）旅游公路周边植被对车辆运行安全影响较大：旅游公路的部分路段往往有一些特有树木、植被等受国家保护。如果这些植被处置不当，不仅会影响公路的线形设计和日常养护、管理，还会影响驾驶员视线，降低交通标志或标线的使用效果。

（4）旅游公路交通事故的后果相对较严重，社会负面影响较大：旅游公路上运行的大客车较多，一旦出现事故，极易造成大量的人员伤亡。据资料统计，在旅游公路上发生的群死、群伤恶性交通事故，占此类事故总数的50%以上。

（二）自驾车旅游公路安全设施设计

公路安全设施包括标志、标线、护栏、视线诱导标、隔离栅、防护网、防眩设施、突起路标和防撞筒等。为了确实发挥公路安全设施的防护作用，上述设施设计必须符合国家标准。为满足自驾者的审美和享受需求，在国家标准的框架下，旅游公路安全设施的设计还应该体现出差异性。具体的差异化设计方法有以下几种：

（1）旅游标志。首先，在具体设计时，有必要在标准规范的大框架之内，进行必要的针对性设计。可以借鉴的做法是标志底色以标准所规定的颜色为准，但图案则采用实景照片或卡通图片等更能够带来视觉愉悦感的设计。其次，标志中可加入旅游资源自身的代表性文化符号。如果存在相关旅游主题或规划，标志中还可加入这些旅游主题和规划的标志性符号。

（2）护栏。目前没有专门的标准和规范加以规定。从现有护栏的种类来看，波形梁钢护栏、缆索式护栏造型现代感强，通视效果好（尤其是缆索式护栏），比较适用于以自然风光为主要内容的旅游资源。必要时还可进行外部涂覆（如以特殊涂料制造树皮效果等）、彩色油漆等处理，达到和谐自然的效果。水泥混凝土护栏、梁柱式护栏外型较为庄重厚实，且易于在造型上进行特殊的处理，还可以加入各种文化符号或标志性符号，比较适用于以人文景观为主要内容的旅游资源。

（3）防眩设施。与护栏类似，目前也没有专门的标准和规范对旅游公路的防眩设施加以规定。总体来看，旅游公路的防眩设施应以采用特色树种植树防眩为宜，如果采用防眩板，也可考虑对版面特殊处理，加入特色文化和自然景观符号造型。

（4）视线诱导标。视线诱导标和突起路标可以对反光面采用特殊造型设计，采用文化和自然景观的特色符号。

三、自驾车旅游公路景观设计

（一）自驾车旅游公路的美学特征及景观功能

自驾车旅游公路由于其特殊的功能，应为人们所提供的不仅是交通的便捷与安全，还应有视觉上的愉悦和审美情趣上的满足。自驾公路的安全感和舒适感是通过旅客视觉和心理提供的信息所感知的，而信息获得的影响因素主要来自两方面：一方面是公路自身的线形，另一方面是公路景观及其与周边环境的关系。当然，这两方面本身也有密不可分的内在联系，无论是公路自身线形，还是其景观或与周边环境的和谐关系，最终都汇集为一个综合的视觉印象，即自驾车旅游公路景观。一条考虑到景观且精心设计的自驾公路应保持线形流畅优美并能自然融入周围景区环境，集安全性、舒适性、便捷性、美观性于一体并具有其"个性"，使行驶于其中的旅行者享受到生理上和心理上美的双重体验；相反，一个结构笨重、设计粗糙的旅游公路，不仅给公路本身功能的发挥带来很多问题，而且降低了所经景区环境的趣味性，影响了所在自然环境的美观。西方许多国家修建的"旅游专线"和"风景小路"，都充分利用了路域显著的自然特性，人们行走在其中能够充分领略当地独特的景色，以其独特的吸引力表现出很高的美学质量。

美国的熊牙全美公路竣工于 1936 年，是蒙大拿州与怀俄明州往返黄石国家公园的必经路线。熊牙公路沿路景观之美来自其惊人的海拔高度，在绝无人为视线遮拦的公路上，从平地爬升至海拔 333 米，再上行到 1219 米，壮阔的山脉和高山湖泊尽收眼底，让人惊叹于大自然之美。熊牙全美公路是美国最漂亮的公路之一，也是美国自驾一族非常喜欢的自驾旅游公路（见图 8-1）。

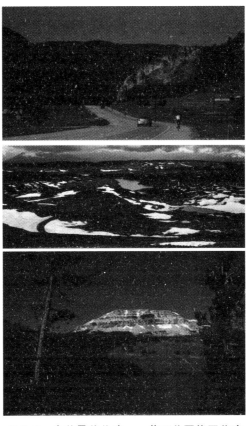

图 8-1 全美最美公路——黄石公园熊牙公路

总结西方的先进经验，旅游公路并不刻意追求线型的平、直、顺、长直线、大半径，重要的是要满足线形的连续性和优美性。要让自驾者获得旅程享受，这就要求公路的设计者应灵活掌握和运用技术标准，在满足技术指标的前提下，路线该弯则弯，切忌僵直呆板的长直线。公路设计要通过提高路面等级和平整度，以及路线线形的流畅性和与景观的协调性，尽量满足自驾者的享受需求。

（二）自驾车旅游公路的景观设计与美学设计

秦晓春和张肖宁（2007）给出了旅游公路景观设计和美学设计的一些方法。

1. 自驾车旅游公路景观设计的一般原则

（1）安全至上：旅游从本质上来讲是一种精神活动，只有在安全舒适的环境下才能产生美的享受，因而安全感是产生美感的基本保障，它构成美感的基本层次。例如，一个在景区中迷路的人就很难再有心情去欣赏四周美丽的风景，因此，安全感对游客来说是非常必要的；自驾车旅游公路的功能主要为旅游出行服务，所在地区地形变化多样，线形复杂，可通过灵活的路线平纵线形，增设完善、可靠的交通安全设施，以及绿化诱导栽植等确保公路的安全性；同时应考虑到景观的色彩、尺度及其变化频率对驾驶员注意力的影响。只有保证交通安全的公路景观才是美的景观，如果不能保证交通安全，不管公路本身多么优美都是毫无意义的。

（2）生态为本：由于多数自驾车旅游公路位于生态敏感区，一旦遭受破坏将很难恢复原状。依照设计上最大限度地保护生态、施工中最小限度地破坏生态和运营中最大限度地恢复生态的生态设计原则，尽可能恢复自然植被、掩盖人工的痕迹，将环保理念贯穿于设计、施工、运营全过程，最大限度地保护和恢复生态原貌，使自驾车旅游公路与周边景区环境充分融为一体。

（3）文化凸显：自驾车旅游公路往往穿越多种具有不同风俗文化的地域，是不同种区域文化的过渡空间。这样的过渡空间应该具有丰富的文化内涵，使旅游公路景观空间成为公路沿线不同文化的展现空间。因此，在旅游公路设计中，从整体到局部，从公路线形到景观小品的配置乃至人的活动都可以对公路所在地域历史文化起到凸显的作用。对公路所在地区文化符号进行提炼和表达，将其物化于公路沿线建筑物及构造物，既增加了旅游公路的文化内涵，又促进了对沿线各种人文景观的保护。通过公路本身对地方文化与旅游景观元素的凸显，体现旅游区的景观特征和文化特色，向游客传达旅游区与众不同的自然和文化信息。

2. 自驾车旅游公路的美学设计的主要方法

（1）兴奋点设计：自驾车旅游公路沿途不同景观类型对游客吸引力不同，使游客赏景的兴奋程度也不同，从而产生了心理体验的平缓区和景观兴奋点。在景观设计中，兴奋点设计是指运用各种能被人的感觉器官直接感知的风景信息，或不能直接被人的感觉器官所感知而作用于一定层次潜意识的潜在审美信息，来激发游客产生兴奋点的设计。在自驾车旅游公路景观设计中引入兴奋点设计理念，宜于通过简洁的形象空间营造欢快、具有标志性的色彩，传达通俗易懂的信息，提高自驾车旅游公路景观的观赏性，缓解游客旅途的身心疲劳，激起游客对沿途和目标景区的好奇心和兴趣。从自然景观节点到历史文化遗址，从路侧构造物到景观小品，都可以作为景观兴奋点的设计内容。需要注意的是，在自驾车旅游公路上，游客大部分时间处于动态观赏状态，而不具备驻足欣赏的条件，不能给人以较多的时间去思考和感受形体，更多的是瞬间印象。另外，兴奋点的位置选择、景观色彩及造型设计都应满足道路交通安全设计，尽量不用易引起驾驶员视线停滞和错觉的色彩和造型，注重宏观效果，减少对细部的刻画处理，以防止分散驾驶员的注意力，造成交通安全隐患。

（2）空间序列规划设计：自驾车旅游公路景观呈现出连续的、动态的景观序列空间形态。景观空间序列是由若干自然与人文景观元素构成的，由起景、过渡、高潮、过渡、结尾等几部分依次展开。一些复杂的序列还包括有序景、转折等部分。遵循一定构成的景观结构有主有次，产生有起有落、有高亢有低回的赏景意趣，宜形成一条富有韵律与节奏的景观游览线路。自驾车旅游公路的景观设计要根据公路景观类型的分布规律和公路景观现状评价的结果，先确定全段序列的形式，如三段式或多段式，如果线路较长，在每一小段还可以对该段的景观序列进行细节处理。然后在整体上对公路进行景观序列规划，结合景观兴奋点设计方法划分每一个子序列空间的各个不同组成部分，为旅游公路景观设计提供序列空间上的定位，以形成连续而富有节奏变化的公路动态景观序列。

关于自驾车旅游公路景观设计进一步的原则和方法，我们已在第六章中进行过介绍，这里不再赘述。

四、自驾车旅游公路环境设计

（一）重视环保设计

施工中对料场的挖取、树木的砍伐、植被的占用、耕地的征用等，往往是按照设计图纸进行的，因此勘测设计阶段是真正抓好环境保护的龙头。设计阶段要综合考虑规划阶段的具体环保方案和措施，为公路建设和环境协调发展奠定基础。在公路的设计阶段必须考虑公路选线及线位选择，取、弃土场的选择，绿化设计的要求和公路的景观设计要求等。此外，在设计阶段应避免大挖方、高填方，公路定线远离村镇，有效保护自然的山体和植被，加强路基范围内的排水、防护工程，设置足够多桥涵工程，确保水流畅通。

（二）规范公路施工

（1）在路基施工中加强防护工作，不让开挖爆破的土石落入河流农田中。施工中要在河流岸边、农田村庄上修筑挡墙、控制爆破等，不让土石掉落溪谷农田里。已落入溪谷里或农田里的要及时清理运走，还河谷农田的本来面目。

（2）需要处理好公路建设中的废弃土石。旅游公路开挖的土石方量大，除部分用于填筑路基外，大部分废弃土方要进行妥善处理，不能就地乱堆乱放造成新的环境破坏。最好的做法就是选择农田耕地少，不易引起水土流失的山洼做弃土场，把废弃的土运往填土场统一堆放，用压路机分层碾压达到一定压实度，然后进行植树、种草、绿化美化，恢复生态环境。

（3）在旅游公路施工中，加强边坡的防护。由于公路建设边坡开挖使原有的生态遭到破坏，改变了地质结构，破坏了地表植被，极易形成滑坍、泥石流，危害公路及附近农田。根据不同的地质情况，采取工程治理、生物治理或工程治理与生物治理相结合的办法进行环境处理。

（4）加强施工中的环保监督，加强对公路建设施工人员的环保教育，在施工中自觉做好环保工作。按规定不乱砍滥伐花草树木，确保生态环境不遭人为破坏。施工承包方与业主签订承包合同时，都要有关于环境保护的相关条款，并且在工程施工中，严格按这些条款进行监督、检查。

（三）加强公路养护与环保设施维护

做到经常保持路面平整、坚实、整洁，对路面的本身变形，要事前做好预防，及时修理，使路面没有破损、纹裂，提高路面质量，延长使用年限。对公路桥涵要进行不定期的养护。保证桥涵畅通、无杂草，发现桥涵损坏时要及时上报主管单位进行维修，阻断通车时要设好安全标记，以防发生交通事故，每年对公里碑、路缘石、桥栏杆要进行两次粉刷，对损坏和缺少的标志牌要进行更换和补齐，保证有明显醒目的公路标志。

五、自驾游专用道路

（一）自驾游专用道路的意义

为解决自驾游交通流审美需求和安全需求不可兼得的问题，可以在靠近旅游景区（点）的路径设置自驾游专用道路，尽可能地使自驾游运输流和其他交通运输流分离开来。自驾游专用道路的设计，既让游客接受一定的感官冲击，又要让游客放心。自驾车旅游公路的设计应该是一个平衡安全防护和感官刺激的动态过程。

在规划和设计自驾游专用道路的过程中，应该注意避免出现以下问题：

（1）避免过村：目前很多旅游专用路都是基于等级低的乡镇公道修建的，不可避免会出现过村现象。旅游专用道路过村，会降低自驾者通行速度，干扰乡村居民的正常生活，同时给自驾者和村民双方带来不必要的安全隐患。

（2）安全隐患：据统计，70%～80%的旅游专用路是不上等级的道路，线性曲折、坡陡路窄、危险性大、车况条件差、缺乏安全感，给自驾者带来负面影响。

（3）破坏地貌：自驾游专用道路修建时，一旦破坏地貌，会给周边环境造成恶劣的影响，容易导致水土流失、泥石流、滑坡等地貌灾害发生，同时影响地区的植被、水文、气候等系统，进而影响整个生态环境，甚至让地区丧失赖以发展自驾游的自然美。

（二）自驾游专用道路规划设计方法

参照张秀海（2002）的山区旅游专用道路规划设计方法，自驾游专用道路的设计思路为：

（1）旅游景区区间联络旅游专用道路应尽可能地在沿途乡镇公路的基础上提高等级标准，两者功能兼用：对旅游人数较多、交通量较大的旅游专用道，根据实际情况，选择二级公路以上的平纵面线形设计，路基宽不小于12米；对于旅游人数较少，交通量也较小者，可采用三级公路平纵面线形和轴载设计，路基宽不得小于8.5米。

（2）旅游景区区内联络旅游专用道，则不必追求高标准，尽可能地体现出旅游区的景观特色。具体操作时，按照如下方式进行：①选线尽可能顺从山势和河谷地形，平面线形上要不低于山重区四级公路的标准，纵坡不超过6%，路基宽度不小于8.5米。②尽可能地选择较长的沿溪线或山脊线，减少工程开挖量，若受地形限制只有选山腰线时，则极可能做到填挖平衡，以减少施工时对周围环境的破坏和污染。③景区循环线路宜过景而不穿景，绕开距离根据实际地形确定，景点与路缘的距离应在50米以上。④为确保游客乘车的安全感，并且能够观看到沿途风光，车辆设计行车速度最好控制在20km/h左右。⑤严格控制弯道内侧横净距对视距的影响，减少交通肇事率。⑥进入景区道路的人工构造物设计尽量适应自然，就地取材，丰富构造物形式、美化。⑦加强山区路基综合排水和防护措施，保证道路稳定、车辆行驶安全和游客的人身安全。⑧沿途各景点附近设置临时停车场、景点最佳位置观赏平台，并将该段道路进行加宽处理。⑨临时停车场的选址设计尽可能选择在通风良好的开阔地段，以防过多车辆尾气排放对周围环境的污染。⑩路面结构宜采用沥青混凝土或水泥混凝土等高级路面，以减少旅游专用道维修和养护的次数，减少对于自然环境的破坏；同时提高路面平整度，保证驾驶的舒适感。

第四节　自驾车旅游交通道路标志标线设计

一、国内现行道路标志标线设计规范

（一）道路交通标志标线体系

1. 道路交通标志

根据国家标准《道路交通标志和标线》（GB 5768-1999）的规定，交通标志分为主标志和辅助性标志两大类。其中主标志又分为六小类，具体包括警告标志、禁令标志、指示标志、指路标志、旅游区标志、道路施工安全标志；辅助性标志是附设于主标志下起辅助说明作用的标志。

（1）警告标志：警告车辆、行人注意危险地点的标志。

（2）禁令标志：禁止或限制车辆、行人交通行为的标志。

（3）指示标志：指示车辆、行人行进的标志。

（4）指路标志：传递道路方向、地点、距离信息的标志。

（5）旅游区标志：提供旅游景点方向、距离的标志。

（6）道路施工安全标志：通告道路施工区通行的标志。

2. 道路交通表线

根据国家标准《道路交通标志和标线》（GB 5768-1999）的规定，道路交通标线是用黄白颜色的线（或线组成的面）和文字与符号形象化表示出来，涂画于路面、路沿或凸起物上的交通管理设施。它的作用是管制和引导交通。

道路交通标线按功能、设置方式和标线形态进行分类，分为指示标线、禁止标线、警告标线。

（二）交通标志标线的设计原则

1. 符合法规和技术标准

自驾车旅游交通标志、标线的设置应以下列道路交通管理的相关法律、法规、技术规范（标准）和交通组织管理方案为依据：《中华人民共和国道路交通安全法》、《中华人民共和国公路法》、《中华人民共和国道路交通安全法实施条例》、《道路交通标志和标线》（GB5768-1999）、《公路工程技术标准》（JTG B01-2003）、《公路交通标志和标线设置规范》（JTG D82-2009）。

2. 综合考虑相关因素

标志和标线的设置应充分考虑方便交通参与者和提高道路通行能力，并应综合考虑道路设施、交通工具、交通环境及气候等因素。

新建、改建、维修道路标志和标线的设置，除应适应工程范围内交通管理需要外，还应统筹考虑相关道路上的交通管理需要，并应与道路建设同步设计、审核、施工和验收。

3. 材料规范、选址适当、设置合理

标志和标线的材料选择应符合国家相关规范、规定的要求，尽可能采用成熟的新材料、新工艺。

标志和标线的设置应合理醒目、明确简洁、连续统一、坚固耐用、美观大方。设置的地点应能使交通参与者引起注意、迅速判读、有必要的反应时间或操作距离。

4. 与其他设施相统一

标志和标线的设置应与信号、隔离等其他设施统筹考虑，所表达的内容不允许发生相互矛盾、不应产生歧义。

（三）交通标志设置的基本技术规定

1. 支撑方式

支撑方式包括门式、悬臂式、立柱式和附着式。

2. 设置地点

标志设置应考虑交通参与者的行动特性。凡设置要求司机根据信息采取相应行动的标志时，应充分考虑司机在动态条件下发现、判读标志及采取措施的时间，即预留前置距离，如表8-6所示。

表8-6　道路设计速度与交通标志设置位置的关系

计算行车速度（km/h）	100~120	71~99	40~70	<40
标志到危险地点距离（m）	200~250	100~200	50~100	20~50

（1）一般应设在车辆行进方向易于发现的地方。可根据具体情况设置在车行道右侧的人行道或路肩上；机动车道与非机动车道的分隔带、中央分隔带或车行道上方；特殊情况可在道路两侧同时设置。

（2）应满足规定的前置距离，不允许损坏道路结构和妨碍交通安全；不宜设在建筑物的门前、窗前及车辆出入口前；与建筑物保持1米以上侧向净距。如果不能满足时，可在道路另一侧设置或适当超出该种标志规定的前置距离。

（3）应满足视认要求，避免上跨桥、照明设施、门架、监控设施、电杆、行道树、绿篱、户外广告标志及路上构筑物等对标志板面的遮挡。

（4）不应遮挡其他交通设施。

3．尺寸选择

标志板的形状、尺寸、图案、文字、颜色，均应符合《道路交通标志和标线》（GB5768-1999）的规定或有关设计的要求。一般情况下，不同悬挂方式的标志尺寸应符合表8-7的规定。

表8-7　不同设置方式下标志尺寸要求　　　　　　　单位：cm

标志类型	设置方式	
	悬挂	立柱
三角形标志	110	90
圆形标志	100	80
正方形标志	80	80（60）
指路标志	300×150～400×200	300×150～400×200

（四）自驾车旅游指路和旅游区标志

自驾车旅游指路和旅游区标志是指示自驾车旅游目的地及服务设施方向、位置和内容的交通标志，是自驾车旅游交通道路标识系统的核心部分。

按照国家有关交通法规和国家标准，指路标志形状为矩形，一般道路指路标志为蓝底白字，高速公路指路标志为绿底白字；旅游区标志为棕色底白字符，应在通往旅游景点的岔路口设置，使自驾者能方便地识别通往旅游区的方向和距离，了解旅游项目的类别。

发展自驾车旅游交通，应注意按规定设置自驾游指路和旅游区标志。标志的具体内容和设置要求如表8-8所示。

表8-8　自驾车旅游指路和旅游标志设置要点

标志类别	标志名称	标志图案	功能及意义	设置地点
指路标志	地点识别	◀P 停车场	为道路使用者提供停车场的识别和指向	设在通往停车场的路口
		◀✚ 急救站	为道路使用者提供急救站的识别和指向	设在通往医院、急救站的路口
		◀🏛 东　陵	为道路使用者提供某名胜古迹和风景游览区的识别和指向	设在通往名胜古迹和风景游览区的路口
		◀⛽ 加油站	为道路使用者提供加油站的识别和指向	设在通往加油站的路口

续表

标志类别	标志名称	标志图案	功能及意义	设置地点
指路标志	地点识别	洗车	为道路使用者提供洗车处的识别和指向	设在通往洗车处的路口
		餐饮	为道路使用者提供餐饮部的识别和指向	设在服务区、旅游区内通往餐饮部的路口
		汽车修理	为道路使用者提供汽修部的识别和指向	设在服务区内通往汽修部的路口
	停车场	P	指示停车场的位置	设在停车场内的适当位置
	紧急电话		指示高速公路上紧急电话的位置	设在紧急电话的立柱上，或电话箱上
	电话位置指示	400m 300m	指示距出事地点最近紧急电话的方向和距离	设在高速公路沿线各紧急电话之间的相应位置
	加油站		指示高速公路上加油站的位置	设在通往加油站的入口附近
	紧急停车带		指示紧急停车带的位置	设在紧急停车带的前端
	服务区预告	宜兴埠 2km / 宜兴埠 1km / 宜兴埠	预告高速公路服务区的距离和位置	在距服务区 2 千米、1 千米、减速车道起点及服务区入口处分别设置
	停车区预告	浪网 1km / 浪网 / 浪网 LANGWANG 停车区 REST AREA	预告高速公路停车区的场所	在距停车区 1 千米、减速车道起点及停车区入口附近分别设置

续表

标志类别	标志名称	标志图案	功能及意义	设置地点
指路标志	停车场预告	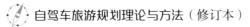	预告高速公路沿线停车场的距离和位置	在距停车场1千米、减速车道起点及通往停车场入口处分别设置
	停车场	P	指示高速公路沿线停车场的位置	设在停车场内适当位置
	道路交通信息	1620 kHz 道路交通信息 起点	指示收听高速公路交通信息广播之频率和路段	设在有路侧广播路段的起点
		1620 kHz 道路交通信息		设在电台频道涵盖范围内的适当地点，提供道路交通信息的路段很长，可在适当地点加设
		1620 kHz 道路交通信息 终点		设在路侧广播路段的终点
旅游区标志	旅游区方向	云居寺 YUNJUSI	指示通往某旅游区的方向	设在高速公路出口附近及通往旅游区各连接道路的交叉口附近
	旅游区距离	金山寺 JINSHANSI 2Km	指示通往某旅游区的距离	设在高速公路、一级公路通往旅游区出口前整千米处的路右侧
	问询处	?	指示问询处的位置	设在旅游区附近的大型服务区内通往旅游景点的路口，或高速公路及其他道路通往旅游景点的交叉口附近的适当位置

续表

标志类别	标志名称	标志图案	功能及意义	设置地点
旅游区标志	徒步		指示徒步区的位置	设在旅游区附近的大型服务区内通往旅游景点的路口，或高速公路及其他道路通往旅游景点的交叉口附近的适当位置
	索道		指示索道的位置	设在旅游区附近的大型服务区内通往旅游景点的路口，或高速公路及其他道路通往旅游景点的交叉口附近的适当位置
	野地营		指示野地营的位置	设在旅游区附近的大型服务区内通往旅游景点的路口，或高速公路及其他道路通往旅游景点的交叉口附近的适当位置
	营火		指示营火区的位置	设在旅游区附近的大型服务区内通往旅游景点的路口，或高速公路及其他道路通往旅游景点的交叉口附近的适当位置
	游戏场		指示游戏场的位置	设在旅游区附近的大型服务区内通往旅游景点的路口，或高速公路及其他道路通往旅游景点的交叉口附近的适当位置
	骑马		指示骑马场的位置	设在旅游区附近的大型服务区内通往旅游景点的路口，或高速公路及其他道路通往旅游景点的交叉口附近的适当位置

续表

标志类别	标志名称	标志图案	功能及意义	设置地点
旅游区标志	钓鱼		指示钓鱼区的位置	设在旅游区附近的大型服务区内通往旅游景点的路口，或高速公路及其他道路通往旅游景点的交叉口附近的适当位置
	高尔夫球		指示高尔夫球场的位置	设在旅游区附近的大型服务区内通往旅游景点的路口，或高速公路及其他道路通往旅游景点的交叉口附近的适当位置
	潜水		指示潜水区的位置	设在旅游区附近的大型服务区内通往旅游景点的路口，或高速公路及其他道路通往旅游景点的交叉口附近的适当位置
	游泳		指示游泳区的位置	设在旅游区附近的大型服务区内通往旅游景点的路口，或高速公路及其他道路通往旅游景点的交叉口附近的适当位置
	划船		指示划船区的位置	设在旅游区附近的大型服务区内通往旅游景点的路口，或高速公路及其他道路通往旅游景点的交叉口附近的适当位置
	冬季游览区		指示冬天游览区的位置	设在旅游区附近的大型服务区内通往旅游景点的路口，或高速公路及其他道路通往旅游景点的交叉口附近的适当位置

续表

标志类别	标志名称	标志图案	功能及意义	设置地点
旅游区标志	滑雪		指示滑雪场的位置	设在旅游区附近的大型服务区内通往旅游景点的路口,或高速公路及其他道路通往旅游景点的交叉口附近的适当位置
	滑冰		指示溜冰场的位置	设在旅游区附近的大型服务区内通往旅游景点的路口,或高速公路及其他道路通往旅游景点的交叉口附近的适当位置

(五) 自驾车旅游指路和旅游区标志的设置

1. 旅游区标志设置

旅游区标志设置在公路或高速公路通往旅游景区(点)的交叉口附近的适当位置,具体设置位置如表 8-9 所示。

表 8-9 旅游区标志适宜设置位置

道路情况		适宜设置位置
一级公路与一级公路的交叉口	一级公路入口道	交叉口前 1000 米,且与其他交通标志保持一定距离
一级公路与二级及二级以下公路的交叉口	一级公路入口道	交叉口前 1000 米,且与其他交通标志保持一定距离
	二级及二级以下公路入口道	交叉口前 500 米,且与其他交通标志保持一定距离
二级及二级以下公路之间的交叉口		交叉口前 500 米,且与其他交通标志保持一定距离

2. 高速公路服务区 (停车区) 标志设置

在服务区或停车区前 2 千米、1 千米、500 米处设置服务区或停车区提示标志。在服务区或停车区前 800 米处设置"请勿疲劳驾驶"标志。在服务区入口处应设置限速标志。在服务区紧急电话旁应设置紧急电话标志。在服务区出口处应设置高速公路入口标志。在服务区出口渐变段结束处应设置车道速度标志,进入主线 200 米处应设置距离确认标志和标线。当服务区或停车区距离大于 25 千米时,在过服务区或停车区后应设置下一个服务区或停车区的地点和距离标志。

3. 高速公路紧急电话标志设置

用于指示高速公路上紧急电话的位置。设在紧急电话的立柱上，或电话箱上。电话位置指示标志用于指示距出事点最近紧急电话的方向和距离，设在高速公路沿线各紧急电话之间相应位置。标志上指示距离可根据具体情况改变。

4. 高速公路紧急停车带标志设置

用于指示紧急停车的位置，设在紧急停车带的前端。

5. 高速公路道路交通信息标志

用于指示收听高速公路交通信息广播之频率和路段。道路交通信息标志三个为一组：第一个标志设置于有路侧广播路段的起点；第二个标志设置于电台频道涵盖范围内的适当地点，如提供道路交通信息的路段很长，可在适当地点加设；第三个标志设置于路侧广播路段的终点。

二、自驾车道路旅游标志的优化

（一）自驾车旅游道路标志设置中的问题

由于指路标志有明确的设置规范，自驾游交通标志设置中的问题主要集中在旅游区标志上，包括以下几个问题：

（1）设置位置不合理：某些旅游标志的设置地点距离旅游资源所在地的距离长达一百米甚至数百千米以上，对于交通引导没有任何实际意义；某些城市环线在每一个交叉口都设置了市内旅游资源的标志，往往造成信息过载，反而将最重要的信息淹没。

（2）版面设计不合理：特别是旅游景点的图形信息，或者过于单一化，或者简单地以照片代替，同时又没有考虑根据可视认性来确定图形尺寸，致使图形信息起不到应有效果。某些旅游标志甚至附加了很多商业信息，广告化严重。

这是由于在现有规范中，对旅游标志的外观形式、设置方法的相关规定基本上是原则性的。而在实际工程中，通常又需要相关的标志设计能够体现不同旅游资源的特点，而单纯依据现有规范又难以得到具有足够操作性的设计方案。因此，道路旅游标志的设计，更多的是依赖于具体设计人员的自由发挥，这使旅游标志的设计往往流于随意。

（二）道路旅游标志优化思路

旅游区标志分为指引标志、旅游符号两大类。其中，指引标志提供旅游区的名称、有代表性的图案及前往旅游区的方向和距离。旅游符号则提供旅游项目类别和具有代表性的符号及前往各旅游景点的指引。根据三种交通标志的定义，目前规范中规定的旅游区标志可以理解为指路标志的一种特殊形式。蒋贵川（2009）对于道路旅游标志优化问题做了系统的研究，表明我国旅游标志设置中普遍存在两个问题。

（1）简单认为通过哪条道路能够到达哪个旅游资源，则该道路就应该设置与该旅游资源相关的旅游标志。但是，道路总是互相联通形成网络的。任何道路，通过网络的连接，最终都可以到达任何旅游资源。而旅游资源周边广泛的区域之内的道路，都有可能承载以该旅游资源为目的地的交通流，结果造成了设置的无序。

作为交通标志系统的一部分，旅游指引标志所承载的旅游资源名称更多的是作为一个地名发挥作用的。因此，旅游指引标志的设计应与其他交通标志有机地联系起来，使旅游标志的地名指引功能纳入整个交通标志系统中来，使交通标志系统所提供的信息能够满足交通引导的充分性、必要性和连续性要求，而不是盲目地期望单独依靠旅游指引标志完成旅游交通的引导。

因此，在考虑道路旅游标志的设计时，一方面应首先考察每一路段上旅游交通在总交通流中的比重、旅游交通流的目的性、与旅游目的地的距离、与旅游目的地联系的紧密程度等因素，对路段与旅游资源之间的关系进行定位，确定旅游资源名称对于各路段上的交通流的重要程度。另一方面应考虑在各路段上，交通标志系统中可能使用的其他标志所提供的地名引导信息与旅游资源名称所提供的信息之间的相互关系，最终综合确定旅游指引标志的设置范围。

（2）旅游资源多样性与旅游区标志规范的有限性之间的矛盾。毫不夸张地说，人们对于旅游标志的首要要求是体现相关旅游资源在人文或自然方面的特色而非提供地名指引，指引标志可以完全承担后者的作用。然而，现有规范中所提供的旅游区标志形式数量有限，难以体现种类繁多、各具特色的旅游资源。由于这种矛盾的存在，使现实中的旅游标志往往会走向特色丧失或庸俗随意两种错误的极端。

因此，在考虑道路旅游标志的设计时，一方面可以在现有规范对于旅游区标志规定的框架之上，考虑更多的与具体旅游资源相结合的针对性元素。现有规范规定，旅游指引标志提供的信息包括旅游区的名称、有代表性的图案及前往旅游区的方向和距离，其中可以在代表性图案上做文章，使旅游指引标志浓缩旅游资源特色。另一方面，对于其他种类的交通标志，通过合理设计，在指示、警告、禁令三类标志中加入旅游相关元素，构成特殊形式的指示、警告、禁令标志，在不影响单个标志及整个交通标志系统正常功能，保证一定规范性的前提下，使旅游资源的相关特色融入相关标志，使旅游标志更为多样化、人性化，尤其可以满足自驾车旅游者对于交通标志的要求。

（三）道路旅游标志优化方法

结合上述优化思路，蒋贵川等给出了旅游标志优化方法：

（1）旅游指引标志设置的行政区域应根据相应旅游景区（点）的等级和知名度

等因素综合确定。低级别旅游景区（点）设置区域的行政级别不应高于高级别旅游景区（点）。实际操作中，可规定 4A 以上级别旅游区（点）旅游标志的设置范围不应跨越所在地级行政区，其他旅游区（点）不应跨越所在县级行政区。

（2）低级别旅游景区（点）的旅游标志不应在高等级道路上设置。《国家高速公路网相关标志更换工作实施技术指南》中规定新建国家高速公路中应设置 4A 以上级别旅游区（点）的指引标志，3A 级旅游区（点）的指引标志视实际需要在不引起信息超载时可设置。

（3）当从不同的方向前往旅游景区（点）的路径存在差异时，旅游指引标志的设置位置应在旅游交通流的主要方向中选择，且不能形成信息环路。

道路中旅游指引标志的具体设计可采用以下步骤：①确定标志中可使用旅游资源名称的行政区划范围。②从行政区划边界开始，逐一对主要道路各路段与旅游资源之间的关系进行定位。③以各主要道路上的第一段旅游主路径作为旅游指引标志的起始设置路段。④旅游指引标志主要设置在旅游主路径上。当各段旅游主路径未构成连续路径时，选择主路径之间最重要的旅游可选路径设置旅游指引标志，设置时应检验是否形成信息环路。⑤在行驶方向上虽不需改变，但距上次设置地点距离较长时，再次设置旅游指引标志。

（4）旅游标志中的旅游景区（点）图标可以采用个性化设计。个性化设计应采用专用图形的形式，如图 8-2 所示，不宜采用实景照片。无专用图形的，可采用共性设计。

图 8-2　采用专用图形的个性化设计

（5）警告和禁令标志所提供的信息具有较强的强制性，除了景区道路因为一般交通流复杂度不高，容易控制，且在各种标志表现旅游景区（点）特色这一点上具有很强要求，因而较宜使用带有旅游资源特色的特殊警告和禁令标志，景区外道路不适应使用。

根据旅游标志设置实践，旅游标志可分为专用旅游标志和嵌入式旅游标志两种类型。

专用旅游标志：指所显示的信息全部为旅游景区（点）服务的交通标志。

嵌入式旅游标志：除显示为旅游景区（点）服务的信息之外，尚包括为其他交通目的服务的信息标志。旅游指引标志可以采用嵌入式形式，如图8-3所示。

图8-3 嵌入式旅游标志示例

带有旅游资源特色特殊警告、禁令和指示标志主要可以采用嵌入式标志的形式进行设计。当警告、禁令和指示标志与带有旅游资源特色的图形一起构成嵌入式标志时，按照现有规范的定义，其属于图形标志与图形标志构成组合标志的情况。此时，其中一个图形标志是主体，另一个图形标志对主标志的含义起到补充说明的作用。当这类嵌入式标志设置在急弯、陡坡以及道路交通情况复杂路段时，警告和禁令信息是整个交通标志所要传达的主要信息。相应地，带有旅游特色的图形应该成为主要信息的补充说明。

由于警告的形状为等边三角形，禁令标志的形状为圆形、八角形和倒三角形，指示标志也有很多为圆形，在这些形状的标志中直接嵌入旅游特色信息都较为困难，因此建议这些标志的形状主要采用长方形。当警告和禁令信息是整个交通标志所要传达的主要信息时，在整个嵌入式旅游标志中，警告、禁令信息部分宜采用等级较高的反光材料。

图8-4为嵌入式警告、禁令标志在四川峨眉山景区公路中的设计和应用实例。

图8-4 嵌入式警告、禁令旅游标志实例

第五节　自驾车旅游车辆

一、汽车旅游的类型

（一）汽车旅游和自驾车旅游

汽车旅游的含义比自驾车旅游的含义略大些，指一切依托汽车开展的旅游活动，既包括以汽车为主要交通工具的旅游，如乘坐汽车外出观光、度假、娱乐、休闲、探亲等，又包括依托汽车形成的专项旅游，即广义的自驾车旅游，如大篷车旅游、自驾小汽车旅游（狭义的自驾车旅游）、自驾房车度假和汽车越野探险、群众性汽车拉力赛等。

（二）汽车旅游类型和发展趋势

1. 以汽车为交通工具的汽车观光旅游

汽车是世界上中近程旅游的主要交通工具。随着高速公路建设的加快和公路质量等级的提高，汽车在远程国内旅游中的作用也在逐渐上升。

观光旅游是使用汽车作为交通工具最多、最典型的旅游方式。坐在汽车上去目的地，看完了上车继续走，有时还可以在车上边行边看，如游览野生动物园形成了走马观花式的汽车观光旅游。

从层次机构看，汽车观光旅游是大众化的旅游项目，随着消费者旅游品位、质量安全意识、权益保护意识的不断提高，汽车旅游的车辆设备和组织接待服务的档次水平也需要不断提高。从空间地域看，汽车旅游受地理、气候、交通条件及其支撑的经济、技术、社会发展水平的制约比飞机、火车、轮船都要小，车辆档次和道路等级都可高可低，具有灵活性、选择性和适应性强的特点，所以能够较好地适应不同经济能力、休闲时间和身体条件的旅游者的需求，需求量仍然很大。

2. 交通与住宿、餐饮、娱乐、游览合一的大篷车旅游

大篷车旅游在发达国家颇受经济支付能力相对较低的大众旅游者喜爱。

大篷车旅游的优势在于机动性强、方便快捷、节省费用，且游客之间可以进行密切接触和交往，同时大篷车旅游也给人一种返璞归真的旅行体验。其缺点则在于条件相对简陋、娱乐活动少、旅行速度较慢，很多营地往返市区、景点比较麻烦，耗费时间比较多。

大篷车旅游在我国还未成形，但是在未来，这种旅游形式可能得到没有家庭小汽车和不愿意独自开车出游的消费者青睐，市场前景相当广阔。

3. 自驾小汽车旅游

自驾小汽车旅游即是狭义的自驾车旅游。它将成为我国汽车旅游未来的主要形式，并可能和大篷车旅游一起瓜分未来国内旅游市场。

4. 自驾房车度假旅游

自20世纪70年代起，自驾房车外出度假旅游在发达国家已经成为大众自驾车旅游的主要形式。房车旅游舒适、随意，且没有离开家庭气氛。有学者则认为，房车旅游过分依托家庭为单位，因此对于喜欢群居、崇尚交往的中国人来说，即使具备了购买能力，家庭房车旅游的吸引力也有所局限；同时由于休假制度和工作习惯的影响，中国旅游市场长期仍然以耗时短、花费低的观光游和休闲游为主，包括房车游在内的各种度假游发展空间相对较小，这些都阻碍了房车游在中国的落地生根。但是，不可否认的是，自驾房车游未来将成为自驾车旅游中一个高品质、高消费、高价值的细分市场。

5. 老爷车、越野车、跑车、赛车等特种自驾车旅游

老爷车、越野车、跑车和赛车是收入较高、兴趣爱好较特殊、身体素质和驾驶技术较好的人群享有的特殊车辆。依托这些汽车种类发展的竞技型、越野型、冒险型的自驾游产品，锁定的是有钱、有闲、有爱好的小众高端市场。目标消费者往往把感受、质量和收获放在第一位，因此，组织接待和安全保障的难度也较大。

（三）自驾车旅游车辆使用方式

从汽车旅游的发展历程来看，自驾车旅游车辆使用方式可以有以下六种：

（1）私家车自驾游，即驾驶自己的车外出旅游。

（2）租车旅游。主要包括两类人：一是"有本无车"的自驾车旅游群体；二是有私家车但愿意租车进行长途异地游的旅游者。

（3）房车游。房车主要存在于欧美国家，它不仅是一种旅游方式，而且是国外的一种生活方式，目前国内这种形式尚很少见。

（4）4×4越野。4×4越野可以看作一种较有刺激性的体育运动，以青年人为其市场主体。

（5）"老爷车"巡游。

（6）搭车游。即搭便车，目前我国基本不存在这种形式。

二、自驾车旅游对汽车行业的影响

（一）汽车租赁业的发展

汽车租赁在自驾车旅游中的主要功能就是为没有车或不能、不想开自己的汽车去旅游的旅游者有偿提供汽车，包括汽车的保养、维修等服务。

在我国，"有本无车族"是一个庞大的群体。这个群体同样有强烈的自驾车旅游的渴望，这就使"有本无车族"成为汽车租赁业的最大客源。

此外，"有车族"由于各种原因，也会希望租车出游。尤其是在远途旅游的时候，一方面，"有车族"因为担心自己汽车受到损耗或是担心自己汽车的性能达不到要求，所以会选择租车出游；另一方面，由于自驾游目的地过于遥远，"有车族"为了节省时间和成本，选择先搭乘飞机等其他交通工具抵达异地留宿地，再以留宿地为中心，异地租车开展自驾游。

随着汽车租赁需求的不断增长，汽车租赁公司目前在我国已经如雨后春笋般建立起来，不少已经实行了连锁化、品牌化经营，但规模还比较有限。随着大众消费能力的提高以及汽车的更加普及，汽车租赁业仍然有新的投资机会和空间，竞争也会愈加激烈。未来15年，汽车租赁业务及其网络发展的最大空间是在中小城市，特别是东部地区和中部地区经济发展比较快的中小城镇，可以与旅行社、汽车俱乐部一并设点、建网。

（二）汽车及相关设备的生产供应

除了公路以外，自驾车旅游首先得有汽车，还要有汽车配件和车载冰箱、电视、电话以及餐桌、座椅、床铺、卫生洁具等生活设备。

自驾小汽车旅游的汽车及有关设备的设计、生产、供应等，与一般的小汽车没有什么区别，其发展和投资前景完全与小汽车制造业相同，随着家庭轿车的普及，市场空间广阔，扩张速度很快。

房车旅游对车辆和车载设备的要求相应地比较特殊，除了底盘与其他汽车相同外，从发动机到发电供电系统、车厢，再到运行稳定性能、制动安全性能、舒适性等，都有特殊要求。车载电冰箱、电视机、电话等家用电器和桌椅、床铺、家具、马桶等设备，也都不同于在固定的房间内，需要固定和抗颠簸、抗震动、抗干扰，因此，需要专门研制、设计和生产或改造、改装。目前，我国已经有少数规模、产量和影响都比较有限的房车改装、生产厂家，如北京中天房车制造公司等。可以预见未来15年，我国房车的需求量将快速上升，尽管在绝对量及其增长上无法与小汽车相比，但增长速度要超过小汽车。因此，房车及其配件、装备的研制、生产将很快成为一个成长性非常好的专业市场。

跑车、赛车和老爷车、越野车等旅游所需要的车辆设备，与一般的跑车等没有区别，其研制、生产是一个技术要求高、单位投资多、需求量相对比较小、增长也比较快的投资领域，专业性更强。

总之，自驾车旅游的发展对于汽车及相关设备制造业来说是一次难得的机遇，同时，汽车制造业同样面临着挑战。

自驾车旅游是一种享受型的时尚消费，需要产品、设备、服务的高水准。汽车及相关设备制造业既要以生产安全、实用、舒适的自驾车旅游车辆设备为基本目标，又要提供个性化、特色化的设计、开发、生产、改装、维修等服务。目前，仅满足于生产出能多拉快跑、安全有保证的车辆设备的目标太低，车厢密封不好，车内灰尘多、噪声大，乘坐舒适性不够，必须从根本上改变汽车的设计、生产、服务目标，要立足高质量、实行高标准，车辆及设备要高精度，在确保安全、实用、方便的基础上追求舒适性和实现特色化、个性化、人性化。

第九章 自驾游信息平台系统

第一节　自驾游信息平台系统

一、背景

随着经济的发展和人民生活水平的日益提高，传统的旅游方式已经不能满足旅行者对自由以及个性化的要求，而自驾车旅游则日益成为现代人向往的一种旅游方式。这种全新的旅游方式，是我国旅游业发展的新的契机。在信息化的浪潮中，自驾旅游与信息、网络技术的结合将会更加密切。

自驾游兴起的同时也带来了一系列问题。自驾车游客进入陌生地区时，希望能有方便快捷的方式来辅助确定旅游计划及旅游路线。一般来讲，他们出行的兴趣点通常包括景点、餐饮、住宿、医疗和购物等几类空间对象。目前，在国内的绝大部分旅游城市或景点虽然设置了信息服务设施，但由于其地点固定的限制，不能随时为自驾车游客提供信息服务。如果自驾车游客可以通过网络获取与出行相关的信息，将为其出行带来极大方便。

自驾游信息平台系统能够方便自驾车游客了解相关路线信息，有利于规划合理的出行路线和制订出行计划，是提高出行效率的重要手段。道路信息复杂多样，而且大多与地理位置有关，如何既形象又快速地把道路及与旅游相关的信息传送到自驾车游客手里是自驾游信息查询系统建设的关键及难点所在。

二、自驾游出行者的信息需求分析

自驾车旅游是大众旅游时代人们出游的流行方式之一，受到各类旅游者群体的追捧。自驾游是自助游的重要形式，旅游者对出游时间、目的地选择、旅游线路规划等方面相对随性，往往根据游客的自身喜好和出游动机进行自行选择和安排，带有较强的自主性和随意性。自驾游的游客对自驾游全程信息需要在出行前掌握，特别是交通路况、食宿医疗等基础出行信息。在笔者 2018 年《自驾游市场需求》调查中，41.36%自驾游者从在线旅游平台获得自驾信息。随着智慧城市等的落地，涌现了众多目的类信息集成类 APP（一部手机游系统——i 游北京、游上海等），酒店订票类平台"携程""途牛"；地图类程序"百度地图""高德地图""地图"等；路线行程规划类程序"穷游""马蜂窝""面包猎人"等。自驾车旅游者最关注的信息是目的地资源介绍、沿途餐饮住宿、目的地导航及路况。而游客获取这些信息多依赖于网络，这也是众多旅游企业重视网络营销的主要原因。

三、自驾游信息平台系统的设计目标

自驾游旅游信息管理的过程包括对与自驾游产业相关的所有信息的收集、加工、存储、传递和应用。本信息平台是运用包括地理信息系统、遥感系统、全球定位系统、多媒体等信息技术并将它们融为一体的旅游管理信息系统，它主要包括以下几个方面：

（1）运用地理信息系统、遥感系统、全球定位系统、多媒体等信息技术采集旅游信息。

（2）分析处理旅游信息并提供即时的景点信息、道路信息以及服务信息等。

（3）提供网上预订服务和一卡通业务。

（4）提供自驾游用户交流的平台。

（5）提供网上营销业务，为景区以及景区周边的服务保障设施提供展示平台，方便自驾游旅行者进行信息查询。

（6）提供服务中心业务。

四、自驾游信息平台系统的特点

自驾游信息平台系统的特点有以下几个：

（1）操作简单。无须特殊培训，外面的信息发布系统通俗易懂，自驾游用户可以很容易地操作。

（2）兼容性。对硬件无特殊要求，XP、Windows、Linux 系统环境都可以运行。

（3）安全性。未经授权，无法进行操作，对客户的信息进行严格的保密。

（4）智能化。系统根据得到的旅游资源信息以及客户的要求提供建议。

（5）时效性。实时更新景点动态和相关的天气情况，不断发掘潜在的旅游资源。

（6）完善全面的数据库。包括自驾游所有相关的信息，比如景点信息、餐饮信息、旅馆信息等。

五、自驾游信息平台系统的结构

（一）组织结构

自驾游信息平台系统的组织结构如图9-1所示。

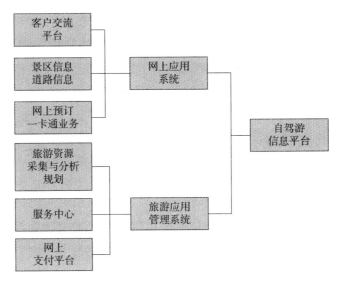

图9-1　自驾游信息平台系统的组织结构

运用地理信息系统、遥感系统、全球定位系统、多媒体等信息技术采集旅游信息进行分析处理，得到旅游资源的数据库，对网络平台上由景区信息和道路信息提供信息支持。与银行网银服务进行对接，提供网上支付平台，为网上预订和一卡通业务提供支持。运用地理信息系统、遥感系统、全球定位系统等技术为服务中心提供技术支持。

（二）逻辑结构

自驾游信息平台系统的逻辑结构如图9-2所示。

（1）信息支持层包括运用地理信息系统、遥感系统、全球定位系统、多媒体等信息技术采集旅游信息、旅游行业经营管理信息（比如吃、穿、住等）和电子商务即旅游市场信息等。旅游行业经营管理信息包括饭店信息、旅行社相关信息、旅游交通相关信息和旅游电子商务相关信息等。

（2）数据库管理层是针对信息支持得到的信息进行数据库管理，进行查询、修改、插入、删除等功能。数据库系统框架如图9-3所示。

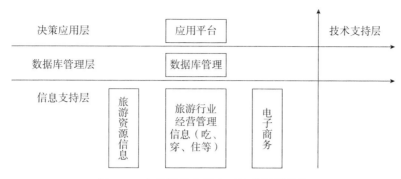

图 9-2　自驾游信息平台系统的逻辑结构

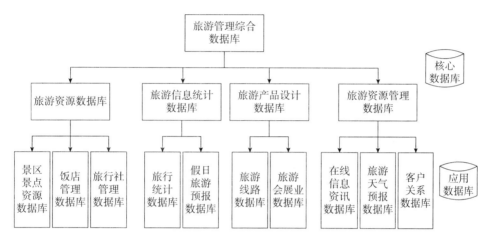

图 9-3　数据库系统框架

与基础信息相对应，旅行管理信息系统分为旅游资源数据库、旅游信息统计数据库、旅游产品设计数据库和旅游资源管理数据库。数据库又分为核心数据库和应用数据库，核心数据库即为上面提到的四个部分；应用数据库分为景区景点资源数据库、饭店管理数据库、旅行社管理数据库、旅行统计数据库、假日旅游预报数据库、旅游线路数据库、旅游会展业数据库、在线信息资讯数据库、旅游天气预报数据库和客户关系数据库等。

旅游景区管理信息系统不仅包括本平台自己通过移动位置服务、地理信息系统、全球定位系统、移动通信公共网等技术得到的旅游景区资源信息，还包括许多景点自己的网页链接。目前，随着旅游业的迅猛发展，大部分的 AAAA 级旅游景点、AAA 级旅游景点都建立了自己的网站，通过网络进行信息发布和宣传。

随着旅游业的蓬勃发展，旅游交通系统日渐成为旅游业的一个重要组成部分，在信息化的时代背景下，旅游交通规划、旅游管理调度和道路救援等领域与信息技术的结合越来越深入，现在已经形成了初步的智能化交通系统。

旅游电子商务系统是指通过应用互联网技术和网上支付实现交易。它是以网络为依托，消费者直接参与，并涉及企业运作的各个层次。随着网络技术和支付手段的不断发展，电子商务系统为越来越多的人们所接受，并成为人们消费的一大流行趋势。

（3）决策应用层主要是指应用平台由网络应用平台和服务平台构成。网络应用平台是基于数据库提供的信息，建立对外的发布系统。服务平台是包括导游服务、紧急事件的旅游呼叫中心和由通信公司提供支持的旅游短信中心。

（4）技术支持层是指包括移动位置服务、地理信息系统、全球定位系统、移动通信公共网等技术的支持，为各个部分提供技术支持。

在这里，我们要特别提出的是，景区所提供的大众化服务很难满足游客的差异化、个性化的需求，旅游主管部门迫切地需要为游客提供一个为自由行游客提供随时、随地、随身的全面旅游服务。网络时代的来临让旅游者可以轻而易举地获得非常丰富的旅游资源信息，但是需要在出行之前就收集好需要的各种信息，一旦遗漏，想要在旅游过程中再次获取就变得非常麻烦。因此，如何让自驾游的旅客们实时地获取、运用所需的旅游信息应成为旅游主管部门未来的重要任务。这就需要借助地理信息系统、全球定位系统、移动位置服务、移动通信公共网等技术来实现即时旅游信息服务的目的。

为了在后面更好地描述基于 Web GIS、Mobile GIS、GPS、LBS、GSM 等技术的自驾游服务平台系统，在这里先对这几种技术作一个简单的介绍。

（1）地理信息系统（Geographic Information System，GIS）。地理信息系统是一种特定的十分重要的空间信息系统。它是在计算机硬、软件系统支持下，对整个或部分地球表层空间中的有关地理分布数据以及发生的事情进行采集、储存、管理、运算、分析、显示和描述的技术系统。GIS 的技术优势在于它的数据综合、模拟与分析评价能力，可以得到常规方法或普通信息系统难以得到的重要信息，实现地理空间过程演化的模拟和预测。因此，GIS 同样适用于自驾车旅游的信息获取和信息管理。

随着互联网技术的不断发展，人们需要通过网络更加方便和快捷地获取大量的空间信息，而传统的 GIS 由于成本高和专业性过强等诸多因素，已经不能满足日益增长的需求。Web GIS 就是基于互联网技术的地理信息系统，它结合了互联网和GIS 两方面的优点，利用互联网在 Web 空间上发布空间数据，为用户提供空间数据浏览、查询和分析的服务。当今，Web GIS 在旅游业中发挥着越来越重要的作用，比如 Web GIS 可以帮助旅游管理部门调查和评价旅游资源、开发和规划旅游资源，同时也可以在旅游营销中发挥作用。

对于自驾车游客而言，在自驾车过程中随时随地获取所需的地理空间信息是非常重要的。驾车到达一个新地点后必然会考虑到游玩线路、餐饮、住宿、购物、加油等一系列问题，这时候就需要一套能随时提供相关属性信息（比如一个饭店的地理位置、口味偏好、人均消费等）以及动态更新信息（比如一个饭店和当前位置的距离、当天客人多少等）获取服务。这种需求推动了移动式地理资讯系统（即Mobil GIS）的发展，信息系统的客户终端也从传统的 PC、工作站等桌面型扩展到了手机等移动终端上。

（2）全球定位系统（Global Positioning System，GPS）。全球定位系统是目前全世界广泛应用的一种高精度定位、定时系统。GPS 最初的研制目的是应用于军事，随着现代航天及无线电通信技术的发展，全球定位系统的不断改进，以及 GIS 技术的成熟，GPS 的应用不断增加。由于 GPS 技术所具有的全天候、高精度和自动测量的特点，作为新的生产力，已经融入了国民经济建设、国防建设和社会发展的各个应用领域。

当然，GPS 所给出的经纬度位置对于用户并不代表实际意义，要将其置于一个地理信息系统中才能显示其可读的位置、方位等，才能被用户理解。因此，除了通过 GPS 获取到终端的位置之外，我们需要通过将经纬度转换成用户所需要的实际信息，比如具体道路名称、门牌号、路径搜索结果等。

（3）移动位置服务（Location Based Service，LBS）。移动位置服务是集定位技术、GIS 技术、通信技术、网络技术为一体，提供多种形式的、以位置信息为核心的服务框架，它能满足不同用户在任何时间、任何地点、任何内容的信息服务需求。LBS 定义了未来空间信息服务和移动定位服务的蓝图，即当用户与现实世界的一个模型交互时，在不同时间、不同地点，这个模型动态地向不同用户提供不同的信息服务。

使用 LBS，用户就可以方便地获知自己目前所处的位置，并用终端查询或搜索附近各处场所的信息；同时，它还可以对特定用户或组织进行定位，根据特定用户的位置进行检测、跟踪，结合共享的电子地图，为用户提供所需服务。

（4）移动通信公共网（Global System for Mobile Communications）。移动通信公共网是一种起源于欧洲的移动通信技术标准，是第二代移动通信技术，其目的是让全球各地可以共同使用一个移动电话网络标准，让用户使用一部手机就能行遍全球。目前，中国移动、中国联通各拥有一个 GSM 网，为世界最大的移动通信网络。GSM系统包括 GSM 900：900MHz、GSM1800：1800MHz 及 GSM-1900：1900MHz 等几个频段。

在自驾游旅游服务中，GPS 定位的实时位置信息需要通过 GSM 为传输纽带发送至具有位置查询和分析能力的以地理信息系统为核心的自驾游服务平台中去。

第二节　自驾游信息平台系统需求分析

一、自驾游信息平台系统的数据需求分析

（1）旅游资源数据。旅游地旅游资源的情况包括已有的旅游资源和潜在的待发现的旅游资源。旅游资源的信息应包括文字、数字信息、图片信息、地图信息、音频信息、视频信息。

旅游资源数据不仅包括旅游资源本身的信息，还包括与这个旅游资源相关的数据信息，包括交通、娱乐、当地民风、经济状况等方面的信息。

（2）自驾游者信息数据。自驾游者信息数据包括团体和个人两部分。团体应包括旅行者团体所在的企业或者服务社的信息，比如名称、行业、业龄等，根据团体的情况分析是否会有再次合作的机会和长期合作的意向。自驾游者个人数据也包括在团体中的个人信息，应包括旅行者的年龄、性别、受教育程度、籍贯、收入情况、旅游目的、获得旅游信息的方式、旅游方式、旅游者对旅游目的地满意程度等。

（3）配套设施相关数据。自驾游配套数据的信息包括：出发前的准备套装，比如随车工具的千斤顶、轮胎扳手、一字和十字改锥、手钳、一只活动扳手、一根5米的拉力不低于1500千克的牵引绳、一个工作灯（手电筒也行），还有灭火器、停车警示牌或警示灯等的相关信息；在到达目的地路上的超市、加油站、维修站、旅店、饭店等的相关信息；自驾游结束后的汽车维修站点的相关信息。

（4）其他数据。包括旅游地的纪念品信息、自驾游全程的天气和道路情况以及当地的重大节日。

二、自驾游平台系统的功能需求分析

自驾游信息平台共分为三大部分：旅游资源管理与规划信息、自驾游旅游电子商务系统、信息控制中心。

（一）旅游资源管理与规划信息系统

旅游规划信息子系统基本功能具有录入、编辑、管理、查询和应用分析等功能，如图9-4所示。

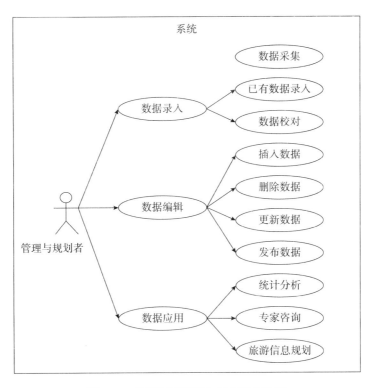

图 9-4　旅游资源管理与规划信息系统

1. 旅游资源信息采集

旅游资源的采集是基本的资源数据支持，它主要包括采集、录入、修改、审核等，如图 9-5 所示。

旅游资源的录入来源与资源数据库和根据运用地理信息系统、遥感系统、全球定位系统、多媒体等信息技术采集的旅游信息校验整合成为新的实时更新的旅游资源数据库，并不断研究开发潜在的旅游资源，对数据库进行不断补充。在这里，GPS 技术和遥感技术可以帮助景区管理人员进一步合理地开发旅游资源。

旅游资源录入的数据可以是数据、图片、视频、音频、文字报告等。

2. 旅游资源数据管理

旅游资源数据管理是指对旅游资源数据库实现插入、删除、更新等操作，自驾游游客可以对发布的信息进行查询，如图 9-6 所示。

旅游信息规划子系统的数据编辑流程如图 9-7 所示。

（二）旅游电子商务系统

旅游电子商务系统是集酒店订房、网上租车、网上代购自驾游准备物品、网上饭店预订、网上景点门票等旅游电子商务服务和丰富的旅游信息为一体的高度集成

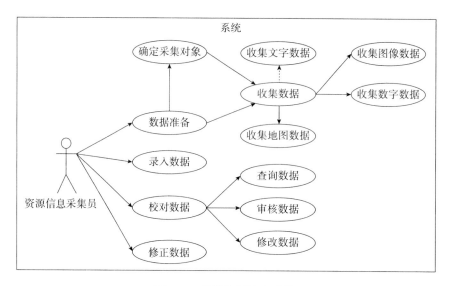

图 9-5　旅游资源信息采集

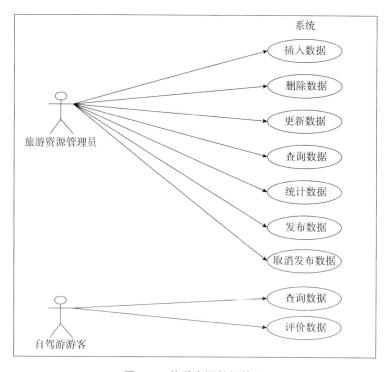

图 9-6　旅游资源数据管理

化信息系统。网站能为广大自驾游旅行者提供由始发地到目的地的全程、全方位旅游电子商务服务，使旅行者在"一点之间"安排好全部行程，实现一卡通全程服务。旅游电子商务的基本信息流及其交易数据流如图 9-8 和图 9-9 所示。

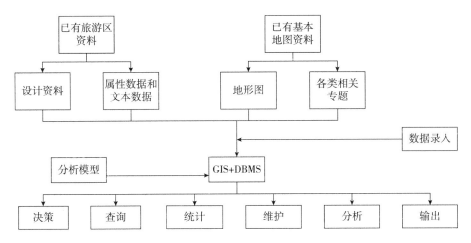

图 9-7　旅游信息规划子系统的数据编辑流程

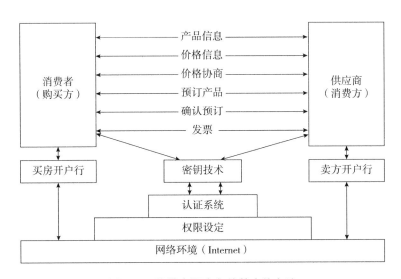

图 9-8　旅游电子商务的基本信息流

1. 旅游电子商务会员管理

在旅游电子商务子系统中参与所有交易的都必须是会员。系统提供完善的会员管理制度，分为管理员、高级会员、普通会员、贵宾会员。管理员针对不同的会员级别分配不同的权限，并可以对注册会员进行删除会员资格、创建新会员、管理信息等操作。

会员可以在平台上预订各种服务，并根据等级的不同享受不同的权限和待遇。会员还可以在论坛上交流心得、聊天交友，并对景点和服务等进行评价和提出建议，如图 9-10 所示。

2. 一卡通配套服务管理

网站上的所有服务都可以在网上进行预订和交易。自驾游旅行者可以在网上预

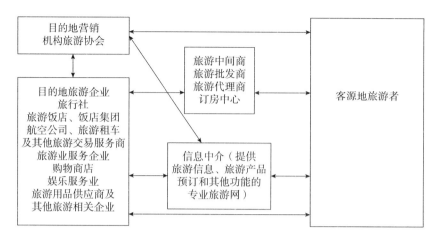

图 9-9　旅游电子商务的交易数据流

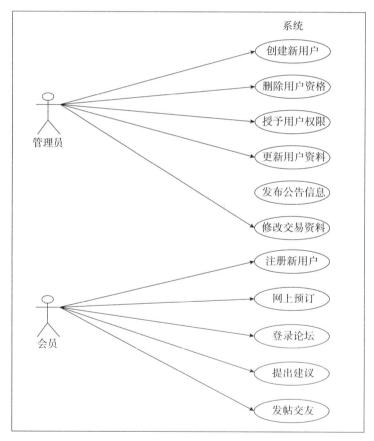

图 9-10　旅游电子商务会员管理

订和交易，并通过网上银行付款，通过支付网关和银行的认证中心，进行支付。网站上的卖方都必须参加一个类似支付宝平台的子平台。此平台的功能是购买者预订和交易的款额不是直接打到卖方账户，而是把买方先存放在这个子平台上，当旅游产品到位并且满意后双方确认，货款再到卖方手中，如果旅游产品有合理的理由认为不符合介绍，就可以要求退款。一卡通服务管理为广大自驾游旅行者提供由始发地到目的地的全程、全方位旅游电子商务服务，使旅行者在"一点之间"安排好全部行程。

（三）信息控制中心

信息控制中心分为两部分：一部分是基于地理信息系统、遥感系统、全球定位系统的提供导游服务和救援服务的自驾游旅游个人服务系统。当自驾游用户需要指路和介绍景点信息时，服务中心会根据你所在的位置来为你服务；当自驾游用户在路上迷路或者发生意外请求呼叫时，呼叫中心会为你提供方位和排除救援人员。

另一部分是与通信公司合作的短信服务。当自驾游用户到达景区时会收到短信提示，并且根据每个会员的个人数据库和个人在网站上提出的各种需求生成一个针对本景点的有选择的短信介绍和推荐，为每个人提供量身定做的服务。

第三节　基于 WebGIS、GPS、LBS、GSM 的自驾游旅游个人服务系统

针对自驾游旅行者的诸多不便，手机、PDA、电子地图、GPS 导航仪等现代通信方式越来越多地被应用在旅游中。传统的自驾游旅行中，旅游者很难知道自己目前处在什么位置、与景点还有多少距离、遇到险情后如何报警求助等重要信息，给旅游者带来了诸多不便。针对这些问题，利用先进的导航技术、GIS 技术、GPS 导航技术，将手持计算机、GPS 接收板、GPRS 收发器以及电子地图集成在一起，实现了一种携带方便、经济实用的旅游服务。游客使用它不但可以解决上述问题，还可以拨打电话、查询天气预报以及上网冲浪等。

一、开发自驾游旅游个人服务系统的可行性分析

自驾游旅游个人服务系统的开发需要众多技术的支持，具体包括 GPS 技术、GIS 技术、GSM 技术等。下面就这些关键技术目前的发展状况来探讨建立这个系统的可行性。

1. GPS 技术的发展使自驾游旅游个人服务系统成为可能

（1）定位精度：2000 年 5 月 1 日美国停止人为降低全球定位系统信号有效性的

技术政策，这将对 GPS 应用的许多方面产生积极的影响，GPS 的定位精度也大大提高，精度约在 5 米以内。

（2）定位速度：GPS 系统在单位时间内不断地采集定位信息多少的能力。定位速度如果过慢就失去了实时性，没有实用价值了。因此，实际应用中的 GPS 应该满足一定的定位速度。现在 GPS 的定位速度已经达到 33 次/秒，也就是每 0.03 秒就能完成一次定位和测速工作，因此，GPS 的定位结果和实际的位置误差不会很大，定位效果比较理想。

（3）抗干扰能力：GPS 卫星发生的信号具有很强的抗干扰能力和保密性能，不会因为白天黑夜、下雨下雪等天气因素而影响定位信号的传输，能够实现全天候的作业。

（4）硬件：目前的 GPS 接收机向多领域、多功能、多机型方向发展，功能也越来越完善，体积也越来越小。同时，GPS 接收器也越来越多地和掌上 PDA、手机等终端设备融为一体。比如将某个旅游景区的地图通过地理信息系统软件录入掌上 PDA 中，GPS 接收机在接收到定位信息后就将信息显示在 PDA 屏幕对应的电子地图上，非常直观。这样的组合对于选择自驾游出行的人来说是十分有用的，可以方便地实现自主选择路线、游览景区等。

2. GIS 技术的发展使自驾游旅游个人服务系统直观可视

如上面提到的，GPS 需要和 GIS 的应用相结合，GPS 所定位的经纬度信息在 GIS 电子地图上作相应标识后，用户才能真正得到他们想要的直观信息。有了 GIS、GPS 就能将自驾车辆、游客的定位信息显示在旅游电子地图上，从而实现对旅游者旅游景点及其周围餐饮、娱乐信息的提供以及自动导航、车辆的实时定位等一系列功能。如前面所提到的，GIS 是对有关地理分布数据以及发生的事情进行采集、储存、管理、运算、分析、显示和描述的技术系统。从目前的计算机发展状况来看，处理海量、繁冗的地理信息，实现地图可视化没有问题。

3. GSM 的发展使 GPS 的定位信息传输实时、快速

数据的无线电传输是 GPS 系统控制中心与各移动目标进行信息交换的枢纽。目前来说，无线传输应用较多的就是移动通信公共网 GSM。GPS 定位的实时位置信息需要通过 GSM 为传输纽带发送至具有位置查询和分析能力的地理信息系统为核心的自驾游服务平台中去。

GSM 具有较大的覆盖性，能够容纳大量的移动用户。采用 GSM 无须投入大量的资金建立无线通信网络，无须申请频点，能够在 GSM 网络覆盖的范围内实现自动漫游，具有较强的灵活性。随着通信技术的发展，GSM 网络的传输率也将不断提高。这也增加了建立自驾游旅游个人服务系统的可能性。

二、自驾游旅游个人服务系统的功能介绍

基于 GIS、GPS、LBS、GSM 的自驾游旅游个人服务系统将在景区为自驾车导航、旅游地点食住行以及道路救援提供全方位的服务。它是由车载多媒体自助游系统和当地旅游部门的信息控制中心组成的，整套系统的构架如图 9-11 所示。

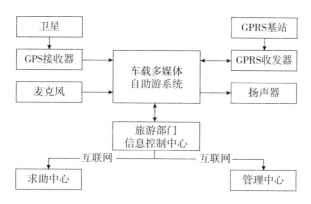

图 9-11　自驾游旅游个人服务系统构架

自驾游旅游个人服务系统不仅能在旅游途中指路导航，提供景点查询和旅游路线规划，并能实时、实地地为旅游者提供语音服务，满足自驾游群体的服务要求。并且，自驾游旅游个人服务系统会对进入景区的车辆进行全程定位和全程监护，使车辆和信息控制中心实时保持信息沟通，当车辆遇险时及时启动救援机制，为自驾游出行的安全提供了新的保障。

（一）自驾游旅游个人服务系统具有自适应性

自驾旅游个人服务系统要求具有和景区的自适应性。为了使用自驾游旅游个人服务系统以给自驾游出行带来便利，游客出行前需要在景区网站上注册会员信息，并填写相关的会员、车辆信息。这些信息可以包括消费偏好、饮食口味偏好、旅游景点游览偏好、旅行时间、车辆品牌、车辆状况等。这些信息可以帮助信息控制中心更好地了解即将光临景区的游客个人信息，以便为游客提供个性化服务。这样，每位游客在数据库中都会有一个自己的子数据库，每个子数据库都是独一无二的，都有一个自动的识别代码，该识别代码被用来实现车辆进入景区后和景区信息控制中心的自动对接。然后，游客可以免费从景区网站下载该景区的 GIS 应用软件到车载多媒体自助游系统的硬件上，子数据库中的识别代码也包括在软件中。

当该游客的车辆一进入景区信息中心的覆盖范围内，信息控制中心就能根据该车的识别代码自动生成加密协议以实现对接。同时，车辆会被信息控制中心用 GPS

进行实时定位并在电子地图上动态显示。这时，信息控制中心会根据该游客的子数据库中的信息整理出一套有针对性的旅游信息并发送到车载多媒体自助游系统中。比如，按游客需求价位的一系列宾馆信息、按游客口味需求的一系列饭店信息、按游客观赏偏好的一系列景点信息，以及其他的特殊信息等。有针对性的信息服务将提高景区服务的水平，减少游客不必要的信息删选时间。

（二）自驾游旅游个人服务系统应该具有的功能

1. 系统基本功能

自驾游旅游个人服务系统应具备以下基本功能：①依据出行天气和旅游者的兴趣景点，为自驾者推荐最佳旅游路线、行程查询等导航服务。②为旅游者提供实时位置信息。③为自驾车提供宾馆、饭店、超市等信息查询服务，提供加油站、停车场、车辆维修等位置及行车路线、信息查询服务。④为旅游者提供景区的详细信息，包括四季景观、主要景点、注意事项、门票简介、民俗风情的信息及图片。⑤为自驾车提供道路沿途珍稀物种、动物观赏以及地质景观提示与讲解，并指明观赏方位和目标距离。⑥车辆需要求助时，按下求助按钮，信息控制中心就可以迅速获知车辆所在位置，并且可以进行语音通话，实施就近救援，为旅游安全提供保障。⑦提供实时更新的天气信息。

2. 特殊情况的应对措施

在一些特定场合，比如山沟、隧道等，GPS 可能接收不到卫星信号或者可见卫星个数比较少，从而不能实现比较准确的定位，信息控制中心求助中心应提前准备几套备用的应急方案，以便实现快速、及时的救援。比如，采用位置推算方法确定车辆的当前位置。具体方法如下：

设游客在时间 δ 内的位置为 p1，p2，…，pn，平均速度为 V，推算时间间隔为 Δt，游客航向为 d。利用 V、Δt、d 及位置推算算法确定游客的当前位置。

在以上参数中，δ 和 Δt 设为固定值，p1，p2，…，pn 和 V 可由 GPS 获取数据。虽然 GPS 数据中有航向信息，但是由于 GPS 位置数据存在误差，而其航向数据是由位置数据计算得到的，因此，如果将 GPS 航向数据作为游客的航向 d，长时间推算的位置可能存在很大的误差。信息控制中心可以用两种方法确定游客的航向 d：如果对 p1，p2，…，pn 进行逼近样条拟合所得到的曲线所在电子地图中的某条道路上，则利用该条道路的信息确定游客的航向 d；如果拟合曲线不在任何一条道路上，则使用拟合曲线确定游客的航向 d。

三、建设自驾游旅游个人服务系统的核心技术和关键环节

自驾游旅游个人服务系统所需要的核心技术包括 GIS 技术、GPS 技术、LBS 技

术、GSM 技术，这在上文中已有过介绍，不再复述。

建设自驾游旅游个人服务系统的关键环节包括如下几点：

（1）景区 GIS 应用软件的开发。可以将开发的 GIS 软件放到互联网上共享，供旅游者免费下载使用，其目的是吸引更多自驾车旅游者来该景区旅游，并且为旅行者驾车出游提供安全保障。近几年，我国十分注重 GIS 学科及其应用的发展，GIS 软件市场进入了蓬勃发展时期，GIS 领域的专业人才也不断涌现，帮助旅游景区开发适合景区交通的旅游导航软件应该不成问题。这对于 GIS 产业和旅游产业都是非常好的发展契机，应该牢牢抓住。

（2）导航仪器以及相关硬件技术支持。旅游景区可联系专门的厂商负责生产汽车导航仪器以及车载多媒体自助游系统的相关硬件并提供技术支持。目前，美国、日本、德国的汽车导航产品以及市场已经较为成熟，国内汽车导航市场也随着市场需求的增大快速发展起来。在这种发展现状下，专业厂商开发一套车载多媒体自驾游系统硬件应该是可行的。

（3）景区综合信息的更新。近几年来，我国的 GIS、GPS 相关产业快速发展，以汽车导航仪为例，我国的导航仪市场快速发展，但是电子地图数据的获取和更新却成为其发展的主要瓶颈。同样，在景区信息化建设中，数据的获取更新也是非常关键的，因为景区及周边环境的变化是很迅速的，大到道路的改建，小到宾馆、商场的变迁，这些数据都应该及时地更新到景区 GIS 应用软件的数据库中去，否则将给旅游者的出行带来很大的不便。

这个问题可以通过 3S 集成获取数据的方式得以解决。通过 3S 集成获取数据，具有自动、实时地采集、处理和更新数据的功能，可以最大限度地提高数据的获取、更新速度。并且，诸如天气情况、道路拥挤程度等出行信息应该实现动态更新，以便让旅游者在旅游过程中及时掌握信息，选择最佳行程。该技术在汽车导航仪中已经实现。

第四节　自驾游平台系统设计

一、自驾游平台系统的结构设计

自驾游平台系统的结构设计如图 9-12 所示，平台由前台和后台两部分构成。由网上支付平台、通信支持平台、技术支持平台和数据库支持平台组成的底层共同支持和依托信息服务平台、应用支持平台和服务中心平台组成的后台。后台的各个组成部分共同支撑起由网上服务平台和数据共享平台构成的前台。

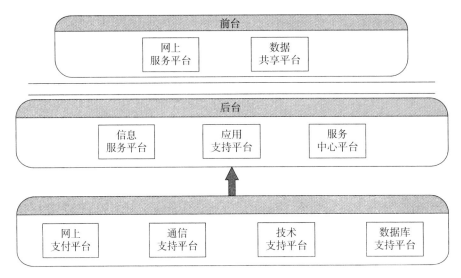

图 9-12　自驾游平台系统的结构设计

二、自驾游平台系统的接口设计

自驾游平台系统的接口包括：

（1）与网上预订业务相关合作伙伴的数据交换接口，比如旅店、景区等。此类接口可以标准化，也可以与具体企业协商。

（2）与银行、通信公司等公共信息基础设施之间的接口，此类接口一般具有统一标准，由对方指定标准。比如网上支付平台和 CA 认证标准。

（3）平台内部接口，即各个子系统之间的接口。

三、自驾游平台系统的功能设计

（1）餐饮业。网站上可以提供行车路线上的特色美味的小吃。可以根据个人的口味，提前进行预订。该系统可以建议最少提前多久一定有位置。对于并未开通网上预订的餐馆，本平台可以代客户进行统一预订。

（2）旅馆。网站提供行车路线上和旅游目的地的旅馆信息、每日报价和会员价格，并会根据每日实时价格做每日推荐。还可以做专家咨询和范围搜索，根据个人的不同要求来进行查找，可以查询到不同订房中心给出的对同一酒店、同一房型的报价以及其他相应的服务，争取为每一个自驾游游客找到最满意、最合适的旅馆，并且开通客户投票窗口对提供虚假信息和"货到地头死"的旅馆挂出红牌，提醒广大消费者。

（3）租车服务。客户在网站的租车页面上，可以选择不同种类、型号和车龄的车；选择不同的租车地点，这样可以选择旅游时某段路坐飞机或火车，可以缓解旅途疲劳；还可以选择是否由租车公司配备司机和哪几段路配备司机，为客户提供更为人性化和合理化的服务。

（4）维修站与加油站。自驾游游客可以通过网站提供的一卡通服务，在网站上提前交费或者刷会员卡里的钱，获得维修站和加油站的服务。其中包括旅行前的汽车全面检查、旅行中的汽车加油和维修以及旅行结束的汽车保养。

（5）旅游景区服务。客户可以提前预订景区的门票、服务设施、提前指定导游为自己解说和旅游景点停车位等服务。

（6）高速费用。客户可以使用一卡通服务，在网站上提前交费或者刷会员卡里的钱交高速费用。由会员卡代缴费用，争取实现无线电感应会员卡，在高速缴费处，刷卡器可以提前感应到会员卡，并自动划钱放行，实现一路畅通无阻。

（7）自驾游用品。随车工具：千斤顶、轮胎扳手、一字和十字改锥、手钳、至少一把死扳手（根据自己车的情况配）、一只活动扳手、一根 5 米的拉力不低于 1500 千米的牵引绳、一个工作灯（手电筒也行）。

1）车必备用品：地图和指南针。

2）驾车旅行中的生活用品：首先是衣物，除了随身用于洗换的衣物外，风衣、雨衣是驾车出游必备的衣物。其次是应急药箱、针线包。另外还要带上电源。可随车带一个 12V 变 220V 的电源逆变器，一般选功率 300W 左右的即可，可以为手机、DV、电脑等有 220V 电压要求的用电器提供即时供电和充电，而不会损坏这些设备。

3）安全装备：灭火器以及停车警示牌或警示灯。

4）自驾出游前必须准备好露营时所需的工具、帐篷、铲子，一些食物、饮料以及止痛药都是必备的。

这些装备不但可以在本平台的网站上买到，还可以买到全部组合装。

（8）保险业务。网站可以预订各种现有的关于旅游的保险类型，能够为广大旅客提供进一步的保障。本平台的网上预订业务为旅游者提供全程所有业务，并通过会员的建议不断增加自驾游客户所需要的项目，不断完善。

（9）旅游信息服务。

1）景点信息。景点信息包括景点的人文风俗、四季景观、主要景点、注意事项、门票简介、饮食文化、地理交通、购物、最佳旅游时间、资源分布、美学价值和相关传说等，还会附上景区的相关图片与视频等。此外，还包括许多景点自己的网页链接。现在我国大部分的 AAAA 级旅游景点、AAA 级旅游景点都建立了自己的网站进行信息发布和宣传。

2）道路信息与路线建议。通过旅游资源规划和客户的意愿，为自驾游游客提供道路信息和建议。包括从出发地到各个景点的路线、游客进景区的线路和景区内的交通等，争取使每个游客都能找到最合理的路线。

3）实时天气。根据天气预报，在网站上公告哪些天适宜去哪些景区，哪些天不宜去哪些景区。从出发开始运用全球定位系统为每个游客定位并发送所在区域的实时天气，以及是否应该继续旅游和所应选择的道路，减少危险的发生。

4）新闻与实时动态。景区的网站上会公告滚动新闻平台，发布各个民族景区的特有节日及其介绍；发布相关旅游节日的召开，比如桃花节等；发布相关国家法律法规。

5）娱乐信息。平台上会介绍你所经过景区和路过的著名或者特色的娱乐地点，在疲劳驾驶之余轻松一下，也是旅游的一部分。

6）购物信息。介绍经过路线和景区的民族特色物品、纪念品和超市的分布。由自驾游和专家分别推荐不容错过的景点。会员可以在论坛上进行推荐并共享信息图片。

7）电子支付。一卡通业务是指会员注册后得到一个会员卡和会员账号，会员可以向会员卡里充钱，在这个网站上预订的服务都可以由一卡通业务支付，并且在相关的旅游景区和线路上的维修站等都可以实现刷卡服务。

（10）客户关系管理。

1）会员管理。每个人都可以注册为会员。会员分为普通会员、高级会员和贵宾会员，不同的会员对应的权限和福利不同。每个人都可以申请为会员即普通会员，高级会员是普通会员的升级版，贵宾会员为最大权限的会员。会员的升级制度可以是一次性充值满多少达到某个级别，也可以是消费多少达到什么级别，也可以是提出很好的建议升级为高一级的会员。

会员可以在网上预订所有的业务。会员的不同级别在网上接受预订和服务时对应的价格不同；权限也不同，比如在租车时如果两个不同级别的会员同时预订同一辆车，则高级会员优先。高级会员还会有定期活动，比如说免费维修等。

每个会员在数据库中都会由一个自己的子数据库，数据库记录了申请会员时所填的信息和每次旅游时填写的信息和相关需求等。系统会自动根据游客的信息智能化地分析出哪些旅游线路和在哪些时节哪些旅游景点会是游客所喜欢的，当该游客进入景区时，相关旅游信息就会由景区信息控制中心发送到车载多媒体自助游系统上，并给予相关的建议。

2）论坛管理。会员可以在网站的论坛上自由发帖、交流心得、聊天灌水、发起投票等。

3）投诉与建议管理。每个人都有投诉与建议的权利。如果是会员的投诉确认真实或者建议被采纳都会有相应的补偿和奖励。

4）专家建议。会员可以把自身的情况与意愿告诉专家，由专家来安排一个最为合理和满意的旅游路线。

5）新手上路。这部分是向所有会员和非会员开放的，为人们普及自驾游的基本知识和必须注意的事项，并且会有在线的管理员对游客不明白的地方进行解惑。

（11）网上营销。

1）广告。可以在网站首页的两边和上部滚动或者悬浮一些广告。

2）旅游产品。可以推出一些网站代理的旅游服务和旅游线路的报价等。

（12）服务中心。

1）导游服务。在每个景点都可以呼叫服务中心让其在你所在的景区进行导游，并讲解景致的相关信息和典故，成为"贴身的导游"。

2）旅游呼叫中心。自驾游游客可能出现以下情况：比如在路上遇到汽车抛锚、迷路等现象，此时游客通过呼叫服务中心，可以由全球定位系统根据你所在的地方指出你应走的路线或者派出救援队进行道路救援。针对自驾游用户在无信号区域出现问题，每个会员卡内会有一个全球定位系统的小收发器，并有一个求救的程序，可以对游客的人身安全进行进一步的保障，争取做到零事故。

3）旅游短信中心。在自驾游游客每进入一个景区的范围内时，都会收到关于景区的信息，内容包括景区简介、风景名胜、特色活动等。在平时，短信中心根据客户的数据库自动分析某个时节某个旅游线路会是自驾游游客所希望得到或能接受的，并通过短信告知。

第十章 自驾车旅游服务与保障体系

第一节　自驾车旅游基础设施与服务设施

一、自驾游住宿设施

（一）自驾车旅游住宿需求

住宿问题是自驾车旅游中的一个突出问题。据广东省旅游办公室针对广东自驾车旅游者所做的调查，33.6%的游客对住宿不满意，仅略低于对交通不满意的自驾游客比例。迄今为止，我国完全针对自驾车旅游者建立的住宿设施还很少或没有。为了解决这一问题，首先需要了解自驾车旅游者的具体住宿需求是怎么样的。通常自驾车旅游者对旅途中的住宿条件并无过高的要求，只需要一些旅途住宿中基本设施与服务——24 小时冷热水、电话、床，房间最好适于家庭居住（因为现在很多都是一家三口集体出游）。如果有可能，也可以建立公共餐厅提供餐饮服务（一般可以采取外包的方式，以降低成本）。在清洁、方便、价廉的基础上，特别需要提供汽车修理、免费停车、免费洗车等服务。

陈乾康（2004）通过调查认为，为了把握自驾车旅游带来的市场机遇，旅游饭店业应该努力做到以下三点：

（1）根据对四川省自驾车旅游者所做的调查显示，72%的自驾车游客事先未联系住宿的现象，旅游饭店有必要建立完善的自驾游住房预订系统，通过一定的折扣方式来吸引自驾游客，扩大市场份额。

（2）接待自驾车旅游者的饭店应该建设能满足游客泊车需要的大型停车场，最好能为自驾车提供基本的清洁、维修和保养服务。

（3）针对自驾游以家庭出游为主的特点，旅游饭店应有一定数量的能满足三口之家住宿的客房，或提供标间加床服务，以解除客人订一间客房不够、订两间客房又浪费的烦恼，尽可能为自驾车游客减少不必要的开支，提高客房利用率。

（二）自驾车旅游住宿设施类型

在我国，自驾车旅游住宿设施的类型主要有以下三类：

（1）廉价路边旅馆。这类旅馆位于国道或省道路边，大部分是农民开办的"夫妻店"，此外还有一些集体企业投资建设的招待所。其规模小、经营简单、单体存在、缺乏知名品牌，存在卫生、安全、治安等多方面的问题。

（2）加油站或高速公路的服务区的汽车旅馆。国内中石化、中石油、私营豪华加油站和个别高速公路的服务区，为了相互间的竞争优势，除为汽车加油外，还提供食宿服务，但这类旅馆数量少、经营规模小。

（3）汽车旅馆。我国的汽车旅馆还处在起步阶段。2003 年汽车旅馆品牌"莫泰"旗下的经济型酒店"莫泰 168"落户上海，随后国外一些知名汽车旅馆或经济型酒店公司进入中国建立汽车旅馆，如桂林中旗房地产公司与美国巴里巴拉酒店管理集团投资兴建的桂林至梧州高速公路边汽车旅馆。后来，国产经济型酒店品牌上海锦江之星也开始进军汽车旅馆市场。

整体上看，我国自驾车旅游住宿设施还比较少，而且以前两类设施为主，汽车旅馆业在中国还没真正兴起，还是一片未被开垦的处女地。为了缓解日益提高的自驾车住宿需求，我国应大力发展汽车旅馆，或能够提供汽车加油、维修、保养、清洗等服务的经济型酒店。

（三）汽车旅馆

20 世纪 30 年代，美国公路系统发展迅速，汽车旅馆（Motel）应运而生。汽车旅馆是由汽车（Motor）和旅馆（Hotel）组成的合成词，最初指汽车的旅馆，即没有房间的旅馆，可以停车，而人就在汽车内睡。汽车旅馆后来发展为提供停车位与房间相连，一楼当作车库，二楼为房间，这样独具特色的汽车旅馆房间设计。1939 年美国佛罗里达几家汽车旅馆就自发形成了行业联合组织品质庭院（Quality Courts），并于 1940 年改名为品质庭院联合酒店（Quality Courts United），为单体汽车旅馆业主提供行业服务。汽车旅馆形成一个独立的行业。

第二次世界大战后，美国经济的繁荣带动了大众旅游发展，引发了对中低档住宿设施的大量需求；城际高速公路网络的建成则促进了汽车旅馆的风行。1952 年成立的假日汽车旅馆在吸收了过去汽车旅馆发展经验的基础上改善了服务质量，并且第一次尝试采取标准化方式复制产品和服务，在短短的十年时间里沿着美国的公路网络迅速发展。随着酒店行业的 Bed & Breakfast 概念（指酒店简化服务类型，只提供住宿和早餐等，从而使顾客享受到廉价和快捷的住宿餐饮服务）和汽车旅馆的融合，经济型酒店油然而生，并远渡重洋在欧洲、亚洲也扎下了根。法国雅高集团

（Accord）的 F1 汽车旅馆自 1985 年开张后，在短短的 15 年里就在全球开设了 100 家分店，取得了巨大的成功。

今日经济型酒店已经风靡全球。纵观经济型酒店的发展历程，汽车旅馆的概念作为经济型酒店的起源，可以完全纳入其范畴之内，汽车旅馆从它诞生的第一天起，秉持着廉价、快捷的特征。现代意义的汽车旅馆是一种能够提供汽车加油、维修、保养、清洗等服务的经济型酒店。除了为自驾车旅游者提供便利、安全、卫生和经济实用的住宿及餐饮等服务外，汽车旅馆无须提供娱乐、商务、会议等服务，设施、设备不必追求豪华，但必须有足够、标准、方便进出的停车场，并提供加油、汽车维修等服务。和其他类型的经济型酒店一样，汽车旅馆很适合于连锁经营。

在汽车旅馆的选址建设中，要考虑周边旅馆的竞争势态和配套设施的情况，统筹合理布局，具体可以采取以下选址方式：

（1）以加油站为依托，选择在加油站的附近，优点是便于汽车加油和休息。

（2）以景区为依托，选择在景区周围，便于接待驾车旅游者或其他旅游者，但要注意与周围的景区相融合。

（3）以城镇为依托，优点是生活用品便利，方便司机购物、汽车维修、治安较好。

（4）以城市郊区为依托，优点是便于客人避开喧嚣交通拥挤的城市中心区域。

（5）以火车站、飞机场为依托，设置足够停车设施，并与汽车租赁服务相结合，便于游客实现不同交通方式的转化，满足这部分旅游者的食宿需求。

（6）以高速公路为依托，确定在高速公路的服务区或出口，因客流量较大，便于客人休息、食宿。

（7）确立在主要公路的交叉口，汽车流量大，汽车旅馆位置优越，比较明显，便于宣传和招揽客人。

汽车旅馆建设还应该突出文化特色，包括建筑特色、形象特色和品牌特色等，使之与自驾车旅游景观相协调，满足自驾车旅游者独特的享受和美学需求。

二、自驾游购物设施

（一）旅游购物设施的类型

购物作为旅游产品中的重要组成部分，旅游商品的购买离不开特定的购物设施。旅游购物设施既是商品销售不可缺少的物质条件，又是吸引旅游者的一个要素。旅游商品与购物设施是旅游的附加价值，丰富了旅游者的旅游体验。

旅游购物设施的基本类型有：

（1）基本购物设施。基本购物设施是旅游者购物所必须具备的设施，主要指各种购物商店及具体的内部设施。包括传统购物街以及以百货商场、大型购物中心、连锁店等为代表的现代购物场所。

（2）辅助购物设施。包括餐饮和娱乐设施、导购系统、邮局和银行等。

（3）其他购物设施。如免税店、大型购物中心、露天市场等。

（二）自驾车旅游对旅游购物设施的影响

自驾车旅游对旅游购物设施的影响体现在两个方面：一方面，自驾车旅游者的购物意愿较高，加上自驾车携带方便，购物量可以是团队游客的数倍，导致对旅游购物设施需求的增加。另一方面，自驾车游客以国内游客为主，而国内旅游者主要偏爱物美价廉、有地方特色的土特产品，这与目前许多旅游购物设施以出售名贵药材、高档珠宝玉器为主的经营方向相悖，很多这样的旅游购物点靠给驾驶导游人员高额回扣的方法招徕旅游团，产品质次价高。他们对自驾车旅游者毫无吸引力，在自驾车旅游蓬勃发展的今天，这样的旅游购物设施面临着被淘汰的危险。

（三）自驾车旅游购物设施设置方式

自驾车旅游购物设施设置方式主要有以下几种：

（1）自驾车旅游购物设施应该以销售具有地方特色和民族特色的旅游商品（含土特产品和旅游工艺品）为主，让没有购物意向的游客产生购物欲望，为愿意购物的自驾车游客提供更多的选择。

（2）自驾车旅游购物设施应该调整经营理念，规范商品价格，经营商品无须大而全，力求小而精。

（3）在加油站、休息区、汽车旅馆设置具有一定品牌的连锁便利商店，满足驾乘人员旅途上的基本需要；在自驾车营地和旅游景区（点）设置对于自驾车旅游者最有吸引力的露天市场或土特产品市场，展示地方的文化特色，给自驾车旅游者别样的购物体验。

三、自驾游信息保障设施

（一）自驾车旅游信息需求

自驾车旅游离不开信息保障。

出发前，自驾者多数需要自己安排旅游线路、制订游览计划，因此他们需要尽量准确翔实地了解旅游景区（点）、路线、住宿的有关信息，还需要提前预订门票和食宿等。

旅途中，自驾者需要第一时间掌握路况、天气等实时信息，以便及时调整计划，保证旅程顺利进行。同时，自驾车旅游者也希望能在旅途中得到更多的关于旅游景区（点）、路线、住宿餐饮设施的补充信息，随时调整完善旅行计划。一旦发生紧急情况，无论在任何条件下，自驾者都需要尽快发出救援信号。

（二）自驾车旅游信息系统

随着自驾车旅游在我国的蓬勃发展，我国旅游信息系统缺乏与不完善的问题暴露了出来。完善自驾车旅游信息系统的方式有：

（1）设置旅游信息服务亭。在机场、车站、饭店以及各主要景区、景点、交通要道等旅游者集散地，设置旅游信息服务亭，专门为游客提供各种有关旅行的资讯，可以提供游人免费取阅的旅游资料或配置触摸式旅游信息设备。

（2）开通旅游服务呼叫热线和旅游服务广播。旅游城市、地区应该开通旅游服务呼叫热线和旅游服务广播，并公之于众，定期发布各旅游景区（点）的旅游预报（包括各旅游景区、景点的客流量、舒适度以及天气状况等）、旅游交通信息预报以及住宿情况预报。

（3）建立旅游信息咨询中心。旅游目的地应充分利用网络，建立专门的自驾车旅游信息系统，并在机场、饭店、主要景区、景点等旅游者集散地建设和完善旅游信息咨询中心，为自驾车旅游爱好者提供多方面的信息，包括旅游线路、某时段旅游动态、主要目的地的天气情况、自驾车旅游安全知识与技能、推荐当地信誉卓著的旅游企业提供旅游服务等。

作为一种以社会性公益服务为主要目的的游客服务系统，完善的旅游信息系统的建立需要各部门的通力合作，需要做很多的工作。

（三）自驾车旅游信息基础设施

自驾车旅游信息保障的问题一方面出在信源上，另一方面出在媒介上。自驾车旅游者一方面感到在出游前以及旅途中难以收集各种旅游信息和资料，另一方面又担心需要获取旅游信息时上不了网，收听不到广播，更担心汽车"抛锚"在荒郊野外而手机全无信号。

自驾车旅游者对信息基础设施的要求非常高，要求电信服务迅速、方便、安全、准确，因此，自驾车旅游线路上的电信设施要达到技术先进、质量优良、灵活性强、业务齐全、体系完整的要求。

在保护自然景观和风景林木的前提下，确保公路沿线的通信畅通是自驾车旅游者在紧急情况下发出救援信号的依靠。因而在公路沿线特别是在信息服务较薄弱的山区建立必要的信息基础设施，如移动通信基站、广电网路等，显得极为重要。

四、自驾游医疗急救设施

(一) 自驾车旅游医疗急救需求

随着高速公路的兴起和路网的建设，在自驾车旅游蓬勃发展的同时，公路交通事故发生的频率及其危害性也在上升。事故伤员的救治分秒必争，高速公路需要完善医疗急救服务系统。

(二) 自驾车旅游医疗急救系统

2007 年全国首个高速公路急救站在杭金衢高速公路诸暨服务区内正式成立。但到目前为止，高速公路急救站的发展速度还非常缓慢。

浙江的模式由交通管理部门牵头，地方卫生部门、高速公路部门配合。高速公路部门负责提供场地，地方卫生部门提供急救人员，交通管理部门负责信息管理和实际操作，其主要目的是配合交通管理部门处理交通事故中的人员伤害。因此，高速公路急救系统以交管部门为核心，有利于系统快速反应。

自驾游医疗急救系统可以效仿上述模式，将自驾游信息系统、自驾游救援系统、地方卫生系统、公路管理部门四大体系有机结合起来，依托公路管理部门的支持，以自驾游信息系统为核心，形成快速联动，车辆救援和医疗急救双管齐下，提供人、车两方面的安全保障。

(三) 自驾车旅游医疗急救设施

在远离居民点的自驾车营地、综合服务区、旅游景区（点）应该设置医疗室或卫生站，并与地方急救和医疗卫生机构建立救护联动机制，降低自驾游安全风险的伤害程度。

五、自驾游环卫设施

(一) 自驾车旅游环境问题

自驾车旅游过程中带来汽车尾气排放、生活垃圾污染等环境问题，若保护力度不够，会造成对脆弱的自然生态环境的破坏，并且难以在短期内得到恢复。因此，自驾车营地、旅游景区（点）不仅要根据资源承载力和生态环境容量对游客容量进行控制，还应对自驾车容量进行控制，妥善引导自驾车旅游线路和行为，兼顾自驾车旅游自主性和环境容量限制。

（二）自驾车旅游垃圾处理设施

自驾游客行动比较自由，垃圾产生比较分散，很难控制。为适应自驾车旅游的发展，旅游景（区）应该设置更多的垃圾箱；更为有效的办法是形成一套机制，鼓励游客自己将垃圾带出。

（三）自驾车旅游厕所

自驾车营地、综合服务区、停车场、旅游景区（点）要根据要求配置旅游厕所。《旅游厕所质量等级的划分与评定》（GB/T18973-2003）中有我国对于旅游厕所设置的具体规定。

为了适应自驾车旅游的新特点，自驾车旅游厕所应该更多地采取新技术，建立生态厕所、免冲厕所等。

第二节 自驾车旅游投融资

一、自驾车旅游投融资需求

（一）汽车旅馆

汽车旅馆的功能主要是为自驾车旅游者提供便利、安全、卫生和经济实用的住宿餐饮服务，一般不会提供娱乐、商务、会议等服务，附设汽车维修、保养服务也占相当比例。因此，汽车旅馆以低档的经济型饭店为主，设施、设备不必追求豪华，但必须有足够数量的方便进出的标准停车场，一般还要提供加油、汽车维修等服务。所以，汽车旅馆非常适合于标准化、连锁化、品牌化、集团化投资、经营，单体投资一般就是几百万元到一两千万元（具体由规模、地价等因素决定），在我国未来是一个投资总量和空间都非常大，投资规模限制和技术限制都比较低的投资市场。现在位于干线公路沿线和大中城市交通要道的社会旅馆、个体和私营饭店可以通过收购、改造变成汽车旅馆，但如果不实行标准化、连锁化、品牌化经营，这些旅馆仍难满足自驾车旅游的需要。

（二）自驾车营地

目前汽车营地在我国还很少，符合自驾车旅游需要的更是凤毛麟角，这是目前自驾者和专门组织自驾车旅游的旅行社感到最头痛和不满意的地方，因而也是投资空间极大、初期利润相当丰厚的新型投资领域。

在自驾车旅游发展早期，我国旅行社接待入境自驾车旅游者，都是依托酒店解决水、电供应和旅游者洗浴、卫生等问题。从心理上分析，自驾车旅游者的一个重要目的就是要脱离城市的生活环境和生活方式，一定程度上追求的就是通过驾车出游，逃离城市设施，汽车营地正是适应这一需要而产生和发展起来的。汽车营地在欧洲各个大中城市的郊区都有，而且许多城市有很多个，一般选择在城市出入方便、环境好、各方面配套都比较好的地方。汽车营地自身建设起来也非常简单，主要是停车场、出入口道路、供水、供电、排污接口、淋浴室、洗手间和管理服务中心，有的还建有快餐店或风味餐厅、小酒馆、咖啡厅、歌舞厅等。另外加上配套的综合性管理，主要包括环境监测管理、治安管理、交通管理等。

与汽车旅馆一样，汽车营地也是适合标准化、连锁化、品牌化、集团化投资和经营的项目。但不像汽车旅馆有很多现有的社会旅馆、经济型饭店可以部分承担其职能，其中很多经过改造后就能成为标准的汽车旅馆，而汽车营地没有可暂时代替和经过改造就能够变成标准的汽车营地的项目。所以，汽车营地的投资空间更为广阔。汽车营地自身的设施、设备投资不大，但用地、环境及水、电、气、暖、排污、交通、消防、治安等基础配套投入却很多，需要城市和相关地方政府支持和协助解决。因此，目前在我国投资建设的难度比汽车旅馆大得多，也因此对中小投资商有很大的制约，对大投资商反而有利。

（三）旅行社

通过三份分别针对长沙市、广东省、四川省自驾者的调查，发现自驾车旅游者在选择旅游线路和安排住宿过程中有很大的盲目性，自驾车旅游者对线路和住宿安排存在较大的需求空间，这些都是旅行社可以抓住的商机。旅行社开展自驾车旅游业务的机遇主要表现为：

（1）自驾游本身存在不少缺陷，比如安排旅程费时费力，旅游信息获取准确性和实效性差，作为散客的旅游成本过高，人身安全没有保障，长途驾驶、越野驾驶缺乏专业指导和救援维修保障等，而旅行社则可以有针对性地提供服务。

（2）虽然自驾车旅游看似一种自助式旅游，但是实际上它在很多方面需要旅行社的参与和协助。事实上有很多自驾车者愿意将住宿、餐饮等琐碎问题交由旅行社办理。

（3）旅行社可以利用其网络化资源，提供具有专业化的服务。比如，旅行社可以利用同酒店、餐饮部门和景区结成的关系网，为游客提供优惠的且有权益保障的服务和准确详细的各种旅游信息。

面对自驾车旅游这个潜力巨大的市场，旅行社应该转变角色，充分利用自身的优势，放弃短线，努力开拓中、长线市场，创立品牌与特色产品。旅行社为了生存与发展，需要把握住这个商机。目前，已有国旅、中青旅、广之旅、北京神舟国际旅行社、昆明国旅等旅行社开始经营自驾车旅游项目。旅行社依然有机遇抓住自驾车旅游的商机，发展自驾车旅游团队业务，从而变被动为主动，进一步拓展旅行社业务范围。

可以预见，专业从事自驾车旅游项目的旅行社的大量出现，不但可以填补中、长线自驾车旅游项目、专业特种自驾车旅游项目的市场空白，而且可以为更多的自驾车旅游者提供方便。面对利益巨大的自驾车旅游市场，随着旅行社的介入、自驾车旅游"主题产品"的不断开发完善，将给国内自驾车旅游市场带来巨大的冲击，从一定程度上引导自驾车旅游市场竞争的趋势和方向，为旅游企业和旅游行业的生存和发展开辟出一条新的道路。

（四）汽车租赁

国内汽车租赁业开展已经历 20 余年，但其真正发展还是在自驾车旅游迅猛发展之后。截至 2006 年，中国有汽车租赁公司 3000 多家，车辆总数约为 6 万辆。2003年国庆期间，海南的自驾车旅游异常火爆，海口三九、华嘉、昌导、中旅等汽车租赁公司的车辆出租率平均达到 90% 以上，多数公司的车辆早在节前就已被预订一空；而北京、上海、杭州等地的汽车租赁公司汽车出租率常年保持在 75%～80%，有时甚至出现了无车可租的情况。

目前，国内已经有企业开始策划旅行社与汽车租赁业的合作，最著名的是"安飞士"和"赫兹"（Hezrt）两家汽车租赁公司。

汽车租赁业的发展不但可以为"有本无车"的自驾车旅游者提供便利条件，还可以通过异地租车、异地还车促进远途自驾车旅游的进一步发展。蓬勃发展的自驾车市场，促进汽车租赁需求不断增长，汽车租赁业具有巨大的投资商机。

（五）新型加油站

加油站是自驾车旅游的生命补给线，自驾车旅游的火爆，必定导致旅游公路沿途加油站的重组和升级。据统计，目前我国加油站的加油业务，贡献的利润至少要占利润总额的 90%，而在美国这个数字刚好要倒过来。据有关资料显示，早在 20 世纪70 年代，美国"加油站"（gasstation）的名称就被"汽车服务区"（sevricestation）所取代。名称的改变，实质上意味着新的服务出现。来到这里，汽车可以加各种油品（如汽油、柴油、润滑油等），也可以作保养维修（如打气、换轮胎、做美容等）。而驾车者还可以买到所需要的商品（如香烟、刮胡刀、睡衣睡袋等），更可以小憩（如喝咖啡、吃快餐、发邮件等）。这些非油品业务的利润，将占加油站利润总额的90% 以上。

在异地他乡的旅途上，自驾车碰到的麻烦再小，解决起来都不那么容易。在远离城镇的情况下，自驾游客肯定希望相对分布较多的加油站能够力所能及地提供一些能够解决人或车问题的服务。面对巨大市场机遇，国内三大石油巨头开始投入很大精力到一个与石油毫不相干的陌生领域。中石化、中石油希望通过增加这些增值服务来为司机们提供更多的便利以赚取更多的利润。除了在自己的加油站增添便利店、小商场外，中石油、中石化还分别引入专业汽修企业"桑普""AC 德科"，甚至打算在远郊的加油站增加汽车旅馆等。

可以预见，随着自驾车旅游产业的发展和自驾车旅游者的不断增加，自驾车旅游者对于沿途服务性设施的需求将会越来越大，面对这个巨大的市场需求，加油站提供的商业设施就将凸显出其便利性，吸引投资，率先转型的加油站才能在蓬勃发展的自驾游市场中赢得先机。

二、自驾车旅游投融资渠道

（一）国际投资渠道

国际资金对旅游发展的投资渠道如表 10-1 所示。

表 10-1　国际主要旅游投融资渠道

渠道		投资方式
世界银行组织（World Bank）	国际复兴开发银行（IBRD）	对有利于旅游发展和其他整体利益的基础设施和环境保护工程按照商业利率、以长期贷款的形式提供建设资金
	国际开发协会（IDA）	向低收入的国家提供无息贷款
	国际金融组织（IFC）	直接向私营部门提供具有商业回报的项目，包括旅馆和其他旅游项目
联合国（UN）	联合国开发计划署（UNDP）/世界旅游组织	为旅游项目提供设备和技术支持
	联合国资本开发基金会（UN-CDF）	以补助金和长期贷款的形式对社会设施和服务以及其他经济活动提供少量的资金援助
欧盟组织（EU）	欧洲银行	主要向按照 LomeIV 宪章而建立的 ACP 的成员国的旅游开发项目提供技术支持和投资赞助
双边协议	欧洲、北美、东亚和太平洋地区的国家	主要建立在政府和政府之间的基础之上的，其中一些双边项目就包括对旅游项目提供技术支持和投资援助

续表

渠道		投资方式
区域开发银行	亚洲开发银行（ADB）、非洲开发银行（ADB）、泛美开发银行（IDB）等	通过中、长期贷款对其成员国的旅游发展项目提供资助
国际私人资本渠道	私募基金、企业、个人投资者	通过风险投资、持股等方式对旅游项目投资，并提供一定的管理和技术支持

（二）国内旅游资金筹资渠道

国内资金对旅游发展的投资渠道如表10-2所示。

表 10-2　国内主要旅游投融资渠道

渠道		投资方式
政府财政投入	财政拨款、国债、旅游专项资金	主要用于旅游产业配套基础设施建设、公益性旅游项目建设投入、市场营销推广、项目商业包装及推广、旅游高级管理人才招聘、旅游服务人员培训、文物保护、生态环境建设、旅游管理机构运作等
银行贷款	商业银行	质押、抵押
	政策银行（国家开发银行、农业发展银行及中国农业银行、中国银行及进出口银行）	贴息贷款
	卖方信贷	设备进口，担保公司
民间资本	民间资本	经营权转让
资本市场融资	企业、私募基金等	招股集资，集资联营
自筹资金	上年结余、利润留成、预留基金、预算外资金等	直接用于项目建设

（三）新型融资模式

近些年，国内外旅游项目融资主要采用的新型模式如表10-3所示。

表 10-3 旅游项目新型融资模式

模式	投资方式
ABS（Asset-Backed Securitization）	将贷款形式的资产转让给具有巨大经济实力的企业，该企业承担债务的还款责任，然后再依托这些资产发行债券，筹集资金进行新的项目建设，实施项目的滚动发展
BOT（Build-Operate-Transfer）	"建设—运营—移交"模式，又称"公共工程特许经营"，原指政府通过特许权协议将某个一向应由政府出资营建管理的项目交给私营企业融资、建设、经营、维护直至特许期结束时，将该设施完整地、无偿地移交给政府
TOT（Transfer-Operate-Transfer）	"基础设施经营权有偿转让"模式，即政府投资建设的项目，在一定时期内有偿转让给非政府投资主体经营，政府回收资金可以用于新项目建设，并最终拥有所有权

三、自驾车旅游投融资策略

（一）投资集团化、连锁化、品牌化

目前，自驾车旅游投资的第一大热点就是汽车营地建设，从营地建设所需的投资规模和各种关系的协调看，中小投资商很难胜任，需要大集团、大财团、大银行积极介入。汽车旅馆、加油站、维修站的经营也在向连锁化和品牌化的方向发展，提供统一、规范、标准化的服务，同时形成拳头、塑造品牌以共同开发市场、参与竞争和抵抗风险。

（二）项目特色化、个性化、人性化

旅游业为旅游者提供的是精神文化生活产品和服务，特色化、个性化和人性化是当今生活的发展趋势，自驾车旅游追求的更是与众不同的感受、经历。因此，在项目、产品、线路和活动组织、相关服务以及酒店、餐馆等服务设施设计、内外装修方面，都要注意突出特色和个性化、人性化，以满足旅游者的需要和口味，体现人文精神和人文关怀。

（三）统筹兼顾国内游客和入境自驾者

在自驾车旅游细分市场中，国内旅游多属中近程市场。近几年，国内旅游市场一直是世界上规模最大而且发展最快的客源地，随着汽车普及速度的不断加快，国内自驾游市场发展同样迅猛，形成庞大的自驾车旅游消费群体。因此，自驾车旅游投资建设项目和管理服务要以满足国民旅游为基本目标。

在入境自驾车旅游方面，周边国家或者经济发展水平有限，或者由于地理原因，公路交通不通达，入境的自驾车游客人数始终有限。虽然跨洲际自驾旅游仍然有较多不便，但是欧美澳等发达的洲际旅游客源国来我国进行自驾车旅游的人数增长却比较快。因此，在投资方向和目标项目水准、性质、特征上，既要充分考虑国民的需要、爱好和生活特性，同时要兼顾国外入境旅游者，注意吸取国外的经验。

第三节　自驾车旅游人力资源保障

一、自驾车旅游人力资源现状特征

（一）旅游业人力资源现状

旅游人力资源作为人力资源的一个组成部分、研究的一个分支，由于人力资源的概念与内涵上存在差异，所以作为旅游人力资源的概念与内涵也没有统一的规范。按照以上人力资源的定义，可以将旅游人力资源界定为：能够推动整个旅游经济发展的具有智力劳动和体力劳动能力的人们的总和。

余昌国（2003）指出，人力资源可以分广义和狭义两种。

狭义旅游人力资源指一个行业的从业人员或一个组织所雇用的人员，包括旅游行政管理机构、旅游饭店、旅游景区（点）、旅行社、旅游商店和旅游车船公司的管理层及服务人员。作为核心的旅游业人力资源，他们与旅游者直接接触，其服务质量的高低直接关系到当地的旅游形象和旅游业发展水平。

广义旅游人力资源指某种范围内的人口总体所具有的劳动能力的总和，除核心旅游人力资源外，还包括旅游科研教育（培训）人力资源和外围旅游人力资源。旅游科研教育人力资源虽然不直接与旅游者接触，但科教人员一方面负责培养旅游管理和服务人员，另一方面研究旅游业发展的规律和趋势，是旅游人力资源不可忽视的重要组成部分。外围旅游人力资源则是当地旅游业发展的背景要素，它是一个整体概念，包括当地全体居民，这些居民良好的素质和旅游意识将是当地旅游业可持续发展的最终源泉。

旅游业是一个服务性的行业，旅游从业人员参与到服务生产过程中，是旅游企业的特殊类型。因此，旅游业的人力资源规划和管理是旅游企业管理的核心。我国旅游业人力资源具有规模大、年轻化、受教育程度不高、流动性强等特点。

（二）自驾游人力资源特征

虽然自驾游从属于旅游行业，但是作为一种新兴的旅游形式，既有传统旅游行业人力资源的特点，也有着属于自己的特点。

1. 人力需求量大

随着自驾游的迅速发展，客观上要求有适应自驾游市场的旅游人力资源。包括景区规划人员、自驾游营地规划人员、自驾游导游、自驾游产品设计以及宣传人员等。自驾游的发展带动新的产业的发展，例如道路救援行业和汽车营地服务两个行业被认为是影响我国自驾游发展的瓶颈，随着社会对于这两个行业发展的急迫需求，相关人力资源缺口也相当庞大，整体上自驾游人力资源前景十分广阔。

2. 人才紧缺

首先，从整体上看，我国旅游业中、高级人才严重不足，低级人才则是供过于求。据一次全国性的抽样调查显示，我国旅行社和饭店中高级管理人员的学历基本上以大专为主，还有相当一部分只有中专学历，具备研究生学历的还不到1%。

其次，由于自驾车旅游市场发展较晚，目前还缺少专职的自驾游线路规划人员、自驾游导游、自驾游产品设计及营销人员等专业人才。

最后，针对不同的自驾游市场，如家庭市场、女性市场、男性市场、房车市场和竞技市场等，自驾者的自驾游产品的需求不同，因此对于自驾游服务人员的要求也不同，如何对自驾游人才进行有针对性的培训也是目前需要面对的一个问题。

二、自驾车旅游人力资源需求

（一）旅行社相关人员

由于自驾游从总体上是属于个人行为，因此传统上旅行社业务受到了冲击，目前国内只有少数几家旅行社开展自驾游服务。之所以旅行社较少开展这项业务，除了一些客观原因外，如道路、景区规划等以外，最根本的是缺少与自驾车旅游相关的服务人员。

首先是自驾游产品设计人员。自驾游具有自主性，因此需要与平常不同的旅游体验。然而中国目前旅行社在主题路线开发方面还有很大的差距，不能很好地满足自驾游市场的需求。根据一项调查，自驾车旅游的人员在事前就确定好目的地、行车路线、途中情况、房间订餐、加油站情况的仅仅占24.3%。这表明，自驾车旅游者虽然自主性比较强，但是也存在盲目性。因此，旅行社应该开发出适合自驾车旅游的主题路线，满足需求。主题路线产品的缺乏与产品设计人员缺乏相关。在中国目前很少有院校开设专门的院系，同时中国旅游规划专业的专注点也很少集中在路线设计上面，造成这方面人才的缺乏。

其次是自驾游产品营销人员。知道自驾游主题路线的人并不是很多。根据调查，自驾游获取信息的方式如图 10-1 所示。

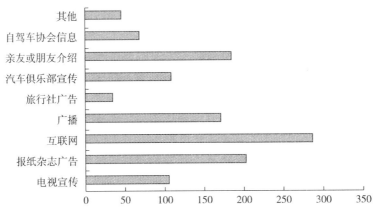

图 10-1　自驾车旅游信息获取方式条形分布

根据以上的调查可知，自驾游旅游者获取信息的主要方式是亲友或者朋友介绍，另一个是互联网。因此，旅行社必须加强营销宣传，这就加大了对于旅行社营销人员的需求。

（二）道路救援人员

自驾游旅行者看重的是安全。在阻碍自驾车旅游地的因素中，35.65%的游客选择了安全，可见安全因素在自驾游游客中的地位。因为我国自驾游市场才刚刚起步，还缺乏专业的救援公司和组织，更是缺乏相应的道路救援人员。更多的是一些景区零零散散的汽车维修人员，以及当地政府交警的救援系统。在国外成熟度的自驾游市场中，例如美国就有专业的 3A 道路救援，能够为自驾游旅行者提供专业的迅速的道路救援。在我国道路救援还处在初步发展之中。没有全国性的专业救援组织，何谈有充足的道路救援人员。

（三）景区相关人员

随着自驾游的发展，景区接待面临着新的形式。自驾游旅行者虽然大多是散客，但是又有着与散客不同的地方。在景区接待中，最缺乏两类人员：一是景区现场解说人员。自驾游旅行者是为了体验景区不同的感受，然而到了景区，却得不到相应的服务。有时只能是走马观花，影响旅游的效果。因此，景区应该适当地选聘一些现场解说人员或者是景区导游，以满足自驾车旅游者的需求。二是景区停车场的接待。现在很多旅游景区自驾车接待能力缺乏，尤其是缺乏相应的停车场。因此，景区不仅要建设适当的停车场，也要有相当的停车场接待人员，确保自驾车人员车辆的安全。

（四）旅游电子商务人员

互联网将整个世界串联起来，也扩大了旅游商务的范围。在中国，由于自驾车旅游刚刚起步，很多自驾车旅游景区的开发还没完成。自驾车营地建设也是刚刚在中国兴起。因此，有关于自驾车旅游电子商务还没得到充分的发展。反观自驾游发展较成熟的欧美国家，知名的自驾车营地都提供专门的电子商务服务，在互联网上就可以轻松地解决旅途中票务、住所、路线等问题。缺乏成熟的电子商务，自然也就缺乏旅游电子商务人员。与之相反的是，随着自驾游的发展，越来越多的旅行者希望能够在网上就能将自己的旅途办妥。因此，自驾游对旅游电子商务人员的需求是很大的。

三、自驾车旅游人力资源开发与培训

自驾游作为一种新兴旅游形式，由于其人才的缺乏，自驾车旅游人力资源开发与培训成为目前我国自驾车旅游发展中一个重要的问题。

（一）自驾车旅游人力资源开发

在一个企业和组织中，人力资源开发的技术有很多，基本上有教育、培训和开发三种方式。但是每一种方式都有不同的方法。在确定人力资源开发需求和具体目标之后，要采用具体的方法。旅游业一般的人力资源开发方法有以下几种：

1. 结构功能法

结构功能法的含义即人力资源组织结构决定了人力资源功能的发挥。因此，为组织中提高人力资源的效率，该方法提出三项人力资源组织的基本原则：

（1）高能为核：越是组织的关键岗位，越需要高能人才。我国自驾游行业亟须的人才主要有三类：第一类为政策制定和行业管理者，现在对于地方政府分管旅游工作的领导或旅游局局长的要求又有进一步提高，要求他们不仅要懂旅游，还要懂得自驾车旅游。第二类为具有国际视野的职业经理人才，自驾游的蓬勃发展，也吸引着国外自驾游客进入，但是很多地区的旅游接待能力和国外自驾者的要求差距过大。第三类为自驾游专业人才，包括高级导游人才、自驾游营地规划人才、自驾游市场人才、自驾游商品开发人才等。

（2）异质互补：想要组织一个高效能的人力资源组织，必须注意人才个体之间的异质性，如果大家的性格、专业能力、管理水平都差不多，就会造成相互排斥、相互否定，难以形成整体上的合力。从目前的供给情况看，我国各类旅游院校每年能为旅游行业输送大约 15 万名毕业生，但基本上集中在旅游管理、饭店管理、饭店服务和导游等少数几个专业，相互之间的互补性不强。而一些紧缺的专业人才，如自驾游的相关人才，旅游院校并没有相应的专业设置。

（3）同层相济：旅游企业中高、中、低各个层次的人才有一个合适的匹配比例，同一个层次的人不可过多，以合适为宜。

2. "倒金字塔" 开发法

传统的旅游企业和组织人力资源开发是一种典型的"金字塔"形结构，即最上层总裁、总经理；中间层是中层管理者；最下层是一线工作人员。一级控制一级，所处的层级越低，空间和自由度越小。

随着旅游企业竞争的加剧，以及员工素质的提高，旅游企业渐渐认识到必须给企业员工尤其是一线员工授权。很多旅游企业开始采用"倒金字塔"的人力资源组织结构，使组织更加直接、更加迅速地对游客的需求做出回答。具体的做法就是变原来的"金字塔"结构为"倒金字塔"结构，即最上层：一线工作人员（现场决策者）；中间层：中层管理者；最下层：总经理、总裁。"倒金字塔"开发法赋予了员工一定的自主权利，可以调动员工的积极性和使命感。

在自驾车旅游中，一线的前台服务员，承担着大量的服务。而且自驾游旅行者又是追求自由的人，前台一线服务员的服务质量如何直接影响着旅游企业和组织的形象以及效益。所以，在自驾游成为旅游新的形势下，推广这种人力资源开发的方法很有意义。

3. "二八" 开发法

"二八原理"表明 80% 的价值来自 20% 的因子，其余 20% 的价值则来自另外 80% 的因子。因此，在自驾游人力资源开发时，一要努力在所有的员工中造就 20% 的骨干员工，即要把 80% 的教育培训费用用在 20% 的员工身上，以发挥好员工的示范效应。二要重点抓好骨干员工的使用。相应地，企业留人工作也要重点围绕 20% 的骨干员工展开，留住关键人才，以保证企业人力资源开发的整体水平，而对于另外 80% 的一般员工则不作为开发的重点。

4. 显能开发与潜能开发法

所谓显能，指知识、技能、智力等，而潜能则是指情商、心态等非智力因素。目前在具体的旅游人才开发项目中，重显能开发、轻潜能开发的倾向较为突出。不少培训基本上都是围绕岗位需要，传授相关的知识，培养相关的技能。而实际上，由于旅游行业是一个与人打交道的行业，从某种意义上说，态度、人际技巧、情绪控制等非智力因素比单纯的业务知识和业务技能更重要。因此，在显能开发的基础上加强潜能开发，是旅游人才开发的必然趋势。开发旅游人才的潜能有以下四种方法：一是开发情商；二是激发潜意识；三是打破舒适区；四是实施全脑运动。

5. "请进来"与"送出去"开发法

旅游业是一个开放的行业，因此更需要有开放的思想和观念。旅游人才开发要突破区域，不仅要"请进来"，还要"送出去"。自驾游作为新兴的旅游方式，相关人才在国内比较缺乏。因此这种人力资源的开发方法就显得更有实际意义。将大量的人才送往国外自驾游发达的地区学习他们在管理技术、营地规划、自驾游产品设计营销等方面的先进经验。在国内，一些旅游发达的地区也要对不发达的地区进行支援，相互学习。

（二）自驾车旅游人力资源留任

1. 自驾游人力资源强流动性的原因

自驾车旅游人力资源具有流动性强的特点，其原因主要有以下几点：

（1）人力资源流动的引力。自驾车旅游人力自驾游在中国是新兴的旅游方式，处于高增长、高流动的上升阶段。随着市场经济的发展，自驾游作为新兴的服务性行业正处于不断上升的阶段，且存着很大的发展空间，将是未来旅游经济活动的中心之一。根据人力资源从人力资本收益率低的地方向收益率高的地方流动的原理，其他传统行业的人力资源必然大量向这个行业转移。

（2）人力资源流动的斥力。长期以来，国内旅游企业人力资源的管理比较混乱，组织制度化低，领导者个人意志强，存在着任人唯亲的现象，在这种情况下，员工对企业的忠诚度一般都不高。

与组织制度化程度低下相伴随的是组织运作管理中的重约束轻激励的倾向。其中一个主要原因是旅游企业片面追求经济效益，管理手段上重监督和控制，轻引导和沟通，强调通过各种制度来约束人。一旦出现员工的服务质量下降或士气低落的局面，不是想方设法通过优化管理作风、强化激励机制来改变，而是采用各种方法来威胁员工。在这样的氛围，员工的满意度和忠诚度一般都比较低下。

2. 自驾游人力资源留任方法

由于自驾游人力资源高流动性的特点，需要加强人力资源留任。较低的流失率意味着每当一名员工留下来的时候，企业和组织就节省了一些招募、挑选和培训的工作。人力资源留任的方法有：

（1）加强组织制度建设。首先，组织要确定一个良好的组织文化和价值观。组织文化是一个组织共有的价值观和信念，它影响和约束着全体员工的行为。有着认同和尊重员工个人价值文化的公司，在吸引和保留员工方面往往非常成功。

其次，提高工作的稳定性和连续性，建立相对稳定的用人机制。根据工作性质和工作内容来确定合同的期限，并相应地实行较为长期的合同制，对于优秀的人才甚至可以采取无固定期限的形式，这样既有利于稳定员工心理，也有利于企业的持续稳定发展。

（2）树立员工良好的职业生涯前景。现代企业观认为，企业的成功来自员工的成功。对员工的职业生涯的规划设计非常重要，旅游行业尤其如此。因为从服务的角度来看，旅游服务需要丰富的服务经验，这样才能积累服务的预见力和判断力，进而提高顾客满意度，有助于企业发展。如果员工经验积累了，却因看不见个人发展前景而选择二次择业，既浪费了资源，也给企业带来了巨大的损失。因此，自驾游企业与员工之间应该建立双赢的持续发展关系，在加强对员工管理的同时，辅以按员工的兴趣、特长和企业需要相结合的培训发展计划，使员工能清楚地看到自己的职业前景，从而真正安心地在企业工作并发挥最大的潜能。

（3）建立合理的薪酬制度。自驾游是新兴的旅游形式，在我国还缺少相应的专业人才，所以有着合理竞争性的工资报酬体系是自驾游人才留任的关键因素。

首先是建立有竞争性的薪酬。工资和奖金必须具有竞争性，即本组织的工资水平必须和其他同行业的公司组织相同或者让员工觉得工资和他们的能力、经验和绩效相匹配。

其次是提供有竞争力的福利。向员工提供健康保险、退休计划、学费资助等都是非常关键的影响因素，同时有弹性的福利项目也有助于留住员工。企业可以在薪酬总体水平不变的情况下，设计出菜单式的福利模式，让员工自己去选择，满足员工的各种需要。

最后是重视内在报酬。内在报酬是基于工作任务本身的报酬，如对工作的胜任感、成就感、责任感、受重视、有影响力、个人成长和富有价值的贡献等。旅游行业属于知识与劳动密集型行业，对旅游企业的员工，内在报酬和员工的工作满意感有相当大的关系，企业可以通过工作制度、员工荣誉、人力资源流动政策来执行内在报酬，让员工从工作本身中得到最大的满足。

（三）自驾游人力资源的培训

人力资源培训是一个为实现组织和企业的目标而丰富员工知识的过程。从狭义上讲，培训为员工提供开展当前工作所需要的特定、明确的知识和技能。具体到自驾游上来说，就是让组织目前的员工，加速适应自驾游这一新兴旅游形式的要求，尽快满足自驾游旅游者的需求。旅游业人力资源培训的一般流程是：

1. 确定培训的需要

确定培训需要是自驾游人力资源培训工作的开始，是确定培训目标、制订培训计划的前提，也是进行培训评估、衡量培训工作效果的主要依据。

组织中发生的许多变化都可能引起对于人力资源培训的需求。一般来说，自驾游人力资源培训需求产生的因素主要包括以下几个方面：

（1）环境的变化。由于企业和组织面临的外部环境的变化，主要是自驾游新兴的旅游形式导致的旅游环境的变化而带来的变化，导致组织和企业内部环境发生变化。例如，旅行社对于专业自驾游产品设计人员和营销人员的需求，促使旅游企业内的人员学习和掌握新的技能和知识。

（2）人员的变化。由于自驾游组织和企业人才的流动性比较大，内部和外部流动都比较频繁和普遍。所以，当组织需要招聘新的职工或者内部提拔员工都需要对其进行培训。

自驾游企业和组织在判断和确定培训需求时，可以采用以下几种途径进行分析：

判断培训需求的一个途径就是对工作和在工作中需执行的任务进行分析。通过比较自驾游行为产生新的工作岗位要求以及对旧工作岗位的冲击与现有员工所掌握的知识、技能和能力，就可以确定出培训的需求。

判断培训需求的另一个途径就是对员工的个人情况以及他们如何开展工作的情况进行分析。最常用的方法是利用绩效评估系统评估员工培训需求，通过正式的审核来确认员工的绩效缺陷，然后逐个设计相应类型的培训，以便帮助员工克服他们的弱点。此外，还可以调查组织中的员工，了解他们需要什么样的培训。可能用到的调查方法有问卷调查、态度调查、工作知识工具、关键事件记录、技能测试、个人评估测试等。

2. 制订培训的计划

制定培训的计划，是培训管理工作整个过程中的重要环节，是实施培训的开端。培训计划涉及的主要内容包括目标、培训的原因、开始时间、培训教师、培训人员以及培训方法等。

制订培训计划的步骤首先是确定培训的目标。根据培训需求分析来确立培训目标。在自驾游人力资源培训中，主要是培训员工掌握自驾游服务的技能和知识，培训管理层掌握管理新的形势下管理技巧和方法。目标要具体，并且能够和组织的长远目标相契合，要有时间的限制，能够让培训人员有能力实现，同时还要有反馈的机制。

其次是需要制定培训方案。根据培训的目标，在当前主要是开展短平快的培训方式，力争在短时间内培养出一批适应新的旅游形势下的员工。将根据不同的目标，具体设计不同的方法。

最后是制定具有可操作性的课程安排。在自驾游人力资源的培训当中，根据培训不同的人员、不同类型的培训，安排不同的课程。例如，语言培训主要是英语以及其他语言的培训。专门业务的培训则包括专业营销课程、专业产品设计课程等。

3. 实施培训

（1）内部培训。对于一般旅游企业来说，内部培训应用的范围更广，主要因为这种培训方式既可以节省员工参加培训的成本，也可以节省从企业外部聘用培训师的成本。比如企业中最常见类型的培训——在职培训（OJT），可以在短时间内提高员工掌握新知识的能力，培养员工适应新情况的能力。

（2）外部培训。对于自驾游组织来说，外部培训更为重要，这是因为自驾游和自驾游组织在我国起步比较晚，企业自身的经验也不是很丰富，很多时候需要聘请外部培训人员进行自驾游理论和实践方面的指导。外部培训通常包括以下几类：

第一，外购培训服务。由于我国旅游中高级人才的缺失，所以组织从外部购买培训服务是必要的。在我国很多省份编制的旅游发展规划中，将旅游培训列为重点，也成立了许多培训中心，企业和组织可以将培训服务放到培训中心去。

第二，与高等院校合作。我国已经建立了规模、层次适当的院校。因此，引导和支持骨干旅游院校开设旅游业亟须而又紧缺的新专业和新学科，如旅游资源规划与开发、营地管理、自驾游电子商务、自驾游商品和纪念品的设计与开发、人力资源开发等；加强院校与企业，景区的合作，推动人才的不断发展。

第三，电子化培训。随着时代的发展，互联网得到了迅速的普及。将培训放到网上，可以节约人员的时间，也可以提高培训的人员数量，在管理可控的条件下，还能提高培训的质量。更为重要的是开展电子化学习，将很多电子资源放到网上，鼓励员工不断学习，紧跟时代的步伐。

4. 培训评估

（1）对受训者进行评估：评估的方法主要有考试、调查问卷等形式。评估不是一次性的，而是多阶段的。在培训结束之后，仍然要有一段时间追踪时期，以确保受训人员能够切实掌握所培训的知识和技能。

（2）对培训过程本身的评估：主要是针对内部培训而言的。评估的内容主要有培训的质量、教师水平等。

（3）对实践进行检验：在培训结束之后，对员工实践具体情况进行检验。在这个检验中要注意取得其他部门的支持，评价内容具有可量性，真实反映培训的结果。

第四节　自驾车旅游救援保障

一、自驾游救援保障相关理论

（一）自驾车旅游基本保障体系

自驾车旅游基础保障体系主要包括汽车维修站、维修车等维修服务，养护设施、设备与服务，加油站、加油车等汽车加油设施、设备与服务，生活服务区、停车场设施与服务，紧急救助车、救护站、救护组织等设施、设备、组织与服务，针对自驾车旅游的车辆设备、人员安全、紧急救援、医疗救治等提供的保险服务。

目前，我国自驾车旅游基本保障体系中存在的问题有：

（1）救援组织和能力不足：国内救援组织与能力不足，行业服务与管理在安全方面相当薄弱。车辆维修中心、维修站的数目还无法完全适应自驾车旅游的需要。一旦自驾车散客遇到异常天气、突发疾病、交通意外或事故等意外事件时，难以得到及时快速的救援和维修支持。

（2）缺乏足够的安全保障：一方面，国内部分县、乡一级的道路路况很难保证，很多都没有夜晚路灯，晚上行车比较困难。自驾旅游者对于异地的道路不熟悉，既要开车又要游览，旅途劳顿，难免疲劳驾驶，这无疑为自驾车旅游者带来很大的不便甚至安全隐患，因此很容易发生车辆碰撞损坏等交通事故。另一方面，偏远旅游地区整体社会治安状况不稳定，自驾车游客经常遇到半路被劫、露营被盗被伤、购物被骗等问题。

由于，车辆救援和人、车安全是自驾车旅游保障体系中的首要问题，第四节、第五节我们将对此进行详细介绍。

（二）自驾车旅游救援含义

广义的自驾车旅游救援指在自驾车旅游过程中，由于发生交通事故或其他紧急情况，致使车辆无法正常行驶、驾乘人员生命财产安全受到危害时，所需的事故排除、车辆救援、车辆维修、医疗救护、技术指导、道路清理与抢修等服务。狭义的自驾车旅游救援特指其中的车辆救援，即自驾车旅游车辆救援。

蔡家成（2005）指出，自驾车旅游基础保障体系中的服务都有现成的资源可以利用，建立专门的自驾车旅游服务体系的必要性和可行性不大，存在的问题和投资机会与普通的汽车基础保障服务也没有什么差别。

事实上，自驾车旅游救援跟普通意义上的道路救援并无二致，因此，这里以一般的道路救援为出发点，以自驾车旅游救援为落脚点进行介绍。

（三）自驾车旅游救援流程

（1）交通信息监测与报警。包括人工监测与报警、监控设备与报警、实时交通安全性分析三个方面。

（2）确认。记录交通监测与报警信息，详细了解时间、地点、事故类型等信息，以便制定救援决策。

（3）决策分析。利用确认信息，对交通事故的类型、危害进行分析，生成对应的救援方案并通知相关派遣救援资源。

（4）应急救援。救援控制中心生成救援方案后派遣相关部门派遣救援力量进行救援；应急救援需要一套科学完整的救援程序，视事故的不同而不同。大体上应按照以下流程进行：首先，调度人力、物资赶赴现场。其次，视情况，采取现场隔离和保护。再次，检查现场，然后制定现场救援方案。最后，按照先人后车的原则，实施现场紧急救援，并尽快排除危险或危险隐患。根据情况，迅速转移受伤害人员，实施医疗急救。同理，如有需要，迅速拖车，进行车辆维修。

（5）事后管理。应急救援结束，人员和车辆都得到了妥善的处理，并不意味着道路救援工作的结束。道路救援事后需要进行救援评价、信息发布和档案管理，一方面帮助驾乘人员提高安全意识，掌握危险处理知识；另一方面为救援部门积累救援经验，使道路救援工作得以不断完善。

（四）自驾车旅游救援体系

道路救援是一项涉及面广、专业性很强的工作，单靠某一个部门是很难完成的，必须把各方面的力量组织起来，形成统一的决策机构，在统一指挥下，实现各级交通、安全、医疗救护、公安、消防、路政等部门的快速响应和资源共享，紧密配合，有效地组织和实施应急救援，尽可能地避免和减少损失。一般道路救援体系包括以下几个部分：

（1）救援实施部门：包括路政、消防、交警、医疗等同交通事故处理有关的部门。

（2）交通管理系统：道路救援处理的往往是交通事故等道路安全事件，影响公共交通安全，离不开交通管理部门。道路救援控制中心隶属于交通管理系统。

（3）交通信息系统：在交通事件、交通管理系统和交通救援部门之间起到联系作用的是交通信息系统，也包括交通事故监测系统。

（4）通信保障系统：保证道路救援各部门之间有效沟通和信息共享的通信保障技术，如光纤及卫星数字传输技术、远程呼叫技术、移动互联网技术、全球定位系统（GPS）、智能运输系统（ITS）等。具体应用到的技术可以参照第九章的内容。

（5）救援处理平台：包括交通事故数据库，机动车、驾驶员管理系统和救援预案数据库等。

结合道路救援系统和自驾车旅游的自身特点，自驾车旅游救援体系结构如图10-2所示。

（五）自驾车旅游救援点选址

城市道路救援体系中，各种救援实施部门和设施比较齐备，一般不需要设置特别的道路救援点。但是在离城镇距离较远的公路上，各种救援资源距离相对也比较远，因此需要在公路上设置专门的救援点，一方面作为救援车辆的基地，另一方面也能提供基本的车辆维修和医疗急救等服务。

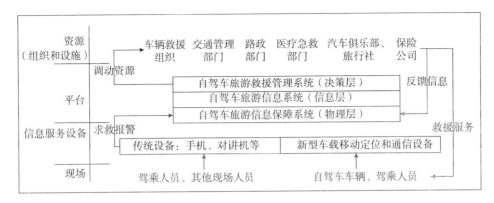

图 10-2　自驾车旅游救援保障体系

公路救援点布局的好坏直接影响救援的服务方式、质量、效率和成本。公路救援点可以布局在公路休息区，这种选址方式相对简便。相对复杂的布局方式应该基于对交通量的预测，以及救援资源的整体布局。具体方法可以参考柴干等（2009，2010）、方程炜（2010）等的研究。

（六）自驾车旅游车辆救援

自驾车旅游车辆救援是指为自驾车中途出现故障的车辆提供应急修理和拖带等的专业性汽车服务，主要帮助车主处理行车过程中的抛锚、更换零配件以及拖带和专业清障等问题。

国外很多国家的车辆救援服务发展得很成熟，全国性的汽车协会或车辆救援组织能够为会员在国内甚至国外提供车辆救援服务，如美国汽车协会"AAA"、英国汽车协会以及日本汽车救援组织"JAF"都是这方面成功的例子。

相比先进国家的汽车救援组织，中国目前的汽车救援组织虽然数量不少，但都是零散的区域型救援组织，规模小，服务有地域限制，救援能力相对比较低。

二、国内外自驾车旅游救援实践

（一）国际旅游联盟

国际旅游联盟（AIT）总部设在日内瓦，成立于1898年，原名为国际旅游协会联盟，1919年改为国际旅游联盟。这个组织是非政府间和非营利性国际组织，其成员主要为各国汽车协会。

AIT的主要任务是：促进会员国旅游和汽车业的发展；协调各会员国的旅游和汽车组织服务系统，以便为其个人或会员到国外旅游提供服务；研究提出关于旅游和汽车发展的政策。

具体的服务项目有：

（1）汽车驾驶服务。包括公路救险和技术援助，发布急救信息和公路信息，汽车检验，保护消费者权益，提供法律保护与保险。

（2）旅游服务。包括预订线路、房间、车船，提供旅游有关信息资料，组织野外山地骑车、海上、森林、徒步等一系列适应各年龄阶段的旅游活动项目。

（3）教育服务。包括公路安全教育、普及交通常识、开展驾驶和环境保护教育。

（4）组织活动。包括参与世界各国有关驾驶和旅游方面的事务，组织国际性的公路安全、技术开发、海关事务、环境保护、消费者权益和野外露天活动等方面。

AIT 对成员国自驾车旅游相关事务和汽车救援工作都能提供一定指导。中国旅游车船协会代表中国于 1992 年加入国际旅游联盟。

（二）欧美汽车协会的车辆救援服务

国家级的汽车协会是欧美各国自驾车旅游救援的主力军。

1. 英国汽车协会

英国汽车协会是英国最大的车辆救援服务提供者，每年修理大量的路边抛锚车辆。英国汽车协会采用会员制，根据交纳费用的不同享受不同层次的服务。当驾驶员遇到困难时可以直接拨打专用号码取得帮助。它提供的服务分为以下四种：

（1）救援。目标是快速修理损坏的车辆使之重新上路。如果没能在适当的时间内修好，英国汽车协会将提供地方拖车将损坏车辆拖到合适的修理厂。

（2）接力。如果没有及时将车辆修好也没有将车辆送到合适的修理厂，英国汽车协会可以将抛锚车辆拖到驾驶员指定的英国的任何位置。

（3）安全出发。目标是修好在家抛锚、尚未出发的故障车辆使之可以重新上路。如果没有及时把车修好，英国汽车协会将提供拖车将抛锚车辆拖到合适的修理厂。

（4）保持运动。当车辆抛锚又不能及时提供当地维修的时候，这种服务可以给你提供四个选择：72 小时内提供备用车辆；英国汽车协会的供应商提供上门取送业务；提供公共交通费用；提供晚上住宿费用。

以上四种服务中，救援是最基本的服务，后面的三种更高层次的服务可以按会员级别任意选择。

英国汽车协会提供的车辆救援服务采用会员制收费的模式，会员交纳一定的费用，获得相应的服务。提供的服务覆盖整个英国大陆，包含各种救援层次，使会员可以放心在英国全境甚至整个欧洲大陆行驶而不必担心出现车辆抛锚等问题。

2. 美国汽车协会

美国汽车协会"AAA"是1902年成立于芝加哥的非政府组织。经过100多年的发展，"AAA"的服务几乎覆盖了全部和汽车、旅游相关的领域，1905年"AAA"首次出版全美公路交通图，1917年出版全美旅馆指南，1920年建立安全驾驶学校……目前，"AAA"的主要服务包括为会员提供购车贷款、保险、租车等方面的优惠，以及紧急道路救援服务。作为一个旅游服务机构，"AAA"也可以为会员提供完善的飞机、汽车租赁服务、酒店预订服务、旅行支票服务、海上航行、旅游观光以及度假安排等服务。同时，"AAA"还是美国旅馆和饭店的权威评审机构之一。

尽管服务范围广，但"AAA"最主要且最著名的服务项目还是在于其汽车救援。美国和加拿大两国的"AAA"全年接到的救助电话达到3110万个，其中涉及汽车事故的方方面面比例如下：爆胎12.9%，更换电池及充电服务18%，加油1.5%，拖车44.9%，熄火15.4%。

"AAA"的入会程序比较简单，可以采取网上注册或电话报名方式进行，所需费用可由信用卡划拨。注册后，申请人便可立即得到自己的临时会员号（正式会员卡约两周后通过邮递送达），同时开始享受协会提供的各项服务。"AAA"初级会员的年费70美元，可享受3英里内免费拖车、电瓶充电、换胎、紧急送油、小故障排除、租车优惠、餐旅优惠、停车费优惠、免费国内地图和旅程策划等服务。高级会员年费130美元，可享受200英里免费拖车、一次免费租车、24小时旅行医疗援助，如遇交通事故官司，还可得到几百美元的律师费补助等。

目前，"AAA"在美国国内的会员人数已超过5000万，是全美规模最大的汽车俱乐部和具有世界影响力的汽车组织。

3. 全德汽车俱乐部

德国的全德汽车俱乐部（Allegemeiner Deutsche Automobil Club，ADAC），成立于1903年，现有1500万会员，是一家企业化运作、非营利性、混合性的组织。目前拥有18个经营性公司，业务范围覆盖保险、空中救援、旅游、通信、汽车金融、汽车运动等领域，其中最基本的汽车道路救援服务是以会员制的方式向客户提供，收取少量的年费，服务时不收费或少收费。全德汽车俱乐部不仅自身拥有完善的救援网络，还不断发展合作伙伴，与他们签订特约服务合同，建立通信联系、疏通指挥渠道，巩固、发展合作伙伴关系，从而为顾客提供更加有效、及时的服务。

（1）汽车救援已形成很大规模并拓展了相关业务。ADAC拥有1600多辆标有"黄色飞鹰"的公路维护救援车辆，在德国境内的高速公路、大中型城市以及人口稠密地区执勤，随时准备对出现故障或抛锚的车辆以及受伤人员实施现场救援，另外它还拥有1100多个遍布于德国境内的合作伙伴，不分昼夜地提供类似现场救援服务。

目前，全德俱乐部正将其救援服务扩展到了国外，除了对故障车辆和受伤人员提供现场救援和运送服务外，还提供广泛的交通信息，例如交通高峰期的车辆堵塞情况，旅行目的地所在国的一些特殊交通规则等。针对在驾车新手和老年驾驶员人群中常出现的安全隐患，ADAC 定期举办安全培训班，让有经验的教员讲解并现场演示如何及时发现危险，如何正确排除紧急状况。

（2）汽车救援实现规范化。在德国的社会紧急救援体系中，道路交通紧急救援是其中一个子体系，而 ADAC 的汽车救援服务是该体系的重要组成部分。德国境内的道路汽车救援，特别是汽车故障停驶，陷落沟坎，掉下湖泊、河流、台阶以及交通事故善后等，绝大部分都有 ADAC 的参与，其中多数情况下还是 ADAC 独立完成。ADAC 统一配备了救援指挥车、救援巡逻车、救援工程车等，并对这些车辆装置了救援指示灯，喷制统一颜色，统一了救援标志和救援电话，并投入了大量资金，在公路干道上设置了救援标志牌和救援电话。

（3）汽车救援已经实现全国联网。ADAC 设有统一的呼救中心，有完整的电脑网络系统，实行全国联网服务。汽车用户只要拨打一个特定的电话号码，就可以连线到统一的呼救中心，由呼救中心调度就近的救援服务车辆前往待救地点。ADAC 在德国全国各地组建了由 2000 多人、几千辆专用救援服务车构成的全国联动服务网络从事汽车救援工作。救援服务车辆遍布全国各地，每一救援车都装有 GPS 系统，配备无线电话，遇到呼救就可就近调度服务车迅速赶往现场。

（三）美国高速公路巡逻项目

美国高速公路巡逻项目是一个由政府提供运作资金的非营利项目。当驾驶员遇到轮胎没气、油箱没油或水箱过热等可以快速处理的情况都可以拨打专用电话获得免费的帮助，遇到无法快速修理故障车辆时，巡逻的拖车会免费将故障车辆拖到附近的维修点。

美国高速公路巡逻项目是以州为单位实施的，考虑州内高速公路交通量以及事故率等因素，设定高速公路上任意一点的最大到达时间，以此为基础设定巡逻路线。项目由巡逻在各州高速公路上的拖车驾驶团队实施，帮助陷入困境的驾驶员以及移开故障车辆，保证交通顺畅。

从美国许多部门对高速公路巡逻项目进行的经济评价中可以看出，由于项目的实施交通事故处理时间大大降低，处理延误的减少，有利于时间和燃料的节省。因此，尽管是免费服务，这个项目仍然可以取得良好的社会和经济效益。

（四）德国交通事故紧急医疗救援体系

德国国内共划分有 330 个紧急医疗服务区，每个服务区拥有急救车辆、急救设备、医护人员和志愿者。国民受过急救培训，机动车驾驶员必须经过八小时急救培训，每辆汽车都配有简易急救设施和急救箱，急救电话分布相当广泛。此外，德国还拥有 50 个空中救援基地，救援直升机服务半径不超过 50 千米。完善的交通事故紧急救援体系使德国交通事故死伤数量占意外伤亡数量的比例大大降低。

（五）国内汽车道路救援现状

我国的汽车道路救援服务始于 1995 年，至今已走过 20 余年的历程。行业发展进入迅速成长阶段，并呈现以下特点：

1. 救援机构及模式多样

如表 10-4 所示，目前在全国范围内，我国从事汽车道路救援的机构主要有汽车俱乐部（如 CAA，成立于 1995 年的北京大陆汽车俱乐部）、公安交警部门、汽车修理机构、汽车销售机构、专业拖车公司、保险公司等。救援模式主要有三种：B2C 模式、B2B 模式和 B2B2C 模式。其中 B2C 模式指消费者直接向一些机构如修理机构、销售机构请求服务。B2B 是指一些向客户承诺提供汽车道路救援服务的组织（如银行、保险公司等），汽车道路救援非其核心业务，它们将这些救援服务外包给专业汽车道路救援机构。B2B2C 实际上是以上两种的综合，如保险公司在提供保险产品时，将汽车道路救援服务作为其增值服务提供给其客户，但汽车道路救援本身并不是其核心业务，保险公司再将其外包给其他专业救援机构。

表 10-4 汽车救援机构特征及救援模式

汽车救援机构	特　　征	救援模式
汽车俱乐部	历史不长，会员制模式。客户交纳会费，俱乐部提供各种专业的、无偿或优惠的服务。汽车道路救援是其中的一种服务	B2C：直接给会员提供服务 B2B：小俱乐部，局部业务外包 B2B2C：大俱乐部，承接业务外包
专业拖车公司	主要是拖车服务，拖车公司响应拖车需求，救援拖车快速到达现场，迅速将抛锚车辆脱离现场，做到及时清障、恢复交通，以利出行	B2C：直接给消费者提供服务 B2B2C：承接业务外包
汽车修理机构	业务延伸，有修理技术与零备件供应便利优势，已经成为汽车道路救援行业的主力军	B2C：直接给消费者提供服务 B2B2C：承接业务外包
汽车销售机构	售后增值服务。汽车救援服务是他们为客户服务的主要内容	B2C：直接给客户提供服务 B2B：业务外包
保险公司	增值服务。保险产品的促销手段：购买了相关保险的车主，只需拨打保险公司的客服电话，就可免费获救援服务	B2B：业务外包
公安交警部门	承担公益性交通事故紧急救援的主要职责。数量多，辐射范围广，到达及时。然而，非公益性事故，民众很少有人愿向其求助	B2C：直接给事故车辆紧急救援

2. 救援服务趋向专业、人性化

国内专业汽车道路救援机构按规模可分为两类，即地方性专业汽车道路救援机构和全国性专业汽车道路救援机构。其中，地方性专业汽车道路救援机构服务网点和救援设备都比较少，主要采用 B2C 模式，提供基本的救援项目，一般没有开展拓展服务。如上海安吉、南京苏友、杭州迪佛、广州广骏等，这类地方性专业服务机构具有文化背景、方言等地域优势，沟通和服务更加及时有效，但业务品种单一、救援网络覆盖面窄。全国性专业汽车道路救援机构服务网点密集、救援设备先进，运营模式上以 B2B 为主，除提供基本的救援项目外服务更加人性化。这些全国性专业汽车道路救援机构不仅提供道路救援服务，还结合自身情况开展了一些拓展服务以丰富服务项目，提高客户满意度。国内专业汽车道路救援机构服务项目如表 10-5 所示。

表 10-5　国内专业汽车道路救援机构服务项目

救援项目		拓展服务
基本服务	人性化服务	
现场快修	看管修理厂的车辆	车辆延保
拖车拖吊	运送修好的车辆	旅游援助
更换轮胎	寻找派送零部件	车务服务
送油	派送钥匙	代驾服务
充电	派送锁匠	机场接送
加水	安排住宿	医疗救援
困境救援	继续旅行	家庭救援
	运送行李	金融类服务
	传递紧急口信	优惠洗车
	提供代步车	维修保养
	出租车	装饰美容
	法律咨询服务	网上商城
		网络社区
		车载信息化服务

3. 救援网络和服务标准日趋完善

目前，国内省域汽车维修救援网络逐渐建立，部分省份已相继将五位短号码设为省内统一的维修救援电话号码，如山西省的 96566，浙江省的 95520 等，但是全国性的汽车救援网络还在探索建设中：2013 年 11 月 14 日，中国汽车维修行业协会汽车维修救援工作委员会成立，提出吸取四川省汽车异地救援服务平台的经验，在全国各省市自治区行业管理部门和行业协会组织的协同努力支持下，在每一个县级区域优选一名汽车维修企业作为救援网点，以组成覆盖全国的汽车救援网络，进而确保方便、快捷、诚信、安全地为全国车主服务。2014 年，交通运输部等十部委出台《关于促进汽车维修业转型升级　提升服务质量的指导意见》，提出建立健全汽车维修救援体系，提供有效出行保障。合理布设救援网点，逐步建立覆盖全国的汽车维修救援体系。2016 年，全国汽车维修救援平台建成并运营，重庆、四川的数百家汽修企业加入，随后甘肃省汽车维修救援平台服务网络建设启动，全国汽车救援平台服务网络正在逐步形成。与此同时，2017 年，中国汽车维修行业协会技术和标准化委员起草制定《汽车维修救援服务规范》，救援服务向标准化发展。

虽然我国汽车道路救援体系已经具备了一定的发展基础，但各地汽车道路救援服务水平会有所不同，但普遍存在一些共性的问题。

（1）救援网络仅在经济发达地区得到推广，主流的专业汽车应急维修与道路救援中心、政府组织的汽车网络及 4S 店与汽车维修厂家联合的救援组织的多头救援局面普遍存在，不仅造成资源浪费，也制约救援行业的规模化发展及救援效率的提升。

（2）行业信息化程度偏低，尚未形成汽车道路救援电子商务交易平台，很多地方救援尚未接入网络，主要通过电话联系救援，甚至有的地方连统一的救援电话都没有。

（3）汽车道路救援行业不规范，救援机构实力参差不齐，救援服务不规范，价格混乱。缺少相关法律法规及标准，规范汽车道路救援企业准入、从业人员职业资格、救援价格监督、救援设备条件等。

（4）行业主管部门不明确，存在工商、交通、商业和交警等多部门管理但职责不明的现状，难以发挥政府职能在汽车道路救援市场良性发展的引导作用。

三、自驾车旅游救援体系优化

根据国外自驾车旅游救援经验，建立并完善我国自驾车旅游救援体系，既要完善以交通管理部门为核心的道路救援体系，又要迅速建立起全国性的汽车协会和汽车救援组织。前者是自驾车旅游救援体系的基础，后者是自驾车旅游救援体系的核心要素。自驾车旅游救援体系优化，两者缺一不可。

（一）完善我国道路救援体系

1. 加强全国汽车道路救援网络完善及信息化发展

完善建设全国汽车道路救援网络，形成密集的救援网点布局，通过多方合作，实现专业及时的汽车道路救援，并拓展医疗救助等其他服务功能。探索发展"互联网+服务供应链"的汽车道路救援系统，利用计算机及网络技术，把 O2O、电子交易平台、车联网以及服务供应的理念置入汽车道路救援服务，使"互联网+服务供应链"与汽车道路救援服务行业进行全面整合，创新汽车道路救援模式（见图 10-3）。通过网络通信、网络救援和网络运行等，形成汽车应急救援与维修的网络模式，强化救援服务提供商、救援服务集成商及客户群体间持续有效的服务传递。

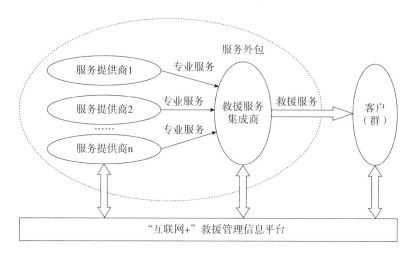

图 10-3　"互联网+"汽车道路救援系统组成

2. 强化道路汽车救援中的政府监管和引导职能

在汽车道路救援系统建设中，政府职能是服务、引导、监督，不参与具体运作，通过市场"看不见的手"发挥作用，相关龙头企业主导，不同层次的救援服务需求能够得到满足，救援资源在竞争中得到合理和优化配置。政府需要行使行业监管、服务等职能，主要包括：

一是完善汽车救援法律法规和标准，制定行业准入条件，引入竞争机制、明确救援职责。

二是确定汽车救援行业管理机构，由行业管理机构依法进行监督管理。

三是出台优惠政策，促进社会资源整合，形成全覆盖的汽车救援网络。

四是加强行业监管和社会监督，减少救援纠纷，提高网络服务质量。

五是引导道路安全教育和宣传，加强专业知识培训及法规政策普及。

3. 提升道路汽车救援技术和救援服务

升级救援技术，推广先进的车载信息技术，实现与救援服务中心的快速联系，将车辆的详细信息提供给救援人员，便于故障的及时排除。借助 GPS 定位技术，实现精准快速定位，为救援争取到宝贵时间。拓展服务功能，为消费者提供包含保险、缴费、住宿、旅游、交通等服务的个性化的、一站式服务，把服务对象从车提升到人，把解决汽车的故障问题提升到为驾驶者提供更加优质的服务。建设救援数据库及标准统一的信息发布制度，通过及时收集、反馈救援信息，深入挖掘消费者用车习惯、道路环境状况等数据，为优质服务提供参考。

（二）建立全国性专业化汽车救援组织

相比国外成熟的国家汽车协会提供专业化的道路救援服务，中国目前只有为数不多的几家地方性的汽车救援组织，如北京的首汽助友汽车救援组织、常州的常旅集团汽车救援组织。而中国旅游车船协会作为具有行政管理色彩的行业协会，并不开展汽车救援的实际业务。

发展我国的汽车救援组织还有很长的路要走，这对于各地方汽车协会和汽车救援组织同样是一个机遇。如何充分利用本公司的竞争优势把汽车救援组织建立起来，并逐步在全国形成网络，不是单靠一家企业就能胜任的，这需要通过政策和投资的双重引导进行有效的资源整合，最终形成具有全国性专业化的现代汽车救援组织。

（三）开展旅游景区自驾游救援保障服务

旅游景区提供的自驾游救援保障服务包括汽车道路救援和保险服务两大类别，主要内容如下：

1. 自驾车旅游个人服务系统

通过自驾车旅游个人服务系统，旅游者可以通过基于 GPS 定位和 GSM 通信网络处理车辆道路救援的方法来获得比传统救援更加高效的车辆道路救援。旅游管理部门需在景区内不同的地理位置根据实际情况设置不同的救援点，当旅游者进入景区的自驾车辆在途中因车辆发生故障需要救助时，可直接通过车载自助游系统联系到景区信息控制中心或者拨打服务中心的电话向旅游部门的信息中心报警。上文中已提到，网上注册会员的车辆一进入景区就会被信息控制中心用 GPS 进行实时定位并在电子地图上动态显示，当报警发生时车辆所在位置也就一目了然了。信息中心将根据会员车辆所在地点和车辆受损情况、人员受伤情况和车辆故障等实际情况为旅游者就近安排救助事宜。

景区为每个人都可以注册为会员。如上文中客户关系管理部分提到的，会员分为普通会员、高级会员和贵宾会员，不同的会员享受的道路救援服务也会有所不同。每个会员在填写个人信息即创建个人子数据库的时候，车辆的数据信息也同时被记录，包括车辆的品牌、车辆状况、特约维修站分部网点等。信息控制中心在接到该车辆报警后，这些车辆、车主信息也就一目了然了，这对于提高道路救援效率是很有利的。

2. 旅游景区车辆救援服务

（1）车辆陷困救助。如果会员的车辆陷入沟槽、积雪或沙泥中，信息控制中心将通知景区车辆维修站派出一辆救助车免费将陷困车辆拖出。

（2）拖车服务。景区可为会员提供 24 小时景区范围内的拖车救援服务，会员根据级别享有不同千米数的免费拖车服务。

（3）蓄电池缺电及机械故障服务。若游客的车辆因蓄电池电量不足而无法启动，救助人员将用"搭电"的办法使发动机启动。若会员的车辆因机械故障而抛锚，而其故障可通过简易的调整或维修解决，则救助人员将在现场予以修复。

（4）燃油耗尽服务。会员的车辆在行驶途中因燃料耗尽而抛锚，景区信息控制中心可通知特约维修站到车辆抛锚现场，向会员车辆提供少量燃油，使其可行驶至最近的加油站加油。所提供的少量燃油将按市价收费，如果是高级会员或贵宾会员则可免费。

（5）游客受伤、疾病救援。如果遇游客受伤或突发疾病，由景区专业救援机构运送至适宜医疗机构治疗，并提供所需服务。

3. 旅游景区旅游保险服务

景区可为自驾车游客准备多种保险险种以供不同需要的游客选择。保险业务包括汽车险、家庭财产险、人寿保险等许多险种。利用电子商务的手段，在网页上就可以提供报价，也可以投保，为会员提供便利服务。

总之，景区所要做的就是将现有社会资源、服务、设施进行不断整合，为自驾游客户提供全方位、高质量的车辆服务保障。

第五节　自驾车旅游保险

一、自驾车旅游安全问题

享受性需求虽然在自驾车旅游中表现得非常突出，但是它不足以掩盖自驾车旅游者对于生命和财产安全的基础性需求。只有充分保证旅游者的生命财产安全，才能开展旅游活动。但是，汽车本身的安全问题就比较突出，自助旅游的随意性也增加了旅游的安全风险，因此，自驾车旅游的安全问题就特别值得我们关注。自驾车旅游的安全问题可以分为自驾者内部问题和外部问题两种。

（一）内部安全问题

自驾车旅游内部安全存在以下问题：

（1）自驾车旅游者缺乏安全意识，比如，没有对车辆进行必要的安全检验就上路，通过驾驶技术或汽车性能不足以保证安全通过的复杂路段，在未做好必要安全防护和技术准备的条件下进入人迹罕至的相对危险区域，或者无视危险的地理和天气条件坚持驾驶。

（2）自驾车旅游者往往是在不熟悉的道路上行驶，驾驶的距离又远，自驾者同时是司机和旅游者，一方面容易导致自驾车旅游者对于道路安全的疏忽，另一方面也容易造成自驾车旅游者疲劳驾驶。

（3）自驾车旅游者的食、住、行、游、购、娱全由他们自己安排，相关服务的安全保障不到位，比如过分追求便宜的食宿条件，造成食品安全存在问题，或者发生欺诈、偷盗等安全事件。

（二）外部安全问题

自驾车旅游外部安全存在以下问题：

（1）国内的救援组织能力与建设均十分薄弱，无法适应自驾车旅游的需要，自驾车旅游者遇到异常天气、突发疾病、交通事故等意外事件时往往难以得到及时救助。

（2）车辆和驾驶人员的安全检查至今还是空白，有些自驾车旅游者刚取得驾驶证，技术不熟练，路况也不熟悉，在这种情况下能否进行长途的自驾车旅游，在旅游过程中应该给予哪些限制，目前都还没有相关的法律制度出台。

（3）很多自驾游目的地比较偏远，自然环境比较复杂，基础设施比较落后，容易存在安全隐患，比如，在县乡级道路，多数没有路灯，路况难以得到保证，而旅游者对异地的路形并不了解。而且在偏远地区的社会治安不稳定，很容易造成安全隐患。

（4）政府及旅游行业对于自驾车旅游这一新兴旅游形式没有给予足够重视，政府对于相关行业的监管力度不够，相关的法律体系和行业标准尚未建立。

（三）自驾车旅游安全问题应对

我们在自驾车旅游过程中，采用以下方式应对：

（1）加强安全保障设施建设，完善道路救援体系。

（2）针对自驾车旅游者展开安全技术培训，加强安全意识，丰富自驾车旅游知识。

（3）规范引导旅行社、汽车俱乐部提供定制化自驾车旅游服务，提高服务质量，降低安全风险。

（4）制定自驾车旅游技术标准，严格自驾车车辆安全检查。

（5）开发、推广自驾车旅游保险产品，增强自驾车旅游者的投保意识。

前四点在前面章节已有所涉及，这里特别对自驾车旅游保险的意义、产品发展的现状进行介绍。

二、自驾车旅游保险

（一）自驾车旅游保险的意义

自驾游和普通的随团出行不同，随团出行旅行社一般都将为市民提供旅行社责任险的保障，同时推荐游客根据自身需要购买旅游人身意外伤害险。而自驾车旅游往往是自驾者个人的行为，各种风险都得自己承担，因此自驾车旅游者必须加强投保意识，并选择适当的险种。

自驾车旅游者需要投保的险种主要有三类：第一种是一般旅游保险，主要是旅游人身意外伤害保险；第二种是汽车保险，主要是一般人往往容易忽视的一些辅助险，如车上人员责任险、盗抢险等；第三种是为车上人员和家庭成员购买的意外伤害保险。

自驾车旅游保险和自驾车旅游救援是为自驾车旅游者提供安全保障最主要的两种方式，在安全保障过程中发挥着不同作用，具有比较紧密的相互联系。保险是应对自驾车安全问题的一种资金支持，旅游救援是应对安全问题的实际行动。在保险金额以内，救援公司应该垫付所有费用。目前，很多汽车俱乐部和汽车救援公司都为自驾车旅行者提供投保咨询并代办保险业务，从而免去了自驾者的后顾之忧。同时"AAA"等国际知名汽车救援企业已经进军金融领域，推出自己的汽车保险产品供客户选择，这些保险产品针对性更强，提供的保障也比较专业。

（二）自驾车旅游保险的种类

自驾车旅游保险主要包括旅游保险和汽车保险两大类，目前很多保险公司也开发了一些专门针对自驾车旅游的组合保险产品。

1. 旅游保险

（1）旅游救助保险，它是由保险公司与国际救援中心联合推出的，游客无论在国内外任何地方遭遇险情，都可拨打电话获得无偿救助。一般来说，出境自驾游的游客应该选择投保该产品，同时购买相应国家的境外伤害保险和医疗保险。

（2）旅客意外伤害保险。按照国家规定，旅客乘坐火车、轮船、飞机实行强制性保险，在购票过程中，已包含了相应的保险费。在乘坐车船飞机的过程中发生的意外，都有权向保险公司索赔。一般自驾车旅游不涉及该险种，但是在异地租车自驾游的情况下，涉及旅客意外伤害保险。

（3）旅游人身意外伤害保险，它对于自驾车旅游者在旅游景区（点）之内发生的人身意外伤害给付保险金。自驾车旅游者往往偏好自然环境比较原始、旅游道路比较艰难复杂、惊险程度较高的旅游景区（点），其安全风险较高，有必要购买该险种。需要注意的是，在非旅游景区（点）进行探险型和挑战型的自驾游发生的意外伤害，不在保护之内。

（4）住宿游客人身保险，旅客住宿期间在规定范围内的人身财产损害可以给付保险金。住宿人身保险保期为 15 天。

2. 汽车保险

按照我国有关法规的规定，汽车保险主要有九大种类：主险两种，即车辆损失险和第三者责任强制保险；附加险七种，盗抢险、车上人员险、玻璃破碎险、自燃险、划痕险、不计免赔率险和不计免赔额险。为了应对自驾车旅游的快速发展，保险公司又推出了很多新的汽车附加险产品，如出境责任险、法律服务特约险、冰雪灾害险、地质险等新险种。面对花样翻新的汽车保险品种，自驾车旅游者应该根据自己汽车实际需要和准备开展的自驾游活动的特点选择相应的保险产品，其中汽车俱乐部和汽车救援组织应该担负起自驾车旅游者投保的咨询服务责任。

3. 自驾游组合保险产品

自驾游组合保险产品是保险公司为了适应自驾车旅游的发展，而开发的针对自驾车旅游游客各种安全问题给予保障的新型保险产品。

传统旅游意外险的主要客户是旅行社等团体客户。自驾车旅游者缺少购买保险的意识，即使有这方面的意愿，仅仅购买旅游意外伤害保险无法满足人车的全面需求，分别投保各种保险产品又比较麻烦，因此这种组合保险产品的推出非常有意义。另外，传统旅游意外伤害保险是针对旅游者个人的，而自驾车旅游往往以家庭为单位，开发适应以家庭为保障对象的自驾游保险产品势在必行。

（三）国内自驾车旅游保险产品介绍

近年来，针对自驾车旅游者以及自驾车旅游俱乐部，保险公司推出了多种保险产品，为自驾游保驾护航。以平安公司为例，已经开发出针对自驾车俱乐部的"自驾车俱乐部责任险""财产综合险、车险、物流责任险""境内、境外意外险"等多种产品，这些险种对自驾游活动中出现的意外所带来的风险和损失、游客的人身、财产安全进行了保障，对自驾游健康平稳发展意义重大。从国内现有自驾车旅游保险产品组合来看，一般为旅游人身意外伤害保险、随身财产保险和车辆救援服务的组合，其中旅游人身意外伤害保险发展得比较完备，而且已经延展到车上随行人员。然而，满足其他自驾车旅游保险需求的产品还需要进一步发展。

1. 阳光人寿——爱随行保障计划

提供 20~30 年的意外保障，缴费方式为年交；百万身价保障；高龄保至 80 周岁；交通意外额外领取翻倍保险金，满期可返本。保障计划内包含公共交通工具意外身故或全残保险金、自驾汽车意外身故或全残保险金、其他身故或全残保险金、满期保险金、意外伤残保险金、意外身故保险金。

2. 太平洋保险——悠游自助保险卡

低保费高保障，一次性交费 5 元，保障高达 10 万元，保障驾乘私家车意外身故、残疾及烧烫伤，按比例给付保险金。保障期限仅 7 天，包含私家车驾乘意外身故保险金、私家车意外伤残保险金、烧烫伤保险金三项内容。

3. 平安保险——自驾旅游保险

保障内容除人身意外保险项目外，还含专业的道路救援、医疗救援服务。其中，专业的道路救援服务包含紧急救援（接电服务、紧急送油、紧急加水、更换轮胎）、拖车服务、困境救援（地库推车、架小轮拖车、紧急脱困）。专业的医疗救援服务包含遍布全球救援网络、及时响应、多语言 24 小时服务的紧急医疗转运或送饭、亲属慰问探访。

4. 中国人保——"e-神州自驾游"保险

中国人寿保险是国内首个推出自驾游组合保险产品的企业。其自驾车旅游保险产品几经演变成为现在的"e-神州自驾游"境内旅行保险。主要保障内容和一般的旅游人身意外伤害保险相当，被保险人最高保额达到 50 万元，医疗费用保额 5 万元。此外，该保险产品还提供 24 小时紧急救援服务，对于旅游过程中的财物损失给付一定保险金，但是保额相对较低。

5. 安联保险——境内游自驾险

保障内容相对全面的短期自驾游保险产品，包含自驾意外伤害保障、医疗保障、紧急救援保障（医疗运送和送返、紧急拖车服务、紧急救援服务），还包含个人及宠物责任补贴、修车期间住宿补贴、修车期间交通补贴三项特色保障项目。

6. 中国太平——太平畅行天下自驾游意外险

保险期限一年，包含意外身故、意外残疾、意外医疗、意外住院等保障，被保险人最高保额达到 50 万元，另外还提供 24 小时中英文紧急医疗救援服务热线、协助安排急救车辆并协调现场医疗救援、协助报案及联络家属特色服务。

7. 美亚保险——"自驾车旅游保障计划"

目前，国内相对比较成熟，保障比较全面的自驾车旅游保险产品是美亚保险的"自驾车旅游保障计划"这一组合产品。保障范围主要包括以下几个方面：

（1）旅游人身意外伤害：被保险人最高可获得保额 30 万元，医疗费用保额 3 万元，同行游客也可以获得人身意外伤害保障。美亚保险甚至将滑雪、跳伞、攀岩等一般意外险产品不愿意承保的风险较高的极限运动，也包含在自驾车旅游保障计划内。

（2）随身财产：对被保险人的随身财产，该产品每件物品最高保额 3000 元，最高总保额 2 万元。

（3）紧急准备金：若自驾车旅游期间车辆因为意外事故需要更改行程的，紧急备用金将支付由此产生的交通以及住宿费用。

（4）车辆救援服务：与美国国际支援服务公司（AIG Assist）合作，提供的服务包括紧急拖车、车辆救援、替代交通工具协助、租车安排和坏损车辆送返等。

（5）个人责任保障：在驾车出外旅游时，可能会碰到由于被保险人不当行为而导致第三方身体伤害或财产损失的情况，可以利用个人责任保障，为"第三者"支付赔偿。

参考文献

第一章

［1］Carson D. , Waller I. , Scott N. . Drive Tourism: Up the Wall and Around the Bend ［M］. Melbourne: Common Ground Publishing, 2002.

［2］Coghlan A. , Prideaux B. . Matching Motivations and Activities for 4WD Club Members and the Implications for Developing Desert 4WD Tourism ［R］. 18th Annual Council for Australian University Tourism and Hospitality Education (CAUTHE) Conference: Where the Bloody Hell Are We? Gold Coast, Australia, 2008.

［3］Eby D. W. , Molnar L. J. . Developing Advanced Traveller Information Systems (ATIS) for the Driving Tourist ［EB/OL］. Available at www-personal. Umich. edu/eby/ atis. html, accessed 3rd December, 2002.

［4］Garling T. , Eek D. , Loukopoulos P. , Fujii S. , Johansson-Stenman O. , Kitamura R. , et al. . A Conceptual Analysis of the Impact of Travel Demand Management on Private Car Use ［J］. Transport Policy, 2002, 9 (1).

［5］Hanmed M. M. , Olaywha H. H. . Travel-related Decision by Bus, Servis Taxi and Private Car Commuters in the city of Amman, Jordan ［J］. Cities, 2000, 17 (1).

［6］Hardy A. , Simic J. . Assessing Drive Tourists' Preferences and Motivations: A Case Study of Bella Coola ［R］. British Columbia Final Report of Findings, 2006.

［7］Hardy A. . An Investigation into the Key Factors Necessary for the Development of Iconic Touring Routes ［J］. Journal of Vacation Marketing, 2003, 9 (4).

［8］Hardy A. , Beeton R. J. S. , Carter R. W. . Innovation through Iterations: Improving Regional Touring Routes through Survey Research, Regional Tourism Cases: Innovation in Regional Tourism ［M］. Altona, Victoria: Common Ground Publishing Pty Ltd, 2005.

［9］Hardy A. , Ulrike G. . Why We Travel This Way: An Exploration into the Motivations of Recreational Vehicle Users ［A］ //Prideaux B. , Dean C. . Drive Tourism: Trends and Emerging Markets ［C］. London: Routledge, 2011.

［10］McClymont H. , Prideaux B. . Drive Tourists: Who Are They, What Do They

Do and How Do We Attract Them? ［J］. Asean Journal on Hospitality and Tourism，2007，6（2）.

［11］ Mings R. C.，McHugh K. E.. The Spatial Configuration of Travel to Yellowstone National Park ［J］. Journal of Travel Research，1992，30（4）.

［12］ Murray M.，Graham B.. Exploring the Dialectics of Route－based Tourism：The Camino de Santiago ［J］. Tourism Management，1997，18（8）.

［13］ Olsen M.. Keeping Track of the Self Drive Market ［A］ // Carson D.，Waller I.，Scott D.. Drive Tourism：Up the Wall and Around the Bend ［C］. Melbourne：Common Ground Publishing，2002.

［14］ Pearce P. L.. Developing the Travel Career Approach to Tourist Motivation ［J］. Journal of Travel Research，2005（43）.

［15］ Poon A.. Tourism，Technology and Competitive Strategies ［M］. Tucson：University of Arizona Press，1993.

［16］ Prideaux B.，Dean C.. A Framework for Increasing Understanding of Self－drive Tourism Markets ［J］. Journal of vacation Marketing，2003，9（4）.

［17］ Prideaux B.，Dean C.. Drive Tourism：Trends and Emerging Markets ［M］. London：Routledge，2011.

［18］ Prideaux B.，Wei S.，Ruys H.. The Senior Drive Tour Market in Australia ［J］. Journal of Vacation Marketing，2001，7（3）.

［19］ Taplin J. H. E.，McGinley C.. A Linear Program to Model Daily Car Touring Choices ［J］. Annals of Tourism Research，2000，27（2）.

［20］ Wilks J.，Watson B.，Faulks I. J.. International Tourists and Road Safety in Australia：Developing a National Research and Management Programme ［J］. Tourism Management，1999，20（5）.

［21］［澳］尼尔·利珀等. 旅游管理（第三版）［M］. 谢昌，翁瑾等译. 上海：上海财经大学出版社，2007.

［22］陈立平. 2001~2003 年中国旅游发展：分析与预测（旅游绿皮书）［M］. 北京：社会科学文献出版社，2002.

［23］成海. 生态旅游新军——自驾车旅游市场初探 ［R］. 中国武汉生态旅游论坛文集，2004.

［24］程静静等. 基于灰色系统理论的自驾车旅游可行性分析 ［J］. 云南地理环境研究，2006，18（3）.

［25］崔美玲，朱斌. 浅谈中国自驾游的开展，经济研究导刊，2013（27）.

［26］杜江. 旅游管理硕士论文文库 2005 ［M］. 北京：旅游教育出版社，2006.

［27］关宏志，邵洁，李亚茹，白洪岭. 自驾车旅游交通需求的基础研究 ［J］.

北京工业大学学报，2005（2）.

［28］胡敬民．旅游市场新热点——自驾车旅游［J］．贵州民族学院学报（哲学社会科学版），2003（2）.

［29］胡敬民．黔东南苗侗风情自驾游旅游线路设计［J］．贵州民族学院学报（哲学社会科学版），2006（4）.

［30］江学淮．我国自驾车旅游市场的开发研究［J］．黄山学院学报，2005（5）.

［31］瞿向坤．中国发展自驾车旅游的战略思考［J］．北京第二外国语学院学报，2003（10）.

［32］赖斌，杜通平，黄萍．从旅行社的视角看自驾车游产品化［J］．企业经济，2006（3）.

［33］雷林子．基于全域旅游的珠三角自驾游联动发展策略探究［J］．旅游纵览（下半月），2018（14）.

［34］李刚．浙江省自驾车旅游市场结构与开发研究［D］．杭州：浙江师范大学硕士学位论文，2007.

［35］李海春．自驾游文化如何拉动经济增长［R］．2006年首届中国自驾游高峰论坛，2006.

［36］李洪涛．我国自助旅游发展研究［D］．济南：山东师范大学硕士学位论文，2008.

［37］李佳．我国目前自驾车旅游的现状［EB/OL］．搜狐网，http：//guide. auto. sohu. com/chanels/ clubamum/forum/2. htm.

［38］李俊清，石金莲．生态旅游资源［M］．北京：中国林业出版社，2007.

［39］李欣忆．联合国官员：全球旅游收入集中在亚洲，特别是中国［N/OL］．四川在线-华西都市报，2010-03-22.

［40］李勇．旅行社的自驾游业务发展策略［J］．商场现代化，2017（17）.

［41］梁雪嘉．试论"自驾游"与风景旅游地生命力的提升［J］．科技资讯，2006（30）.

［42］梁逸更．基于包茂高速的"互联网+自驾游"产品开发探析［J］．管理观察，2016（34）.

［43］刘婧媛．自驾车旅游者行为研究［D］．北京：北京林业大学硕士学位论文，2008.

［44］龙斌．驾车自助游初探［J］．桂林旅游高等专科学校学报，2004（4）.

［45］吕晓磊．全域旅游视角下康巴什区自驾游产品线路的研究［J］．中国民族博览，2019（3）.

［46］罗明义．旅游经济发展与管理［M］．昆明：云南大学出版社，2008.

［47］马聪玲．我国自驾游发展的现状及趋势［J］．中国经贸导刊，2014（29）．

［48］［美］爱德华·因斯克谱．旅游规划——一种综合性的可持续的开发方法［M］．张凌云译．北京：旅游教育出版社，2004．

［49］［美］查尔斯·R.格德纳，布伦特·里奇．旅游学（第十版）［M］．李天元，徐虹，黄晶译．北京：中国人民大学出版社，2008．

［50］［美］克莱尔·A.冈恩，特格特·瓦尔．旅游规划理论与案例（第四版）［M］．吴必虎等译．大连：东北财经大学出版社，2005．

［51］童地轴．旅游业概论［M］．合肥：安徽大学出版社，2009．

［52］王健民．旅行社跟自驾游的冲突和融合［R］．2006年首届中国自驾游高峰论坛，2006．

［53］王杰．自驾游产品在旅游体验视角下的深度开发方法［J］．时代农机，2016，43（5）．

［54］王馨颜．乌兰察布市自驾游发展现状分析研究［J］．旅游纵览（下半月），2019（8）．

［55］席一．重庆自驾游及其产品的深度开发研究［J］．重庆第二师范学院学报，2013，26（3）．

［56］谢彦君．基础旅游学［M］．北京：中国旅游出版社，2004．

［57］［英］克里斯·库珀等．旅游学（第三版）［M］．张俐俐译．北京：高等教育出版社，2007．

［58］［英］史蒂芬·佩吉等．现代旅游管理导论（第二版）［M］．刘劼莉等译．北京：电子工业出版社，2009．

［59］［英］约翰·毕奇，西蒙·查德威克．旅游业管理实务［M］．罗明义，赖宇红，方利敏译．昆明：云南大学出版社，2007．

［60］翟涛等．我国自驾车旅游发展现状及对策［J］．中国人民大学报刊复印资料（旅游管理），2005（4）．

［61］张晓燕，何佳梅．我国旅行社的自驾游产品开发［J］．桂林旅游高等专科学校学报，2005（3）．

［62］张学梅．国内自驾车旅游研究综述［J］．成都大学学报（社会科学版），2010（4）．

［63］赵鹏，李享，刘磊．旅行社与汽车俱乐部经营自驾车旅游的比较研究［J］．旅游学刊，2008（1）．

［64］郑本法，郑宇新．试论旅游者的分类标准［J］．甘肃社会科学，1997（5）．

［65］郑焱．中国旅游史中若干问题的思考［J］．湖南师范大学社会科学学报，

2000（7）.

　　［66］钟莹峰. 我国自驾车旅游存在的问题及其对策［J］. 株洲师范高等专科学校学报，2006（1）.

　　［67］周卫芳. 横店特色自驾游营地创建研究［J］. 中国经贸导刊，2014（3）.

第二章

　　［1］曹新向，雒海潮. 我国自驾车旅游市场开发［J］. 西北农林科技大学学报（社会科学版），2005（4）.

　　［2］陈乾康. 自驾车旅游市场开发研究［J］. 旅游学刊，2004（5）.

　　［3］关宏志，邵洁，李亚茹，白洪岭. 自驾车旅游交通需求的基础研究［J］. 北京工业大学学报，2005（3）.

　　［4］李刚. 浙江省自驾车旅游市场结构与开发研究［D］. 杭州：浙江师范大学硕士学位论文，2007.

　　［5］刘汉洪. 走向转型升级的中国假日旅游——从"十一"黄金周看我国假日旅游的发展［J］. 桂林旅游高等专科学校学报，2001（3）.

　　［6］刘婧媛. 自驾车旅游者行为研究［D］. 北京：北京林业大学硕士学位论文，2008.

　　［7］彭华等. 丹霞山客源市场旅游需求的调查与分析［J］. 桂林旅游高等专科学校学报，2005（2）.

　　［8］瞿向坤. 中国发展自驾车旅游的战略思考［J］. 北京第二外国语学院学报，2003（10）.

　　［9］芮晔. 南京农业旅游市场开发研究［D］. 南京：南京师范大学硕士学位论文，2003.

　　［10］吴巧新. 长江三角洲自驾车旅游市场开发研究［D］. 南京：南京师范大学硕士学位论文，2005.

　　［11］杨慧敏. 自驾车旅游离我们近了么？［N］. 中国旅游报，2002-03-05.

　　［12］杨永波. 城市居民旅游客流的空间格局及其成因分析——以西安市为例［D］. 西安：西北大学硕士学位论文，2008.

　　［13］叶展图. 自驾车旅游者出游行为规律研究——以广州为例［D］. 广州：中山大学硕士学位论文，2006.

　　［14］张晓燕. 我国自驾车旅游及其发展研究［D］. 济南：山东师范大学硕士学位论文，2006.

　　［15］郑国全. 旅游调查研究方法［M］. 天津：南开大学出版社，2009.

　　［16］周慧. 都市自驾车旅游市场需求特征研究——以长沙市为例［J］. 长沙大学学报，2005（12）.

［17］邹本涛，赵恒德. 旅游心理学［M］. 北京：北京大学出版社，2008.

第三章

［1］Eby D.，Molnar L.. Importance of Scenic Byways in Route Choice：A Survey of Driving in the United States［R］. Transportation Research A，2000.

［2］McClymont H.，Prideaux B.. Drive Tourists：Who are They，What Do They Do and How Do We Attract Them?［J］. Asean Journal on Hospitality and Tourism，2007，6（2）.

［3］Molnar L. J.，Eby D. W.，Hoppm L.. Developing Information Systems for the Driving Tourist：A Literature Review［R］. University of Michigam Tramsportation Research Institute，Report No. UMTRI-96-11，Ann Arbor，Michigan，1996.

［4］Pizam A.，Fleischer A.. The Relationship Between Cultural Characteristics and Preference for Active vs. Passive Tourist Activities［J］. Journal of Hospitality & Leisure Marketing，2005，12（4）.

［5］Poon A.. Tourism，Technology and Competitive Strategies［M］. Tucson：University of Arizona Press，1993.

［6］陈乾康. 自驾车旅游市场开发研究［J］. 旅游学刊，2004，19（3）.

［7］关宏志，邵洁，李亚茹，白洪岭. 自驾车旅游交通需求的基础研究［J］. 北京工业大学学报，2005（2）.

［8］郭焕成等. 乡村旅游与新农村建设［M］. 北京：中国矿业大学出版社，2008.

［9］国家旅游局. 中国旅游业发展"十一五"规划纲要·专题篇［M］. 北京：中国旅游出版社，2007.

［10］黄春梅."自驾游"渐成市民时尚［N］. 三峡日报，2008-12-14.

［11］瞿向坤. 中国发展自驾车旅游的战略思考［J］. 北京：北京第二外国语学院学报，2003.

［12］李刚. 浙江省自驾游市场结构与开发研究［D］. 杭州：浙江师范大学硕士学位论文，2007.

［13］李洪涛. 我国自助旅游发展研究［D］. 济南：山东师范大学硕士学位论文，2008.

［14］刘婧媛. 自驾车旅游者行为研究［D］. 北京：北京林业大学硕士学位论文，2008.

［15］刘巍. 我国自驾车旅游发展瓶颈以及发展对策探讨［J］. 河南机电高等专科学校学报，2007（11）.

［16］卢云亭. 现代旅游地理学［M］. 南京：江苏人民出版社，1988.

［17］陆林. 山岳旅游地旅游者动机行为研究——黄山旅游者实证分析［J］. 人文地理，1997（1）.

［18］马耀峰，李永军. 中国入境旅游流的空间分析［J］. 陕西师范大学学报（自然科学版），2000（3）.

［19］南宇，李兰军. 中国西部旅游资源［M］. 北京：清华大学出版社，2007.

［20］唐顺铁，郭来喜. 旅游流体系研究［J］. 旅游学刊，1998（5）.

［21］王健民. 旅行社跟自驾游的冲突和融合［R］. 2006 年首届中国自驾游高峰论坛，2006.

［22］吴勉，李楠. 自驾车旅游发展的初步研究［J］. 旅游调研，2007（3）.

［23］吴巧新. 长江三角洲自驾车旅游市场开发研究［D］. 南京：南京师范大学硕士学位论文，2005.

［24］叶展图. 自驾车旅游者出游行为规律研究——以广州为例［D］. 广州：中山大学硕士学位论文，2006.

［25］余敏. 自驾游背景下的景区市场开拓创新［J］. 企业经济，2005（2）.

［26］张春丽，陶玉国. 我国自驾游发展对景区的挑战及对策［J］. 浙江旅游职业学院学报，2006（12）.

［27］张广瑞等. 2008 年中国旅游发展分析与预测［M］. 北京：社会科学文献出版社，2008.

［28］张晓燕. 我国自驾车旅游及其发展研究［D］. 济南：山东师范大学硕士学位论文，2006.

［29］中国旅游研究院. 2008 年中国旅游经济运行分析与 2009 年发展预测［M］. 北京：中国旅游出版社，2009.

［30］中国旅游研究院. 2009 年中国旅游经济运行分析与 2010 年发展预测［M］. 北京：中国旅游出版社，2010.

［31］中国旅游研究院. 中国出境旅游发展年度报告 2007～2008［M］. 北京：中国旅游出版社，2009.

［32］周慧. 都市自驾车旅游市场需求特征研究——以长沙市为例［J］. 长沙大学学报，2005（12）.

［33］朱琳. 三亚国庆黄金周国内自驾游客特征分析［J］. 中外企业家，2018（30）.

第四章

［1］曹图诗. 旅游开发与规划［M］. 武汉：武汉大学出版社，2007.

［2］李婉琼，罗明春. 旅行社自驾车产品开发研究［J］. 文教论坛，2007（5）.

［3］王衍用，曹诗图. 旅游策划理论与实务［M］. 北京：中国林业出版

社，2008.

[4] 李刚. 浙江省自驾游市场结构与开发研究 [D]. 浙江：浙江师范大学硕士学位论文，2007.

[5] 张华明. 自助游产品的体验个性化设计——以阳朔为例 [D]. 广西：广西师范大学硕士学位论文，2007.

[6] 曹新向，雒海潮. 我国自驾车旅游市场的开发 [J]. 西北农林科技大学学报（社会科学版），2005，5（2）.

[7] 周武忠，朱剑峰. 自驾游导向的旅游景区规划研究 [J]. 东南大学学报（哲学社会科学版），2007，9（5）.

[8] 高峻. 旅游资源规划与开发 [M]. 北京：清华大学出版社，2007.

[9] 胡敬民. 黔东南苗侗风情自驾游旅游线路设计 [J]. 贵州民族学院学报，2006（4）.

[10] 王健民. 旅行社产品理论与操作实务 [M]. 北京：中国旅游出版社，2004.

[11] 郑宇飞，胡春梅. 关于体验经济时代旅游业发展的认识与思考 [J]. 三峡大学学报，2003（9）.

[12] 肖光明. 自驾车旅游及其产品的深度开发研究——以广东省肇庆市为例 [J]. 人文地理，2008（3）.

第五章

[1] 林福煜. 广西自驾车旅游营地建设研究 [D]. 南宁：广西大学硕士学位论文，2008.

[2] 张宪洪. 中国汽车营地旅游项目开发运作的理论、方法与实务 [D]. 兰州：西北师范大学硕士学位论文，2003.

[3] 贾小换. 森林公园野外宿营地开发规划研究 [D]. 哈尔滨：东北林业大学硕士学位论文，2007.

[4] 王永辉. 对我国汽车露营地运营相关问题的思考 [D]. 成都：四川师范大学硕士学位论文，2007.

[5] 陆军. 广西自驾车旅游营地发展研究 [J]. 旅游学刊，2007（3）.

[6] 冉群超. 试论旅游项目选址的影响因素 [J]. 重庆师范学院学报（自然科学版），2002（1）.

[7] 吴楚材. 论中国野营区的开发建设 [J]. 旅游学刊，1997（5）.

[8] 钱学礼. 我国房车旅游发展存在的问题及开发对策 [J]. 商场现代化，2006（27）.

[9] 吴玉霞. 基于核心竞争力理论的旅游营销分析 [J]. 集团经济研究，2005

（12）.

［10］刘帅帅，黄安民，王茹，钟小丽．自驾车旅游营地选址影响因素分析
［J］．消费导刊，2010（4）．

［11］周坤顺．休闲旅游与我国旅游营地发展研究［J］．广西财经学院学报，
2008（4）．

［12］保继刚，楚义芳，彭华．旅游地理学［M］．北京：高等教育出版社，1993.

［13］韦倩虹，郝革宗，黄建清．广西自驾车旅游初步研究［J］．广西师范学院
学报（自然科学版），2007，24（2）．

［14］孙大英．论广西自驾车旅游的发展［J］．广西社会科学，2007（9）．

第六章

［1］吴必虎，李咪咪．小兴安岭风景道旅游景观评价［J］．地理学报，2001
（2）．

［2］袁旸洋，成玉宁．参数化风景环境道路选线研究［J］．中国园林，2015，
31（7）．

［3］［美］洛林·施瓦茨，查尔斯·费林克，罗伯特．西恩斯．绿道规划·设
计·开发［M］．余青，柳晓霞，陈琳琳译．北京：中国建筑工业出版社，2009.

［4］唐靖宇，黄勇．干线公路景观节点设计［J］．交通世界，2009（24）．

［5］付劲英，卢驰．城市绿色景观廊道的生态化建设［J］．科技资讯，2008
（25）．

［6］张少杰，吴泽民．合肥环城公园廊道景观及生态环境作用分析［J］．中国
城市林业，2007，5（1）．

［7］孙启微，许先升．创造和谐道路景观——海南石梅湾度假区道路总体规划
［J］．黑龙江科技信息，2008（18）．

［8］刘树老．构筑生态文化景观廊道——重庆市盘龙大道景观设计［J］．城市
环境设计，2006（5）．

［9］陈相强，史忠礼，高智慧，江志标．城市道路绿化景观设计与施工［M］．
北京：中国林业出版社，2005.

［10］王浩等．城市道路绿地景观规划［M］．南京：东南大学出版社，2005.

［11］高贺．让色彩融入生活——城市景观设计中的色彩应用［J］．艺术与设
计，2009（1）．

［12］陈静艳，韩俊杰．视觉在园林景观设计中的应用［J］．现代农业科技，
2009（5）．

［13］叶武．城市公共环境中的设施设计［J］．天津市工会管理干部学院学报，
2007，2（15）．

［14］孙世峰. 公路交通安全设施系统经济效益量化研究［D］. 西安：长安大学硕士学位论文，2008.

［15］柯爱中. 浅谈夜景照明设计创造艺术［J］. 中国照明，2009（7）.

［16］邹立坤. 探析城市公共环境设施设计［J］. 艺术与设计，2009（7）.

第七章

［1］［美］菲利普·科特勒. 旅游市场营销（第二版）［M］. 谢彦君译. 北京：旅游教育出版社，2002.

［2］［美］詹姆斯·伯克，巴里·雷斯尼克. 旅游产品的营销与推销（第二版）［M］. 叶敏等译. 北京：电子工业出版社，2004.

［3］［芬］克里斯蒂·格鲁诺斯. 服务市场营销管理［M］. 吴晓云，冯伟雄等译. 上海：复旦大学出版社，1998.

［4］［英］维克多·密德尔顿. 旅游营销学［M］. 向萍等译. 北京：中国旅游出版社，2001.

［5］谢彦君，梁春媚等. 旅游营销学［M］. 北京：中国旅游出版社，2008.

［6］谢彦君，李福学. 饭店营销学［M］. 大连：东北财经大学出版社，2003.

［7］Philip Kotler, John T. Bowen, James C. Makens. Marketing for Hospitality and Tourism［M］. 大连：东北财经大学出版社，2007.

［8］Robert C. Lewis, Richard E. Chambers. Marketing Leadership in Hospitality：Foundations and Practice（Third Edition）［M］. New York：John Wiley & Sons, Inc., 2000.

［9］Les Lumsdon. Tourism Marketing［M］. London：International Thomson Business Press, 1997.

［10］Robert C. Lewis. Cases in Hospitality Strategy and Policy［M］. New York：John Wiley & Son, Inc., 1997.

［11］Holloway J. C., Robinson C. Marketing for Tourism（third edition）［M］. London：Longman, 1995.

第八章

［1］张林. 旅游地理学［M］. 天津：南开大学出版社，2007.

［2］徐循初. 城市道路与交通规划［M］. 北京：中国建筑工业出版社，2006.

［3］胡敬民. 旅游市场新热点——自驾车旅游［J］. 贵州民族学院学报（哲学社会科学版），2003（2）.

［4］李庆雷，明庆忠. 旅游规划：技术与方法［M］. 天津：南开大学出版社，2008.

［5］赵黎明，黄安民. 旅游规划教程［M］. 北京：科学出版社，2005.

［6］程苏沙，陈剑威，苗聪. 省域干线公路服务设施的设置与规划［J］. 交通标准化，2009（1）.

［7］席建锋，李江，王肇飞，王富贵. 中小交通量旅游公路休息区设计研究［J］. 昆明理工大学学报（理工版），2007，32（1）.

［8］葛亮，信红喜，杨爱国. 关于旅游公路规划的若干思考［J］. 交通标准化，2006（2/3）.

［9］蒋贵川. 旅游公路交通安全设施设计方法研究［J］. 公路，2008（4）.

［10］吴立新，刘锐，王富贵. 与自然环境相协调的旅游公路设计新理念［J］. 吉林建筑工程学院学报，2005，22（4）.

［11］秦晓春，张肖宁. 旅游公路景观设计及美学研究［J］. 公路，2007（10）.

［12］张秀海. 山区旅游专用道路规划设计与开发思路［J］. 山西科技，2002（3）.

［13］道路交通标志和标线（GB5768-1999）［S］.

［14］蒋贵川，陈栋，易术. 道路旅游标志标牌系统设计研究［J］. 公路工程，2009，34（1）.

［15］宋伟，郑向敏. 自驾车旅游研究［J］. 云南地理环境研究，2005，17（5）.

第九章

［1］［美］罗伯特·斯库塞斯，玛丽·萨姆纳. 管理信息系统（第4版）［M］. 李一军等主译，黄梯云审校. 大连：东北财经大学出版社，2000.

［2］Kenneth C. Laudon，Jane P. Laudon. 旅游管理信息系统精要［M］. 葛新权，孙志恒，王斌译. 北京：经济科学出版社，2002.

［3］杜文才. 旅游管理信息系统［M］. 北京：清华大学出版社，2010.

［4］周贺来. 旅游信息化简明教程［M］. 北京：中国水利水电出版社，2005.

［5］文群，池天河. 城市地理信息系统［M］. 北京：希望电子出版社，2001.

［6］炳贵. 旅游地理信息系统的研究［J］. 国土资源遥感，2002，53（3）.

［7］闵连权，张文诗. 旅游地理信息系统的设计与实现［J］. 测绘学院学报，2003，20（1）.

［8］邬伦等. 地理信息系统——原理、方法和应用［M］. 北京：科学出版社，2004.

［9］张其善，吴令培，杨东凯. 智能车辆定位导航系统及应用［M］. 北京：国防工业出版社，1997.

［10］张英美，夏斌. 旅游信息数据库的需求分析［J］. 云南地理环境研究，2003（2）.

［11］王少华，郎富平. 移动 GIS 相关技术在旅游业中的应用前景［J］. 云南师范大学学报，2005（7）.

［12］陈志辉，陈小春. 旅游信息学［M］. 北京：中国旅游出版社，2003.

［13］袁伟，王海坤，汪红松. GIS 在城市规划信息系统中的应用［J］. 计算机与现代化，2004（3）.

［14］杨生辉，柴炜. 基于 GPS 和 GIS 的车辆定位与导航系统［J］. 公路与汽运，2003（6）.

［15］Hannes W.，Klein S.. Information Technology and Tourism：A Challenging Relationship［M］. New York：Springer，1999.

［16］Sa Shixuan，Wang Shan. Conspectus of Database System［M］. Beijing：Higher Education Publishing House，1992.

［17］Paul A. L.，Michael F. G.. Geograohical Information Systems——Principles and Technical Issues（Volume Ⅰ）［M］. New York：John Wiley & Sons，1999.

［18］Peter A. B.，Rachael A. M.. Principles of Geographical Information System［M］. UK：Oxford University Press，1998.

［19］Ravindra K. A.，Kurt M.，James B. O.，Robert E. T.. Faster Algorithm for the Shortest Path Problem［J］. Journal of Association for Computing Machinery，1990，37（2）.

第十章

［1］陈乾康. 自驾车旅游市场开发研究［J］. 旅游学刊，2004，19（3）.

［2］周沁. 关于国内自驾车旅游市场的调查和投融资机遇思考［D］. 成都：四川大学硕士学位论文，2006.

［3］李庆雷，明庆忠. 旅游规划：技术与方法［M］. 天津：南开大学出版社，2008.

［4］余昌国. 旅游人力资源开发［M］. 北京：中国旅游出版社，2003.

［5］周慧. 都市自驾车旅游市场需求特征研究［J］. 长沙大学学报，2005，19（6）.

［6］高容. 旅游企业人力资源流动性研究［D］. 湘潭：湘潭大学硕士学位论文，2003.

［7］蔡家成. 中国自驾车旅游研究［EB/OL］. http：//www. xsbnly. com/info/2523-1. htm，http：//www. xsbnly. com/info/2523-2. htm，2005.

［8］柴干，方程炜，刘庆全，周家祥. 道路交通紧急救援服务点的优化选址［J］. 中国安全科学学报，2009，19（10）.

［9］柴干，赵倩，黄琪，万水. 高速公路交通应急救援资源的配置［J］. 中国

安全科学学报，2010，20（1）.

　　［10］方程炜，柴干，赵倩. 道路交通救援点条件覆盖选址策略及评价［J］. 交通科技与经济，2010（1）.

　　［11］张磊，倪富健，杨顺新. 高速公路清障救援机制的分析及其改进研究［J］. 华东公路，2010（1）.